D0627665

L'OBLIGATION DE RÉSULTATS EN ÉDUCATION

L'OBLIGATION DE RÉSULTATS EN ÉDUCATION

Sous la direction de

Claude LESSARD et Philippe MEIRIEU

LES PRESSES DE L'UNIVERSITÉ LAVAL

*Les Presses de l'Université Laval reçoivent chaque année de la Société de dévelop-
pement des entreprises culturelles du Québec une aide financière pour l'ensemble
de leur programme de publication.*

*Nous remercions le Conseil des Arts du Canada de l'aide accordée à notre pro-
gramme de publication.*

*Nous reconnaissons l'aide financière du gouvernement du Canada par
l'entremise du Programme d'aide au développement de l'industrie de l'édition
pour nos activités d'édition.*

Couverture :
    Charaf El Ghernati

Mise en page :
    Charaf El Ghernati

© Les Presses de l'Université Laval 2004
Tous droits réservés. Imprimé au Canada.
Dépôt légal (Québec et Canada), 4ᵉ trimestre 2004
ISBN 2-7637-8116-0

Distribution de livres Univers
845, rue Marie-Victorin
Saint-Nicolas (Québec)
Canada G7A 3S8

Tél. : (418) 831-7474 ou 1 800 859-7474
Téléc. : (418) 831-4021
http://www.ulaval.ca/pul

BEILLEROT, Jacky, Sciences de l'éducation, Université de Paris (France)

BÉLAIR, Louise, Faculté des sciences de l'éducation, Université d'Ottawa (Ontario)

BLAIS, Jean-Guy, Faculté des sciences de l'éducation, Université de Montréal (Québec)

BROUILLETTE, Véronique, Faculté des sciences de l'éducation, Université Laval (Québec)

CIFALI, Mireille, Faculté de psychologie et des sciences de l'éducation, Université de Genève (Suisse)

DEMAILLY, Lise, Université de Lille l, Institut de sociologie et IFRÉSI-CNRS (France)

DENIGER, Marc-André, Faculté des sciences de l'éducation, Université Laval (Québec)

GAUTHIER, Clermont, Faculté des sciences de l'éducation, CRIFPE-Laval, Université Laval (Québec)

GÉRIN-LAJOIE, Diane, Centre de recherche en éducation franco-ontarienne, Institut d'études pédagogiques de l'Ontario — OISE, Université de Toronto (Ontario)

KANANZI, Canisius, Faculté des sciences de l'éducation, Université Laval (Québec)

LENOIR, Yves, Faculté d'éducation, GRIFE/CRIFPE, Université de Sherbrooke (Québec)

LESSARD, Claude, Faculté des sciences de l'éducation, Labriprof-CRIFPE, Université de Montréal (Québec)

MEIRIEU, Philippe, Institut des sciences et pratiques d'éducation et de formation, Université Lumière Lyon 2 (France)

PAUL, Jean-Jacques, Institut des sciences et pratiques d'éducation et de formation, Université Lumière Lyon 2 (France)

PELLETIER, Guy, Faculté des sciences de l'éducation, Université de Montréal (Québec)

PERRENOUD, Philippe, Faculté de psychologie et des sciences de l'éducation, Université de Genève (Suisse)

PROULX, Jean-Pierre, Faculté des sciences de l'éducation, Université de Montréal (Québec)

REY, Bernard, Service de Sciences de l'Éducation, Université Libre de Bruxelles (Belgique)

TARDIF, Maurice, Faculté des sciences de l'éducation, Labriprof-CRIFPE, Université de Montréal (Québec)

INTRODUCTION

Claude LESSARD
Université de Montréal

La question de l'obligation de résultats en éducation apparaît de plus en plus incontournable. Le PISA (programme international pour le suivi des acquis des élèves) piloté par l'OCDE en est à la fois le symbole et un élément de renforcement majeur. Aussi, à l'intérieur des différents pays, les multiples palmarès des écoles, des collèges et des universités, ainsi que leur forte médiatisation, témoignent d'une stratégie de régulation des systèmes éducatifs par la transparence de leurs résultats mesurés par des tests standardisés et par la redevabilité des acteurs internes au système. Car, quel ministre de l'Éducation d'un pays membre de l'OCDE, participant au programme PISA, peut se montrer publiquement satisfait des résultats médiocres ou franchement mauvais des élèves de son pays? Comment alors justifier, suivant l'argument économique, un niveau élevé d'investissement dans la scolarité obligatoire, avec des résultats que tout un chacun considère décevants? On n'a qu'à suivre ces années-ci l'actualité politique en éducation dans des pays comme l'Allemagne, le Luxembourg ou la Belgique francophone pour comprendre l'impact de PISA sur les décideurs, sur le contenu des réformes en éducation et sur l'obligation de réagir à un état de fait construit et mesuré par le PISA. À l'inverse, les écoles finlandaises, d'après la rumeur publique, sont fort courues ces années-ci par les experts étrangers, à la recherche de la recette magique et des conditions du succès scolaire. Dans le même esprit, aucun chef d'établissement, dans un contexte de libre choix des parents et de concurrence vive pour les clientèles, peut se permettre de faire comme si les résultats comparatifs de son établissement étaient sans conséquence: il ne peut faire l'autruche, doit apprendre à gérer l'image de son établissement et s'il y a lieu, travailler à renverser une situation problématique. Ces réactions, celles du ministre et du chef d'établissement, sont à la fois prévisibles et rationnelles: elles obéissent à la logique induite par un nouveau mode de régulation de l'éducation.

En effet, un peu partout se développe un nouveau mode de régulation de l'éducation, comprenant au palier central, la construction d'un ensemble d'indicateurs quantitatifs de rendement interne et externe du système éducatif, à l'aune duquel chaque établissement, de la maternelle à l'université, est désormais évalué et comparé. L'évaluation, ainsi construite et rendue publique et accessible aux usagers clients, doit en général donner lieu dans un second temps à une réflexion locale, celle-ci devant obligatoirement mener à l'élaboration d'un plan de redressement, d'amélioration ou de réussite de l'établissement. Le langage de la planification, de la définition d'objectifs et de cibles de performance mesurables, de l'allocation sélective des ressources et de leur mobilisation à des fins clairement stratégiques, de l'imputabilité et de la reddition de comptes, pénètre le monde de l'école, comme il le fait depuis déjà plus d'une décennie dans l'ensemble des services publics dont la culture administrative traditionnelle apparaît de plus en plus contestée et remise en cause. Ainsi, se développe dans nos systèmes une expertise dans la rédaction de plans stratégiques ou institutionnels et un important travail d'élaboration de plans accapare l'énergie et le temps précieux de tout un chacun. Des firmes conseils offrent leurs services aux écoles afin de contribuer au marketing de l'établissement et à la gestion de ses problèmes d'image.

Cette logique des indicateurs, impulsée par le haut du système éducatif et par les organisations internationales (OCDE, Banque mondiale), rejoint celle du marché, de la concurrence et du libre choix des parents, de plus en plus populaire auprès de parents usagers, aisément convaincus qu'ils n'ont pas de recours contre le système public en place et que le seul comportement efficace à leur portée n'est pas la participation citoyenne à la gestion du système, mais plutôt la sortie du système et la mobilité sur le quasi marché éducatif.

Certes, ce qui précède pourra apparaître à certains lecteurs comme caricatural, car ce qui importe à leurs yeux, c'est l'usage que font les acteurs de ces nouveaux modes d'organisation du travail scolaire. En effet, l'histoire des innovations le montre sans l'ombre d'un doute, l'appropriation par les acteurs de l'éducation d'une demande qui leur est faite est plus importante que l'intention des décideurs et les formes que celle-ci entend prendre pour se réaliser. Certes, cela est juste, mais il n'en demeure pas moins que le nouveau mode de régulation, associé au *New Public Management*, est porteur de questions et d'enjeux auxquels s'adresse l'ensemble des contributions rassemblées dans cet ouvrage. Et il serait faux de penser que les acteurs de l'éducation peuvent facilement le mettre en échec, au rancart ou faire comme s'il n'existait pas. Ce mode de régulation a des conséquences réelles sur les établissements et sur le travail des personnels qui y œuvrent. Et ce d'autant plus qu'il n'est pas sans légitimité.

En effet, un certain bon sens rend difficilement contestable l'injonction à concerter l'établissement et ses acteurs autour d'objectifs clairement formulés et partagés, tout comme il nous oblige en dernier ressort à accepter de mesurer l'écart entre nos intentions éducatives et les résultats observés. Une certaine action rationnelle est de cette nature et participe de cette exigence de retour sur elle-même. De cela, les 19 auteurs ici rassemblés conviennent. Néanmoins, ils partagent en général une certaine inquiétude face aux développements récents en matière de politique éducative portant sur l'imputabilité et la reddition de comptes. Cette inquiétude n'est pas fondée sur une défense du statu quo éducatif à tout prix, ou sur la nostalgie d'un âge d'or révolu ; elle est plutôt nourrie par un ensemble de questions que soulèvent l'obligation de résultats et sa mise en place assez généralisée, sans que ces questions aient trouvé des réponses satisfaisantes, largement débattues et convenues. À la clarification de ces questions et à la vigueur d'un débat de qualité, ce livre entend apporter sa contribution, plurielle, mais réelle, au sein de la francophonie du Nord et du Sud.

Car de multiples questions se posent. L'école commune ou républicaine est-elle mise en danger par la montée en puissance de l'école du marché, par le souci grandissant des usagers et des clients ? Y a-t-il ici un réel danger pour l'institution et pour les valeurs qu'elle promeut ou une exagération rhétorique qui cache des intérêts corporatistes ? Si l'école doit être imputable de ses résultats, ne doit-on pas tenir compte des caractéristiques des élèves et de leur milieu, au lieu de soumettre toutes les écoles aux mêmes standards définis dans l'absolu ? En qui des palmarès d'établissements ou de pays font-ils sens ? De quelle utilité sont-ils, si ce n'est que pour imposer une uniformité réductrice, à partir du modèle du « gagnant » ? Quelle est la responsabilité professionnelle des enseignants dans l'apprentissage des élèves ? Quelle est celle des autres acteurs internes de l'éducation ? Des parents et de la société en général ? Dans un travail interactif comme l'enseignement qui ne peut être accompli par l'enseignant que si le sujet objet du travail – l'élève – consent à apprendre selon les modes valorisés et transmis par l'institution scolaire, comment départager la responsabilité de ces coproducteurs du travail ? Si les parents et les élèves ont légitimement droit à des recours contre des enseignants aux comportements non professionnels, quels effets potentiels et réels ont sur l'ensemble des pratiques professionnelles et sur l'autonomie des enseignants l'extension du pouvoir des usagers désormais dépositaires du statut de client patron ? Comment définir l'incompétence d'un enseignant ? Comment l'évaluer et la sanctionner de manière juste et équitable ?

Doit-on privilégier, à l'instar des groupes professionnels établis, une obligation de moyens fondés sur les règles de l'art et sur ce que la recherche nous apprend, ou plutôt l'obligation de résultats ? L'école doit-elle d'abord se montrer imputable des processus et des dispositifs facilitant l'apprentissage des élèves qu'elle met en place, ou doit-elle se soumettre au jugement du marché, lui-même informé par les résultats des élèves, mesurés par des tests standardisés ? La satisfaction des usagers doit-elle être ultimement le fondement indiscutable des pratiques et des programmes scolaires ? Les enseignants ne sont-ils pas tenus d'abord et avant tout d'être compétents ? Alors, comment définir un enseignant compétent ? Les multiples référentiels de compétence produits au cours des dernières décennies peuvent-ils être ici d'une quelconque utilité ?

Enfin, dans quelle mesure l'obligation de résultats, si elle devient la nouvelle orthodoxie bureaucratique imposant ses façons de faire unilatéralement et sans nuance, ne risque-t-elle pas d'étouffer toute innovation dans le milieu scolaire, enfermant celui-ci dans une logique de satisfaction immédiate de parents perçus comme bien davantage soucieux de l'avenir de leur enfant que de celui du bien public ?

À ces questions et enjeux, les auteurs de cet ouvrage collectif se mesurent, les mettent en contexte (celui de la Belgique francophone, de la France, du Canton de Genève, du Québec, de l'Ontario au Canada), en fonction des écoles, des collèges et des institutions d'enseignement supérieur, et ils les éclairent à partir des perspectives qui leur sont propres. Celles-ci sont multiples, car les auteurs réunis sont pédagogues, docimologues, spécialistes de l'administration de l'éducation, sociologues, économistes, psychologues et philosophes. Ils apportent ainsi de multiples points de vue, stimulant un nécessaire débat. Ils s'intéressent à l'obligation de résultats déployée dans les pays du Nord, de même qu'à celle imposée aux pays du Sud.

Les débats entre les auteurs et avec les participants aux Entretiens Jacques-Cartier, tenus à l'Université de Montréal à l'automne 2000, et dont cet ouvrage est issu, ont permis d'esquisser une amorce de réponse aux inquiétudes et aux questions soulevées par l'obligation de résultats. En effet, on peut penser que la plupart des auteurs convergent sur la nécessité d'une forme de reddition de comptes de la part des acteurs de l'éducation, mais d'une reddition de comptes plurielle et négociée entre les principaux intéressés; ils sont à la recherche d'une imputabilité qui évite les écueils d'une obligation de moyens simplement bureaucratique ainsi que ceux d'une obligation de résultats totale et sans nuances. Le concept d'obligation de compétences, celui de responsabilité limitée, celui de couplage moyens-résultats sont autant d'essais d'aller au-delà de l'opposition moyens-résultats, sans laisser tomber l'un ou l'autre de ces deux termes. Le lecteur comprendra aisément qu'il s'agit essentiellement de l'amorce d'une réflexion et d'un dialogue entre décideurs, praticiens et chercheurs, autour d'un des enjeux les plus importants de l'éducation actuelle.

Bonne lecture à toutes et à tous.

1

L'ÉCOLE ENTRE LA PRESSION CONSUMÉRISTE ET L'IRRESPONSABILITÉ SOCIALE

Philippe MEIRIEU
Université Lumière Lyon 2

Le marché scolaire est déjà là. C'est par exemple le marché de la construction scolaire, celui des manuels scolaires, du soutien scolaire. C'est aussi le marché des filières, des langues, des établissements scolaires…, marché dans lequel les enseignants se trouvent particulièrement à l'aise quand il s'agit des intérêts de leur progéniture. C'est le marché des colloques, des revues et des ouvrages qui discutent du danger du marché dans le domaine scolaire! C'est le marché des politiques municipales, départementales, régionales. C'est aussi le marché de toutes les industries nationales qui cherchent à se consolider dans le processus de mondialisation : marché dans lequel l'économie joue une partie dont bénéficient au quotidien tous les citoyens, fussent-ils enseignants.

Si je me permets ces impertinences, c'est pour éviter de tomber dans un manichéisme qui pourrait, me semble-t-il, faire oublier la complexité des situations auxquelles nous sommes confrontés.

Dans un premier temps, je tenterai de montrer que nous sommes pris dans une opposition qui n'est pas simple et dont on ne peut pas se débarrasser d'une manière caricaturale. C'est ce que j'ai appelé, dans l'intitulé de ce texte, la pression consumériste d'un côté, et l'irresponsabilité sociale de l'autre. On verra que, entre ces deux attitudes, le choix n'est pas toujours facile. Dans une deuxième partie, j'aborderai l'opposition entre l'école «service» et l'école «institution». Dans une troisième série de remarques, je présenterai les facteurs qui me paraissent aujourd'hui être facteurs de crise de l'école comme institution. J'évoquerai, enfin, dans une quatrième partie, l'idée du bien commun et j'essaierai de montrer comment, me semble-t-il, pour fonder une institution scolaire, il faut réinventer un bien commun ; avant d'évoquer ce qu'Habermas appelle *le patriotisme constitutionnel* et de terminer d'une manière concrète sur une dizaine de propositions pédagogiques à mettre en œuvre au quotidien dans nos classes et qui, dès aujourd'hui, permettent de lutter contre les logiques d'exclusion et de privilège.

LA PRESSION CONSUMÉRISTE ET L'IRRESPONSABILITÉ SOCIALE

Je suis enseignant et j'en rencontre beaucoup au quotidien, je parle avec eux. Je sais que, dans leurs contacts avec les parents, dans les conseils de classe, dans les décisions d'orientation, dans la façon dont ils choisissent leur affectation dans les établissements, les enseignants sont pris dans cette difficulté de se situer entre deux extrêmes et d'éviter de tomber dans l'un ou dans l'autre.

PRESSION CONSUMÉRISTE	IRRESPONSABILITÉ SOCIALE
Céder à l'inquiétude des parents	Ignorer la réalité socio-économique de notre société
Tyrannie de l'obligation de résultats	Refuge dans l'ineffable
Primat de l'instrumental et de la « pédagogie bancaire »	Primat de la complicité culturelle et de la « violence symbolique »
Primat du béhaviorisme (efficacité du couple stimulus/ réponse)	Primat de la pédagogie des dons et refuge dans le fatalisme
Recherche de l'efficacité scolaire immédiate	Refus de tout contrôle social
Mise en concurrence des enseignants et des établissements	« Solidarité professionnelle » contre les parents vécus comme « ennemis »
Privatisation	Cléricalisation

La pression consumériste amène à céder à l'inquiétude des parents, pour fournir toujours ce que les parents demandent, au moment où ils le demandent. À l'opposé, nous sommes tentés de nous réfugier dans une attitude d'ignorance de la réalité socio-économique, des angoisses familiales légitimes, des angoisses que nous-mêmes éprouvons quand il s'agit de nos propres enfants.

Il est vrai que nous ne pouvons pas être les esclaves des craintes et des inquiétudes des parents, fussent-elles fantasmées, mais nous ne pouvons pas, non plus, ignorer du haut de notre superbe, ces inquiétudes, la réalité du chômage, les problèmes socio-économiques qui talonnent les familles. Nous ne pouvons pas nous réfugier dans une sorte d'irresponsabilité sociale qui nous ferait dire: «Au fond, après tout, ce n'est pas notre affaire.»

Pression consumériste encore, par la tyrannie de l'obligation de résultats que nous vivons tous. Il nous faut produire des résultats, aboutir à ce que nos élèves progressent, en lecture, en français, en mathématiques, mais aussi dans d'autres secteurs, comme l'éducation physique ou la formation à la citoyenneté.

Tyrannie de l'obligation de résultats dont nous savons qu'elle peut entraîner une série de dérives à court terme, qui dévalorisent et dénaturent notre métier.

Mais en face, le danger est le refuge dans l'ineffable : «Après tout, Mesdames et Messieurs, nous sommes des enseignants. Nous n'avons à justifier de ce que nous faisons devant personne. Nous sommes investis du savoir, ce savoir nous a été donné dans des institutions universitaires, par des gens qui sont eux-mêmes investis par des gens qui ont été eux-mêmes investis et nous n'avons pas, devant quiconque, à plier et à rendre compte de ce que nous faisons… Il y a du savoir qui passe dans la classe, personne n'a à regarder vers qui il passe, pourquoi il passe, comment il passe.»

La pression consumériste, c'est aussi le primat de l'instrumental et de ce que Paulo Freire appelait *la pédagogie bancaire*… ; il faudrait former les élèves à des savoir-faire immédiats, à des habiletés professionnelles immédiatement rentabilisables ou utilisables. Il faudrait former les élèves à des compétences sociales et techniques, qui vont de s'exprimer en public à remplir une feuille d'impôts en passant par comprendre le mécanisme de la sécurité sociale ou que sais-je encore…, toutes connaissances instrumentales dont nous voyons bien qu'elles nous entraînent vers ce que Paulo Freire appelait une pédagogie bancaire : «On ne va à l'école que pour obtenir des biens de consommation, en sacrifiant une partie de son temps, dans une espèce de supermarché scolaire où l'on pèse le rapport qualité-prix : quel est l'enseignant qui nous donne le moins de travail et qui nous met les meilleures notes? Quel est celui qui nous donne le moins de travail et qui nous permet d'espérer les meilleurs résultats aux examens?»

En face de cette pression consumériste et de cette instrumentalisation des connaissances, qui s'expriment par la montée en puissance des référentiels de compétences, il y aurait – et c'est la dérive inverse – un primat de la complicité culturelle et de ce que Bourdieu a appelé «la violence symbolique» : puisque nous refusons d'entrer dans la clarification des attentes réciproques, nous laissons fonctionner l'implicite de sorte que ceux qui connaissent déjà les règles du jeu et savent s'inscrire dans les attentes scolaires tirent leur épingle du jeu. «Mesdames et Messieurs, puisque nous ne voulons pas faire des tableaux de compétences, puisque nous ne voulons pas avoir des tableaux de bord, puisque nous n'avons pas de comptes à rendre, contentons-nous de transmettre la culture avec un grand C»…, la Culture, la vraie Culture, la grande Culture, la Culture dont Bourdieu a abondamment montré que la capacité à se l'approprier était liée à des habitus sociaux qui sont transmis antérieurement ou parallèlement à elle.

Concernant encore la pression consumériste, on voit bien que, si on la prend au sérieux, on ira vers un primat du béhaviorisme qui devient ainsi la seule théorie pédagogique de référence possible. Si veut être efficace, on travaille sur le couple stimulus-réponse. Quel est le meilleur stimulus qui entraîne la meilleure réponse? Et on accélère d'une manière permanente le couple stimulus-réponse en une tension objectif-évaluation indéfiniment multipliée. On ne fait plus que fixer des objectifs et les évaluer, dans une réduction techniciste du savoir, des compétences et de la culture que semble exiger la pression sociale.

Mais en face, si l'on ne veut pas céder à la pression consumériste, aux référentiels de compétences et au béhaviorisme, il existe un danger évident, c'est celui de se réfugier dans la pédagogie des dons et dans le fatalisme. «Mesdames et Messieurs puisque, après tout, nous avons le savoir, nous le transmettons, nous refusons que les parents viennent nous imposer d'une manière ou d'une autre ce que nous devons apprendre aux élèves. Nous refusons qu'ils viennent mettre le nez dans les résultats que les élèves obtiennent parce que chacun se construit lui-même, parce que les personnalités s'épanouissent et prennent, dans le savoir que nous leur transmettons, les éléments nécessaires à leur propre autonomisation dans un processus mystérieux pour lequel nous n'avons de comptes à rendre à personne!»

En bref, le primat de la pression consumériste amène à la recherche de l'efficacité scolaire immédiate. De l'autre côté, dans l'irresponsabilité sociale, c'est le refus de tout contrat, de tout contrôle social... et les réactions que nous imaginons: «Voilà donc des gens qui sont payés par des contribuables. Et voilà des gens qui, contrairement à la plupart des professions, refusent que les contribuables (qui payent leurs salaires) exercent sur eux le moindre contrôle!» Ce refus de tout contrôle social sur l'activité enseignante peut provoquer en retour un choc extrêmement dur dont nous serions les premières victimes.

Mais, si on cède à cette pression, la concurrence des établissements se structurera progressivement, les filières se stabiliseront et, au sein des établissements, la mise en concurrence des enseignants risque même de prendre le relais de la concurrence entre établissements. Et, en face, l'irresponsabilité sociale peut aboutir à promouvoir des formes de solidarité professionnelle qui stigmatisent le parent comme l'ennemi et qui couvrent toute faute professionnelle d'un collègue au nom du refus de céder à la pression des «usagers». On connaît nombre de situations où nous sommes effectivement en face d'agissements qui apparaissent contraires à la déontologie minimale de l'enseignement, où des parents, des «consommateurs», demandent des comptes et où nous choisissons la solidarité professionnelle et la voix du silence, plutôt que celle de l'exigence et celle de l'éthique. Ici, ne pas céder à la pression consumériste peut encore une fois nous enfermer dans une tour d'ivoire.

En bref, la dérive dominante de la pression consumériste, c'est *la privatisation* à terme du système éducatif, et la dérive de l'irresponsabilité sociale, c'est *la cléricalisation* à terme du système éducatif. La privatisation, chacun en voit les effets et les dangers. La cléricalisation n'est guère meilleure : c'est un corps qui s'enferme dans la certitude d'être socialement au-dessus de tout soupçon, de n'avoir de comptes à rendre à personne, et qui surtout refuse de répondre à la question : « mais qui donc t'a fait roi ? »

« ÉCOLE SERVICE » ET « ÉCOLE INSTITUTION »

Si l'on veut comprendre les enjeux de l'évolution du système scolaire public dans les sociétés occidentales, il faut observer une double tradition dans ce système scolaire, qui coexiste d'une manière différenciée. La France est sans doute le pays dans lequel le principe de « l'école institution » est le plus fort, ce qui ne veut pas dire que « l'école service » ne soit pas présente. Dans d'autres pays, comme l'Angleterre, c'est sans doute « l'école service » qui est dominante, ce qui ne veut pas dire qu'il n'y ait pas des tentatives pour instaurer ou restaurer le principe de « l'école institution ».

Mais nous nous trouvons là en face de deux paradigmes différents qui travaillent l'histoire de l'Occident et de l'école occidentale. « L'école service », c'est l'école telle qu'elle a été fondée dans le prolongement de la demande familiale. P. Ariès montre à quel point la naissance du sentiment familial et l'apparition de la demande de scolarisation constituent un même et unique phénomène qui émerge à partir du XVIᵉ siècle et qui se développe pendant les siècles subséquents. Jusqu'au XVIᵉ siècle, les parents n'ont aucun intérêt direct ou indirect pour l'avenir de leurs enfants. Le sentiment d'appartenance familiale n'existe pas véritablement. À partir du moment où ce sentiment d'appartenance familiale émerge, où par exemple apparaissent sur les tombes des épitaphes qui témoignent de l'affection des parents pour leurs enfants, les parents construisent des « écoles » et mandatent progressivement des personnels spécialisés pour servir de bras, non pas séculier, mais clérical, à la fonction éducative qu'ils ne peuvent pas complètement exercer. Historiquement, « l'école service » est donc née avant « l'école institution ». L'école était au service des parents qui voulaient en faire un outil pour la promotion de leurs enfants.

Dans le système français, ce mariage entre l'école et la famille a été vite bousculé par une série d'événements, jusqu'au grand éclatement des lois de Jules Ferry, qui affirment fortement le primat de « l'école institution » sur « l'école service ». Pour Jules Ferry, « seule l'école a le droit d'éduquer ». L'école, c'est la raison et la famille, c'est la superstition et la religion ; l'école, c'est la langue nationale et la famille, c'est le patois ; l'école, c'est l'égalité des chances et la famille, c'est l'hérédité des privilèges ; l'école, c'est le lieu où l'on fait abstraction des inégalités psychologiques et sociales, où l'on revêt ensemble l'aube mystique qu'est la blouse pour se rendre en commun, indépendamment des différences qui séparent, disponibles à la raison qui s'expose.

Ces principes de «l'école institution» peuvent être critiqués. Ils n'en restent pas moins des principes régulateurs essentiels. J'ai tendance à penser, m'inscrivant dans cette tradition française, que l'école ne peut pas être un service dans notre société, et que sa qualité ne peut pas être jugée à la satisfaction des usagers. Il existe au moins deux ou trois, peut-être quatre institutions qui, ainsi, échappent à la satisfaction des usagers comme critère de qualité. Personne ne défendrait l'idée que la qualité de la justice se mesure à la satisfaction des justiciables. Ni que la qualité d'une armée se mesure à la satisfaction des militaires. De la même manière, la qualité d'une école ne se mesure pas et ne peut pas se mesurer à la satisfaction des élèves et de leurs parents, mais à sa capacité à promouvoir les valeurs qu'elle affiche et qu'elle cherche à incarner. Aussi l'école ne peut pas être un service parce qu'elle forme des hommes et qu'elle ne fabrique pas des produits. Elle travaille sur le long terme et ne s'enferme pas dans la productivité à court terme. Elle ne s'inscrit pas dans un marché, mais elle contribue à la promotion de l'humanité.

LA «CRISE» DE L'ÉCOLE ET SES FACTEURS

Cette école «institution», échappant aux pressions de la société civile et des usagers, est aujourd'hui en crise. Dans un département français, j'ai étudié les protestations des parents depuis 1884 jusqu'à 1975, auprès des autorités académiques. De 1880 jusqu'à 1955-1960, on ne trouve pas une seule trace de protestations des familles contre les programmes, la pédagogie, les attitudes des instituteurs, y compris contre l'usage des châtiments corporels. Les seules protestations qui émanent des familles concernent la qualité de la nourriture à la cantine ou l'absence de chauffage; ce sont des protestations importantes, puisque, à l'époque, les écoles étaient mal entretenues. Elles concernent aussi quelques petits et rares problèmes de mœurs. Autrement dit, jusqu'en 1960-1965, les familles ne se mêlent pas de pédagogie.

Dans l'histoire de l'institution scolaire française, un évènement déclencheur introduit les familles dans le débat éducatif, un évènement largement fantasmatique – mais chacun sait que les fantasmes sont sociologiquement décisifs. Cet événement, c'est la publicité faite à l'introduction de «la méthode globale» pour l'apprentissage de la lecture. Celle-ci déclenche chez les parents une volonté d'intervenir dans la gestion de l'école, y compris sur le plan pédagogique. Les premiers courriers trouvés témoignant d'un interventionnisme des familles sur l'école émanent de parents qui s'insurgent contre l'usage de la méthode globale. Dans la plupart des cas, ces parents protestent en dépit du fait que la méthode globale n'est pas utilisée dans les classes de leurs enfants. Mais il y a un mouvement d'opinion, sans doute très fort dans les années 1960, qui laisse penser que la méthode globale déferlerait partout, qu'on n'apprendrait plus à déchiffrer aux élèves et qu'on formerait de cette manière des générations d'analphabètes. Peu importe d'ailleurs l'élément déclencheur, l'important est que, depuis lors, la montée en puissance de l'interventionnisme des familles dans l'école est exponentielle et, d'année en année, croît avec une rapidité considérable.

Ainsi, dans les six dernières années, les recours des parents devant les décisions des enseignants (de redoublement ou d'orientation) ont été multipliés par plus de vingt. Sur ces recours, on estime qu'environ deux sur trois ont satisfaction. De plus, on observe qu'en dehors de ces recours statutaires, qui sont effectués par des parents relativement bien informés des règles et du fonctionnement scolaire, une série de « recours d'influence » sont souvent effectués par les travailleurs sociaux pour les enfants des familles populaires, qui considèrent qu'il est injuste que seuls les enfants des familles fortunées bénéficient de défense et de recours au sein du système scolaire. On pourrait multiplier les exemples. Ainsi, depuis cinq ou six ans, en France, nous voyons fleurir un peu partout des classes pour élèves dits « surdoués ». Dès la première année de secondaire, alors que la loi interdit la constitution de classes homogènes, les établissements introduisent subrepticement des classes bilingues, européennes, scientifiques ou artistiques, qui permettent à ceux qui savent que l'on s'y retrouve entre soi, entre « gens bien », entre enfants de parents qui lisent *Le Monde* et *Télérama*, d'échapper d'une manière efficace à l'hétérogénéité sociale qui devrait être la règle, si l'on en croit les textes officiels.

Nous avons donc un effondrement de l'« école institution » au profit d'une montée de l'« école service ». Pour ceux et celles qui cherchent à échapper à cette logique de service, la situation est difficile. Comment pourrions-nous retrouver, d'une manière précise, de quoi fonder une institution ? Car l'institution n'a pas le marché comme instrument de régulation, elle a plutôt des valeurs comme fondement axiologique. La difficulté, c'est qu'on ne peut pas maintenir une « école institution » contre l'« école du marché », si l'on ne sait pas à quels principes forts l'adosser.

L'école publique n'a plus guère de valeurs à afficher. Et, quand on n'a plus de valeurs à afficher, on n'a plus rien à opposer à la vague déferlante de la demande consumériste. Certains chefs d'établissements sont aujourd'hui dans une situation complexe, avec des élèves qu'ils sont obligés de « ghettoïser » à l'interne pour ne pas se retrouver eux-mêmes « ghettoïsés » à l'externe. Ils ne savent pas quoi dire aux parents qui viennent les voir et qui leur disent : « Écoutez, Monsieur, je ne laisse mon enfant dans votre établissement que si vous le sortez de cette 6ᵉ E et que vous le mettez dans la 6ᵉ A, avec les bons élèves et les fils d'enseignants… sinon je l'envoie ailleurs. » Que peut répondre le chef d'établissement à une famille qui lui dit cela ?

Peut-il vraiment affirmer : « Madame, Monsieur, la mixité sociale est une richesse et l'hétérogénéité des classes une expression de la devise de la République – Liberté, Égalité, Fraternité – dont je suis le garant. » Qui croit encore ce discours ? Des chefs d'établissements de banlieues constatent parfois que, sur 600 à 800 élèves, ils ont de l'ordre de 40 à 60 élèves dont ils pensent qu'ils pourront s'en sortir. Ces chefs d'établissements demandent alors : « Que faire avec ces 40 ou 60 élèves ? On les met dans une bonne classe, dans un coin tranquille où il n'y aura pas trop de chahut. On se débrouille pour enlever tous les gêneurs. On leur donne les professeurs dont on sait qu'ils tiendront le coup et qu'ils ne craqueront pas en cours d'année. Et puis on laisse les autres de leur côté… Ainsi on a des chances de garder ces 40 à 60 élèves. Mais, si on les mélange avec les autres, en deux ans on les aura tous perdus. »

UN « BIEN COMMUN » POUR L'ÉCOLE

Quelles valeurs pouvons-nous opposer à cette logique infernale et mettre en avant pour refuser cette marche forcée vers une politique de « l'école marché » ? Nous ne pouvons nous opposer à cette fuite en avant que si nous réinventons ensemble un « bien commun » pour l'école.

C'est pourquoi, si nous voulons résister à cette montée de « l'école marché », du primaire au supérieur, il nous faut disposer d'un référent et dire au nom de quoi nous voulons y résister. Or, le bien commun est difficile à réinventer aujourd'hui ; il est d'autant plus inaccessible dans une institution scolaire où chacun est plutôt à la recherche de ses intérêts individuels. Chacun d'entre nous, en tant que parents, si nous avons à choisir, nous choisirons, dans la situation actuelle, ce qui est le plus favorable pour nos enfants. Et nul ne peut nous jeter la pierre. Nul ne peut dire à quelqu'un qui fait cela qu'il est un mauvais citoyen, qu'il est anti-démocrate, qu'il est anti-républicain… simplement parce qu'il cherche à préserver ses enfants de situations difficiles et à ménager leur avenir.

Nous ne sortirons donc pas de la situation en stigmatisant les comportements individuels. A fortiori, en organisant une police des dérogations à la carte scolaire. De telles pratiques conduiraient inévitablement à renforcer encore l'opposition entre les enseignants et les parents. Le véritable enjeu est politique : il consiste à mettre en place des moyens qui permettent de passer d'une école centrée sur la somme des intérêts individuels à une école centrée sur le bien commun.

Cette absence de continuité entre la somme des intérêts individuels et le bien commun est une rupture fondamentale qui pourrait peut-être représenter une première plate-forme en termes d'accord. Car c'est peut-être là que se situe la frontière entre le libéralisme et une forme d'organisation politique républicaine que l'on veut à la fois plus humaine et plus régulée. La res publica affirme que la somme des intérêts individuels ne permet pas d'accéder au bien commun mais, pour autant, elle ne considère pas ces intérêts individuels comme illégitimes. Elle invite plutôt à les confronter, à les dépasser, à s'exhausser au-dessus d'eux dans des instances où l'interargumentation rigoureuse prend le pas sur les rapports de force. Chacun d'entre nous a légitimement le souci de trouver les meilleures conditions de scolarisation pour son enfant. Nous n'avons pas à nous culpabiliser pour cela. En revanche, en tant que corps politique, nous avons à nous poser les questions qui concernent le choix des valeurs qui régissent l'organisation du système scolaire.

Un « bien commun pour l'école » pourrait être ce que Jürgen Habermas appelle le « patriotisme constitutionnel ». Ce dernier considère que le « patrio-tisme », en tant qu'adhésion à une « idée commune », est une nécessité : il est constitutif du corps social dans son unité. Il ajoute que nous ne pouvons plus aujourd'hui fonder le patriotisme sur une adhésion à des contenus spécifiques de certains groupes sociaux, mais que nous pouvons le fonder sur une adhésion à des structures. C'est-à-dire sur une adhésion à une forme qui permet l'expression de la socialité. Nous retrouvons chez Habermas une espèce de « kantisme sociologique », qui fait du patriotisme l'objet de la condition de possibilité même de l'organisation sociale. Ce que nous avons à aimer, c'est moins telle ou telle organisation sociale, dit Habermas, que les conditions de possibilité de l'existence d'une organisation sociale, c'est-à-dire d'une sociabilité entre les hommes. Ce « patriotisme constitu-tionnel » pourrait s'organiser autour de deux pôles. D'une part, il doit comporter la recherche d'une « culture commune », ce qui n'implique pas l'éradication des cul-tures spécifiques, mais impose de trouver des langages permettant, en dépit de la diversité des uns et des autres, de se parler, de se comprendre et de travailler ensem-ble. D'autre part, à côté de cette culture commune, il faut construire un rapport commun à la Loi fondatrice du sursis à la violence et susciter l'adhésion de chacun à cette Loi. Certes, pour cela, l'expression de « patriotisme constitutionnel » peut apparaître excessive. Mais elle signifie la capacité à faire adhérer – parce qu'il y a bien de « l'adhésion » nécessaire dans la constitution du corps social – les individus à une valeur transcendante qui n'est plus du registre nationaliste, mais qui est de l'ordre de ce qui rend possible ce qu'Emmanuel Levinas appelle « la paix » entre les hommes. C'est-à-dire la coexistence pacifique d'individus dans des institutions qui ne se limitent pas à la juxtaposition d'entités communautaires.

Ainsi, le patriotisme constitutionnel pourrait être l'objectif majeur de l'école. L'école n'écarterait pas la possibilité pour les gens d'avoir des affinités élec-tives mais elle focaliserait son effort sur le sursis à la violence, la construction de la loi, l'acquisition des langages fondamentaux, l'identification de ce qui réunit les hommes en dehors de leurs différences.

UNE PÉDAGOGIE DU «MONDE COMMUN»

À partir de ces considérations, peut-être pouvons-nous voir émerger des principes pédagogiques pour un «monde commun», selon la célèbre formule d'Hannah Arendt. Dans *Condition de l'homme moderne*, celle-ci prend la métaphore des joueurs de cartes et elle explique que nous sommes aujourd'hui dans une situation étrange: compte tenu de la rapidité avec laquelle s'effectuent les mutations transgénérationnelles, compte tenu de l'accélération vertigineuse des savoirs, nous sommes dans la situation de joueurs qui verraient la table sur laquelle ils jouent disparaître. Et, comme la table disparaît, les joueurs de cartes n'ont plus comme seule solution que de se jeter les cartes à la figure. Pour une école qui mettrait le patriotisme constitutionnel au cœur de son projet, le grand défi, c'est de reconstruire la table… pour que l'on puisse à nouveau jouer, parler, échanger et que l'on n'en vienne pas systématiquement à l'injure, à la violence ou à l'indifférence réciproque.

Pour illustrer cette «pédagogie du monde commun», dix éléments paraissent essentiels. Dix principes susceptibles d'aider à sortir de cette oscillation infernale entre le consumérisme scolaire et l'irresponsabilité sociale.

POUR «UNE PÉDAGOGIE DU MONDE COMMUN»	
1. Contre la «pédagogie bancaire»	… pour une «pédagogie du sens»
2. Contre la «pédagogie du produit»	… pour une «pédagogie du processus»
3. Contre une «pédagogie des règlements arbitraires»	… pour une «pédagogie de la construction de la loi»
4. Contre une «pédagogie de la sujétion»	… pour une «pédagogie de la construction de l'objet» et de l'apprentissage du débat
5. Contre une pédagogie du rapport de forces «parents/professeurs»	… pour une «pédagogie de la spécificité et de la complémentarité des rôles»
6. Contre une pédagogie des «parents usagers»	… pour une pédagogie des «parents citoyens»
7. Contre une «pédagogie de la concurrence»	… pour une «pédagogie du recours»
8. Contre une «pédagogie du palmarès»	… pour une «pédagogie de l'évaluation plurielle et négociée»
9. Contre une «pédagogie libérale»	… pour une «pédagogie de la qualité»
10. Contre une «pédagogie de l'isolement dans le confort»	… pour une «pédagogie de la solidarité active»

Premier principe: contre une pédagogie bancaire, promouvoir une pédagogie du sens, c'est-à-dire une pédagogie qui s'attache à dégager des savoirs qui font sens pour les élèves et non pas simplement qui sont utiles pour celui qui se les approprie. Il est temps que la pédagogie accepte l'apport anthropologique qu'elle a trop longtemps considéré comme mineur. Quand Claude Lévi-Strauss écrit, à propos des peuples primitifs dans *La pensée sauvage*, que «les choses ne sont pas connues pour autant qu'elles sont utiles, mais qu'elles sont déclarées utiles pour autant qu'elles sont connues», il énonce, me semble-t-il, sur le plan symbolique, quelque chose qui est absolument essentiel dans la construction du lien social, à savoir la priorité du symbolique sur le fonctionnel. La priorité du sens sur le marché, de ce qui répond aux questions fondatrices de l'humain, par rapport à ce qui est du ressort de la réussite immédiate dans des entreprises à court terme.

Un énorme travail est à faire pour que les élèves accèdent à l'école en ayant le sentiment qu'elle n'est pas un supermarché. Pour qu'ils soient convaincus que les savoirs qu'ils vont y découvrir s'inscrivent profondément dans leur histoire et sont une manière, au-delà des générations, au-delà des différences qu'ils ont entre eux, de les réunir dans une quête commune d'universalité. Ainsi dit, cela peut paraître prétentieux, mais prenons quelques exemples élémentaires. Michel Develay cite souvent l'exemple de la petite fille de huit ans à qui la maîtresse explique : «Voilà une graine, on la plante, elle fait un arbre et cet arbre fait des graines qu'on plante et qui font des arbres et ainsi de suite.» Puis la petite fille dit : «Madame, et la première graine?» Et la maîtresse lui répond : «Tais-toi, tu ne peux pas comprendre, tu poseras cette question quand tu seras grande.» On a tendance à juger la maîtresse durement. Mais si nous avions été dans cette situation, qu'aurions-nous fait? Nous savons gagner du temps : «C'est une très bonne question.» Mais après? Après, nous sommes bien ennuyés parce que nous avons le sentiment que l'école a perdu les questions; elle n'enseigne plus que des réponses. Elle enseigne des réponses déconnectées des questions qui les ont fait émerger. Ainsi, au bout du compte, l'enfant ne vient plus à l'école que pour apprendre à passer des examens et à faire les exercices que l'école lui propose de réussir.

Si l'on veut lutter contre la pédagogie bancaire et l'école supermarché, il faut inscrire l'acte pédagogique dans sa dimension anthropologique. Ce que j'enseigne n'est pas un moyen de réussir une épreuve, c'est d'abord un moyen d'y voir plus clair, de mieux comprendre les questions que je me pose, que nous nous posons, que l'humanité se pose en dépit de nos différences d'appartenance culturelle, de sensibilité sociale, philosophique ou religieuse. Toutes les disciplines scolaires ont été créées et construites par les hommes pour répondre à des questions fondamentales.

Patrick Mendelshon raconte cette anecdote découverte dans les archives de Berne: des soldats s'étaient perdus sur la frontière, quelque part dans les Alpes. Ils étaient désespérés. Ils trouvent alors un morceau de carte au fond d'un sac à dos. À partir de ce morceau de carte, ils réussissent à regagner un village et leur cantonnement. Or, au cantonnement, on observe cette carte et on s'aperçoit que... c'est une carte des Pyrénées. On voit bien qu'ici «le symbolisme surdétermine le fonctionnel». La carte exerce une fascination sur les enfants et sur les hommes qui n'est pas d'ordre technique. Cette fascination renvoie à la question anthropologique : où est ma place, où est mon territoire, où est le territoire de l'autre ? Nous sommes fascinés par les vieilles cartes, les vieilles mappemondes et les vieux manuscrits qui décrivent des villes englouties et des trésors perdus. Mais l'école, pour autant, n'est pas capable de nous faire aimer la géographie et il nous faut aller voir *Indiana Jones* pour retrouver le goût des cartes ! Comment l'école a-t-elle pu faire autant d'élèves qui ne supportent pas la géographie, alors que tous les enfants qui la fréquentent ont du mal à trouver leur place et leur chemin ? Sans doute la géographie n'a pas été inscrite dans sa dimension anthropologique, mais a été réduite à une dimension bancaire, à un savoir fossilisé dans un échange, où l'on apprend simplement pour restituer le jour de la composition et pour oublier ensuite.

Deuxième principe : contre la pédagogie du produit, développer une pédagogie du processus. La pédagogie du produit s'en tient à ces choses visibles que sont les copies ou les productions des élèves. Produits visibles, utiles et néces-saires, mais qui nous font parfois oublier que le plus important n'est pas ce que l'on peut observer sur la copie, c'est ce que l'élève aura acquis et construit à l'occasion du travail sur cette copie. Dire cela n'est pas banal. Cela renverse radicalement ce qui se passe dans la plupart des classes françaises où la copie devient l'objet en soi, où l'on est persuadé que c'est la copie qui compte et donc, par exemple, que l'on peut copier sur son voisin : ça n'a pas d'importance, puisque c'est le résultat et la note qui seront véritablement retenus. Or l'enseignant doit incarner une exigence différente. Pour lui, le résultat n'est qu'un « indicateur » accessoire, l'important est plus durable, plus profond et plus permanent : c'est ce que chaque élève a construit dans sa tête et acquis à l'occasion du travail qu'il a effectué sur une copie, à l'occa-sion de la réalisation d'une maquette, d'un dessin, d'un journal ou de n'importe quelle autre activité scolaire.

Une école qui évalue les produits et n'évalue pas les progressions est une école qui érige le marché en méthode de fonctionnement pédagogique. Elle peut dénoncer, par ailleurs, toutes les manipulations des multinationales, mais elle fait la même chose. Évaluer les produits et ne pas voir en quoi ces produits sont occa-sion de progression, ne pas identifier les progressions et s'y attacher avant tout, c'est mettre l'objet à la place du sujet, au cœur du dispositif. Cela signifie que la question de l'évaluation est une question centrale.

Troisième principe : contre une pédagogie des règlements arbitraires, pour une pédagogie de la construction de la Loi. Une école qui impose des règle-ments arbitraires, aujourd'hui, ne peut plus fonctionner. Elle ne sait plus que pro-mettre en échange du respect de ses règlements. Il y a quelques années, l'école pou-vait dire à un élève : « Travaille, tiens-toi tranquille, et tu réussiras. » Aujourd'hui, chacun sait bien que l'on peut dire : « Travaille, tiens-toi tranquille... », mais que si l'on ajoute «tu réussiras!», tout le monde va en douter. Trop de contre-exemples sautent aux yeux.

La promesse scolaire, après avoir joué sur la mobilité sociale, est aujourd'hui usée jusqu'à la corde. On ne peut plus promettre la mobilité sociale en échange de l'obéissance aux règles scolaires. Ça ne trompe plus personne. Donc, l'obéissance aux règlements ne peut se construire que dans la menace. Et, contre la menace ou le dressage, ce qui est important, pour lutter contre l'école du marché, c'est de travailler ensemble, au quotidien, à la «construction de la Loi». La construction de la Loi, c'est la mise en place du sursis à la violence, du débat démocratique, de la capacité de parler entre soi. Cela suppose de mettre en place des rites. Ça ne se fait pas miraculeusement. Il faut y travailler au quotidien. Il est étonnant de voir comme notre société bascule dans un juridisme extraordinaire quand il s'agit des adultes, auquel elle oppose un idéalisme total quand il s'agit des enfants. Quand deux paysans se disputent un mètre carré de terrain, il faut, en général, trois à quatre ans de procédures, plusieurs mètres cubes de dossiers, des procureurs et des juges, un jury, des greffiers et une série de personnes entogées pour que les deux paysans n'en viennent pas aux mains et éventuellement trouvent un accord. Mais, quand deux élèves ont des difficultés à se parler, on se contente de leur dire: «Écoutez-vous tranquillement. Écoutez-vous tranquillement!» L'exhortation semble suffire lorsqu'il s'agit d'éducation ou de formation alors que nous mesurons au quotidien, quand il s'agit de justice par exemple, que la mise en place et le respect d'un rituel sont absolument nécessaires.

Quatrième principe: contre une pédagogie de la sujétion, pour une pédagogie de la construction progressive de l'objet. Un objet, ce n'est pas un donné pour un enfant. Ce dernier, dans les premiers mois de son existence, ne sait pas ce qu'est un objet extérieur à lui. L'enfant pense que l'objet existe à l'intérieur de sa pensée et que celle-ci peut transformer l'objet. L'enfant pense que si les nuages passent au-dessus de son berceau et qu'il se met à faire froid, c'est qu'il a fait une bêtise et que les nuages sont là pour le punir. L'enfant ne sait pas qu'il existe, dans le monde, des relations «objectales»: il y a des événements extérieurs à lui qui ne dépendent pas de lui. Tout ce qui se passe est interprété.

Cette petite fille, avec laquelle s'entretenait une de mes étudiantes récemment, illustre bien cette difficulté de construire une relation objectale. La maîtresse lui dit: «Ton père a acheté une voiture 60 000 FF, il la revend 50 000 FF, combien a-t-il perdu?» La petite fille lui répond: «Nous n'avons pas 60 000 francs… Et puis, on achèterait une voiture de 60 000 francs, on ne la revendrait pas 50 000. De toute façon, je ne peux pas faire le problème car je n'ai pas de père.» Que cette petite fille dise cela est émouvant. Elle vit dans un monde où l'exercice scolaire n'a aucune extériorité par rapport à sa propre subjectivité personnelle. Sa subjectivité et tous les problèmes qu'elle porte viennent enfermer l'ensemble des problèmes scolaires qui lui sont proposés. Ainsi, tout est réinterprété sur le mode de sa psychologie propre.

Or, le rôle de l'école c'est, précisément, la construction de l'objet, de l'articulation sujet-prédicat : « De quoi je parle ? » et « Qu'est-ce que j'en dis ? » Il faut que nous puissions dire de quoi nous parlons, pour que nous puissions en dire quelque chose et confronter ce que nous en disons. « La terre tourne autour du soleil » : de quoi je parle ? De la terre. Et qu'est-ce que j'en dis ? Je dis qu'elle tourne autour du soleil. La configuration sujet-prédicat est la configuration structurante du rapport à la réalité. Je dois dire quel est mon « sujet » et « qu'est-ce que je dis » de ce sujet ? Car, ce sujet, j'en dis quelque chose que je confronte à ce que l'autre en dit et, de cette confrontation, naît progressivement quelque chose qui peut ressembler, si ce n'est à l'objectivité, du moins à l'objectalité. C'est pourquoi l'expérimentation scientifique dans la classe, par exemple, est un moyen important de développer un rapport à l'objet qui soit un rapport de construction et non pas un rapport de sujétion et qui fasse aussi que l'objet, dans son extériorité, ne soit pas posé comme étant, fantasmatiquement, complètement incorporé dans le sujet.

Nous dénonçons la société marchande et ses méthodes publicitaires. Quel est l'objectif de la publicité ? C'est d'incorporer l'objet à la personne, c'est-à-dire de casser ce rapport d'objectalité : « Vous êtes jeune, vous avez les bas "machin", le parfum "truc", l'objet est incorporé en vous. Si vous n'incorporez pas l'objet, vous n'êtes pas sujet. » Le travail de l'école est de désincorporer l'objet, de l'objectaliser, de poser l'objet dans son extériorité pour qu'on puisse en parler et exercer sur l'objet un regard critique, discuter sur cet objet. C'est d'expérimenter la résistance des choses à la toute-puissance de notre imaginaire.

Cinquième principe : contre une pédagogie du rapport de force parents-professeur et pour une pédagogie de la complémentarité des rôles : les parents c'est la filiation ; l'école c'est l'instruction. Si nous voulons que les parents fassent leur travail, ne leur demandons pas de faire celui des enseignants. On ne peut simultanément dénoncer l'interventionnisme des parents dans l'école et renvoyer une partie essentielle du travail des élèves à la maison, sous la responsabilité des familles ou des répétiteurs qu'elles peuvent payer. Ces deux attitudes sont incompatibles. Si nous dénonçons l'interventionnisme des parents, alors soyons des professionnels de l'apprentissage et ne renvoyons pas aux familles la responsabilité d'apprentissages essentiels, comme ces apprentissages méthodologiques déterminants que sont : apprendre une leçon, réviser un contrôle, faire une carte, lire un livre, préparer un exposé, faire une fiche de lecture et toute autre chose que l'on fait généralement à la maison, après avoir reçu quelques vagues consignes en classe.

Sixième principe: contre une pédagogie des parents usagers et pour une pédagogie des parents citoyens. Une des responsabilités des syndicats, des forces sociales et politiques est de s'interroger sur les modes de représentation des parents dans l'école. En France, par exemple, dans les conseils de classe qui décident de l'orientation des élèves, il y a des parents élus et je m'en réjouis. En revanche, je suis partisan que ce ne soit pas des parents élus parmi les parents d'élèves de la classe. Mais que ce soit plutôt des parents élus qui ne représentent pas «les intérêts des usagers» mais qui incarnent le point de vue des «parents citoyens». Une réflexion doit être menée pour permettre aux parents de s'exprimer dans les écoles, comme citoyens et non pas comme usagers.

Nous ne pouvons pas, en effet, reprocher aux parents de ne s'exprimer que comme usagers et ne leur donner que des occasions de s'exprimer comme usagers, en revendiquant sur les notes, en défendant leurs enfants, etc. Si nous cantonnons les parents dans des revendications d'usagers, ils ne s'exprimeront pas comme citoyens. Nous avons donc à inventer de toute urgence des structures scolaires pour que les parents puissent s'exprimer comme citoyens et pas seulement comme des usagers. Ce travail de fond me paraît conditionner la construction de l'institution.

Septième principe: contre une pédagogie de la concurrence et pour une pédagogie du recours. La pédagogie de la concurrence, c'est ce à quoi nous assistons actuellement: des établissements mis systématiquement en concurrence les uns avec les autres dans un véritable marché scolaire. Quand j'évoque une «pédagogie du recours», cela signifie qu'au sein de l'établissement scolaire, un élève en difficulté avec un enseignant doit pouvoir aller trouver un autre enseignant pour lui en parler. C'est d'ailleurs un recours auquel font appel tous ceux qui peuvent se payer des répétiteurs privés ou tous ceux dont les parents ont acquis suffisamment de culture pour pouvoir jouer ce rôle. Si nous n'installons pas des recours dans l'école, nous laissons se créer la concurrence entre les écoles. S'il n'y a pas des recours pour l'élève qui n'a pas compris, pour l'élève qui veut faire relire sa dissertation, pour l'élève qui veut qu'on lui réexplique sa leçon, s'il n'y a pas des recours au sein de l'institution, inévitablement ce recours se développera à l'extérieur et dans les formules privatisées. Soyons clair: tant que le recours ne sera pas dedans, les élèves et leurs parents iront le chercher à l'extérieur et nous ferons le lit des officines privées de soutien scolaire, nous encouragerons cette floraison de pseudo manuels scolaires qui aujourd'hui se substituent aux véritables livres: «Comment réussir à…», «Comment faire une dissertation…», «Comment apprendre à lire…», «Comment faire ceci ou cela… le plus vite possible et en investissant le moins possible d'énergie?»

Huitième principe: contre une pédagogie du palmarès, pour une pédagogie de l'évaluation plurielle et négociée. À l'école des palmarès, à l'école où l'on publie des résultats bruts de réussite aux tests ou aux examens, comme on le fait en France, il faut substituer une école de l'évaluation plurielle et négociée. Je ne suis pas hostile à ce que l'on évalue les établissements, dont les lycées. Mais actuellement, qu'est-ce que l'évaluation des lycées? C'est l'évaluation des résultats au baccalauréat, pondérée par un certain nombre de variables sociologiques ainsi que par les taux d'exclusion ou de redoublement. Je suis partisan qu'on associe les parents et les élèves et qu'on fasse une véritable évaluation plurielle, prenant en compte un ensemble de critères diversifiés. L'accueil des parents, la participation des élèves à la vie démocratique, la relation avec le tissu associatif de proximité, la richesse du centre de documentation, la qualité de l'ouverture culturelle, les locaux, etc., tout cela doit être pris en compte. Il faut donner une indication sur chacun des critères, avec des objectifs de progression à respecter. On peut ainsi négocier, en interne, sur les priorités et ouvrir le champ pour faire de l'évaluation un outil de pilotage concerté et non pas un outil de classification au service de la concurrence et du marché.

À partir du moment où, sur un établissement, nous n'avons plus un seul critère (les résultats scolaires interprétés à travers une seule grille de lecture), mais un ensemble d'items, on pourra négocier les indicateurs utiles et, sur ces indicateurs, apporter des éclairages différents. Les établissements pourront alors s'emparer de ces éléments pour progressivement améliorer la qualité du service public d'éducation auquel ils participent. Décréter qu'on ne va plus classer les établissements est de la pure hypocrisie. Tout le monde classe les établissements. La solution n'est pas de décréter qu'on ne va plus les classer, mais plutôt de les classer sur d'autres types de critères que le seul critère obtus, limité et biaisé méthodologiquement, qu'est celui des résultats scolaires traditionnels. Est ainsi substituée à la pédagogie des palmarès, la pédagogie d'une évaluation plurielle et négociée.

Neuvième principe: contre une pédagogie libérale, pour une pédagogie de la qualité. Un des problèmes majeurs du système éducatif qui alimente le plus le libéralisme, c'est le fait que l'innovation, dans toutes ses formes et, en particulier, sous ses formes les plus élaborées et généreuses, n'est pas prise en compte par la hiérarchie. Or, à force de ne pas la prendre en compte, on finit par décourager les innovateurs, voire les inviter à aller faire ce travail dans le privé... puisque le secteur public n'en veut pas. Un des problèmes de l'institution scolaire, c'est de savoir si elle saura intégrer ses propres innovateurs, ses propres élites, au lieu de considérer que tout ce qui bouge, change les habitudes, modifie les façons de penser, doit être écarté et peut-être même doit être pénalisé.

Je considérerais comme un échec patent, grave, si aujourd'hui, en 2003, un Célestin Freinet devait ouvrir une école privée parce que l'enseignement public ne lui permettrait pas de travailler et de faire part de la qualité de ses innovations en son propre sein... Si nous voulons éviter la privatisation de l'innovation, il faut accepter d'aider d'une manière préférentielle les gens qui travaillent et qui produisent de la qualité dans le service public. L'ignorance de cela fait le lit de la privatisation.

Dixième principe : contre une pédagogie de l'isolement dans le confort et pour une pédagogie de la solidarité active. L'isolement dans le confort vise l'ignorance dans laquelle nous nous tenons au regard des immenses problèmes des pays du Sud en matière éducative. J'espère que, dénonçant les effets de «l'école du marché», et regrettant ensemble que 50% des habitants de la planète aient soif, nous serons capables de les abreuver, si ce n'est d'eau, du moins d'informations pédagogiques pour qu'ils ne se laissent pas manipuler par une information par trop unilatérale.

Il n'y a pas incompatibilité entre le combat politique et le combat pédagogique. Bien au contraire : il y a non seulement conjonction nécessaire, mais exigence impérieuse de mettre en cohérence nos actions pédagogiques au quotidien et nos prises de positions politiques.

2

L'OBLIGATION DE RÉSULTATS EN ÉDUCATION : DE QUOI S'AGIT-IL ? LE CONTEXTE QUÉBÉCOIS D'UNE DEMANDE SOCIALE, UNE RHÉTORIQUE DU CHANGEMENT ET UNE EXTENSION DE LA RECHERCHE

Claude LESSARD
Université de Montréal

INTRODUCTION

Un peu partout et de plus en plus, il est aujourd'hui question en matière de services publics d'obligation de résultats. Cette expression charrie un cortège de « concepts » et d'outils plus fréquemment utilisés en management qu'en éducation : efficacité, efficience, rendement, productivité, gestion de la qualité, quête d'excellence, reddition de comptes, imputabilité, évaluation des institutions comme des acteurs, plan de réussite, normes ISO, compétition ou « coopétition », régulation par le marché, approche-client, approche par compétences, système de primes au rendement, indicateurs, standards, etc. Il y a toute une rhétorique managériale à l'œuvre ici, de même qu'un langage de performance et de contrainte de rendement.

La notion de résultats n'a pas la même connotation que celles de finalité ou de mission. Elle est plus réductrice. La distinction entre les notions d'institution et d'organisation peut être ici utile. Convenons que les institutions remplissent des missions, alors que les organisations poursuivent des objectifs, ceux-ci étant traduisibles en résultats précis. Les institutions sont investies par la société d'une mission qui leur donne sens et vie : en théorie, elles sont habitées par un idéal fort mais jamais parfaitement atteint, toujours en partie trahi par la dure réalité et ses contraintes, mais sans cesse présent comme horizon de valeurs. La notion de projet éducatif, dans son sens plein, participe de cette logique institutionnelle. Par ailleurs, les organisations – du moins les organisations « mécanistes » – sont des machines plus ou moins bien huilées produisant des résultats. En général, les résultats dont il est question sont mesurables et la progression dans le temps est transposable sur un plan géométrique. Si une institution actualise sa mission, c'est-à-dire si elle fait ce qu'elle doit faire, ce qui est bon et juste qu'elle fasse, y compris dans la coordination des moyens à sa disposition, une organisation cherche la meilleure liaison moyens-fins; on dira qu'elle est tout absorbée par la rationalité dite instrumentale et stratégique. Les résultats ou les produits de l'organisation, tels que mesurés objectivement, révèlent une progression, une régression ou une stagnation, toutes qualités pouvant justifier diverses formes d'action et d'intervention. Dans la réalité, les services publics participent à ces deux logiques et le bon sens nous indique que les marier, être efficace dans l'actualisation de sa mission, harnacher la logique instrumentale à la poursuite de nos idéaux les plus nobles est valable. Mais il n'en demeure pas moins qu'aujourd'hui plusieurs s'inquiètent de ce qu'une trop forte critique des services publics et leur soumission à la logique de l'efficacité, telle que conçue au sein de l'entreprise privée, n'évacuent la dimension institutionnelle ou ne réduisent celle-ci qu'à ce qui serait compatible avec une forme de rationalité instrumentale étroite. Il y a là un enjeu fondamental sur lequel nous reviendrons.

Reconnaissons tout de suite que cet enjeu n'est pas nouveau et qu'il a accompagné tout au long du XXᵉ siècle la généralisation de l'enseignement et la démocratisation de l'enseignement secondaire d'abord, puis de l'enseignement post-secondaire. Ainsi, c'est au début des années 1960 que Callahan a publié un ouvrage intitulé *Education and the Cult of Efficiency* (1962), ouvrage qui avait eu à l'époque un certain retentissement, du moins parmi celles et ceux qui contestaient alors la forme scolaire «industrielle». Dans cet ouvrage, Callahan montrait que la généralisation de l'enseignement secondaire aux États-Unis au tournant et durant les premières décennies du XXᵉ siècle, avait donné lieu à une pression forte du monde des affaires et de la gestion publique, afin qu'on organise les écoles secondaires suivant les principes alors triomphants du management scientifique et du taylorisme. Il y aurait eu comme un mariage de raison entre une demande sociale forte d'éducation secondaire et une théorie du management estimant que la manière efficace et économique d'y répondre consistait à organiser l'école, l'enseignement, le curriculum et ses objectifs, les filières de formation, la division des tâches entre les enseignants, la supervision de leur travail par la direction, etc., suivant les principes du taylorisme. En extrapolant un peu la pensée de Callahan, on pourrait soutenir que l'école secondaire du XXᵉ siècle en Amérique du Nord n'aurait pas été d'abord et avant tout fondée sur le découpage universitaire des disciplines; celui-ci plutôt se serait fondu dans les principes du taylorisme.

Tyack et Cuban (1995) ont récemment rappelé que les années 1960 et 1970 avaient aussi été marquées par diverses tentatives de transposer en éducation des modes de gestion, notamment financière, développés dans le secteur de l'entreprise privée. Qui ne se souvient du *Program Planning and Budgeting System* (PPBS), et du *Management by Objectives* (MBO), ou encore du *Zero Based Budgeting* (ZBB), tous trois directement importés de l'industrie. Ces systèmes devaient, promettait-on, permettre de mieux cerner les objectifs prioritaires d'une organisation, rationaliser l'allocation des ressources en fonction de l'atteinte de ces objectifs, générer des données objectives sur le fonctionnement des unités et rendre celles-ci plus imputables.

Plus récemment, Pinar (1995) a proposé un type d'analyse du même ordre, insistant sur le fait que les réformes éducatives récentes cherchaient à rapprocher l'école et son activité de celles valorisées par ce qu'il appelle la «nouvelle corporation», assez éloignée de l'entreprise bureaucratique traditionnelle et tout orientée vers le travail d'équipe, la polyvalence des acteurs, la flexibilité structurelle et les unités autonomes, les projets, la créativité et l'investissement des travailleurs, l'approche-client, etc. Dans tous les cas, de Callahan à Pinar, en passant par Tyack et Cuban, et malgré près de quarante ans de distance, s'exprime la même idée : l'école, en tant qu'organisation, est soumise à une logique que Derouet (1992) appelle «industrielle».

D'une certaine manière donc, rien de nouveau sous le soleil.

Mais aujourd'hui de quoi s'agit-il au juste ? Minimalement, et à titre de point de départ, on pourrait convenir que l'expression «obligation de résultats» *exprime une pression sociale forte en faveur d'un système éducatif plus «performant».* On peut même parler d'une certaine impatience, notamment des médias, à l'endroit de l'école. Des diplômés de l'enseignement obligatoire qui ne savent ni lire ni écrire convenablement, cela fait de plus en plus scandale dans une société fortement médiatisée et constitue un «résultat» inacceptable ; des taux de redoublement et d'abandons scolaires dépassant les 30 %, une proportion élevée de jeunes qui obtiennent leur diplôme d'études secondaires après un long détour à l'éducation des adultes, des «cégépiens/lycéens» qui prennent deux fois plus de temps que prévu pour effectuer leur programme, des étudiants universitaires qui prennent dix ans à rédiger une thèse, bref, un système qui produit retards et échecs mérite à son tour une mauvaise note. J'ai volontairement choisi des indicateurs quantifiables de rendement ; j'aurais pu tout aussi bien lister des indices plus qualitatifs : des élèves diplômés sans repères historiques, préférant, lorsqu'ils s'adonnent à la lecture, Stephen King à Ducharme, Tremblay ou Proust, ou encore des élèves incapables d'écrire un texte sans fautes et d'y coucher une pensée claire et structurée, des élèves aux valeurs citoyennes en retard sur l'évolution sociale, des élèves passifs, sans appétit intellectuel et sans méthode de travail, etc. L'obligation de résultats, dans ce contexte, et du point de vue de l'État, apparaît alors comme la reconnaissance de cette demande sociale – au Québec, elle s'est exprimée aux États généraux de 1996 – et comme une tentative d'imposer une contrainte forte, affirmée et si possible assumée par les acteurs, en faveur d'une formation de plus grande qualité. Dans les schèmes administratifs actuels, cette qualité recherchée se mesure par des indicateurs plus souvent qu'autrement quantitatifs.

Cette obligation de résultats, dans le cadre de la décentralisation, est déléguée aux unités du système, aux ordres d'enseignement et aux établissements pris un à un. L'État contraint les établissements à mieux performer, fixant des seuils et des cibles ou, comme il arrive dans les cas des établissements universitaires, en permettant à ceux-ci de participer à la définition même des seuils, des indicateurs et des cibles. Ce qui donne lieu, vous l'aurez deviné, à une intéressante partie de bras-de-fer entre le pouvoir central et les établissements, une fascinante négociation de l'autonomie et de la reddition de comptes, avec à terme fort probablement, dans le cas des universités, un infléchissement de la mission universitaire vers la prise en compte des impératifs de la mondialisation et de l'«économie du savoir». Dans cette joute, certains acteurs gagnent du pouvoir, d'autres en perdent ou doivent reconnaître qu'ils n'en ont jamais véritablement eu!...

Reconnaissance d'une demande sociale, expression d'une impatience et d'une contrainte plus forte, transmise aux unités ainsi responsabilisées, l'obligation de résultats est aussi l'occasion pour l'État de réaffirmer une politique volontariste, interventionniste en éducation, qui s'exprime par les plans de réussite imposés et une rhétorique tout axée sur la nécessité de se ressaisir collectivement, de se dire nos quatre vérités, de se retrousser les manches, de relever les défis d'aujourd'hui et de demain, en se déterminant des cibles concrètes, un horizon temporel, une stratégie et des moyens d'action précis, et en convenant de cela dans une forme de contrat liant les acteurs à l'interne et ceux à l'externe. Ce contrat, nous a appris tout récemment le ministre de l'Éducation du Québec, prendra la forme d'un plan de réussite approuvé par le conseil d'établissement et, si je comprends bien, par la hiérarchie scolaire (la Commission scolaire, le Ministère). Je rappelle que le ministère de l'Éducation du Québec a demandé à l'automne 2000 à tous les établissements primaires et secondaires de lui soumettre un plan de réussite, c'est-à-dire un document comprenant une analyse de la situation, construite à partir d'indicateurs quantitatifs de rendement dont les valeurs sont fournis par le Ministère, ainsi qu'un plan d'amélioration spécifiant des cibles précises et un horizon temporel déterminé (3 ans).

Les plans de réussite sont la suite logique de l'évaluation institutionnelle. Dans le contexte des années 1990 et des coupures budgétaires, bon nombre d'institutions éducatives se sont lancées dans des opérations de planification stratégique et de réingénierie, souvent appuyées sur des processus d'évaluation institutionnelle. Le Conseil supérieur de l'éducation, dans son rapport annuel 1998-1999, consacré à l'évaluation institutionnelle en éducation, montre bien que des écoles, des commissions scolaires (C.S. des Sommets, C.S. Val-des-Cerfs, C.S. de Montréal, C.S. Marie-Victorin) et un consortium d'institutions anglophones ont des projets et des réalisations en ce domaine et que le milieu de l'éducation québécois n'a pas attendu la rentrée 2000 et l'annonce des plans de réussite pour se mettre en mouvement dans une perspective de reddition de compte et de transparence.

Une chose est certaine : nous entrons en éducation dans l'ère de la *transparence*. Si les organisations scolaires connaissent depuis un bon moment la planification stratégique et savent construire des plans de développement, elles doivent dorénavant réaliser ces opérations au grand jour, le grand jour des conseils d'établissement et des usagers en général, et celui des médias en particulier. Il est clair que cette transparence n'est pas toujours facile à vivre, comme en témoignent nos expériences avec les palmarès d'établissements.

On peut toujours se consoler en constatant que l'éducation n'est pas seule à goûter à cette médecine. Il s'agit en fait d'un virage majeur de l'ensemble des institutions publiques, comme en témoigne la loi 82 sur l'administration publique et sa modernisation. Le Premier ministre du Québec, dans le discours inaugural de la 36ᵉ législature de l'Assemblée nationale (3 mars 1999) a été on ne peut plus clair là-dessus :

> toute la fonction publique québécoise sera appelée à se réinventer... Nous comptons lancer une profonde modernisation de la fonction publique qui mettra l'accent sur la qualité des services aux citoyens et sur l'atteinte de résultats mesurables. La réforme que nous proposons donnera davantage de liberté d'action à des gestionnaires imputables.

Le ministre J. Léonard, président du Conseil du Trésor et ministre d'État à la Fonction publique, souligne pour sa part qu'« il est reconnu que la compétition qui résulte de l'ouverture des marchés n'affecte pas uniquement les entreprises privées. Elle affecte également les gouvernements. Ainsi le potentiel économique d'un État ne dépend plus uniquement de son secteur privé. Il dépend également du coût et de la qualité des services publics. Il faut donc porter une attention particulière à la contribution économique imputable au fonctionnement de l'État. » Selon lui, le nouveau contexte rend impérieux la mise en place d'un nouveau cadre de gestion combinant « écoute des citoyens, qualité des services, recherche de la performance, transparence quant aux choix stratégiques et quant aux réalisations, responsabilisation, imputabilité devant les parlementaires », bref, un « changement de culture... d'une culture de gestion des processus à une culture de gestion des résultats ».

Je voudrais dans le cadre de ce texte aborder l'obligation de résultats en éducation sous quatre angles : d'abord, le contexte historique qui, à mon avis, donne sens à l'expression ; ensuite, la rhétorique du changement véhiculée, ses contradictions, l'irritation qu'elle me cause, en même temps que ma volonté de ne pas en rester là ; puis, les relations entre la pression sur les résultats et la recherche actuelle en éducation, notamment la recherche sur les écoles efficaces et sur l'effet-établissement ; enfin, je soulèverai les enjeux qui me semblent les plus importants. Je vais surtout me centrer sur l'établissement, comme lieu d'une obligation de résultats et n'aborderai que de manière partielle l'obligation de résultats des pouvoirs organisateurs intermédiaires et centraux. Je m'autorise à déblayer le terrain et poser des questions, sans nécessairement fournir des réponses à toutes.

LE CONTEXTE HISTORIQUE

L'école primaire de mon enfance – celle des années d'après-guerre – était soumise, pour employer les catégories managériales d'aujourd'hui, à l'obligation de moyens. Elle était publique, même si les religieux y assumaient la gestion et l'enseignement. Elle existait comme école de quartier, accessible à tous et gratuite ; il y avait des classes en nombre suffisant, des enseignants brevetés, des manuels, des tableaux, un gymnase, une petite bibliothèque et une cour de récréation. Les enseignants étaient tenus de respecter les programmes détaillés – appelés à l'époque « programmes-catalogues » – du département de l'Instruction publique ; la direction de l'école, supervisant les plans de cours et l'évaluation des élèves, l'inspecteur du DIP, et pour l'enseignement religieux, le visiteur ecclésiastique veillaient à ce que l'enseignement se déroule suivant le scénario réglé d'avance. L'État estimait que sa responsabilité première en matière éducative était d'assurer les moyens appropriés ; la compétence des enseignants se mesurait à leur conformité idéologique, leur soumission aux règles scolaires établies et à leur capacité à couvrir le programme d'enseignement dans le temps imparti. Suivant une conception conservatrice de l'égalité des chances, il revenait à chaque élève de profiter de la chance offerte, la responsabilité de l'État se limitant à fournir cette chance.

Ce n'est pas qu'à l'époque les résultats étaient sans importance : le jeune élève que je fus, tout comme les enfants d'aujourd'hui, a ressenti l'obligation de réussir, la contrainte d'apprendre imposée par l'école et la famille ; il fallait savoir lire et écrire à la fin de son primaire, maîtriser son histoire sainte et la vision mythique de l'histoire du Canada qu'on nous apprenait, être en somme de bons catholiques et de bons patriotes. Cependant, le fait que la majorité des élèves ne dépassaient pas la quatrième année n'était pas cause de scandale, et pas davantage le fait que très peu de finissants du primaire poursuivaient leurs études au secondaire et que, parmi ces derniers, à peu près un sur trois seulement terminait son cours classique, bref, qu'à peine 4 % d'une génération se rendaient à l'université, tout cela, pour beaucoup de gens, était dans l'ordre des choses, dans l'ordre des talents, des dons et des motivations, comme dans l'ordre de la hiérarchie sociale du Québec traditionnel.

La Révolution tranquille, suivant cette lecture, apparaît comme la transposition aux ordres post-primaires de l'obligation de moyens jusqu'alors assumée par l'État à l'école primaire. Réponse à une demande forte d'éducation, elle-même liée à la prospérité économique d'après-guerre et au baby-boom, la Révolution tranquille donna certes lieu à plusieurs types de changements éducatifs – politiques, administratifs, curriculaires, pédagogiques, etc. –, mais pour mon propos, elle apparaît comme une formidable entreprise de mise en place d'établissements post-primaires, de classes, de professeurs brevetés, de programmes scolaires, de manuels, de bibliothèques et d'équipements culturels de toute sorte, etc. L'État assuma le rôle de maître d'œuvre, de véritable entrepreneur en développement éducatif, et y allant rapidement, estimant la situation urgente et le rattrapage impérieux.

Nous sommes donc demeurés pour l'essentiel dans la logique de l'obligation de moyens, ceux-ci augmentant considérablement et devenant accessibles à tous, partout. C'est l'élément de continuité avec la période précédente. Cependant, on a aussi voulu transformer et moderniser les moyens d'une part, et les coordonner dans un système planifié et relativement centralisé, d'autre part : des programmes-cadres d'abord, puis des programmes par objectifs, faisant appel au professionnalisme des enseignants et leur laissant une marge de manœuvre significative sur le plan curriculaire, la transformation de l'inspectorat en fonction d'animation et de conseil pédagogique, des maîtres en poste formés aux méthodes dites actives et des futurs maîtres formés à l'université, des manuels entièrement refaits, et des outils didactiques et des stratégies pédagogiques tendant à mettre l'élève au centre de ses apprentissages, un système d'évaluation des apprentissages pour une bonne part sous le contrôle des institutions, etc. C'est l'élément de changement par rapport à ce qui précédait et qui traduisait la révolution culturelle alors vibrante. Il en est résulté beaucoup de choses, notamment une certaine effervescence pédagogique qui fit du Québec une terre d'innovation scolaire courue et appréciée partout, mais il se répandit aussi assez rapidement la perception que l'école publique, notamment au secondaire, mais aussi au collégial, encadrait mal ses trop nombreux élèves, que les enseignants syndiqués y avaient une trop grande latitude, qu'ils étaient «inattaquables» et «inamovibles», et que le milieu de l'éducation publique en général participait d'une culture fortement rébarbative à toute évaluation externe. À telle enseigne qu'un ministre de l'Éducation s'interrogea sur la valeur du diplôme que son ministère émettait, mais sur lequel il avait le sentiment de ne pouvoir exercer un quelconque contrôle de qualité. L'école privée fit ses choux gras de cette perception, grignotant tout au long de cette période des parts du marché de l'enseignement secondaire et collégial.

Paradoxalement, cette modernisation des moyens alla de pair avec une forte centralisation. L'école de mon enfance, dont l'identité était fortement marquée par la communauté religieuse qui y assumait l'enseignement et par les autorités locales qui l'administraient, devint une unité d'un système plus grand, le lieu d'actualisation d'une politique nationale et l'espace où se matérialisait un ensemble de contraintes liées à la gestion des personnels et de leur carrière, aux règles de financement et au régime pédagogique. Alors, toutes les écoles apparurent semblables, parce qu'organisées de la même manière et soumises aux mêmes politiques.

Pas plus qu'avant la Révolution tranquille, il serait faux de croire qu'au cours de cette période, les résultats du système éducatif étaient sans importance, mais le résultat le plus important pour l'État était certainement l'accessibilité accrue, une accessibilité qui d'ailleurs dépassa assez rapidement les prévisions. On se souvient que la Commission Parent, se fondant sur la courbe normale de distribution de l'intelligence au sein d'une population, estimait que les deux tiers des élèves du secondaire et du collège devaient obtenir de ces institutions un diplôme d'études professionnelles terminal, alors qu'un tiers seulement des collégiens devait se diriger vers l'université. Les résultats, faut-il le rappeler, ont largement défait cette prévision, la majorité des diplômés du secondaire et du collégial étant issus du secteur général et les taux de passage inter-ordres dépassant les premières anticipations.

Assez rapidement, on constata cependant que la provision de moyens ne garantissait pas une véritable démocratisation du savoir, les inégalités sociales devant l'éducation se transformant en inégalités dans l'éducation et en inégalités de résultats. Cela posa problème pour plusieurs, car après tout, la réforme scolaire des années 1960 fut faite au nom de l'égalité des chances. La région de Montréal, la Commission des écoles catholiques de Montréal et le Conseil scolaire de l'Île de Montréal jouèrent ici un rôle de premier plan, documentant ces inégalités, les reliant à une carte de la pauvreté et de la défavorisation, et mettant en place des moyens supplémentaires pour les écoles ciblées : des divers plans de l'Opération renouveau au programme actuel de l'École montréalaise, toute une batterie de mesures et de moyens a été au fil des ans mise en place, et ceux-ci furent suivis et évalués : des enseignants-ressources, des agents de liaison avec la communauté, des maternelles 4 ans, des programmes destinés aux parents, des activités de sensibilisation culturelle, des repas et des collations, etc. Bref, des moyens supplémentaires afin de rapprocher les résultats de ces écoles de la moyenne d'ensemble.

Puis, à la fin des années 1970, le vent tourna : je dois faire vite, alors exagérons le trait et disons tout de go que les comptables et les économistes remplacèrent les sociologues et les pédagogues ! Un peu partout en Occident, et peut-être un peu plus rapidement dans les pays anglo-saxons ou influencés par eux, on travailla fort à convaincre l'opinion publique et, par ce biais, la classe politique, qu'il fallait réduire les déficits gouvernementaux, la taille de l'État et ses missions, en appeler à la société civile et à la responsabilité individuelle et éventuellement réorganiser l'État de sorte qu'il soit plus efficace et centré sur un minimum de fonctions incontournables. Aujourd'hui, à peu près personne ne conteste cette priorité : nos partis politiques divergent plutôt sur le calendrier de réalisation et sur son extension. Je rappelle qu'il nous a fallu plus d'une décennie pour nous convaincre qu'il fallait passer par là, du moins sur le plan des restrictions budgétaires, et pour que nos élus se sentent autorisés à passer à l'acte. Dans la même veine, en éducation, il nous a fallu aussi à peu près vingt ans pour se convaincre que la décentralisation était une bonne chose, vaincre les résistances, notamment syndicales, et passer à l'acte. Ce qui nous arrive aujourd'hui n'est donc pas une lubie passagère d'un ministre issu de l'entreprise privé et de passage au gouvernement : c'est le fruit d'une lente évolution et de rapports sociaux conflictuels ; on peut faire l'hypothèse que cette lente gestation est en quelque sorte garante de ce que « le nouveau modèle » ou « la nouvelle configuration » du système éducatif est en voie de consolidation et possède toutes les chances d'être dans une position dominante pour un bon moment.

Une rhétorique alliant l'inéluctabilité de la mondialisation, les valeurs du néo-libéralisme, les bienfaits du libre-échange, la liberté d'entreprise et la figure du gagnant ou de l'excellence, à une critique dure de l'État-providence, pléthorique, bureaucratique, coûteux, inefficace et incapable de contrôler ses coûts, eut tôt fait, lorsqu'appliquée à l'éducation, de faire émerger la problématique de l'obligation de résultats telle que nous la connaissons aujourd'hui. En effet, les comptables, à la recherche d'économies et d'efficience, commencèrent à poser des questions auxquelles il était difficile de répondre et piégées : nous dépensons x millions de dollars en formation continue des personnels, qu'est-ce que cela rapporte au plan des apprentissages des élèves ? Idem pour l'ensemble des mesures pédagogiques en milieux défavorisés ? Dans ces milieux, est-ce bien le rôle de l'école de nourrir les enfants ? Au sein du réseau public, a-t-on besoin de tous ces cadres intermédiaires, le secteur d'enseignement privé se débrouillant avec bien moins de « chefs » ? La Commission scolaire est-elle une structure efficace et encore aujourd'hui pertinente ? Et le Conseil scolaire de l'Île de Montréal ? Le Conseil des Universités ? Le Conseil supérieur de l'éducation ? Ne pourrions-nous pas fonctionner tout aussi bien sans ces organismes coûteux et « loin du front » ? Les enseignants ont-ils vraiment besoin de quatre années de formation universitaire, dont deux en pédagogie ? La charge de travail des universitaires est-elle suffisante ? Notamment, pour ceux qui apparaissent peu actifs en recherche. Et les « cégépiens » qui échouent des cours, jusqu'à quand allons-nous comme société continuer à les subventionner ? Pourquoi ne pas taxer l'échec ? Etc.

Évidemment, ces questions embarrassantes ont mis les principaux concernés sur la défensive, comme s'ils étaient coupables d'exister et de dépenser des ressources de plus en plus rares. Cela contribua à nous faire intérioriser la pensée économico-gestionnaire dominante derrière l'obligation de résultats : comment, en effet, échapper à pareille logique à la fois globale et culpabilisante ?

Cette pensée dominante ne considère pas qu'il faille réduire substantiellement les budgets investis en éducation. Au contraire, les économistes estiment toujours qu'il y a là une obligation impérieuse pour quiconque veut assurer le développement économique d'une société, et une participation de celle-ci à ce qu'ils appellent l'« économie du savoir ». Ils ont raison sur ce point. Cependant, ils sont partisans de cibler les dépenses, de s'assurer qu'elles rapportent quelque chose, donc de les contrôler et d'en mesurer les effets. À leurs yeux, l'important n'est pas toujours le niveau des ressources consenties, mais leur utilisation. Cela est plein de sens, mais cela en inquiète néanmoins plusieurs – dont votre humble serviteur – qui y voient une manière déguisée de remettre en cause l'obligation de moyens traditionnellement assumée par l'État.

Paradoxalement, l'État, qu'on souhaite soumettre à une cure drastique d'amaigrissement, n'a pas cessé d'intervenir en éducation au cours des dernières années, et pas seulement pour des raisons financières : il est loin de se retirer du jeu, et conserve son droit de faire une politique éducative globale et ambitieuse. Le cas du Québec, comme celui de plusieurs autres pays, est exemplaire à cet égard. En effet, au Québec, ces dernières années, on a multiplié les réformes structurelles : fusion et déconfessionnalisation des commissions scolaires, décentralisation et révision des rapports entre l'établissement scolaire et la commission scolaire, nouveau régime de relations aussi entre les enseignants, la direction de l'établissement et les représentants de la communauté siégeant au conseil d'établissement et, tout récemment, les contrats de réussite. Nous entrons aussi dans un vaste chantier qui va nous occuper pour dix bonnes années : une réforme curriculaire alliant des programmes par compétences, une organisation pédagogique par cycles et une évaluation des apprentissages construite sur des bases nouvelles. Bref, des changements multiples dont on connaît mal à ce jour la chimie qu'ils créent en se juxtaposant et se croisant les uns les autres.

S'il y a expression d'une contrainte de résultats, celle-ci s'accompagne d'une contrainte tout aussi forte à changer les façons de faire. Ainsi, la loi 180 crée les conseils d'établissement et accorde aux parents de réels pouvoirs décisionnels au sein de ces conseils ; ceux-ci doivent apprendre de nouveaux rôles ; ils ne sont plus uniquement le parent de Julie ou de Mathieu, mais aussi des citoyens engagés dans la gestion d'un service public ; ils doivent s'impliquer, participer, cogérer. Cela dépasse l'injonction traditionnelle à soutenir le travail de l'école et des enseignants. De leur côté, les enseignants sont obligés d'assumer une autonomie professionnelle collective plus grande, la concertation entre eux et avec les autres acteurs, ainsi que le travail d'équipe ; ils doivent décider d'objets sur lesquels traditionnellement ils avaient tendance à s'en remettre aux autorités scolaires; enfin, les directions d'école doivent, suivant la rhétorique actuelle, devenir des managers, des entrepreneurs, des visionnaires, sans oublier leur capacité à trouver quelque argent supplémentaire... L'obligation de résultats, c'est aussi cela: des rôles aux exigences revus à la hausse.

Que les acteurs visés expriment des résistances et des ambivalences, rien de plus normal: une bonne partie d'entre eux n'ont pas demandé ces changements qu'on leur demande maintenant d'assumer au plus vite. Les parents consommateurs d'école n'ont pas nécessairement la fibre citoyenne forte; des enseignants ayant appris à la dure et seuls le métier n'ont pas nécessairement une envie folle d'«inventer un métier nouveau», surtout s'il s'accompagne d'une forte précarisation de l'emploi et une dévalorisation sociale, et des directions d'école dont traditionnellement la marge de manœuvre fut fortement encadrée par les politiques de la commission scolaire, le régime pédagogique et la convention collective des enseignants; ma foi, ces directions peuvent s'accommoder fort bien de leur «impuissance relative», reportant sur le «système» et ses contraintes toute la responsabilité des résultats.

Les changements actuels dans l'ordre des moyens ont aussi pour caractéristiques d'être à la fois flous et très «structurants». Il faut renoncer au redoublement, reconnaît-on: cette pratique est dispendieuse et de peu d'effets réels, ou plutôt, elle a des effets négatifs (Paul, 1996). Oui mais demandent les enseignants peu convaincus, on le remplace par quoi? Le cycle d'apprentissage est certes une bonne idée, il a le potentiel d'assurer tout à la fois un meilleur encadrement des élèves et de mieux prendre en compte les caractéristiques de chacun, mais quelle forme doit-il prendre? Pour quelle durée? Avec quels modes de regroupement d'élèves? Et quel gouvernement interne? Quels rapports entre les cycles? Quelle évaluation des élèves et des enseignants? Des questions passionnantes pour les pédagogues, mais auxquelles peu de réponses fermes et éprouvées sur une grande échelle et sur une durée convaincante existent présentement. Je pourrais faire le même exercice avec l'approche par compétences et les notions de compétences transversales: cela existe-t-il? Cela s'enseigne-t-il? Cela s'évalue-t-il? Si oui, comment?

La réponse que je donne à ce type de questions consiste à dire qu'il nous faut construire ensemble ces réponses et ces dispositifs en fonction de ce que nous savons, de ce que nous sommes, des caractéristiques de nos milieux respectifs et du mouvement d'ensemble de l'école que nous voulons impulser avec nos partenaires. Il n'y a pas en ces matières, pour reprendre une expression que l'on retrouve dans la littérature anglo-saxonne sur le changement, de *blueprint*, un prêt-à-porter uniforme; il n'y a qu'un *framework*, un cadre souple mais néanmoins exigeant, qu'il nous revient d'habiter, d'animer et d'actualiser tout en le transformant. Le beau discours sur l'empowerment ou sur le praticien auteur de sa pratique s'inscrit dans cette conception du changement-processus et de la pédagogie comme pratique collective à construire et à éprouver. J'adhère à cette conception du changement et de la pédagogie, tout à la fois socio-constructiviste et professionnalisante. Mais pareille approche du changement est-elle compatible avec l'obligation de résultats? Aussi, comment persuader les parents que nous ne considérons pas leurs enfants comme des «cobayes»?

Force est de constater que dans le contexte de l'obligation de résultats, une version trop exclusivement comptable des plans de réussite, la compétition accrue entre établissements et les palmarès, de même qu'une stratégie de changement alliant une forte contrainte au plan des moyens et un rythme d'implantation à la fois rapide et uniforme, tout cela risque d'amener les acteurs à jouer très prudemment, à jouer gagnant, et ce rapidement, en adoptant et récompensant les pratiques qui risquent de donner de bons résultats à court terme. L'obligation de résultats donne-t-elle le droit à l'erreur, à l'innovation véritable, au travail à moyen et à long terme sur autre chose que ce qui assure des rendements élevés à des tests? Si l'obligation de résultats est là, surplombante et incontournable, comment les pédagogues réussiront-ils à ruser avec elle afin de donner une véritable chance à des bonnes idées pédagogiques de passer l'épreuve de la réalité et de se traduire en pratiques à la fois efficaces et conformes aux conceptions modernes de l'apprentissage et du développement de la personne? Comment les administrateurs scolaires réussiront-ils à soutenir les acteurs dans leur gestion des injonctions paradoxales que des stratégies de changement véhiculent: pour les parents, consommer l'éducation sur un marché compétitif / être un citoyen de la cité éducative; pour les enseignants, appartenir à un collectif enseignant responsabilisé, innover et inventer de nouvelles pratiques / assurer la réussite de tous et en réduisant les délais et les retards; accepter la reddition de comptes et une certaine précarisation; pour les gestionnaires, assumer le cadre de la politique éducative nationale, faire de son école une cité tout en la gérant comme une entreprise moderne, souple et efficace; accepter la transparence et gérer ses effets parfois démoralisants, comme à chaque fois que les médias publient des palmarès. Pas simple du tout, cela!

Le contexte actuel combine donc l'obligation de résultats à la décentralisation, l'autonomisation et la responsabilisation des établissements insérés dans un quasi-marché éducatif, la transparence dans les rapports entre les acteurs locaux et le questionnement des «acquis», une redéfinition à la hausse de leurs rôles, des changements à la fois flous et très «structurants» au plan des moyens, ainsi que l'accélération du rythme de changements par ailleurs multiples. Comme si une mutation du système était en cours, un nouveau modèle en voie de consolidation, sans que l'image du point d'arrivée soit, pour tous, claire, et sans que les effets d'interaction des multiples changements soient connus et intégrés.

LA RHÉTORIQUE DU CHANGEMENT

La rhétorique actuelle, axée sur le changement et imprégnée des sciences sociales contemporaines, lorsqu'appliquée à l'éducation, combine un ensemble de termes familiers. Attardons-nous quelques instants à trois éléments de cette rhétorique. Ces trois éléments sont les couples moyen/résultat, interne/externe et soutien/pression.

Il est courant d'entendre dire que l'obligation de résultats responsabilise les acteurs au plan des moyens et qu'elle les laisse libres de leur choix et de leur combinaison dans une stratégie d'action adaptée aux conditions locales. Il y aurait ici un progrès, une étape dans la professionnalisation des métiers de l'éducation et de la formation, dans la mesure où l'on cesserait de s'assurer de la conformité des comportements pour s'orienter davantage vers le partage d'une vision commune, et l'investissement de chacun dans la construction de dispositifs donnant, toutes choses étant égales, les résultats escomptés. Comme bien d'autres, je tiens ce discours devant mes étudiantes en formation des maîtres.

J'ai montré dans la section précédente que cette distinction est, du point de vue de l'État, toute relative, tout comme l'autonomie de l'acteur au plan des moyens. À ce propos, la réforme de la formation des maîtres des années 1980 est un bel exemple d'une intervention qui modifie tant les résultats que les moyens et dispositifs de formation. En effet, non seulement a-t-on fait en sorte que les parties conviennent de résultats ou de compétences attendus du futur enseignant, mais les standards de formation imposés aux universités spécifiaient les moyens et les processus de formation jugés les plus aptes. Ce qui explique d'ailleurs pourquoi, à quelques détails près, tous les programmes québécois de formation d'enseignants se ressemblent grandement, du moins sur papier. La plupart des agences nord-américaines d'accréditation des formations professionnelles post-secondaires procèdent ainsi, déterminant ce que l'on pourrait appeler des standards d'input et de processus, et ne se limitant pas uniquement à des standards d'output ou des compétences ou profils de sortie. Il n'est pas dit que ce type d'approche ne touchera pas les ordres primaire et secondaire, comme en fait foi les travaux américains actuels sur des *opportunity to learn standards*, c'est-à-dire des normes de qualité du processus de formation primaire et secondaire.

L'obligation de résultats peut avoir comme effet pervers de renforcer ce que les américains appellent une tendance toujours latente de *teach to the test*, c'est-à-dire d'enseigner en fonction de l'évaluation à venir. Tyack et Cuban (1995) rapportent un petit scandale qui a secoué les États-Unis il y a quelques années, lorsqu'on découvrit qu'une firme privée, engagée pour assurer mieux que l'école publique l'apprentissage d'une catégorie d'élèves difficiles, connut des bons résultats à des tests, précisément parce que, de l'aveu même des élèves, elle enseignait les réponses aux tests dont elle avait eu copie avant l'examen fatidique! La pression des résultats peut donc ici à toutes fins utiles rendre toute théorique l'autonomie professionnelle des enseignants ou celle d'un établissement, tous deux contraints à performer à tout prix pour survivre, attirer de bons élèves ou tout simplement, pour garder le moral. Ainsi que l'exemple mentionné l'illustre, une trop forte pression sur les résultats amène parfois les acteurs à tricher.

En fait, au-delà du débat sur une véritable décentralisation ou d'une prise de conscience des effets pervers de l'obligation des résultats, convenons que, du point de vue du pédagogue, la distinction moyen-résultat n'est pas aussi évidente qu'elle peut l'être dans un autre secteur d'activités où le produit est le résultat d'un processus de fabrication mécanique, entièrement gouverné par la rationalité instrumentale. Tardif et Lessard (1999) ont explicité ailleurs cette distinction entre le travail industriel et le travail avec, sur et pour l'humain; rappelons simplement que dans l'enseignement, le processus et le produit du travail sont indissociables, et la manière dont le processus est mené informe et colore le résultat, comme en témoignent les débats entre diverses tendances pédagogiques; celles-ci ne sont pas neutres, uniquement appréciables à l'aune de l'efficacité; elles sont habitées par des finalités et ne peuvent en être détachées.

Un autre couple fréquemment utilisé est le couple interne/externe. Le discours est connu: le système éducatif est incapable de se transformer de l'intérieur; il a une formidable force d'inertie et est capable de neutraliser toute velléité de changement. Le «système», c'est la bureaucratie, le syndicalisme enseignant, et prétendent certains, les sciences de l'éducation. Cette alliance à trois bloquerait tout depuis quarante ans, d'où l'insupportable discours sur la décadence de l'humanisme, la «barbarie» ambiante et le «tout fout le cas». Il y a une version québécoise à ce discours, incarnée récemment par les auteurs de *Main basse sur l'éducation* (1999). Le vif débat français entre les «pédagogues» et les «tenants des savoirs», de même que les propos récents du ministre démissionnaire Allègre témoignent de la même vision d'un interne bloqué et d'un externe insufflant le nécessaire changement.

Cette vision est en bonne partie fausse. L'école a beaucoup changé au cours des dernières décennies et elle change encore; sauf qu'elle n'évolue pas toujours suivant les visées des autorités de tutelle, mais est travaillée par des forces sociales et culturelles aux impacts multiples, profonds et à long terme. Certes, une certaine forme scolaire se maintient, malgré de profondes fissures; mais dans ce moule, combien d'éléments profondément différents de ceux d'autrefois!

Si l'interne est bloqué, la rhétorique veut que seule la pression externe puisse engendrer un «vrai» changement. L'obligation de résultats est fondée sur l'idée d'une pression externe forçant les établissements à convenir d'un contrat avec des cibles de rendement claires, et un horizon temporel explicite, étant assumé qu'ainsi l'institution scolaire se mettra en mouvement et organisera son fonctionnement de manière efficace et efficiente. Lors d'un séminaire international tenu le printemps dernier par la Direction régionale du ministère de l'Éducation et portant sur les politiques et les mesures de soutien en milieux défavorisés, des cadres scolaires américains et britanniques ont été explicites sur ce point. Je leur emprunte, tout en le traduisant, le schéma suivant. Il combine deux variables : le soutien et la pression, la carotte et le bâton. La combinaison maximale des deux est pour eux la définition même de l'obligation de résultats.

Nouvelle régulation de l'éducation

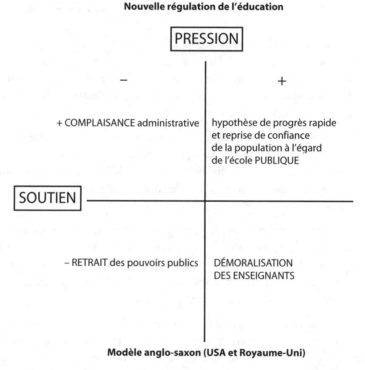

PRESSION

−   +

+ COMPLAISANCE administrative

hypothèse de progrès rapide
et reprise de confiance
de la population à l'égard
de l'école PUBLIQUE

SOUTIEN

− RETRAIT des pouvoirs publics

DÉMORALISATION
DES ENSEIGNANTS

Modèle anglo-saxon (USA et Royaume-Uni)

Une double question leur fut alors posée : que faire si les résultats ne sont pas au rendez-vous ? Et quelles récompenses prévoit-on pour les « gagnants » et quelles sanctions pour les « perdants » ? À la première question, les collègues londoniens et de Chicago répondirent à l'unisson : on ferme l'école, on renvoie à la maison tout le personnel, du concierge au directeur, sans oublier les enseignants ; puis, puisque les élèves ont besoin d'une école publique de quartier à la prochaine rentrée, l'autorité scolaire met sur pied un comité de relance et on repart l'année suivante sur des bases neuves. Souvent, une portion significative des enseignants de l'ancienne école sont rappelés, surtout ceux dont l'évaluation montre un lien positif entre leur enseignement et l'apprentissage des élèves, tel que mesuré par des tests objectifs. C'est ainsi qu'à Chicago, nous a-t-on alors appris, sept écoles secondaires furent fermées, puis restructurées. Que pareil exemple ait constitué une pression pour l'ensemble des écoles ne fait aucun doute. En fait, le système d'imputabilité du district scolaire de Chicago est plus raffiné qu'il n'y paraît à première vue: les écoles dites sous-performantes sont classées suivant qu'elles ont besoin de «remédiation», de «probation», de «ré-ingénierie», de «reconstitution», ou d'«intervention de crise». Il y a là une catégorisation du sous-rendement et une gradation dans le type et l'extension du soutien et de l'intervention extérieure. Soulignons que ces classements sont publics et connus des parents, des élèves et du personnel scolaire, sans oublier des médias!... Nul doute que la transparence ici a des effets pervers: dès qu'ils le pourront, les parents auront tendance à fuir ces écoles. Je rappelle que les écoles du district de Chicago, avant la mise en place de ce système combinant obligation de résultats et soutien adapté à chaque contexte, performaient systématiquement en dessous de la moyenne nationale américaine sur les tests standardisés. La situation semble s'améliorer, mais pas de manière drastique. Et il est trop tôt pour tirer quelque conclusion définitive.

Quant aux récompenses pour les écoles performantes et gagnantes, l'esprit de ces orientations mène tout droit à une différentiation des traitements et à des bonifications des ressources à la disposition de l'établissement. Cette tendance est déjà apparente aux États-Unis où une quinzaine d'États ont adopté des systèmes de primes au rendement[1].

Le schème d'imputabilité de Chicago et de Londres ne laisse pas à l'abandon les écoles sous-performantes, il veut au contraire les faire bouger en utilisant au besoin une méthode forte de remise sur rails. Nous sommes loin d'une stratégie «soft» de changement, misant sur l'apprentissage collectif de l'ensemble des intervenants. Il faut se faire violence ou couler à pic...

Mais pour être juste et équitable, cette stratégie suppose que l'école contrôle son environnement et sa «matière première», pour utiliser le langage de l'entreprise privée. Ce qui n'est pas le cas des écoles publiques de quartier. Cela pose la question de la responsabilité de l'école et de ses agents dans l'apprentissage de tous les jeunes. Cette question, faut-il le rappeler, n'est pas théorique, dans un continent friand de procès et de recours judiciaires pour obtenir gain de cause.

---

1.   On peut lire dans l'*Education Analyst*, publié par la Society for the Advancement of Excellence in Education, que la Californie, tout comme quatorze autres États, entend accorder aux enseignants et aux écoles performantes de l'argent supplémentaire. Ces récompenses seront fonction des résultats obtenus par les élèves sur les tests standardisés et sur les gains d'apprentissage en cours de scolarité obligatoire (Stanford 9 achievement test results in grade 2-11).

Il est clair que pareille approche peut avoir des effets inégalitaires à l'échelle d'un système éducatif. Voulant accroître la performance de toutes les unités, elle risque d'élargir les écarts entre les unités au lieu de les réduire. À l'intérieur des établissements, en récompensant les enseignants dont les élèves réussissent le mieux, elle risque aussi d'exacerber l'individualisme déjà légendaire des personnels enseignants de tous les ordres et de réduire au minimum le sentiment d'appartenance à un collectif de travail et une institution[2].

En somme, la distinction moyens-fins pose problème en éducation et malgré la rhétorique, ses conséquences au plan de la gestion ne sont pas souvent respectées par les autorités. Si l'on prend véritablement au sérieux la demande sociale de qualité et la décision de rendre les établissements responsables et imputables, alors il faudrait que les acteurs de l'éducation en toute équité obtiennent une véritable autonomie au plan des moyens. Mais celle-ci n'apparaît que partielle et fragile. Aussi dans le cadre d'une stratégie axée sur la pression externe, la reconnaissance à l'interne de l'excellence individuelle affaiblit le collectif de travail et les valeurs communes. Bref, ces trois composantes d'une certaine rhétorique managériale apparaissent pleines de « bon sens », mais il faut s'en méfier car elles peuvent masquer une forte contrainte au plan des moyens et un soutien plus réduit qu'on aurait cru. Cette rhétorique charrie une stratégie de changement ambiguë, faisant à la fois confiance et pas confiance aux personnels de l'éducation, en appelant à leur professionnalisme, tout en leur demandant de marcher au pas, sinon...

---

2. Les universités sont dans cette logique depuis un bon moment déjà. Un petit exemple banal : récemment, une université québécoise – ce n'est pas la mienne, quoique ça aurait pu l'être – a signifié à son corps professoral la mise au pied d'un système de primes au rendement : une thèse de doctorat effectuée par un étudiant vaut x dollars au professeur, un mémoire de maîtrise une somme un peu moindre, l'obtention d'une subvention de recherche d'un organisme subventionnaire externe s'accompagne dorénavant d'une augmentation de salaire de tant, ainsi de suite jusqu'aux publications dans de grandes revues internationales. Difficile de se sentir appartenir à un collectif de travail lorsque les récompenses sont à ce point individualisées ! Difficile aussi d'investir à fond dans des tâches d'enseignement, quand l'intérêt m'appelle ailleurs. Trop de différenciation renforce les tendances centrifuges et nous mène tout droit à un cul-de-sac au plan de l'institution, comme au plan de l'organisation ainsi réduite à une écurie de chevaux plus ou moins performants et par là, plus ou moins rentables. L'université ressemble de plus en plus à une mosaïque de petits entrepreneurs et cela est inquiétant pour la mission de formation. Comprenons-nous bien : l'université a toujours fonctionné suivant cette logique de l'excellence et de la hiérarchisation des contributions, cela n'est pas nouveau, mais dans les « bonnes » périodes, elle réussissait à trouver un équilibre entre cette logique de sélection naturelle des chercheurs « étoiles » et une logique bureaucratique et collégiale de responsabilisation collective pour l'ensemble des missions institutionnelles. Cet équilibre est présentement menacé par les conséquences, au plan de la gestion des personnels et des carrières, de l'accent mis sur l'excellence, le rendement et la performance.

LA CONTRIBUTION DE LA RECHERCHE EN SCIENCES DE L'ÉDUCATION ET EN SCIENCES SOCIALES

Il existe tout un pan de recherche sur les écoles dites efficaces, à succès, efficientes ou qui font une différence. Il y a aussi une littérature sur l'effet-établissement et sur l'effet-enseignant. De l'Europe et de la France en particulier, s'est constituée aussi au cours des dernières décennies une riche tradition de recherche sur l'établissement (Baillon, Derouet, Demailly, Dutercq, Paty, Grisay, Dubet, Cousin). Inspirée de la sociologie des organisations et de la sociologie politique, cette recherche réalisée dans le contexte de la massification et de la démocratisation de l'enseignement secondaire et post-secondaire, s'est intéressée aux effets démocratisants de l'établissement, c'est-à-dire à la manière dont les établissements sont à même d'atténuer ou d'exacerber les corrélations traditionnelles entre l'origine sociale et la réussite scolaire.

Cousin (1998) a ainsi étudié et comparé 12 collèges par rapport à leur capacité d'amener en trois ans leurs élèves de la 5e jusqu'à l'entrée en seconde. Les résultats de son analyse révèlent qu'à niveau scolaire équivalent, les élèves n'ont pas les mêmes chances de réussir d'un collège à l'autre. Les collèges qui amènent le plus d'élèves à suivre leur cursus scolaire et à aller au lycée «indépendamment de leur origine sociale, sont aussi ceux qui connaissent à la fois le plus fort degré de cohésion sociale entre les acteurs et le plus fort engagement de leur part dans la politique définie par l'établissement» (Cousin, 1998 : 7).

Toutefois cette cohésion et cet engagement ne sont pas suffisants pour enrayer complètement l'échec scolaire et l'amélioration des performances se jouerait pour l'essentiel à la marge, pour les élèves moyens.

L'effet d'établissement apparaît ici comme un impact dont la cause est à chercher dans la capacité de l'institution, et des acteurs qui la composent, à se construire et à se mobiliser comme une entité collective, et non plus comme une juxtaposition de classes, d'heures de cours indépendants et d'individus plus ou moins isolés. Il est donc le fruit d'une action ou d'une coordination volontaire d'un établissement qui n'est pas que le produit d'effets de contexte et d'effets de composition.

Cousin indique aussi que la présence d'un effet d'établissement est principalement ressentie par les acteurs scolaires eux-mêmes. Ainsi, si la mobilisation des acteurs ne semble pas toujours avoir un effet direct sur la réussite des élèves et sur leur comportement, en revanche, il semble incontestable que ce sont dans les établissements où la cohésion est plus présente que les acteurs et principalement les enseignants, vivent le mieux leur métier et que les thèmes de la crise de l'école et des enseignants ou de l'hétérogénéité de la population étudiante sont les moins présents.

Cousin conclut son étude sur une note sinon pessimiste, du moins réaliste et prudente : « Ainsi, l'effet établissement se révèle fragile et soumis aux impératifs contextuels et temporels, il ne permet certainement pas de rendre compte de la totalité des variations de la sélectivité des établissements, ou de leur capacité de proposer des normes et des règles spécifiques » (Cousin, 1998 : 204-205).

Abordons maintenant la littérature anglo-saxonne.

On connaît l'origine américaine des études sur les *school effects* : le rapport Coleman en 1966 (tout comme le paradigme de la reproduction en France, à la même époque) soutient que l'école a peu d'impact ; elle ne corrige pas les inégalités de départ ; elle reproduit les inégalités sociales et culturelles et leur donne une légitimité scolaire. Coleman *et al.*, ayant passé une quantité de variables d'input et de processus dans leur « moulinette » statistique multivariée, montrent que toutes les variables scolaires ont peu d'effet sur l'apprentissage, en tout cas beaucoup moins que l'origine sociale ou le quotient intellectuel de l'élève. De quoi décourager les réformateurs, les administrateurs et les pédagogues, condamnés à n'être que des Sisyphes malheureux et coupables !…

Je rappelle qu'aux États-Unis, le rapport Coleman engendra une politique scolaire fort controversée : le *bussing*, c'est-à-dire la modification obligatoire de la composition sociale et raciale des écoles publiques américaines. Les chercheurs étaient en effet convaincus par les résultats de leurs analyses qu'exposer de jeunes Noirs de milieux défavorisés à un environnement scolaire pour une bonne part composé de jeunes Blancs favorisés modifierait leur image et leur estime de soi, et contribuerait à accroître leurs aspirations scolaires et professionnelles et par là, leurs apprentissages. C'est dans ce type de changement qu'il fallait investir, et pas ailleurs. Coleman et ses collaborateurs étaient convaincus que pour contrer les « effets de contexte », il fallait modifier la composition du corps étudiant et donc construire un « effet de composition ».

Pour la droite conservatrice, les résultats de recherche de Coleman *et al.* confirmaient que l'égalité sociale par l'éducation était une utopie, bien incarnée d'ailleurs dans le *bussing* américain. Pour la gauche libérale ou socialiste, ces mêmes résultats confirmaient que nous habitons bel et bien une société de classes et qu'il était naïf de croire que l'école à elle seule pouvait changer cet ordre des choses. S'il fallait certes intervenir, il ne fallait pas se cantonner dans le champ scolaire, mais investir aussi le social, l'économique et le politique. La CEQ, au Québec, a tenu tout au long des années 1970 ce discours. C'est aussi le message du beau film de Bertrand Tavernier, *Ça commence aujourd'hui*.

Petit à petit le climat intellectuel changea et la ligne d'action des chercheurs se modifia. Dans le champ des sciences sociales, le paradigme de la reproduction fut contesté et l'acteur reprit un peu plus de place et de liberté dans un système certes toujours présent, mais pas aussi déterminé et contraignant qu'on l'avait laissé entendre. Dans le champ éducatif, on commença à affirmer qu'il fallait cesser d'utiliser les facteurs contextuels comme des alibis et des excuses, qu'il fallait aussi éviter de stéréotyper les milieux et les jeunes qui les habitaient, ne pas les enfermer dans un système d'attentes peu élevées, celles-ci engendrant de maigres résultats (la prophétie auto-réalisée), qu'il y avait des exemples probants d'établissements performants dans des environnements difficiles, que toutes les écoles et tous les enseignants ne se valaient pas, ce que d'ailleurs savaient la plupart des parents de classes moyennes, et qu'en toute équité, une école vaut la «valeur ajoutée» qu'elle apporte. Ainsi certaines écoles, même si elles performent bien à des tests de rende-ment, n'apportent guère de «valeur ajoutée», étant donné les caractéristiques socia-les et culturelles de leurs élèves, alors que d'autres, moins bien pourvues au départ, accomplissent un excellent travail, même si cela ne se traduit pas toujours par des résultats comparables à celles d'écoles plus favorisées. C'est cette «valeur ajoutée» qu'il faut mesurer et ce sont ceux qui la produisent qu'il faut récompenser.

Ainsi se constitua un nouveau paradigme de recherche, celui des effets d'établissements, avec pour affirmation emblématique *schools matter*, elles font la ou une différence. Deux affirmations secondaires reliées à cette affirmation centrale nous ont aussi rejoints: premièrement, les variations de rendement entre les écoles sont reliées systématiquement à des variations de climat, de culture et d'ethos scolaire; deuxièmement, grâce à des actions concertées, ces variables peu-vent être transformées. La première génération d'études mis beaucoup l'accent sur les dimensions socio-organisationnelles, en partie parce qu'elles sont plus faciles à mesurer, en partie parce que ces études étaient réalisées par des chercheurs en administration scolaire. La seconde génération des recherches s'attaquent aux pra-tiques pédagogiques et aux caractéristiques des relations profs-élèves en classe, ce qui est plus difficile d'accès et plus complexe.

Des efforts faits pour mesurer la différence liée à l'établissement et à ses enseignants ont permis diverses approximations quantitatives. Une récente analyse (Wendel, 2000) de la littérature estime que l'institution scolaire peut expliquer de 25 à 50 % de la variance des apprentissages des élèves, le reste relevant de facteurs exogènes.

Les chercheurs se sont beaucoup attardés à la question de savoir ce qui pouvait bien se passer dans la «boîte noire de l'école» pour expliquer de pareilles différences. Des analyses statistiques, des études de cas, des monographies, des comparaisons entre établissements réputés performants et sous-performants, ont permis de dégager une liste d'éléments que Wendel (2000: 34) a regroupés de la manière suivante:

1. Un leadership professionnel, à la fois ferme, participatif et visionnaire.

2. Une vision commune et intégrée des finalités et des buts, la cohérence des pratiques, la collégialité et la collaboration.

3. Un environnement d'apprentissage ordonné et attrayant.

4. Une concentration sur l'enseignement et l'apprentissage, optimisant le temps d'apprentissage (*time-on-task*), un fort accent sur les savoirs à maîtriser et un focus sur la réussite.

5. Des attentes élevées et des défis intellectuels bien communiqués aux jeunes.

6. Du renforcement positif, une discipline juste et du feedback.

7. Un suivi (monitoring) des élèves et de leur apprentissage, ainsi qu'une évaluation de l'établissement.

8. L'énonciation et le respect des droits et responsabilités des élèves, une construction de l'estime de soi et un contrôle du travail des élèves.

9. Un enseignement structuré et significatif ; une organisation efficiente, des buts clairs, des leçons structurées et une prestation adaptée et flexible.

10. Une organisation apprenante, une formation continue des personnels *school-based*.

11. Un partenariat avec les parents et la participation de ceux-ci à l'école.

Nous pourrions multiplier les listes dont les éléments confortent souvent une sagesse éducative séculaire, alors que d'autres véhiculent des valeurs éducatives pragmatiques et éprouvées.

Ce courant de recherche anglo-saxon a été soumis à des critiques importantes qu'on ne peut repousser du revers de la main. J'en énumère quelques-unes qui me semblent pertinentes :

1. La mesure du rendement et des performances a souvent reposé sur une vision réductrice de la mission de l'école. Ne mesurant que des apprentissages simples en langue maternelle et en mathématiques, on conforte une vision minimaliste de l'école et de type *back to basics*.

2. Ce sont les enseignants qui produisent l'essentiel des effets sur l'apprentissage, car après tout, l'école, en tant que telle, n'enseigne pas aux élèves. Malheureusement, la recherche anglo-saxonne sur les effets a survalorisé les variables d'école – le climat, le leadership de la direction, le code de vie, etc. – et s'est peu intéressée à ce que réalisaient en classe les enseignants. Pour le paradigme de l'école efficiente, le passage de l'établissement à la

classe est un passage obligé, mais difficile, car il faut démêler les effets de la matière, de l'enseignant et du groupe d'élèves, effets uniques à chaque classe (Coe et Fitz-Gibbon, 1998 : 429).

3. Il n'est pas certain que ce type de recherche « prouve » quoi que ce soit sur le plan scientifique. Certes, les traits plus haut rapportés existent bel et bien dans certains établissements, mais sont-ils véritablement la cause de différences significatives dans les apprentissages ? Formulée autrement, la question est de savoir si les écoles, toutes différentes soient-elles dans les faits, sont véritablement responsables des différences que l'on y observe au plan des apprentissages. Les données disponibles concernent-elles suffisamment d'établissements, et sur une longue période de temps, contrôlant suffisamment de variables en jeu et leurs possibles et multiples interactions pour raisonnablement en tirer des conclusions fermes au plan de l'ensemble ? Après tout, si nous appliquions à cette question les critères des schèmes expérimentaux, il faudrait répartir les élèves au hasard des établissements, en ayant au préalable clairement isolé ce qui différencie les écoles dans le traitement des élèves. Ce qui est pratiquement impossible et éthiquement fort discutable. Nous devons donc « faire avec » des données partielles, des corrélations et des études de cas.

4. Les relations entre l'efficience scolaire, les variables d'environnement social et culturel, la qualité de l'organisation et de la gestion scolaire et l'enseignement proprement dit, sont loin d'être simples et linéaires. La logique du paradigme de l'efficience voudrait qu'une bonne gestion et un enseignement de qualité engendrent une bonne performance des élèves. En réalité, il se pourrait fort bien, comme le rapporte Gewirtz (1998 : 454-455), que le contraire soit plus juste : une école performante « génère » une bonne gestion et un enseignement de qualité ; et l'échec d'une école contribue à sa piètre gestion et à un enseignement moins efficace. En effet, on observe souvent que les écoles perçues comme bonnes attirent une masse critique d'élèves performants et motivés, elles ont souvent des ressources matérielles et financières suffisantes et sont convoitées par de bons enseignants ; ainsi, le moral des troupes est élevé et les enseignants peuvent se concentrer sur un enseignement imaginatif et exigeant. À l'inverse, dans les écoles en difficulté ou en crise, l'énergie des administrateurs et des enseignants est à peu près complètement détournée de la mission première de l'école et se porte sur la gestion des comportements et des problèmes sociaux et familiaux reliés. De plus, les élèves exigent beaucoup des enseignants physiquement, émotivement et intellectuellement. Il en résulte un moral bas, des comportements de fuite, de retraite ou de défense. L'école n'arrive pas à renverser la vapeur et la situation stagne ou se détériore. Ce type d'analyse est ici

présenté afin de montrer que les relations entre les variables du paradigme de l'efficience sont plus complexes que ne voudrait le laisser croire la théorie managériale qui en découle.

5. À supposer que nous démontrions de manière irréfutable des relations causales en ce domaine, la recherche existante nous apprend peu de choses sur les interventions contribuant à la genèse des écoles performantes et sur celles qui assurent leur durée.

Au sein de la communauté scientifique, il y a donc un sérieux débat sur le paradigme de l'efficience scolaire, faisant dire à un critique (Scheerens, 1992: 67) que ce type de recherche ressemble à «une expédition de pêche pour des corrélations significatives»! Ce débat n'est pas qu'académique, car il peut avoir des conséquences sur le niveau de responsabilité éventuellement imputable à l'établissement, de même que sur la construction de standards de compétence des personnels ou de standards de qualité des institutions. Prudence donc avant de prétendre que la recherche permet de concocter la recette gagnante, qu'il nous suffirait d'appliquer avec soin partout.

Cette prudence – est-ce un trait de caractère national!? –, elle est pratiquée par les chercheurs canadiens (Hargreaves, 1994), beaucoup moins affirmatifs que leurs collègues américains en cette matière. À titre d'illustration, je résume, à l'aide de Wendell (2000: 24), les principaux résultats de la recherche pancanadienne (1996) sur les écoles secondaires dites «exemplaires»:

1. Il n'y a pas de modèle ou de prototype unique d'une école secondaire performante. Les écoles qui réussissent couvrent tout l'éventail des possibles au plan de la taille, de la structure organisationnelle, des communautés desservies, des priorités et des approches.

2. Toutes ces écoles vivent une certaine tension entre les buts sociaux et les buts «académiques», entre une réponse adéquate aux besoins de chacun et la construction d'une communauté d'élèves, entre l'autonomie professionnelle des personnels et la reddition de comptes.

3. Des enseignants motivés et compétents constituent l'élément essentiel de la réussite de toute école.

4- Le succès ou la réussite est fragile, une sorte de denrée périssable; réussir et durer dans la réussite sont des réalisations précaires. La réussite repose sur plusieurs facteurs et n'est acquise qu'avec soin et difficulté. Elle ne se maintient qu'au prix d'une vigilance constante; elle peut être aisément et rapidement compromise par de mauvaises décisions ou par des circonstances incontrôlables par l'école.

5.   La plupart des écoles exemplaires étudiées étaient conventionnelles au plan de l'aménagement physique, de la structure organisationnelle, du curriculum, des modes de regroupement d'élèves et des pratiques des enseignants et des élèves.

6.   La communauté environnante n'exerçait que peu d'influence sur le noyau dur du curriculum; cependant, elle était davantage présente dans les matières secondaires, les valeurs partagées et les buts sociaux.

7.   La plupart des écoles exemplaires possédaient peu d'information systématique sur la nature et l'étendue de leur réussite, ainsi que peu d'indicateurs de leur performance en tant qu'établissement.

Il y a donc un écart à mon sens important entre la pression et la contrainte associée à l'obligation des résultats et la prudence et la modestie de ce que la recherche permet de reconnaître comme étant véritablement le fruit de l'action d'un établissement, indépendamment de son environnement et de son histoire.

Enfin, faut-il le souligner, rien dans l'ensemble de cette recherche ne justifie de gérer l'école et l'éducation comme une entreprise privée, en y important sans retenue et sans critique les structures, le fonctionnement et les dispositifs.

EN GUISE DE CONCLUSION: UN PEU DE RUSE...

La bonne école ou l'école efficace, assurant la réussite de tous, apparaît donc, pour reprendre l'expression de Grisay, comme une réalité fuyante, difficile à cerner et, lorsqu'en bonne voie d'émerger, elle semble fragile et incertaine dans sa durée. Par ailleurs, l'obligation de résultat est incontournable, en même temps que pleine d'embûches: elle a pris du temps à se construire, elle a puisé dans la rhétorique managériale son discours sur le changement et, dans la recherche, les dimensions qu'elle valorise. Elle s'insère dans un contexte de mutation de système.

Alors que faire? Comment agir et réagir comme pédagogue et administrateur de l'éducation? Je crois qu'une stratégie de réponse valable passe par une double tentative de clarification: d'abord, autant que faire se peut, se mettre au clair sur l'obligation de moyens (incluant les ressources et les processus) et l'obligation de résultats; ensuite, réfléchir à la part de responsabilité qui incombe aux autorités supérieures – le ministère –, aux pouvoirs organisateurs intermédiaires – les commissions scolaires –, les établissements pris comme entités autonomes, et enfin, les enseignants, en tant que professionnels. L'on pourrait ajouter les parents et les élèves. N'a-t-on pas vu récemment des écoles américaines transmettre aux parents un bulletin de leur participation à l'encadrement scolaire de leur enfant! S'il apparaît évident que les divers paliers du système éducatif ne sont pas responsables et éventuellement imputables des mêmes dimensions de l'action éducative

– par exemple, les programmes scolaires ne sont pas pour l'essentiel le fruit de décisions prises au niveau de l'établissement –, il n'en demeure pas moins que ce que chaque palier contrôle a des effets (pas toujours prévus et voulus!) sur l'activité des autres paliers et qu'il importe donc de cerner la part d'autonomie relative – et donc de responsabilité – de la part du fonctionnement qui tient à l'intégration à un système piloté par une autorité.

Il est à mon sens plus difficile de trancher la question de l'obligation de moyens (ressources et résultats) et de l'obligation de résultats. Certes, dans les professions établies comme la médecine, si l'organisation hospitalière est responsable des ressources, le professionnel de la santé est quant à lui responsable des processus de diagnostic et de traitement, et non du résultat. Si le patient meurt, le médecin ne sera mis en cause que si une faute professionnelle a été commise. La notion de faute renvoie à un manquement au plan des processus de diagnostic et de traitement. D'ailleurs, du moins dans une Amérique du Nord friande de poursuites judiciaires et de résolution des conflits par le canal judiciaire, cela donne lieu à une médecine précautionneuse, les médecins appuyant leur diagnostic sur des tests et une technologie médicale de plus en plus sophistiquée. Une partie de la croissance des coûts de la santé est probablement imputable à cette suspension du jugement médical autonome et sa forte dépendance d'outils «indiscutables».

Dans l'enseignement, il est à craindre qu'une forte pression du côté de l'obligation de résultats ne se traduise dans une ritualisation des comportements des enseignants. Par exemple, à l'université, cela pourrait se traduire ainsi: j'ai remis un plan de cours à mes étudiants et discuté avec eux clairement des travaux exigés, je suis en classe les heures prescrites, j'accorde X heures de tutorat par semaine, je procède en cours de semestre à une ou deux sessions d'évaluation formative, et je remets les travaux des étudiants dans des délais raisonnables (disons 10 jours ouvrables), etc. Il faudrait ajouter: je participe à quelques réunions de concertation avec mes collègues dans le cadre d'une approche-programme et, lorsque nécessaire, je mets l'épaule à la roue pour des réformes de programmes. Pour l'enseignement primaire et secondaire, le cahier de charges des enseignants ainsi qu'un code d'éthique pourraient répondre à cette obligation. Que ces comportements soient appropriés et nécessaires est évident, mais épuisent-ils la question? Surtout, libèrent-ils l'établissement et l'enseignant du «reste»? Il n'est pas facile de répondre à cette question.

Comment avancer vers une réponse réaliste et juste? Certains auteurs de ce livre proposent les notions de responsabilité limitée (Tardif) ou d'obligation de compétences (Perrenoud). La notion de responsabilité limitée est tout à fait pertinente, c'est son opérationnalisation qui nous permettra de savoir si elle nous fait avancer véritablement. L'obligation de compétences soulève toute la question des référentiels de compétences, de leur construction, de leur reconnaissance et de l'évaluation des compétences professionnelles. C'est une piste intéressante pour quiconque a à cœur la professionnalisation de l'enseignement; il me semble qu'elle pourrait permettre de dépasser le couple moyens-résultats, en engageant l'enseignant à assumer la responsabilité des processus les plus susceptibles d'assurer l'apprentissage et la réussite éducative de tous. Dans cette vision des choses, l'enseignant est considéré comme un spécialiste de l'intervention éducative qui a le souci de la réussite de ces élèves : il doit, à ce titre, être formé aux processus d'enseignement/apprentissage que la recherche considère de nature à contribuer de manière significative à la réussite éducative de tous.

S'il y a lieu de mieux cerner la nature et l'extension de l'obligation de résultats, cela apparaît néanmoins problématique : il n'est pas certain que nous puissions éliminer toute ambiguïté et toute difficulté en cette matière, en bonne partie, parce que cette question est inextricablement reliée à des rapports de pouvoir et à des logiques contradictoires. Dans pareille situation, je crois qu'il est alors nécessaire que les pédagogues et les administrateurs scolaires rusent avec certaines formes que prend cette obligation. Je me réfère aux contrats de réussite qu'au Québec le ministère de l'Éducation semble vouloir imposer aux écoles. J'ai en effet souligné tout au long de ce texte les dangers qu'une transposition trop mécanique d'une culture d'entreprise dans le monde de l'éducation fait courir. Un conflit, une forte contradiction entre une logique administrative de l'efficience et un souci d'innovation et de transformations des pratiques pédagogiques est certainement au coin de la rue! Un scénario tout à fait plausible est que la logique «industrielle» tue et écrase toute innovation et toute transformation significatives et qu'à terme, les inégalités scolaires et par extension, sociales et culturelles, s'accentuent. Pour celles et ceux qui ont à cœur autre chose que le renforcement du *statu quo* scolaire ou le retour de l'école de mon enfance, s'impose donc la ruse, c'est-à-dire des actions stratégiques qui tout en composant avec l'incontournable reddition de comptes cherchent à sauvegarder des espaces et des projets pédagogiques novateurs et axés sur la réussite éducative de tous. Cela, je crois, est possible, d'autant que les contrats de réussite laissent une place à un diagnostic local et permettent donc aux établissements de construire leur propre définition de la situation, définir leurs propres finalités et objectifs ainsi que les actions qu'ils estiment les plus en mesure d'améliorer la qualité de l'éducation dispensée. La ruse ici consiste à lire les contrats de réussite comme un cadre, certes structurant, mais relativement ouvert, et non pas comme des prêts-à-porter rigides et uniformes, et de s'en servir comme un outil de développement de son établissement, en partenariat avec les parents et les instances communautaires. Cela est possible, mais exige un leadership qui relève le pari de l'autonomie de l'établissement et des enseignants qui s'autorisent («empowerment») à «prendre le pouvoir» qui leur revient.

3

LA SATISFACTION ENVERS L'ÉCOLE DANS L'OPINION PUBLIQUE QUÉBÉCOISE (1970-2000)

Jean-Pierre PROULX[1]
Université de Montréal

Dans le monde de la consommation des biens et des services, la mesure de la satisfaction de la clientèle est constante[2]. En éducation, depuis au moins 25 ans, les prestataires de services – gouvernements, commissions scolaires, établissements – mais aussi les médias, évaluent sporadiquement la satisfaction des citoyens en général et des parents en particulier à l'égard de l'école. Ce fut le cas à l'occasion des grands débats, notamment en 1977-78 lors de la publication d'un Livre vert sur l'école primaire et secondaire, en 1985-86 au moment des États généraux sur la qualité de l'éducation pilotés par la Fédération des commissions scolaires du Québec puis, en 1996-97, lors des États généraux sur l'éducation lancés par le ministère de l'Éducation.

L'objectif de cette étude est de rendre compte de l'évaluation de la satisfaction dans l'opinion publique québécoise touchant l'école entre 1970 et 2000 et d'en observer, le cas échéant, l'évolution et les tendances structurantes.

Cette recherche apparaît pertinente à plusieurs égards. Au plan de la conjoncture d'abord. En effet, de plus en plus, le pouvoir central, ici et d'avantage ailleurs[3], impose ou veut imposer une obligation de moyens, voire de résultats aux établissements scolaires. Or la satisfaction est précisément, comme on le verra

---

1. Courriel: jean-pierre.proulx@umontreal.ca

2. Ainsi, 79% des grandes entreprises de 15 pays utilisaient en 1997 diverses techniques de mesure de la satisfaction de leur clientèle (Desormeaux et Labrecque, 1999). Tout consommateur d'un nouveau produit ou service en fait d'ailleurs couramment l'expérience.

3. L'exemple de la Grande-Bretagne est typique à cet égard.

plus loin, la mesure subjective[4], par les usagers, de l'atteinte du résultat visé. Bref, la mesure de la satisfaction est le corollaire obligé de l'obligation de moyens ou de résultats.

Sur le plan de l'avancement des connaissances, cette brève étude devrait permettre de dresser un premier inventaire des matériaux disponibles. Ceux-ci sont en effet épars, peu publiés et difficiles d'accès. Elle devrait surtout permettre de mettre en lumière, à travers la multiplicité des sondages sur une période d'une trentaine d'années, l'existence de structures dans la mesure de la satisfaction, autrement dit d'éléments stables. Ce faisant, cette recherche devrait favoriser l'émergence de nouvelles problématiques et l'élaboration de nouvelles hypothèses pour expliquer les phénomènes observés, car ces sondages, très souvent liés à des conjonctures particulières, s'intéressent bien peu à expliquer ce qu'ils mettent en lumière.

Nous souhaitons enfin alimenter une réflexion plus approfondie sur le concept de mesure de la satisfaction à l'égard de l'éducation. Cette réflexion pourrait contribuer, le cas échéant, à doter les établissements scolaires d'instruments[5] susceptibles de mieux les outiller pour la reddition de compte que, du moins au Québec, la *Loi sur l'instruction publique* (art. 83) leur prescrit de faire annuellement sur les services offerts et sur leur qualité.

Nous présenterons donc successivement le cadre conceptuel et la méthodologie qui a servi à la présente étude, puis les résultats que nous présenterons et discuterons ensuite avant de terminer par quelques perspectives d'action et de recherche.

LE CADRE CONCEPTUEL

Le *Petit Robert* définit ainsi la satisfaction : «Sentiment de bien-être ; plaisir qui résulte de l'accomplissement de ce qu'on attend, désire, ou simplement d'une chose souhaitable». Elle comprend donc trois éléments :

•   un état intérieur de contentement ;

•   un objet attendu, désirable ou souhaitable ;

---

4.   L'expression «mesure de la satisfaction» est reprise ici de l'usage qui en est fait dans les milieux des sciences de l'administration des affaires. Au sens strict, il ne s'agit pas d'une mesure puisqu'il n'est pas possible de définir une unité réelle de satisfaction.

5.   Ce genre d'instruments existe déjà à l'égard des biens de consommation et des services. Ainsi on a développé aux États-Unis le *American Customer Satisfaction Index* ou ACSI (University of Michigan Business School, 2000). Pour sa part, le ministère de l'Éducation de l'Alberta publie chaque année un rapport annuel (Alberta Learning, 1999) qui rend systématiquement compte depuis 1995 de la satisfaction du grand public, des parents, des élèves à l'égard de diverses dimensions de l'éducation. Il publie aussi sur Internet les différents questionnaires utilisés à cette fin. Voir : <http://ednet.edc.gov.ab.ca/educationsystem/satisfaction/satisfaction.asp>.

*   l'accomplissement de cet objet.

S'agissant d'un sentiment, la satisfaction est donc un « état » intérieur. Il est donc difficile, voire impossible, de la connaître directement. On doit donc s'en remettre à ses manifestations externes.

En second lieu, la satisfaction suppose un objet extérieur au sujet, mais qui, pour lui, constitue une valeur, un bien désirable, avec lequel il entretient donc un rapport réel en tant que consommateur, bénéficiaire ou usager. Il peut s'agir d'un objet matériel, plus ou moins complexe, ou d'un objet social, a priori complexe, comme un cours, une école, un système d'éducation. De même, le rapport à cet objet peut être plus ou moins serré : il peut être direct, comme c'est le cas pour un service dont l'usager bénéficie lui-même, ou indirect, mais proche, comme chez le parent qui a connaissance du service à travers l'expérience de son enfant, ou éloigné, comme chez le citoyen dont le rapport passe à la limite par la seule connaissance de cet objet, mais sans celui de l'usage et la plupart du temps médiatisé.

Enfin, la satisfaction implique l'« accomplissement » de l'objet souhaité, autrement dit un résultat. Or cet accomplissement peut être plus ou moins grand. Il est donc mesurable. Du reste, l'étymologie du mot « satisfaction » : *satis facere*, « faire assez », dit bien ce dont il s'agit. Dès lors, cette troisième dimension suppose, chez le sujet, une certaine capacité d'évaluer cette performance, laquelle, d'un sujet à l'autre, peut évidemment varier à la fois en raison de la complexité tant de l'objet que de la culture du sujet. Ainsi, la perception de la performance d'une école pourra être différente selon que l'on est parent ou enseignant, ou selon que l'on est un parent instruit ou pas, tout comme celle de la même automobile variera selon que l'on est un promeneur du dimanche ou un pilote de course. D'où l'utilité des guides de l'automobile et, dit-on, des palmarès d'école !

La complexité conceptuelle de la satisfaction entraîne par ailleurs des conséquences importantes dès qu'il s'agit de l'évaluer. D'abord, puisque la satisfaction est avant tout une émotion, un état intérieur, elle ne peut se mesurer que par ses manifestations extérieures. La première difficulté consiste à déterminer celles qui sont les plus susceptibles d'en rendre compte. En pratique, la manifestation externe de satisfaction la plus fréquente est l'acte de langage dont rend compte l'expression : « je suis satisfait ». C'est pourquoi, les sondages demandent très généralement aux répondants s'ils sont satisfaits d'un objet quelconque et à quel degré.

Toutefois, une mesure adéquate de la satisfaction nécessite que l'on constate d'abord l'existence ou non d'une attente vis-à-vis d'un objet quelconque, puis que l'on mesure ensuite la valeur subjective de l'objet pour le sujet en tant que bien désirable, et enfin que l'on mesure la perception de l'accomplissement ou de la réalisation de ce qui est attendu. C'est ainsi que les spécialistes du marketing traduisent finalement la satisfaction comme le résultat de la comparaison entre les attentes préalables du consommateur et la performance perçue du service /produit utilisé. Le consommateur se dira satisfait lorsque la performance est égale ou supérieure à ses attentes et insatisfait lorsque la performance est inférieure à ses attentes (Desormeaux et Labrecque, 1999 : 75).

En pratique toutefois, les mesures se prennent à propos de la « satisfaction générale » vis-à-vis du bien ou du service à évaluer. « Cette mesure est le meilleur indicateur de la satisfaction du client puisqu'elle résume l'ensemble des évaluations que le client lui-même fait de la performance de l'entreprise à son égard sur les diverses dimensions pertinentes » (*idem* : 75). Mais précisément parce que la plupart des objets autant matériels que sociaux sont complexes, ces mesures se prennent sur plusieurs dimensions de cet objet.

Selon la théorie de la satisfaction, il faut pour chacune des dimensions qui définissent les attentes mesurer le niveau attendu et le niveau perçu de performance de l'entreprise. Le niveau de satisfaction du client pour chaque dimension se définit alors comme la différence entre le niveau attendu et le niveau perçu de performance. L'approche suppose donc au moins deux questions pour chaque dimension, une sur le niveau attendu de performance et une sur le niveau perçu de performance (*idem* : 76)

Cette définition s'applique avant tout aux biens de consommations et aux services disponibles sur le marché, mais il nous semble légitime de l'appliquer à l'éducation comme service offert à la collectivité par l'État certes, mais surtout par les établissements d'éducation eux-mêmes qui sont les producteurs immédiats des services éducatifs et dont les parents et les élèves sont les usagers et bénéficiaires.

Cela dit, rapportent Désormeaux et Labrecque, la plupart des enquêtes sur la satisfaction renoncent, pour des raisons pratiques, à mesurer les attentes des clients ou des usagers. Il est en effet difficile, sans les lasser, de proposer une série de questions sur leurs attentes et de recommencer ensuite en leur faisant évaluer leur niveau satisfaction à leur égard. Au surplus, « il s'avère difficile de mesurer de façon valide le niveau attendu de performance, soit parce que le client n'avait pas réellement un niveau précis d'attente avant d'acheter ou d'utiliser le service / produit, soit parce qu'il lui est difficile de se souvenir correctement de son niveau attendu pour chaque dimension » (*idem* : 77).

Théoriquement, la mesure de la satisfaction devrait en outre prendre en compte l'importance relative de chacune des dimensions touchant un objet quelconque parce que beaucoup d'objets sont complexes et que chacun de ses éléments peut être désirable à des degrés divers. S'agissant de l'éducation, on sait par exemple que les enseignants hiérarchisent les disciplines scolaires (Lenoir *et al.*, 2000) et que les parents (*JTD*, 1993) et les élèves (Bédard-Hô, 1992), font de même. Malgré tout, les usagers d'un service ou les clients éprouvent de la difficulté à pondérer l'importance qu'ils accordent à l'une ou l'autre dimension et ont tendance à accorder à chacun une grande ou une très grande importance.

Enfin, puisqu'il s'agit de quantifier l'intensité d'une émotion, en l'occurrence le contentement que procure l'accomplissement d'une chose souhaitée ou désirée, une échelle de réponses s'impose. Évidemment, de telles échelles ne peuvent être que des construits. Elles sont généralement de type Likert. La plus fréquente compte quatre degrés : très satisfait, satisfait (ou : plutôt satisfait), insatisfait (ou : plutôt insatisfait) et très insatisfait. La seconde reprend la première, mais incorpore un niveau médian du type : « plus ou moins satisfait » ou « ni satisfait, ni insatisfait ». La troisième invite les répondants à se positionner sur une échelle numérique pouvant compter jusqu'à 10 positions où la position « 1 ou 10 » signifie tout à fait satisfait ou, inversement, « complètement insatisfait ». Le choix du type d'échelle dépend des circonstances.

Au total, la mesure de la satisfaction n'est pas une opération facile (Thiboutot, 1980). Néanmoins, elle est devenue un instrument incontournable dont l'utilité est reconnue en tant qu'indice prédictif de la santé des organisations[6]. D'aucuns trouveront cependant suspect, voire inopportun qu'on importe dans un service public, et au surplus celui de l'éducation, une technique utilisée dans le monde économique. Ils y verront une intrusion de plus de l'idéologie néolibérale du « marché ». Il suffira de répondre que le concept de satisfaction n'appartient pas en soi au monde économique. La satisfaction constitue avant tout une expérience humaine première. Elle est en effet le corollaire obligé des valeurs auxquelles chaque personne adhère librement. L'éducation est pour l'immense majorité des citoyens et des parents une de ces valeurs. C'est pourquoi, sa mesure appliquée aux services éducatifs nous paraît non seulement pertinente, mais aussi opportune si tant est que le but visé est précisément celui d'améliorer ces services.

LA MÉTHODOLOGIE

Les résultats de sondages et enquêtes menés au Québec depuis 1950 et réunis dans la banque de données *Opinéduq*[7] (Proulx et Cyr, à paraître) constituent

---

6. Ainsi, la valeur ajoutée sur le marché (*market value added*), les cours de la bourse et la rentabilité de l'investissement sont fortement corrélés à la satisfaction des clients (American Customer Satisfaction Index University of Michigan Business School, 2000).

7. Pour « opinion publique sur l'éducation au Québec ». Il s'agit d'une banque informatisée en voie de parachèvement et qui existe pour le moment dans sa version expérimentale. Monté sur la plate-forme FileMaker Pro de Claris, *Opinéduq* permet de retracer, soit en texte libre, soit par des descripteurs thématiques les questions portant sur un même objet. *Opinéduq* fournit, pour chaque question, les informations de base sur le mandataire du sondage, son maître d'œuvre, l'échantillon visé et le nombre de cas rejoints. La banque devrait être publiée sous forme de CD-ROM d'ici la fin de l'an 2004.

la source essentielle de la présente étude. Elle comptait en octobre 2000, 385 sondages et enquêtes et 6094 questions sur l'éducation posées aux Québécois depuis plus d'un demi-siècle. Nous en avons extrait les questions posées sur la satisfaction grâce aux descripteurs thématiques que contient la banque. Ces sondages, il importe de le préciser, n'ont pas de caractère homogène. Certains ont été menés auprès d'échantillons représentatifs de l'ensemble des adultes québécois, ou de l'ensemble des parents d'élèves ; d'autres ont rejoint des segments de la population, par exemple des parents d'élèves d'une commission scolaire. De même, les questions posées d'un sondage à l'autre ne sont pas, sauf d'heureuses exceptions, formulées exactement de la même façon. La méthode de cueillette des données a pu varier aussi, bien que l'interview par téléphone demeure largement prépondérante. Néanmoins, ces sondages ont tous été menés selon les règles de l'art, généralement par des maisons spécialisées et reconnues.

Les comparaisons qui sont proposées ici sont donc fondées plutôt sur l'identité thématique des questions plutôt que sur leur libellé même. En effet, deux descripteurs thématiques principaux sont accolés à chaque question inscrite dans la banque *Opinéduq* en fonction de ses caractéristiques sémantiques. Ces deux descripteurs principaux résument le contenu général de la question. Des descripteurs secondaires complètent l'information.

Nous avons ensuite constitué une grille de classement qui permet de comparer des comparables. Cette grille distingue quatre grandes catégories générales d'objet de satisfaction : le système d'éducation, la qualité de l'éducation et des établissements, la qualité de l'enseignement et certaines composantes de la vie scolaire. Elle prend ensuite en compte le fait que les questions ont été posées au public en général ou aux parents en particulier et que ces questions visaient l'école en général, l'école publique ou l'école privée. Enfin, elle distingue les ordres primaire et secondaire.

En octobre 2000, *Opinéduq* comptait 391 questions, posées dans 79 sondages différents et dont le thème principal ou secondaire portait sur la satisfaction. C'est à ce corpus que nous avons appliqué la grille de sélection décrite au paragraphe précédent. Sauf une exception, nous n'avons retenu que les questions qui ont fait l'objet d'au moins deux observations. Au total, la présente étude repose sur l'analyse de près de 90 questions tirées de plus de 50 sondages menés entre 1970 et 2000.

Pour les fins de comparaison, nous avons limité notre sélection des questions à un seul type de mesure, soit l'échelle à quatre paliers du type : très satisfait, satisfait, insatisfait, très insatisfait (ou ses variantes). La théorie de la satisfaction voudrait en outre que l'on mesure la différence entre les attentes et la performance du bien ou du service. La banque *Opinéduq* compte de fait un certain nombre de questions qui demandent aux répondants d'évaluer l'importance qu'ils accordent à telle et telle dimension de l'éducation ; on y trouve aussi des questions relatives à l'évaluation de la performance de l'école par rapport à ces dimensions. Mais rares sont les sondages qui établissent explicitement un rapport entre ces deux éléments afin d'en faire une mesure de satisfaction. C'est pourquoi, nous nous en sommes tenu aux questions, beaucoup plus nombreuses du reste, qui portent explicitement sur la satisfaction.

Par ailleurs, les comparaisons des résultats chiffrés entre deux ou plusieurs questions sur un même thème ne présentent ici qu'une valeur indicative et ne doivent pas être lues autrement. C'est là une limite inhérente à la présente étude compte tenu de la nature des sources. Elle n'invalide toutefois pas son objectif premier qui est précisément de rendre compte, dans un effort de systématisation, des grandes tendances. C'est pourquoi, pour autant que les questions portent sur le même objet ou la même dimension, et qu'elles ont été posées à des populations semblables, soit au public en général ou aux parents en particulier (ou relativement à des ordres d'enseignement particuliers, le primaire ou le secondaire), nous avons calculé la moyenne des taux globaux de satisfaction pour chacune des catégories de sondage pour autant que nous avions au moins deux observations sur le même thème. Cette méthode a permis de classer les objets de satisfaction.

LES RÉSULTATS

Ainsi que nous venons de le préciser, nous avons regroupé nos résultats en quatre thèmes principaux : le système d'éducation, la qualité de l'éducation, la qualité de l'enseignement et quelques composantes de la vie scolaire.

Le système d'éducation

Cinq questions posées entre 1987 et 1999 fournissent une première mesure de la satisfaction envers le système d'éducation en général[8]. La première se distingue des quatre autres en ce qu'elle a été administrée auprès d'une population locale, soit les parents d'enfants fréquentant les écoles primaires de la Commission scolaire de Vaudreuil. Elle indique un taux de satisfaction très élevé, soit 81 %. Les quatre autres ont été posées à l'ensemble des Québécois et présentent des résultats plus bas et très voisins : une courte majorité variant entre 51 % et 57 % se déclarent satisfaits dont, entre 7 % et 12 %, très satisfaits. Les deux dernières questions, posées en 1996 et 1999, traitent de la satisfaction envers le système d'éducation « public », mais

---

8.　*Opinéduq*, 870915-870922, 910823-910826, 951108-951122, 960827-960830-2, 990511-990516. Ces chiffres correspondent au matricule du sondage inscrit dans la banque de données. Il est formé des dates extrêmes auxquelles il a été mené.

cette précision n'entraîne pas de changement notable dans l'opinion. Bref, la satisfaction prédomine, mais de peu, tandis qu'une forte minorité est insatisfaite. Dès à
présent, on notera l'importante différence entre le taux de satisfaction des parents
et celui du public en général.

La qualité de l'éducation

La satisfaction globale

Une observation faite à partir de 11 sondages menés entre 1973 et 2000
auprès de l'ensemble des Québécois, donc sur une période de 27 ans, révèle une tendance manifeste : grosso modo, un peu plus de la moitié se disent insatisfaits de la
qualité de l'éducation dispensée dans les écoles du Québec alors qu'un peu plus du
tiers s'en déclarent satisfaits. De ces 11 sondages, 9 sont des Gallup[9] qui reprennent
systématiquement la même question depuis 1973 : « Dans l'ensemble, diriez-vous
que vous êtes satisfait(e) de l'éducation que les enfants reçoivent aujourd'hui[10] ? »
Or les deux autres, menés pour le *Globe and Mail*[11] et le MEQ (1988)[12], malgré des
questions formulées quelque peu différemment, aboutissent à des résultats tout à
fait comparables. Compte tenu que le taux moyen de satisfaction de ces 11 sondages
est de 39 %, la situation observée en 1999 et 2000 marque un progrès puisque pour
ces deux années, respectivement 52 % et 47 % se sont dits satisfaits de l'éducation.
Ce phénomène n'est peut-être pas sans lien avec les réformes amorcées en 1998 au
Québec.

Bien qu'il ne s'agisse pas à proprement parler d'une mesure de satisfaction,
la comparaison entre la performance perçue de l'école d'aujourd'hui et de celle
d'hier fournit par ailleurs une information intéressante parce que complémentaire.
Treize sondages[13] montrent qu'entre 1976 et 1999, c'est, dans tous les cas, une minorité de citoyens (soit entre 22 % et 45 %, pour une moyenne de 30 %) qui trouvent
l'école d'aujourd'hui meilleure que celle d'il y a 20 ou 25 ans. Depuis 1982, cette
minorité oscille entre 22 % et 28 % (sauf en 1991 où elle grimpe à 37 %). Dans cinq

---

9. *Opinéduq*, 730705-730707, 780406-780408, 920806-920810, 940801-940808, 950906-950911, 960904-
   960909, 971117-971123, 990215-990219, 000214-000219.

10. Nous aurions souhaité reproduire le libellé de chacune des quelque 60 questions sélectionnées. Compte
    tenu de l'espace disponible, cela s'avérait impossible. Le lecteur intéressé pourra y avoir accès à la banque
    Opinéduq ou d'ici sa publication, en contactant l'auteur.

11. *Opinéduq*, 871128-871217.

12. *Opinéduq*, 881015-881115. L'enquête du MEQ a été menée auprès des lecteurs de la revue *Vie
    Pédagogique*.

13. *Opinéduq*, 48000-480000, 760200-760200, 810200-810200, 821127-821212, 820400-820400, 830400-
    830400, 840329-840414, 860825-860830, 890906-890909, 910807-910810, 930120-930130, 951000-951000
    (numérotation provisoire), 990511-990516.

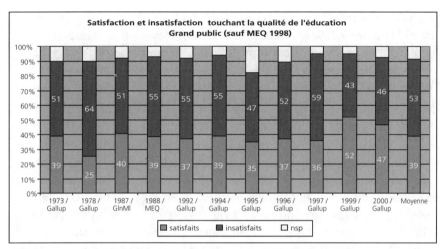

de ces sondages, une majorité estime même que la situation s'est dégradée. Quatre d'entre eux ont été menés entre 1982 et 1986 ce qui correspond avec la période de turbulence qui a suivi la crise économique de 1982. Elle avait entraîné des coupures dans les salaires de la fonction publique et des débats sur la condition enseignante (Conseil supérieur de l'éducation, 1984) et enfin la tenue des États généraux de 1986 sur la qualité de l'éducation.

On ne dispose malheureusement pas d'une série similaire de questions posées aux parents portant sur leur satisfaction touchant l'éducation en général.

L'école publique

Cinq sondages faits entre 1975 et 1997, et portant spécifiquement sur l'école publique, révèlent que dans tous les cas une forte majorité des parents, soit deux tiers et plus, s'en déclarent satisfaits[14]. Les deux derniers, menés en 1996 et 1997 auprès des parents québécois dont les enfants fréquentent l'école publique, révèlent même un pourcentage de satisfaction de 92%. Le taux des très satisfaits atteignait 45% en 1997.

Trois sondages auprès des parents nous permettent de comparer leur satisfaction envers l'école primaire et l'école secondaire[15]. Les deux premiers, en 1987, ont rejoint les parents d'une seule commission scolaire, celle de Valleyfield, et donnent un taux de satisfaction de 90% pour le primaire et de 80% pour le secondaire. Le troisième, mené la même année, mais auprès des parents de l'ensemble du Québec, corrobore les observations faites à Valleyfield: 89% se déclarent satisfaits

---

14.   *Opinéduq*, 750203-750219, 870000-870000-1, 941122-941203, 960925-961014, 970919-971013.

15.   *Opinéduq*, 870305-870310-1, 870305-870310-2, 870911-870914.

de l'école primaire et 77 %, de l'école secondaire. Dans les deux cas, la proportion des très satisfaits est plus forte au primaire qu'au secondaire, soit respectivement 38 % et 32 % pour le primaire contre 17 % et 23 % pour le secondaire. Enfin, un dernier sondage (*Opinéduq*, 931110-931128) réalisé en 1993 auprès des parents de l'ensemble du Québec révèle un taux de satisfaction de 63 % envers l'école secondaire, mais sans que l'on précise s'il s'agit de l'école publique ou privée. On ne dispose pas de nouvelles données depuis sur ce thème.

Quelques sondages fournissent des précisions sur la satisfaction du grand public soit envers l'école primaire, soit envers l'école secondaire. Plus nombreux sont les répondants qui se déclarent satisfaits de l'école primaire que de l'école secondaire. Trois sondages menés respectivement en 1978, 1991 et 1993 auprès du grand public disent en effet qu'une majorité de répondants sont satisfaits de l'école primaire (entre 50 % et 69 %) contre une minorité pour le secondaire (entre 31 % et 40 %)[16]. De même, le sondage de 1993 cité à la fin du paragraphe précédent indique que 47 % des non-parents de l'ensemble du Québec étaient satisfaits de l'école secondaire, sans distinguer toutefois s'il s'agissait de l'école publique ou privée.

L'école publique et l'école privée

Qu'il s'agisse de l'école publique ou de l'école privée, tous les sondages auprès des parents[17] montrent que ceux-ci sont majoritairement satisfaits et de l'une et de l'autre, dans une proportion jamais moindre que 66 %. Mais la proportion globale des satisfaits est, d'un sondage à l'autre, plus grande chez les usagers de l'école privée. L'écart moyen, pour les 11 questions retenues, est de 13,5 points et il s'amenuise très fortement en 1996 et 1997. Mais là où la différence est nette et sans équivoque, c'est dans la proportion des très satisfaits. Ici l'écart moyen est de 45,2 points. La grande majorité des parents qui ont choisi l'école privée en sont très satisfaits, contre moins d'un tiers des parents qui ont préféré l'école publique[18].

---

16. *Opinéduq*, 780200-780600, 910823-910826, 930514-930519.

17. *Opinéduq*, 740531-740915, 750203-750219, 870000-870000-1, 941122-941203, 960925-961014, 970919-971013.

18. Un sondage commandé en 1991 pour le *Journal de Montréal* et réalisé auprès du public en général montre que 78 % de ceux qui se sont exprimés étaient satisfaits des « services scolaires et parascolaires » offerts dans les écoles secondaires privées et 82 % de ceux offerts au primaire (*Opinéduq*, 910823-910826). Cependant, respectivement 41 % et 51 % des répondants n'ont su se prononcer.

La qualité de l'enseignement

Le travail professionnel des enseignants

Nous disposons de trois sondages administrés entre 1983 et 2000 sur la satisfaction du grand public touchant le travail professionnel des enseignants[19]. Dans tous les cas, une majorité de répondants, variant entre 66 % et 82 %, s'en déclarent satisfaits. La première enquête de 1983 permet d'observer à nouveau le clivage entre le primaire et le secondaire. En effet, 83 % des répondants, au sein du public, se déclarent satisfaits des enseignants du primaire, contre 66 % pour ceux du secondaire. Cette observation est intéressante puisque, a priori, les enseignants des deux ordres ont une formation équivalente. Elle illustre bien que la mesure de satisfaction est le résultat de la performance « perçue » (Désormeaux et Labrecque, 1999 : 75).

Un sondage de janvier 2000 présente pour sa part un intérêt particulier parce qu'il visait les jeunes de 15 à 29 ans et faisait appel à leur expérience propre : 74 % d'entre eux se sont dits satisfaits de « la compétence des professeurs du système d'éducation québécois » contre 27 % d'insatisfaits. Les très satisfaits formaient 17 % des répondants. Il est possible cependant, vu le libellé de la question, que les répondants aient eu en tête aussi bien les enseignants du primaire et du secondaire que les professeurs du cégep et de l'université puisque la question ne distinguait pas les ordres d'enseignement.

L'enseignement

Opinéduq compte un sondage relatif à la satisfaction portant expressément sur l'enseignement dispensé dans les écoles publiques. Il concerne la Commission scolaire Sainte-Croix et a été mené en 1990 auprès des parents : 93 % se déclarent satisfaits dont 26 % très satisfaits (*Opinéduq*, 900305-900306-1). Deux sondages touchent la satisfaction à l'égard de l'enseignement au primaire. Ils datent de 1987 et ont été menés auprès des parents de Vaudreuil et Valleyfield[20]. Ils révèlent des taux de satisfaction de 83 % et 92 %. De même, on possède cinq sondages touchant l'enseignement au secondaire et administrés entre 1978 et 1987[21]. Quatre ont rejoint des parents d'élèves de commissions scolaires et un de l'ensemble du Québec. Le taux de satisfaction varie entre 71 % et 80 %, pour une moyenne de 76 %.

---

19. *Opinéduq*, 831110-831122-2, 911113-911117, 000203-000211. La CEQ a mené un sondage en 1998 (980122-980128) auprès du grand public, mais la formulation de la question n'autorise pas une comparaison avec les trois autres. Elle était ainsi formulée : « Dites-moi si vous êtes tout à fait d'accord, plutôt d'accord, plutôt en désaccord ou tout à fait en désaccord avec les opinions suivantes à propos des enseignants. En général je suis satisfait du travail accompli par les enseignants ». 85 % se sont dits d'accord.

20. *Opinéduq*, 870305-870310-1, 870915-870922. Le second sondage présentait une échelle à sept degrés. Nous avons regroupé les trois premiers.

21. *Opinéduq*, 770000-780000, 840502-840511, 861112-861129-1, 861112-861129-2, 870305-870310-2.

On l'a déjà constaté : le public est majoritairement insatisfait de l'éducation ou de l'école en général alors que les parents sont plus généralement satisfaits[22]. Ce phénomène se vérifie à nouveau très nettement à propos de l'enseignement. Ainsi, à la Commission scolaire régionale de Chambly en 1986, 47 % seulement du public se dit satisfait de la qualité de l'enseignement au secondaire, aussi bien dans les écoles de leur localité que dans celles du Québec en général. Pourtant, les parents de cette même commission scolaire se montrent à 71 % satisfaits de la qualité de l'enseignement secondaire au Québec et à 76 % des écoles secondaires de leur localité. Voilà un nouvel exemple de l'importance de la perception dans l'évaluation de la performance. Elle dépend du site d'où on observe. Quatre autres sondages menés auprès de parents montrent un taux de satisfaction voisin de ceux observés à Chambly soit entre 74 % et 83 %. La moyenne des huit observations auprès des parents est de 76 %.

Nous ne possédons pas de mesure comparative sur la satisfaction proprement dite envers l'enseignement au secteur privé et au secteur public. En revanche, on possède des mesures sur la perception de la qualité de l'enseignement dans les deux réseaux. Six sondages faits entre 1990 et 1999 montrent qu'autour de la moitié des parents, comme du public en général, sont d'avis que l'enseignement est de meilleure qualité à l'école privée, alors que le quart pense qu'elle est de qualité égale[23].

Enfin, le magazine *Le Point* de Radio-Canada et le journal *Voir* ont, dans le cadre du Sommet québécois sur la jeunesse de janvier 2000, interrogé les adultes de 18 à 35 ans sur leur satisfaction face à la qualité de l'enseignement reçu pendant leurs études secondaires, collégiales et universitaires (*Opinéduq*, 000201-000206). C'est la seule étude qui, à notre connaissance, fait appel à l'expérience propre des usagers. Les répondants devaient indiquer leur degré d'insatisfaction ou d'insatisfaction par un score allant de 0 à 10, « 0 signifiant que vous n'êtes pas satisfait et 10 signifiant que vous êtes très satisfait ». Le score obtenu pour les études secondaires est de 6,9 ; il est de 7,0 pour les études collégiales et de 7,4 pour les études universitaires. La tendance générale est donc du côté de la satisfaction, sans être toutefois très forte. En effet les trois scores se situent tous en dessous du point milieu des échelons supérieurs, soit en deçà de 8. On peut donc parler d'une satisfaction mitigée[24].

22.　Compte tenu que les sondages menés auprès du public en général comptent généralement autour de 30 % de parents d'élèves, les non-parents sont certainement encore plus insatisfaits que ne le laissent voir les rapports de sondage.

23.　900305-900306-1, 910823-910826, 920802-920907, 960925-961014, 970919-971013, 990827-990908.

24.　Les professeurs Désormeaux et Labrecque écrivent : « Selon nous, sur une échelle de 1 à 10, où seuls les deux points extrêmes ont un libellé (1 signifiant très mauvais et 10 vraiment excellent), une note égale ou supérieure à 9 correspond à une grande satisfaction ; une note entre 8 et 8,9 correspond à une bonne satisfaction ; une note entre 7 et 7,9 est un résultat ordinaire dénotant une satisfaction mitigée et une note inférieure à 7 correspond à un problème d'insatisfaction » (1989 : 80).

Les programmes

Bien que les programmes d'enseignement aient fait l'objet de trois réformes majeures depuis la fin des années 1960, on s'est peu intéressé à mesurer la satisfaction des intéressés à ce sujet. *Opinéduq* ne compte que deux questions sur ce thème, l'une posée en 1985, à l'ensemble des Québécois, la seconde en 1992, au public sherbrookois[25]. Le premier a donné un taux de satisfaction de 70 % et le second, de 79 %. Les très satisfaits étaient toutefois peu nombreux : 6 % en 1985 et 16 % en 1992.

Les matières de base

Cinq sondages ont, entre 1978 et 1987, mesuré la satisfaction des parents relative à l'enseignement des matières de base définies généralement comme le français et les mathématiques[26]. Les résultats sont voisins du pattern déjà observé : la proportion des satisfaits oscille entre 77 % et 89 %. On constate cependant une variation assez importante entre les quatre sondages touchant les très satisfaits. Le sondage de 1978 mené auprès des membres des comités d'école donne un taux global de satisfaction de 89 %, mais dont 44 % se déclarent très satisfaits. Comme on pouvait le prévoir, les parents des élèves du secondaire très satisfaits sont les moins nombreux, tant à Chambly qu'à Valleyfield, soit respectivement 19 % et 9 %, tandis que 29 % des parents du primaire se disent très satisfaits.

Quatre sondages se sont intéressés de manière plus spécifique à la satisfaction touchant l'enseignement du français[27]. Les résultats indiquent cette fois une baisse notable de la proportion des satisfaits : elle va de 41 %, dans l'enquête auprès du grand public du Conseil de la langue française en 1985, à 59 % chez les parents de la CECM en 1976 et chez le grand public en 1990. La proportion des «très satisfaits», connue dans trois sondages, varie par ailleurs beaucoup soit entre 3 % (dans le grand public) et 19 % (chez les parents de la CECM).

Pour ce qui est des mathématiques, un seul sondage (*Opinéduq*, 900502-900507) s'y est intéressé en 1990, celui de l'Association canadienne d'éducation menée auprès du grand public. Il montre un taux de satisfaction de 68 %, donc supérieur de 10 % à celui observé pour l'enseignement du français chez la même clientèle.

---

25. *Opinéduq*, 851023-851031, 920403-920417.

26. *Opinéduq*, 780418-780703-1, 861112-861129-2, 870305-870310-1, 870305-870310-2. Par ailleurs, 86 % des parents du primaire de la Commission scolaire de Vaudreuil (*Opinéduq*, 870915-870922) se sont positionnés dans les trois premiers échelons de satisfaction sur une échelle qui en comprenait sept.

27. *Opinéduq*, 760100-760200, 840604-840709, 850904-850919-1, 900502-900507.

L'enseignement religieux

Quatre sondages ont mesuré la satisfaction du public ou des parents touchant l'enseignement religieux[28]. Ils indiquent, selon la population visée, un taux de satisfaction oscillant autour de 70 %, sauf dans un cas où il baisse à 54 % et concerne la satisfaction du public relative à l'enseignement religieux au secondaire.

Deux dimensions particulières : l'encadrement et la discipline

La banque *Opinéduq* contient des données relatives à la satisfaction sur plusieurs autres dimensions de l'éducation. Nous en avons retenu deux, très associées du reste (parfois même dans la question), que sont l'encadrement des élèves et la discipline à l'école. Elles ont fait plus que d'autres l'objet de questions répétées, ce qui en illustre probablement l'importance.

Sept sondages portent donc sur l'encadrement, dont trois au primaire, trois au secondaire et un sans distinction d'ordre d'enseignement[29]. Ce dernier, mené à la Commission scolaire Sainte-Croix en 1990, indique le taux de satisfaction le plus élevé, soit 90 %, dont 31 % de très satisfaits. Quatre de ces sondages donnent un pourcentage de satisfaits qui va de 75 % à 85 %, touchant l'encadrement autant au primaire qu'au secondaire. À Valleyfield et Vaudreuil, toutefois, deux sondages de 1987 illustrent la différence classique entre le primaire et le secondaire où les taux des satisfaits sont respectivement de 78 % et 79 % au primaire, contre 59 % au secondaire. La différence est encore plus visible si l'on ne prend en compte que les très satisfaits : ils sont 39 % au primaire contre 9 % au secondaire. Les très satisfaits sont de même peu nombreux parmi les parents d'élèves du secondaire à la Commission scolaire de Chambly, soit 17 %.

S'agissant de la discipline à l'école, le pattern se répète. Sept enquêtes menées entre 1985 et 1987 font voir une diminution progressive de la satisfaction en passant du grand public aux parents, et selon qu'il s'agit de l'école primaire ou l'école secondaire[30]. Ainsi, en 1985, dans une enquête panquébécoise, plus de la moitié des répondants du public se déclarent en majorité insatisfaits de la discipline dans les écoles primaires et secondaires. De même à Chambly, on compte dans le public plus d'insatisfaits (37 %) que de satisfaits (34 %), les autres ne sachant se prononcer. Mais les parents, à Chambly, à Vaudreuil comme à Valleyfield, se disent

---

28. *Opinéduq*, 780200-780600, 760100-760200, 880000-880000, 950414-950418.

29. *Opinéduq*, 861112-861129-2, 870305-870310-1, 870305-870310-2, 900305-900306-1, 941122-941203. Le sondage 870915-870222 mené en 1987 auprès des parents des écoles primaires de Vaudreuil donne, sur une échelle de 7 degrés, 79 % de satisfaits.

30. *Opinéduq*, 851023-851031, 861112-861129-1, 861112-861129-2, 861112-861129-2, 870305-870310-2. Le sondage 870915-870922 fait auprès des parents des écoles primaires de la Commission scolaire de Vaudreuil donne, sur une échelle de 7 degrés, 83 % de satisfaits.

majoritairement satisfaits. Toutefois dans cette dernière région, ceux dont les enfants fréquentent l'école primaire le sont davantage que pour le secondaire. Chez les premiers, la proportion va de 78 % à 83 % tandis que, pour le secondaire, elle est respectivement de 55 % à 67 %.

DISCUSSION ET INTERPRÉTATION DES OBSERVATIONS

Le premier objectif de cette étude consistait à déceler des structures dans la satisfaction des Québécois touchant l'éducation, autrement dit des éléments stables dans le temps. Effectivement, nos résultats révèlent un certain nombre de traits durables.

Le premier est sans contredit la différence notable quant à la satisfaction du public en général et celle des parents d'élèves en particulier. Par sa constance, cette différence paraît structurelle : le premier est généralement et majoritairement insatisfait de l'éducation ; les seconds sont généralement et majoritairement satisfaits. Toutes les observations de satisfaction supérieures à 76 % et plus sont le fait des parents. À une exception près, toutes les dimensions de l'éducation dont la proportion moyenne de satisfaction est inférieure à 60 % sont le fait du public en général. La majorité de ces dimensions ont d'ailleurs un score inférieur à 50 %. Cette différence observée entre le grand public et les parents n'est pas propre au Québec. Elle corrobore ce que l'on observe de façon constante ailleurs (Learning Alberta, 1999 : 26).

Compte tenu de nos a priori théoriques, la mesure de la satisfaction envers l'éducation et l'école auprès du public en général pose problème. En effet, on ne peut, en toute rigueur, parler de satisfaction qu'à l'égard d'un bien ou d'un service que l'on consomme ou dont on est l'usager, ce qui n'est pas le cas du public en général, du moins de celui des non-parents. En effet, l'objet sur lequel les uns et les autres sont interrogés n'est pas le même, malgré l'unicité du vocabulaire. Dans le cas du public, c'est un objet abstrait dont il a une connaissance indirecte. Pour l'essentiel, celui-ci perçoit l'éducation à travers les médias qui se font, dans une large mesure, le relais des problèmes. Les bonnes nouvelles, dit-on, ne font pas des nouvelles. En fait, la mesure de la satisfaction est, dans leur cas, la mesure d'une impression, soit une « forme de connaissance élémentaire, immédiate et vague que l'on a d'un être, d'un objet, d'un événement » (*Petit Robert*). Dans le cas des parents, ils sont les usagers des services éducatifs. L'objet mesuré est plus concret : il s'agit de l'éducation de leurs enfants dont ils ont une expérience immédiate, sinon directe, du moins en ce qui concerne les effets observables chez ces derniers. Ils sont en communication avec les établissements, soit par le témoignage de leurs enfants, soit en participant à la vie des écoles. Le cas des parents membres des comités d'école est à cet égard intéressant : un sondage mené auprès d'eux en 1978 touchant la formation de base (*Opinéduq*, 780418-780703-1) révélait un taux de satisfaction de 89 % contre 81 % en moyenne dans trois sondages auprès des parents en général sur le même objet. Mais surtout, 48 % des membres des comités d'école se sont dits très satisfaits, contre 18 % en moyenne chez les parents en général[31].

TABLEAU 1

Les objets de satisfaction classés par ordre décroissant

90% et plus

Objet	Répondants	Nombre de questions	% moyen	% minimum (année)	% maximum (année)
école privée	parents	4	95	88 (1974)	100 (1997)
école primaire	parents	2	90	89 (1987)	89 (1987)

Entre 80% et 89%

enseignement primaire	parents	2	88	83 (1987)	92 (1987)
encadrement primaire	parents	2	84	78 (1987)	89 (1990)
matières de base	parents	4	83	77 (1986)	89 (1978)
école publique	parents	5	81	65 (1975)	92 (1997)
discipline primaire	parents	2	81	78 (1987)	83 (1987)

Entre 70% et 80%

enseignement secondaire	parents	5	76	71 (1986)	80 (1987)
programmes	public	2	75	70 (1985)	79 (1992)
travail des enseignants	public	5	74	65 (1991)	85 (1998)
encadrement secondaire	parents	3	73	59 (1987)	87 (1990)
école secondaire	parents	3	70	53 (1993)	80 (1987)

Entre 61 et 70%

discipline secondaire	parents	2	61	55 (1987)	67 (1986)

Entre 50% et 59%

système scolaire	public	4	55	51 (1996)	57 (1995)
français	parents	2	54	49 (1984)	59 (1976)
école primaire	public	3	53	50 (1991)	69 (1978)
français	public	2	50	41 (1985)	59 (1990)

49% et moins

enseignement secondaire	public	2	47	47 (1986)	47 (1986)
qualité de l'éducation	public	12	39	25 (1978)	52 (1999)
discipline prim. / sec.	public	2	39	34 (1986)	44 (1985)
école secondaire	public	3	36	31 (1978)	40 (1993)

---

31.   Voir note 25.

Le second trait stable concerne la différence entre la satisfaction vis-à-vis de l'école primaire et de l'école secondaire. Les dimensions relatives à l'ordre primaire occupent globalement les premières positions dans le tableau 2. Constatons cependant que les parents sont majoritairement satisfaits des deux ordres d'enseignement et dans une proportion jamais moindre que 75 %. Mais la différence se situe dans le degré de satisfaction : la proportion des très satisfaits, quoique jamais majoritaire, est manifestement plus forte envers l'école primaire. Cela est observable aussi bien à propos de la qualité de l'enseignement que de l'encadrement et de la discipline. Soit dit en passant, c'est exactement dans le même décile, soit entre 30 % et 40 % que se situe la proportion des satisfaits tant envers l'école secondaire publique qu'envers la qualité de l'éducation en général.

TABLEAU 2

**Pourcentage moyen de répondants satisfaits
à l'égard de l'école primaire et secondaire**

Objet	Répondants	Nombre de questions	% moyen	% minimum (année)	% maximum (année)
école primaire	parents	2	90	89 (1987)	89 (1987)
enseignement primaire	parents	2	88	83 (1987)	92 (1987)
encadrement primaire	parents	2	84	78 (1987)	89 (1990)
discipline primaire	parents	2	81	78 (1987)	83 (1987)
école primaire	public	3	53	50 (1991)	69 (1978)
enseignement secondaire	parents	5	76	71 (1986)	80 (1987)
encadrement secondaire	parents	3	73	59 (1987)	87 (1990)
école secondaire	parents	3	70	53 (1993)	80 (1987)
discipline secondaire	parents	2	61	55 (1987)	67 (1986)
enseignement secondaire	public	2	47	47 (1986)	47 (1986)
école secondaire	public	3	36	31 (1978)	40 (1993)

Comment expliquer que l'insatisfaction soit relativement plus grande envers l'école secondaire, même chez les parents ? La première hypothèse concerne la mission même de l'école secondaire qui est celle d'éduquer des adolescents. Or il est très courant que l'adolescence présente, aussi bien à l'intérieur de la famille qu'à l'école, donc autant pour les parents que pour les éducateurs scolaires, des difficultés particulières. La deuxième hypothèse a trait au rôle des médias : ce sont les adolescents qui font l'objet des nouvelles les plus néfastes pour la réputation des écoles secondaires, en particulier quand il s'agit de violence[32]. Au total, l'image globale et négative de l'école secondaire, elle-même le miroir de l'image négative de l'adolescence,

---

32. Le dossier de presse sur la violence compulsé par la didacthèque de la Faculté des sciences de l'éducation de l'Université de Montréal est un des plus volumineux. Hélas !

paraît être le facteur explicatif qui déteint sur la perception de la performance de ses éléments constituants. Comment expliquer autrement que l'on est moins satisfait des enseignants du secondaire que de ceux du primaire et moins satisfait de l'enseignement religieux au secondaire qu'au primaire ? Cela donne à penser que la mesure de la satisfaction est bien liée à la perception de la performance[33].

Le troisième trait que révèle cette enquête est la différence dans le taux de satisfaction touchant l'école publique et l'école privée. Insistons : il serait faux de dire que les parents sont satisfaits de l'école privée et insatisfaits de l'école publique car le taux de satisfaction est très largement majoritaire dans les deux cas. Cependant, la grande majorité des parents dont les enfants fréquentent l'école privée sont très satisfaits de leur choix alors que ceux du public le sont sans plus. Cette différence s'observe aussi à propos de la réputation qu'ont respectivement le privé et le public touchant la qualité de l'enseignement qu'on y dispense : elle n'est pas moins bonne à l'école publique ; elle est meilleure au privé ! Il en va de même pour l'encadrement.

Le taux de satisfaction différenciée entre le public et le privé pourrait d'abord tenir – c'est là en tout cas une hypothèse – à une différence structurelle entre l'école privée et l'école publique. La plupart des établissements privés sélectionnent leurs élèves en fonction de leurs capacités intellectuelles. C'est donc dire que le succès de leurs élèves est prévisible à l'entrée et de fait se vérifie très largement à la sortie, d'autant que, en cours d'études, les plus faibles sont souvent renvoyés à l'école publique. Or la satisfaction est précisément la mesure de l'accomplissement des attentes, lesquelles, en matière scolaire, portent tout naturellement chez les parents sur la réussite de leurs enfants. Comme ces attentes, pour la raison susdite, s'accomplissent plus sûrement et plus généralement dans l'école privée que dans l'école publique, la satisfaction envers la première est forcément plus grande qu'envers la seconde.

Formulons une seconde hypothèse. Dans le cas de l'école privée, la relation entre le prestataire de service et l'usager est de nature contractuelle : le parent paie pour un service que l'école s'engage à lui rendre en tenant justement à lui donner satisfaction car un coût économique direct est attaché à ce service. L'établissement privé a, vis-à-vis de la satisfaction du client, à tout le moins une obligation de moyens. Or la pérennité du producteur du service est liée, comme dans tout marché, à la satisfaction du client. Il y mettrait plus d'effort à satisfaire le client.

Enfin, peut-on soutenir, le parent qui choisit l'école privée a une idée plus claire et plus ciblée de ses attentes. Ainsi, la recherche d'un meilleur encadrement, aussi bien pédagogique que disciplinaire, est un des motifs déterminants du choix

---

33.   C'est tout l'art du marketing de susciter une perception favorable de la performance d'un produit ou d'un bien.

des parents pour l'école secondaire privée. Plusieurs sondages le confirment[34]. Dans cette hypothèse, l'objet même à satisfaire est mieux défini et donc la mesure de satisfaction serait plus concrète et donc plus finement mesurable.

Dans le cas de l'école publique, la relation n'est pas celle d'un client, mais de l'usager d'un service public, au surplus gratuit, fondé sur le droit reconnu à ce service. Certes, l'usager cherche la satisfaction de ses attentes et celui qui le lui rend, à les satisfaire, mais la pérennité du service ne dépend pas de cette satisfaction, du moins directement. Elle dépend de l'obligation que la loi fait à l'établissement public d'assurer la prestation de services de qualité et que l'usager a le droit de recevoir. Mais si l'établissement ne remplit pas son obligation à la satisfaction de l'usager, cela n'entraîne pas de sanction économique immédiate sur l'établissement, sinon à plus long terme sur ses personnels, par la désertion d'une partie de la clientèle.

PERSPECTIVES D'ACTION ET DE RECHERCHE

Il convient, au terme de cette analyse, de formuler quelques suggestions pour la poursuite de la recherche et de l'action. Elles s'articulent autour d'une dimension peu présente dans les enquêtes analysées dans la présente étude, mais qui devrait en être le but premier : l'amélioration des services éducatifs. La mesure de la satisfaction des usagers devrait en fait constituer un des éléments d'une politique d'évaluation institutionnelle encore à bâtir, du moins aux ordres primaire et secondaire.

Dans cette perspective, les enquêtes devraient être menées avant tout auprès des usagers de chaque établissement car la responsabilité première de produire et de dispenser aux élèves les services éducatifs leur appartient et ils ont, de par la loi, l'obligation de rendre compte de leur qualité. Des sondages faits à la dimension d'une région, voire de l'ensemble du Québec ne permet guère à un établissement en particulier d'améliorer la prestation du service qu'il a le mandat de rendre. Il conviendrait donc, dans l'élaboration de politiques d'évaluation institutionnelle, de favoriser les expériences au niveau des écoles. Rien n'empêche de mesurer la satisfaction des usagers des commissions scolaires ou du ministère de l'Éducation, mais dans la mesure, précisément, où les dimensions qui font l'objet de l'enquête relèvent de leur responsabilité[35].

---

34.   *Opinéduq*, 830400-830506, 870915-870922, 870305-870310, 880600-880600, 891200-900100, 900305-900306, , 960925-961000, 960600-961000, 970915-971013.

35.   À titre d'exemple, le politique de répartition des immeubles relève de la commission scolaire et la confection des programmes est le lot du ministère de l'Éducation. Mais la qualité de l'enseignement dépend en définitive de chaque établissement.

Nous avons constaté en outre que les parents sont, parmi les usagers, ceux que l'on a le plus fréquemment sondés. Cela s'explique puisqu'ils sont les fiduciaires des premiers usagers que sont les élèves eux-mêmes. Il conviendrait pourtant de rétablir l'équilibre en faveur de ces derniers. Ainsi, il serait tout à fait pertinent de mesurer, dans les divers établissements, la satisfaction des finissants des divers ordres d'enseignement, à commencer par l'ordre secondaire, sur les services dont ils viennent de bénéficier[36].

S'il importe de distinguer les objets d'enquête de satisfaction en fonction des divers paliers de responsabilités, il convient aussi de distinguer les diverses dimensions de ces objets, la diversité des attentes et le poids relatif que les parents usagers et les finissants de l'école secondaire leur accordent. Certes, la mesure globale de la satisfaction vis-à-vis d'un établissement est incontournable. Mais un établissement est un objet social multidimensionnel. S'en tenir à cette seule mesure ne permet pas de discerner les points forts et les points faibles de l'établissement.

À cet égard, Désormeaux et Labrecque insistent sur l'importance, avant de passer aux mesures quantitatives de la satisfaction, de mener d'abord une bonne recherche qualitative : « Sans cette recherche qualitative, on risque de percevoir la réalité des attentes seulement du point de vue de l'entreprise ; or, celui-ci n'est pas le même que celui des clients » (1999 : 76). La même réflexion devrait s'appliquer aux établissements scolaires et à leurs usagers.

Nous terminerons enfin par une réflexion et une piste de recherche à propos d'un problème méthodologique touchant la mesure de la satisfaction des parents d'élèves. Les parents nourrissent des attentes à la fois envers les établissements qui accueillent leurs enfants et envers ces derniers. Ils souhaitent surtout leur réussite. Mais tout parent sait aussi que leurs enfants sont, pour une part, responsables de leurs succès et de leurs insuccès. C'est pourquoi, il est bien difficile de départager, dans la mesure de la satisfaction des parents envers l'école, ce qui dépend des services éducatifs qu'on y dispense et ce qui relève des talents et des efforts personnels de leurs enfants et, en définitive, de leurs résultats. Le très haut niveau de satisfaction envers l'école privée où la réussite scolaire est prévue à l'entrée et assurée à la sortie, donne à penser qu'il pourrait y avoir une corrélation entre le talent de l'enfant et la satisfaction envers l'établissement.

---

36. Une enquête menée en août 1999 auprès des diplômés du baccalauréat en enseignement secondaire de l'ensemble des universités québécoises constitue à cet égard un exemple très intéressant (Giroux, 2000). Les enquêtes *Relance* que mène régulièrement le ministère de l'Éducation pourraient sans doute servir de véhicule à de tels sondages : http://www.meq.gouv.qc.ca/Relance/Relance.htm .

Une piste de recherche consisterait donc à vérifier l'existence de cette corrélation entre le degré de satisfaction des parents vis à vis de l'école et le degré de réussite scolaire de leurs enfants. Celle-ci, peut-on raisonnablement penser, résulte à la fois des moyens mis en œuvre par l'école et de ceux dont dispose l'élève lui-même[37]. Parmi ces derniers, il y a le capital intellectuel dont il est «naturellement» doté, mais aussi le capital culturel dont il hérite de son milieu familial et social. Une telle recherche pourrait être menée auprès des parents dont les enfants viennent tout juste de terminer leurs études secondaires. Elle permettrait de contrôler la variable de la réussite scolaire à partir de données identiques touchant les résultats observés dans les réseaux publics et privés et ce, indépendamment du milieu familial et socioculturel des élèves. Nous formulons pour notre part l'hypothèse qu'à réussite égale, on n'observerait pas de différence significative dans le degré de satisfaction des parents entre les établissements privés et publics. Bref, on pourrait constater que, toute chose étant égale par ailleurs, la satisfaction envers l'école croît avec les résultats scolaires et vice-versa.

---

37. C'est pourquoi, d'ailleurs, il nous semble téméraire de parler de l'obligation de résultats d'une école.

4

L'OBLIGATION DE RÉSULTATS EN ÉDUCATION : UNE MÉTHODE DE FORMATION DE L'OPINION PUBLIQUE

Jacky BEILLEROT
Université de Paris

Pour traiter le thème que j'ai proposé sous le titre de *L'obligation de résultats en éducation : une méthode de formation de l'opinion publique*, je suis contraint, en préambule, de dire quelques mots sur l'objet principal du colloque, l'obligation de résultats en éducation, tel qu'il a été présenté par une courte liste de questions au moment même de sa préparation.

Les intervenants qui m'ont précédé se sont bien sûr efforcés de répondre déjà à une partie de ces questions.

Sans ajouter directement mon propre point de vue sur chacun des problèmes soulevés, je voudrais cependant présenter quelques préalables.

Quelle que soit la modernité de l'expression, sa réalité n'est pas nouvelle. Elle a peut-être commencé où on ne l'attendait pas : l'obligation de résultats a été la contrainte des éduqués, et j'y reviendrai.

La question aujourd'hui, même si elle semble concerner surtout l'école, concerne également les familles. La tendance est de leur demander de plus en plus d'assurer les résultats de leurs actes éducatifs ; contrôles, sanctions ou récompenses, sont déjà là pour donner une réalité à l'obligation. Et l'on sait que dans tous les pays occidentaux les discussions sont vives à ce sujet.

Obligation de résultats, obligation de moyens, sont des notions d'abord de gestion et de commerce qui sont entrées depuis deux décennies dans le champ d'autres pratiques sociales : la santé, l'environnement et maintenant l'éducation et l'école. Ces notions soulèvent ici même de nombreuses questions : de leur sens réel d'abord, aussi bien en termes de signification qu'en termes philosophiques, c'est-à-dire de valeurs, mais aussi de leur justification et de leur validité économiques.

J'ai le sentiment que beaucoup d'intervenants s'accordent pour écrire ou dire que si le système scolaire en particulier a une obligation de moyens, il ne pourrait être tenu responsable par une obligation de résultats. L'argument majeur reposant sur le fait que les apprentissages ne se décrètent pas et dépendent en fin de compte de celui qui doit apprendre. L'éducateur ne saurait être maître du désir de l'autre. Si je devais me mêler de cette question, je crois que je serais moins tranché dans la réponse. D'une part, les obligations mériteraient d'être précisément définies, bornées, critérisées, bien sûr. D'autre part, il importerait de savoir quelles sont les responsabilités respectives d'un système : le Ministre, l'enseignant solitaire, les instances, les collectifs, les équipes, etc. ?

Enfin, si j'entends bien que l'obligation de résultats est pleine d'illusions et de dangers divers, je craindrais qu'à trop vite se dégager de l'obligation de résultats, on vide de sens non seulement le débat, mais l'action elle-même. Après tout, les millénaires ne se sont-ils pas construits avec bien peu de moyens des autres et de chacun, alors que la pression à réussir ne faisait que croître ?

En fin de compte dans cette affaire, ce sont les modalités de responsabilité, de jugements, de sanctions et de récompenses qui feront les partages. Je n'en dirai pas plus puisque ces quelques mots voulaient m'aider à introduire une réflexion plus spécifique dont la formulation pourrait être celle-ci : quelles que soient les manières dont les relations et les frontières s'établissent entre les deux obligations susdites, le fait que les débats existent et se développent revêt autant d'importance que le fait de légiférer dans un sens ou dans un autre. Autrement dit, le fait que la question même puisse se poser, n'est pas seulement un signe comme l'on dit, mais révèle un profond changement dans les mentalités et dans les pratiques. C'est ce que je veux maintenant analyser car l'introduction de la gestion dans la politique définit un changement dans la culture, dans la représentation de la vie démocratique.

L'obligation de résultats est l'aboutissement d'une série de phénomènes, quatre au moins, qui en fait une originalité pour aujourd'hui ; je veux dire par là que j'ignore la résultante de ces forces et de ces phénomènes pour demain.

Les phénomènes auxquels je pense sont sans doute concomitants, et même s'ils ont leur chronologie propre, leur date de développement a une origine commune : les profondes transformations de la vie économique et sociale, engendrées par la Seconde Guerre mondiale et les reconstructions qui ont suivi, où s'exaspèrent les tensions à choisir entre besoins et ressources. Or sans mise en avant de ces phénomènes, nous ne pouvons pas penser l'obligation de résultats.

Le premier phénomène concerne l'organisation de la vie sociale, ou plutôt l'organisation du travail, si l'on veut bien comprendre le mot travail dans son sens extensif. Taylor et Ford avaient ouvert une voie après d'autres certes, mais le mouvement s'est poursuivi. Il s'agit de la volonté diffuse et en même temps volontariste des élites occidentales d'organiser la production de biens, puis de services, puis de systèmes symboliques, d'une manière de plus en plus rationnelle. On ne compte plus, ou on compte moins, sur les habitudes, les rituels et les traditions; on compte moins sur l'évidence des relations et des rapports sociaux: on entend, on espère et on croit qu'il est possible de mieux gérer ce que l'on appellera plus tard les ressources humaines.

Utilisant pour le meilleur et pour le pire les résultats croissants des sciences sociales et humaines, la rationalité se manifeste alors comme une ultra modernité prenant la place de ce qui jusqu'alors s'imposait par les principes de hiérarchie, de commandement, d'obéissance, de soumission. Au dilemme qui a occupé un grand siècle – la révolution émancipatrice contre les forces réactionnaires – se construit et se substitue d'une manière consciente, cette troisième voie, celle de la rationalité, appelée si souvent de leurs vœux par les réformateurs, ceux qui vont développer l'esprit des innovations ou de la société innovante. Pour perdurer, il faut changer, mais il ne faut pas tout bouleverser. Or ces changements, j'insiste, ne sont pas construits par n'importe qui, mais par les nouvelles élites intellectuelles ou sociales, celles qui ont beaucoup appris par les enseignements supérieurs et déjà la formation des adultes qui se développe.

Pensons, par exemple, au travail de Crozier au début des années 1950, ce français féru des États-Unis et qui analyse «le phénomène bureaucratique». La rationalité nouvelle permet de conduire des observations sur le travail effectif et les relations de pouvoir, très éloignés des canons idéologiques dominants alors.

Le deuxième phénomène dont j'estime qu'il est lui aussi substantiel et d'importance culturelle, est la conséquence du premier: il s'agit de l'évolution des modèles de l'analyse de l'action. La guerre a fait son œuvre: nous ne raisonnons plus qu'en objectifs et stratégies, et en incise, l'obligation de résultats est aussi une expression militaire. L'analyse moderne de l'action se conduit dans son schéma fondamental par l'introduction des nouvelles modalités d'appréciation des résultats: aux contrôles à l'ancienne qui visent toujours à vérifier l'adéquation des comportements et éventuellement des résultats aux instructions du commandement, s'inventent les politiques de l'évaluation centrée sur les objectifs, mais aussi sur les ajustements de ceux-ci aux moyens. C'est ainsi que dès 1994, en France, des actions de formation d'adultes de demandeurs d'emploi, financées par l'État, sont contraintes pour le renouvellement des contrats d'obtenir 65% de taux de reclassement, c'est-à-dire que l'organisme de formation doit prouver que près de 3 stagiaires sur 4 ont, dans les mois qui suivent leur formation, obtenu un changement de statut social et en particulier un emploi même précaire, même à temps partiel.

L'évaluation nous conduit alors tout droit à la reconnaissance, voire à la suprématie de la notion de marché et ce sera le troisième phénomène. Je n'ignore pas que sur cette question, le terrain est miné. Ce n'est pas une raison suffisante pour ne pas tenter de trouver un sentier un peu sûr. Je ne considère pas le principe du marché comme le grand Satan, même si son existence engendre de grandes injustices, voire de grandes souffrances. Le problème est que pour aujourd'hui, nous savons que sa suppression est un remède pire que le mal.

Que doit-on au principe du marché? Le mot principe permet momentanément de suspendre toutes les questions politiques essentielles, de l'organisation et du contrôle des marchés. Essentiellement trois choses. Le destinataire des produits reste davantage qu'auparavant en mesure d'exercer une plus grande liberté de ses décisions, malgré la manipulation (mais les contre-manipulations tempèrent la manœuvre). Nous y avons gagné une qualité croissante des objets, aussi bien en termes techniques qu'esthétiques, en termes de performance, qu'en termes de simplicité ; enfin, nous y avons gagné une rationalisation accrue des circuits et des organisations.

On ne peut donc faire fi d'un tel principe, d'autant que son triomphe est en partie dû à l'effondrement du pays du socialisme réel. L'accouchement aux forceps des sociétés de la nouvelle histoire a conduit dans les faits à l'effondrement des grandes idéologies révolutionnaires. Ce point est très proche de notre objet de réflexion car les idéologies en question ont, à la place des religions révélées, mais selon les mêmes fonctions, servi de cadres de références et de jugements aux actions et à l'action, c'est-à-dire ont servi de déterminants de l'évaluation.

Au slogan «ce qui est bon pour Ford est bon pour les États-Unis» on en substituait un autre «ce qui est bon pour le prolétariat ou pour le parti communiste est bon pour le pays». Dans les deux cas, l'obligation de résultats était devenue une obligation envers un groupe qui s'arrogeait le pouvoir sur la société entière. C'est ce contexte-là qui a changé d'une manière profonde et sans doute pour un temps certain.

Quatrième phénomène, celui de la transformation de la responsabilité. Un mouvement social s'installe en Occident, et surtout dans ce continent-ci, pour exiger que des décideurs, des instances diverses, soient rendus responsables de leurs actes. Pour éviter les confrontations et les face-à-face d'une société bloquée, les citoyens individuels ou associés ont recours aux justices de leur pays afin de déterminer quelle part de responsabilité et donc quelles sanctions des dirigeants publics et privés méritent-ils?

On demande, on exige des «intouchables» de jadis qu'ils rendent des comptes aux victimes, aux sociétés entières. Inutile de s'étendre sur les exemples spectaculaires: toutes les sociétés occidentales en ont maintenant à foison. Ici aussi, on entend des cris d'orfraie, ici aussi on crie à l'abus de pouvoir de la justice ou des médias. Certes, depuis l'Agora athénienne on connaît les risques. Mais souhaitons-nous en revenir au droit divin, à l'autorité royale et ecclésiastique, à moins que ce ne soit celle des hauts-de-forme? Et le voudrait-on, qu'on ne le pourrait pas. Non, l'exigence constante que les individus soient responsables publiquement de leurs actes publics ne peut pas être considérée comme un épiphénomène ou, pire, comme une dérive sociale dangereuse.

Les quatre phénomènes que je viens d'énumérer sommairement constituent les caractéristiques d'une réelle modernité à partir desquelles l'obligation de résultats en éducation prend un certain sens auquel je voudrais maintenant m'attacher.

Je commencerai en rappelant deux réalités anciennes que j'ai seulement évoquées et qui concernent directement notre travail.

Dans beaucoup de familles, tantôt aristocratiques et bourgeoises, tantôt populaires, il y a longtemps que l'obligation de résultats était la base de l'éducation, sauf qu'il s'agissait non pas de l'obligation des parents, mais de celle des enfants. Romans et récits en témoignent; jeunes nobles et bourgeois récalcitrants mis en pension, jeunes paysans renvoyés à l'étable, jeunes prolétaires, à qui selon la belle expression «on coupait les bourses», etc. Je suis sûr que pour plusieurs d'entre nous aujourd'hui encore, cette pression et ces contraintes constantes de leur jeunesse sont encore vives dans les mémoires. Si je mentionne cet état de fait, c'est pour souligner un double glissement peu interrogé, y compris dans le programme du colloque; d'une part, la responsabilité des éducateurs est mise en avant, mais d'autre part, l'oubli complet maintenant de la question de l'obligation de résultats des élèves et des enfants, ce qui n'est pas anodin.

La deuxième réalité à laquelle je suis sensible depuis plusieurs années est «l'invention progressiste» du XVIIIe siècle, mais surtout durant le XIXe, pénal, de la notion de *circonstances atténuantes*. On s'est mis à considérer que les actes d'un individu n'étaient pas nécessairement dus à sa volonté, à son intention. La possession démoniaque d'antan se laïcisait : être orphelin, être idiot, puis n'avoir bénéficié d'aucune affection, ou avoir subi de mauvais traitements dans l'enfance, ont constitué un arsenal fragile parce que sujet à bien des interprétations de la notion de circonstances atténuantes, dont l'une des composantes fut, on le sait, ne pas avoir bénéficié d'une bonne éducation. L'affaire a eu grand succès jusqu'à aujourd'hui, et elle a transité par Freud puisqu'il n'est toujours pas rare d'entendre encore des adultes expliquer leurs émois et leurs malheurs par des déterminations inconscientes, elles-mêmes issues des canons de l'éducation reçue ou vécue jadis.

Ainsi, la balance s'établissait entre d'un côté l'affirmation que le mauvais résultat de l'éducation était toujours imputable aux mauvais penchants de l'enfant et donc «son affaire», et de l'autre que ces mêmes mauvais résultats avaient leur cause dans la défaillance parentale, ou plus largement dans celle des adultes.

Ce double rappel vise à insister sur le fait que depuis longtemps la question des effets de l'éducation est présente dans nos sociétés avec ses paradoxes et ses contradictions; qu'à cette lumière-là, certes, la notion de résultats y change quelque peu, mais que sur le fond, c'est la même interrogation qui se poursuit: qui est responsable, non pas comme le chantait Allwright de la mort d'un boxeur, mais qui est responsable de ce que je suis devenu, de ce que je suis, de ce que je fais?

Une fois que l'on aura examiné la responsabilité des structures et des systèmes, des choses, des personnes, il faudra bien arriver à l'examen de la responsabilité individuelle et réelle de chacun; l'irréductible parcelle de responsabilité de chaque être humain.

Les mythologies inventées par les cultures et singulièrement la nôtre, ont réussi le tour de force de mettre en scène des forces, voire un Dieu tout-puissant, dont l'échec est patent. Car, qui plus que notre Dieu doit avoir une obligation de résultats? On connaît la suite et justement les résultats! L'humain est plein de ressources à s'absoudre en proclamant que son créateur lui-même n'arrive pas à réussir ses intentions. À moins que même les dieux soient démocrates? Après tout, pourquoi pas? En effet, si l'obligation de résultats n'est pas une injonction ou une ruse à pressurer les plus faibles, alors on peut considérer que cet impératif est un horizon. Il représente un moment ou une phase dans l'émergence de l'identité de la personne, comme il représente une phase dans la construction des sociétés démocratiques. À la manière dont il est dit dans une des lois fondatrices de l'enseignement supérieur français (Savary, janvier 1984) que celui-ci doit «tendre à l'objectivité du savoir», ce qui pour une fois manifeste une grande sagesse de la part du législateur puisqu'il n'est pas proclamé l'acquis et la certitude des savoirs objectifs et encore moins de leur scientificité. Il est demandé d'aller vers cette objectivité, pour signifier une direction, un but à atteindre et jamais définitivement conquis.

Je comprends l'obligation de résultats en éducation de cette façon. Il s'agit d'un but et non d'un objectif, d'un principe même, qu'une société se propose de mettre en œuvre, sans l'illusion forcenée d'y accéder demain matin.

C'est pourquoi l'obligation de résultats est tout à la fois un objet philosophique et politique qui rejoint intimement une valeur, celle de la responsabilité. Ce qui nous importerait alors serait de veiller et d'œuvrer pour que cette obligation et cette responsabilité ne soient pas une nouvelle assignation pour les plus faibles et les plus démunis, qu'elle concerne par exemple les enseignants, mais pas les inspecteurs ou les directeurs! Non, elle concerne autant le Ministre que chaque élève ou chaque enfant; elle concerne l'instituteur aussi bien que chaque universitaire, et là, il y a du chemin à faire.

Je ne veux pas conclure sans exprimer encore trois remarques. Dès que l'on parle d'obligation et de responsabilité, on pose les bases pour réfléchir et militer pour des formes de contrôle, de jugements, de sanctions, sinon la réflexion tourne à vide. On peut souhaiter des institutions plurielles pour ce faire, on peut exiger que le contrôle du contrôle soit assuré, etc., mais on ne peut pas échapper à ces obligations.

On se complaît beaucoup à brocarder la vie politique dans nos pays. Je n'aime pas ces dérisions et ces dénigrements. Dans nos pays, les personnalités politiques bien plus que nous-mêmes assurent une certaine obligation de résultats et en ont une sanction : les élections. C'est encore ce qui fonde leur légitimité et la nôtre. Si on attaque ces assises d'une manière inconsidérée, on ruine la vie collective démocratique.

Ma deuxième remarque de conclusion est que l'obligation de résultats, qui atteint l'éducation comme les autres pratiques sociales, soulève dans chacune de nos sociétés la question de la responsabilité locale et politique de l'éducation : qui, au nom de la société et de la vie publique, est responsable de l'éducation des jeunes et des moins jeunes ? La séculaire et arbitraire séparation entre les familles et l'école ne suffit plus, pas plus que ne suffirait l'édiction de la seule responsabilité individuelle, comme tendent à le faire certaines évolutions de la formation des adultes ; oui, chacun sera de plus en plus responsable de lui-même, mais en même temps, les sociétés devront s'organiser pour des responsabilités collectives qui s'incarneront dans de nouveaux statuts, de nouvelles fonctions, de nouvelles magistratures, peut-être.

Enfin, l'opinion publique : on sait que rien n'est plus indéfinissable que cette arlésienne. Médias, sondages, marchés, élections, sont les actes et les représentations censés donner l'opinion (ce mélange de croyances, d'intentions, de savoirs) de nos contemporains.

Pour l'instant, quoi qu'on en pense, il faut faire avec l'opinion publique.

L'obligation de résultats, même si l'expression est trop technique pour être couramment utilisée, représente bien l'esquisse d'une exigence. Certes, celle-ci a finalement tendance à n'être envisagée que pour les autres, comme si chaque citoyen pouvait s'en soustraire. Pour autant, réfléchir en termes d'obligation de résultats constitue une nouvelle culture comme il a été dit pour la culture de l'évaluation.

L'obligation de résultats sera peut-être un élément important de l'éducation des enfants, des jeunes et des adultes, dès lors qu'elle serait une morale de la responsabilité engageant les personnes, les unes envers les autres et chacun envers soi-même.

Je remercie beaucoup les organisateurs des Entretiens Jacques-Cartier et ceux de ce colloque, responsables québécois et français, de nous offrir l'occasion de cette indispensable réflexion.

5

L'ÉCONOMIE DE L'ÉDUCATION PERMET-ELLE DE LÉGITIMER L'OBLIGATION DE RÉSULTATS?

Jean-Jacques PAUL[1]
Université de Bourgogne

Les économistes ont au moins deux bonnes raisons de s'intéresser à un mouvement en faveur de l'obligation de résultats: l'ampleur des ressources consacrées à l'éducation, et la méthode dont ils disposent pour aborder la question de l'arbitrage dans l'utilisation de ces ressources. Après avoir explicité ces raisons, nous montrerons comment l'analyse économique peut aider à guider la production, l'interprétation et l'usage d'indicateurs de résultats, au niveau macro-économique puis à celui de l'unité éducative.

LES ÉCONOMISTES ET L'ÉDUCATION

En paraphrasant le titre d'un ouvrage de notre collègue québécois Clément Lemelin, nous allons très rapidement évoquer quelques grands traits de l'histoire de l'économie de l'éducation, puis nous rappellerons le montant des ressources consommées par l'activité éducative avant d'exposer le paradigme de la fonction de production.

C'est quoi l'économie de l'éducation?

On peut définir l'économie de l'éducation comme la discipline qui aide à déterminer le montant des ressources tant publiques que privées qui doivent être consacrées à l'éducation et qui vise à optimiser l'usage de ces ressources dont la caractéristique première est la rareté. Et l'on doit insister sur cette caractéristique de rareté des ressources, qui fonde l'analyse économique. L'économiste est donc le rabat-joie, l'empêcheur de tourner en rond, le surmoi qui rappelle toujours le principe de réalité, celui qui n'a de cesse de rappeler que l'être humain vit dans un univers de rareté, et que tout choix de consommation de ressources pour une activité, restreint d'autant l'usage de ces ressources pour une activité alternative.

---

1. jjpaul@u-bourgogne.fr

L'économie de l'éducation est née en tant que discipline à la fin des années 1960 aux États-Unis, à une période de forte croissance économique et de course à l'innovation scientifique, stimulée notamment par la rivalité spatiale avec l'URSS. Les premiers travaux se sont plutôt intéressés, au plan macro-économique, à la contribution de l'éducation à la croissance, et au plan micro-économique, à la demande d'éducation fondée sur le rendement pour l'individu de son investissement éducatif. C'était l'essor de la théorie du capital humain.

L'économie de l'éducation va être remise en cause au cours de la période de croissance de chômage des jeunes pendant les années 1970, puis elle revient en vogue avec l'essor de l'économie dite fondée sur la connaissance.

Si l'on peut distinguer différentes écoles au sein des économistes de l'éducation, entre ceux partisans du marché à tout prix et ceux qui entendent préserver la fonction intégratrice de l'école et donc la place de l'État en tant qu'acteur principal, tous s'accordent sur la question de la primauté de la rareté des ressources, qui fonde la nécessité d'élaborer des stratégies d'utilisation optimale.

L'éducation est-elle vraiment si grande consommatrice de ressources?

Les ressources consacrées à l'éducation sont très importantes mais on ne s'en rend pas toujours compte car alimentées en grande partie par l'impôt.

Si l'on considère la part que représente, en 1995, la dépense publique d'éducation dans la richesse nationale (le PIB) parmi les vingt-neuf pays de l'OCDE, la France, avec 6%, n'est dépassée que par le Canada et les trois pays d'Europe du Nord, Danemark, Finlande et Suède. En moyenne, la France dépense par élève et par an 5 000 $US, et la dépense totale pour former un bachelier est équivalente à celle qu'un Français dépense tout au long de sa vie pour se loger.

Ce que nous payons directement de notre poche, pour l'éducation, est relativement faible. Aujourd'hui, les familles contribuent, sur leur propre budget, seulement pour 7% à la dépense d'éducation de leurs enfants. La contribution des Pouvoirs publics s'élevait, elle, en 1998, à 87,3% des dépenses d'éducation. Le budget de l'Éducation nationale est devenu en France, comme dans beaucoup d'autres pays, le premier budget de l'État, et il faut compter aussi avec les efforts, de plus en plus importants, des régions, des conseils généraux et des communes. L'éducation est donc, pour l'essentiel, financée par l'impôt…, ce qui rend cette dépense assez invisible pour chacun d'entre nous. Invisible mais considérable!

L'obligation de résultats n'apparaît donc pas comme une lubie des économistes de l'éducation, mais elle est devenue une obligation tant sociale que technique. Face à une demande de justification de la pression fiscale, exacerbée lors de mouvements «poujadistes» anti-impôts, il faut plus que jamais pouvoir justifier l'usage des deniers publics. L'*accountability*, pour reprendre le terme anglo-saxon, la reddition des comptes, devient une exigence vis-à-vis de citoyens plus éduqués, plus informés et plus individualistes. L'éducation publique se trouve «coincée» entre le contribuable et le consommateur: il lui faut justifier les impôts utilisés et se défendre face aux produits alternatifs qui se répandent (enseignement formel privé, études à l'étranger, enseignement marchand à distance à base de technologies de communication, etc.). Par ailleurs, la revendication pour le développement de la liberté du choix d'établissement selon un modèle qui s'apparente au marché, nécessite une large publication des résultats, de façon à ne pas développer une inégalité des familles vis-à-vis de l'information.

Attardons-nous maintenant sur les aspects techniques qui justifient, voire exigent l'utilisation des résultats du système éducatif.

Le paradigme de la fonction de production

En matière d'analyse du fonctionnement des systèmes éducatifs, tant au niveau macro-économique (les Nations) qu'au niveau méso-économique (les États des régimes fédéraux, par exemple) ou qu'au niveau micro-économique (les institutions d'enseignement), les économistes recourent au paradigme de la fonction de production. Ce paradigme provient de l'étude des entreprises, qui sont considérées comme combinant des facteurs de production, les inputs, pour élaborer un produit, l'output. Appliqué au domaine de l'éducation, ce paradigme devient: l'école combine des inputs tels que du matériel pédagogique, des caractéristiques de professeurs, des manuels, etc., pour produire de l'éducation. Une utilisation efficace des ressources sera celle qui minimisera les quantités initiales d'inputs pour une quantité visée d'éducation ou qui maximisera la quantité produite d'éducation pour une quantité donnée d'inputs.

Bien sûr, ce parallèle entre l'école et l'industrie peut à première vue paraître extrêmement simpliste et réducteur. C'est quoi cet output éducatif, comme si l'éducation pouvait être assimilée à des chaussures, des voitures, ou des sacs de ciment? Et ces inputs et combinaisons d'inputs représentent quoi, comme si une grande chaîne de transformation des élèves s'était établie au sein des écoles, devenues usines à produire on ne sait trop quoi?

Lorsque l'on se situe dans le domaine industriel, on sait plus ou moins quel doit être le rapport entre la qualité et le coût du produit, on sait également quelles sont les techniques de production susceptibles d'aboutir à telle qualité ou tel coût. Si un constructeur automobile veut mettre sur le marché un nouveau modèle, il sait à peu près à quel prix il devra le vendre compte tenu des prix des modèles concurrents sur le marché. S'il n'arrive pas à tenir l'ensemble des paramètres de production pour vendre à un prix qui lui assure un chiffre d'affaire et surtout un bénéfice suffisant, il devra renoncer et si cette situation perdure, il sera sans doute amené à cesser son activité. L'éducation ne correspond pas à un schéma de cette nature. Sa production n'est pas guidée par des considérations de nature technique soumises d'une façon inéluctable à la sanction du marché. Mais alors, à quels critères se référer pour prendre les décisions relatives aux moyens consacrés à l'éducation?

L'économiste de l'éducation et plus généralement le spécialiste chargé d'aider à la conduite de la politique éducative utilise des indicateurs.

LES INDICATEURS DE RÉSULTATS AU NIVEAU DU SYSTÈME ÉDUCATIF

Généralement, on considère différentes familles d'indicateurs: des indicateurs de contexte, des indicateurs de processus et des indicateurs de résultats. Nous privilégierons ici les indicateurs de résultats, en ce qu'ils représentent le mieux l'idée de production issue de l'analyse économique.

Des gouvernements de plus en plus soucieux des résultats

Si nous nous référons à un rapide examen historique, nous pouvons noter qu'initialement, aux niveaux macro et méso-économiques, ont été calculés les taux de scolarisation aux différents niveaux d'éducation. Mais assez rapidement, s'est ressentie une insatisfaction face à des indicateurs qui ne traduisaient pas la qualité du produit. Dès la fin des années 1950, l'IEA (International Association for the Evaluation of Academic Achievement) lance un programme visant à élaborer des tests standardisés permettant de comparer, sur des bases identiques, les niveaux d'acquisition des élèves de différents pays. Depuis 1959, ces enquêtes ont concerné notamment les mathématiques, la lecture, les sciences.

De son côté, l'Unesco publie des statistiques issues des ministères de l'Éducation des différents pays membres et publie depuis 1991 un rapport mondial sur l'éducation, qui présente des indicateurs de résultats scolaires comme, outre le taux de scolarisation, l'espérance de vie scolaire ou la proportion d'une cohorte d'élèves achevant un cycle d'études. L'OCDE va donner une nouvelle dimension à cette volonté de promouvoir une vision précise de l'état de développement et du niveau de résultats des systèmes éducatifs de ses différents pays membres. Il lance donc, au début des années 1990, le projet INES qui va progressivement s'étendre à des pays non membres, ce qui reflète le volonté des gouvernements à pouvoir comparer leur système éducatif par rapport à celui des autres. Les indicateurs de résultats proposés rassemblent les résultats des élèves, les résultats des systèmes (taux de réussite à la fin du secondaire, proportion de diplômés du supérieur, de diplômés scientifiques). C'était l'avènement de la vieille idée de Marc-Antoine Jullien de Paris, le père de l'éducation comparée.

Ce que révèlent ces évaluations, c'est que certains pays, avec le même niveau de ressources, font apparemment mieux que d'autres. Comment expliquer par exemple qu'avec un même niveau de dépense par élève dans le primaire, les jeunes Finlandais ont de meilleurs résultats en lecture que les jeunes Italiens ou a fortiori les jeunes Danois (voir Paul, 1996).

Du bon usage des résultats

Certes, il ne faut pas considérer ces données comme absolues et indiscutables, mais plutôt leur attribuer une dimension tendancielle. Ainsi, lorsque des écarts importants séparent les niveaux des différents indicateurs de pays comparables, il faut alors réfléchir à la source de tels écarts et collecter des informations plus approfondies, plus détaillées. Autant de travail pour les spécialistes d'éducation comparée, sociologues, économistes, historiens, spécialistes de sciences politiques… Ce travail est nécessaire tant d'un point de vue de recherche que d'un point de vue politique. En effet, les citoyens-contribuables des pays moins «efficaces» dans l'usage des ressources consacrées à l'éducation seraient en droit d'interpeller leurs gouvernements à ce propos. Mais ce débat est rarement placé de cette manière sur la place publique.

Bien sûr, il faut savoir être critique vis-à-vis des indicateurs et les utiliser à bon escient. On ne peut par exemple comparer abruptement les pays développés et les pays en développement. Orivel (1999) rappelle que si l'on considère le nombre d'années d'études qu'un enfant recevra s'il connaît un destin scolaire identique à la moyenne (l'espérance d'années d'études à cinq ans), les pays développés apparaissent beaucoup plus efficients, dans la mesure où, à part identique de PIB mobilisée pour l'éducation, ils offrent une espérance de scolarisation bien plus élevée. Mais si l'on fait l'effort de prendre en compte les situations démographiques respectives, ce sont des pays en développement qui apparaissent les plus efficients.

Une autre dimension de la prise en considération économique des résultats de l'école consiste à évaluer la contribution de l'éducation à la croissance. Les premiers travaux empiriques liés à l'émergence de la théorie du capital humain se sont inscrits dans cette démarche. C'est en particulier le cas de Denison, aux USA, ou de Dubois, Carré, Malinvaud, en France. Ces derniers ont estimé qu'entre 1913 et 1963, la qualité du travail (en particulier grâce à l'amélioration de l'éducation), a représenté 0,6% des 2,1% du taux de croissance annuel moyen sur la période. Ces études ont influencé les recommandations de politique éducative, visant à un investissement public plus intense en éducation, comme l'attestent les publications de l'OCDE au milieu des années 1960.

La recherche des résultats globaux de l'éducation permet donc de guider la politique d'investissement en éducation. Ces analyses peuvent en outre aider à une

formulation plus détaillée de cette politique, en indiquant les niveaux et les types
d'éducation qui ont le plus d'impact sur l'économie. Mingat et Tan indiquent par
exemple, à partir d'une analyse détaillée du cas de 113 pays, qu'il vaut mieux tenir
compte du niveau de développement du pays pour choisir les niveaux d'éducation
sur lesquels mettre l'accent, en privilégiant plutôt le primaire pour les pays les
moins développés, puis le secondaire quand le développement s'accélère et en n'investissant massivement dans le supérieur que quand le développement est assuré.
Les données relatives à l'investissement en éducation sont importantes pour orienter la politique des pays. Si, en 1970, la Corée avait eu le taux de scolarisation du
Brésil, son taux de croissance des années 1980 aurait été réduit d'un tiers (Birdsall
et Sabot, 1996).

Ces analyses impliquent peu les acteurs du système éducatif; elles sont fondées sur des données macro-économiques produites par les systèmes statistiques
nationaux. Il n'en va pas de même pour les travaux concernant le niveau micro-
économique, plus spécifiquement dans notre contexte, celui de l'unité éducative.

LES RÉSULTATS AU NIVEAU DE L'UNITÉ ÉDUCATIVE

À quel niveau faut-il observer les résultats ? Il faut les examiner par rapport
à l'ensemble que l'on veut évaluer. Ce n'est ni l'élève ni le professeur qui doivent
être les cibles de l'obligation de production de résultats. Il s'agit de l'institution de
formation, celle qui apparaît avec une certaine autonomie et un certain pouvoir de
décision dans l'allocation des ressources éducatives (établissement scolaire, département d'une université).

On peut distinguer la question de la mesure des résultats au niveau des établissements de celle de la publication de ces mêmes résultats. La mesure des résultats permet d'orienter la politique éducative globale et l'affectation des ressources
entre les différentes unités éducatives. La publication doit viser à rendre compte à
la communauté du bon usage des ressources publiques.

Comment mesurer les résultats au niveau de l'unité éducative ?

Tout dépend du niveau et du type d'éducation considéré. Si l'on s'intéresse
aux premiers degrés de l'école, on privilégiera les résultats liés à l'acte éducatif lui-
même, et notamment les niveaux d'acquisition. Mais si l'on considère des degrés
terminaux, on retiendra comme mesure du produit les taux de réussite aux diplômes, surtout s'il s'agit de diplômes délivrés dans le cadre d'examens nationaux, ou
des indicateurs d'insertion sur le marché du travail.

Mais il faut insister sur un point. Les travaux conduits à partir des résultats
des élèves ne valent que si ces résultats sont des mesures standardisées et appréciées
en tant que valeur ajoutée. Cette notion économique de valeur ajoutée, elle aussi

empruntée à la théorie de la production, est essentielle pour guider les recommandations de politique éducative. Il faut tenir compte du niveau des élèves au début du processus évalué, pour ne considérer que l'accroissement du niveau au cours du processus, que l'on rapportera aux inputs mobilisés et à leur coût.

L'analyse des résultats mesurés au niveau de l'unité éducative

On pourra donc ainsi essayer de comprendre pourquoi les résultats sont différents d'un établissement à l'autre. Ce peut être dû à une dotation différente d'inputs, à des combinaisons différentes de ces inputs ou à d'autres facteurs non directement quantifiables, comme le dynamisme d'une équipe pédagogique. Souvent, il faudra donc aller au delà de la simple relation fonctionnelle inputs-outputs à partir d'analyses plus qualitatives. Mais au moins, un grand pas aura été franchi en mettant le doigt sur des endroits sensibles.

Ces résultats peuvent être utilisés dans une optique de politique éducative. Les travaux de l'Irédu ont ainsi permis, à partir de ces approches, de mettre en lumière l'existence d'un effet-maître, d'un effet-établissement, dont il faut essayer de tenir compte pour guider la formation des enseignants et la gestion des établissements. D'autres résultats ont conduit à montrer que des classes hétérogènes étaient préférables à des classes homogènes.

La prise en compte du coût des inputs oriente également les politiques : vaut-il mieux placer l'argent dans l'achat de manuels, dans du tutorat, dans plus de formation des enseignants, dans la réduction de la taille des groupes pédagogiques ? Compte tenu de la contrainte de ressources, on devrait le placer dans les inputs dont l'impact sur les résultats est le plus important par euro (ou dollar canadien) investi. Simpliste dira-t-on, mais ici aussi il ne faut pas s'en tenir à la décimale de l'effet mais considérer les tendances. C'est ainsi que les politiques d'aide à l'éducation dans les pays en développement ont évolué au début des années 1980, en mettant plus l'accent sur l'investissement dans les manuels scolaires que dans des établissements scolaires aux normes de ceux des pays développés.

Ce recours au paradigme économique pour analyser les résultats des unités éducatives offre plusieurs avantages. D'une part, il permet d'offrir une unité de mesure commune (la variation d'acquisition par unité monétaire) à des éléments pédagogiques hétérogènes (comme la taille de la classe, la formation des enseignants, les manuels, etc.). D'autre part, il permet de raisonner à la marge et de dépasser une vision en tout ou rien. On pourra ainsi aider à l'arbitrage entre par exemple accroître d'un élève la taille moyenne de classe et fournir un jour de formation continue de plus aux enseignants. Enfin, il permet également de tenir compte des effets de saturation liés à la décroissance de l'efficacité marginale. La forme de la fonction de production retenue rend possible de mesurer par exemple l'effet d'une année supplémentaire de formation des enseignants, en tenant compte de leur niveau de formation au moment de l'observation. Une année de formation supplémentaire n'aura sans doute pas le même impact pour des enseignants qui ont huit années de formation initiale ou pour ceux qui en ont quinze.

Parfois, certains résultats peuvent révéler la complexité de la politique pédagogique. Comme concilier le fait qu'une formation supérieure soit plus efficace sur les résultats des élèves en mathématiques qu'en langue maternelle (voire négative dans le cas d'une évaluation récemment conduite au Brésil)?

Comment utiliser la notion de valeur ajoutée pour l'allocation des ressources?

Une stratégie simpliste d'utilisation rationnelle des ressources pourrait consister à allouer les ressources prioritairement aux unités éducatives qui produisent la valeur ajoutée la plus élevée. Cette vision ne peut être transposée brutalement de la sphère économique au monde de l'éducation.

Il faut ici s'interroger sur les raisons qui peuvent être à la source d'une faible valeur ajoutée au sein de certaines unités, compte tenu des moyens mobilisés et passer contrat avec les unités à faible valeur ajoutée. Une faible valeur ajoutée peut-elle donc s'accompagner de moyens (contractuels) supplémentaires pendant la période du contrat. Bien entendu, évaluation doit être menée en fin de contrat et si la valeur ajoutée reste faible, une intervention plus radicale doit être envisagée.

La publication des résultats

Pour se situer dans un cadre public, le citoyen-parent d'élève «consommateur» doit pouvoir exiger que ses enfants apprennent dans leur établissement autant que dans les autres établissements. L'idée de service public a laissé accroire que la même éducation était dispensée dans tous les établissements, qu'il y avait homogénéité du produit, comme dans le cas du timbre vendu dans les différents bureaux de poste. Le développement des travaux d'évaluation à partir de résultats standardisés des élèves, comme par exemple ceux conduits au sein de l'Irédu, ont montré ou tout du moins confirmé qu'il n'en était rien.

Si l'obligation de résultats s'inscrit dans une démarche en termes de valeur ajoutée, qui prend donc en compte le contexte initial, elle peut et doit s'accompagner de la plus grande transparence. Il faut donc publier les résultats. De toute manière, si les instances publiques ne s'en chargent pas, des initiatives privées le feront, mais sans doute avec un souci déontologique moindre.

CONCLUSION

L'éducation est un investissement, dont les effets se feront sentir à long terme. On ne peut donc attendre que ces effets se fassent sentir pour prendre des décisions de modification d'orientation de la politique éducative. D'où la nécessité de se fixer des objectifs de court terme, et donc des balises qui permettent de mesurer le degré d'atteinte de ceux-ci.

On peut critiquer la mesure des inputs et des outputs. Les inputs sont mesurés de façon réductrice, disponibilité et nombre de manuels, nombre d'années de formation du maître, etc., sans vraiment pouvoir tenir compte de l'usage qui en est fait. Les outputs se réfèrent à des connaissances scolaires, alors qu'il faudrait pouvoir s'appuyer sur les compétences et les connaissances qui seront vraiment utiles dans la vie. En ce sens, l'économiste n'a pas vraiment à décider des variables de résultats à utiliser, qui sont pour partie le résultat d'un choix de société. Il ne peut revendiquer non plus un impérialisme quelconque en matière de méthodologie d'analyse du fonctionnement des systèmes éducatifs, ou de recommandations de politiques éducatives. Mais ce qui est certain, c'est que nous vivons dans un univers de ressources rares, et que tout choix politique conduit généralement à un usage de ressources qui se voient enlevées à un endroit pour être placées à un autre. Dans tout choix éducatif, l'économie n'est pas loin, et il serait illusoire et dangereux de vouloir se le dissimuler. En ce sens, l'économiste de l'éducation peut participer à une action de défense et de promotion de la crédibilité de l'éducation. Croire en l'économie de l'éducation, c'est donc croire en l'éducation.

6

D'UNE DÉCENNIE PERDUE AU GRAND BOND EN ARRIÈRE : DÉCENTRALISATION, PRIVATISATION ET OBLIGATION DE RÉSULTATS AU SEIN DES PAYS EN DÉVELOPPEMENT

Guy PELLETIER[1]
Université de Montréal

> *Il faut tout un village pour éduquer un enfant*
> Proverbe africain

Le choix des politiques d'éducation d'un pays en émergence n'est jamais neutre et ne résulte que rarement d'une lecture nationale des priorités éducatives. Ce choix est presque essentiellement commandé par des organismes extérieurs internationaux qui consentiront à fournir les moyens financiers pour mener à terme telle ou telle politique, mais non pas telle autre. *En somme, lorsque l'État a l'obligation de moyens en éducation et qu'il n'a pas les moyens de ses politiques, il est soumis aux diktats d'acteurs étrangers à sa mission* qui de plus, et non le moindre, ne sont pas imputables à l'égard de l'obligation de résultats du premier. Pour caricaturer, mais à peine, un ministre de l'Éducation est soumis à une obligation de résultats dans son domaine alors que son collègue des finances, qui lui assure l'essentiel des moyens nécessaires à leur atteinte, est très peu concerné quant à la capacité réelle d'atteindre les objectifs fixés en regard des ressources octroyées. De plus, si par hasard on le désignait comme responsable de la faible performance de l'éducation…, les faire-valoir pour s'y soustraire seraient très faciles. Par ailleurs, au sein des pays en développement, le ministre des Finances est bien plus souvent inféodé aux politiques des institutions financières étrangères que solidaire à l'égard de ses collègues immédiats.

Le plus paradoxal de cette dynamique, c'est bien que *l'octroi de moyens est de plus en plus accompagné de directives précises sur leur utilisation.* Pour faire une métaphore, à une échelle personnelle, c'est comme si l'on vous disait que vous êtes obligés d'acheter l'automobile X et, pour réaliser ce projet, d'effectuer l'emprunt

---

1. Voir site http://mapageweb.umontreal.ca/pelletie/

Y. Une fois l'opération réalisée, vous êtes responsable d'un emprunt que vous n'anticipiez pas pour une automobile que vous n'avez pas choisie – vous auriez probablement d'ailleurs su vous en passer – mais dont vous êtes maintenant l'unique responsable en ce qui concerne le paiement et les réparations. À maints égards, l'élaboration des politiques en éducation est fortement influencée par ce processus piégé, et cela, pas uniquement dans les pays en voie de développement. L'octroi de petites subventions pointues pour tel ou tel projet et non pour tel autre s'inspire bien de cette dynamique qui, signalons-le, nécessite la mise en place de mesures de régulation de plus en plus coûteuses. En effet, même avec une informatique de gestion bien développée, il faut engager des gens pour faire ce travail à la pièce qui, en administration, repose sur le principe de la règle d'exception.

Dans le cadre de ce chapitre, nous traiterons de l'évolution des politiques éducatives au sein des pays en développement qui ont été soumis aux contraintes des grands bailleurs de fonds. Notre propos conduit donc à accorder une attention particulière aux orientations privilégiées en éducation par les grands organismes économiques internationaux et à leur traduction sur le terrain des pays fortement dépendants.

LES INSTITUTIONS ÉCONOMIQUES INTERNATIONALES

La majeure partie des pays auront procédé, au cours des cinquante dernières années, à une ouverture importante de leur système éducatif. Les raisons sont nombreuses et connues : la décolonisation, la reconstruction de l'Europe, la démocratisation des sociétés, le développement de l'industrie moderne, la nouvelle économie du savoir, etc. Les réformes à effectuer étaient immenses, soutenues par des pouvoirs politiques relativement jeunes et innovateurs, et valorisées par une pensée économique dominante, celle du développement du capital humain. Encouragés et appuyés par la coopération étrangère et les « économistes du développement », de nombreux pays allaient investir des sommes colossales dans la croissance de leur système éducatif. Cet investissement massif allait conduire à des dépendances de plus en plus excessives à l'égard des bailleurs de fonds internationaux.

Les deux principales institutions qui soutiennent le financement des programmes gouvernementaux des pays en difficulté économique sont la Banque mondiale (BM) et le Fonds monétaire international (FMI). C'est particulièrement dans le cadre d'une approche dite d'ajustement structurel que ces organismes[2] interviennent dans le fonctionnement des États.

---

2. C'est en 1944, à Bretton Woods, New Hampshire, qu'ont été créés le Fonds monétaire international et la Banque internationale pour la reconstruction et le développement. Cette dernière institution constitue la composante majeure et d'origine du groupe de la Banque mondiale. Ces deux institutions sont placées sous la tutelle étroite de Washington.

L'ajustement structurel est présenté comme une avenue incontournable pour, à plus long terme, restaurer une meilleure allocation des ressources publiques, une augmentation de l'efficacité et la reprise de la croissance économique (World Bank, 1988a, p. 11). Cet ajustement structurel est conduit de pair avec des politiques de stabilisation visant à court terme à réduire le taux d'inflation et à combler les déficits budgétaires et commerciaux. Dans la répartition des rôles entre ces deux organismes, le FMI soutient les efforts de stabilisation et la Banque finance les prêts d'ajustement structurel (PAS). Les deux institutions sont fortement associées car la Banque intervient seulement si le FMI accepte un programme de stabilisation et ce dernier n'est valable que dans la mesure où les directives de la Banque sont acceptées.

Les prêts sectoriels de la Banque mondiale sont fortement orientés et encadrés par un système dit de « conditionnalités ». Ces dernières constituent de véritables diktats qui ont des impacts majeurs sur la définition du système éducatif et qui, même au sein des pays engagés dans la démocratisation de leurs institutions[3], ne font pas l'objet de décisions parlementaires. De fait, il s'agit d'une forme plus ou moins subtile de mise en tutelle et les conditionnalités sont le plus souvent perçues, par les responsables de la politique éducative au sein des pays « sous aide », comme un véritable chantage sur lequel ils ont peu de prise. Mais il est aussi vrai de signaler que plusieurs de ces conditionnalités imposent un modèle idéal occidental qui n'est pas sans déplaire à plusieurs responsables locaux. En effet, les pays industrialisés demeurent de grands modèles de référence et on est souvent prêt à calquer leurs pratiques sans malheureusement s'assurer de l'adaptabilité et de leur pertinence à des contextes fort différents (UNESCO, 1998a).

Par ailleurs, au sein d'un pays, l'existence des conditionnalités n'est pas sans constituer des outils de pouvoir mobilisés et sous le contrôle de certains sous-groupes qui les utilisent pour imposer leur volonté et leur priorité au regard d'orientations ou d'objets qui vont bien au-delà des exigences posées en amont par les grandes institutions financières. Notre groupe de recherche[4] a été témoin, à plusieurs reprises, de cette situation au sein de différents pays. C'est particulièrement le cas dans les pays qui, en peu de temps, devaient passer d'une économie planifiée à une privatisation accélérée d'un large pan des activités traditionnelles de l'État.

---

3.   De fait, comme le souligne un ex-économiste principal du Programme des Nations unies pour le développement (PNUD), le FMI et la BM ont finalement très peu de comptes à rendre à des institutions démocratiques (Grunberg, 2000).

4.   Il s'agit du Laboratoire de recherche et d'intervention sur les professions de l'éducation (LABRIPROF) de l'Université de Montréal.

Quoi qu'il en soit, ces conditionnalités ont notamment conduit à la réduction du financement par l'État des programmes d'enseignement public, à la baisse des revenus personnels et des budgets familiaux pour l'éducation, à la paupérisation du personnel de l'éducation et à une tendance accrue à encourager les initiatives privées en éducation auxquelles, le plus souvent, seuls quelques individus privilégiés peuvent avoir accès. Comme le signalent Reimers et Tiburcio (1993 : 14), dans beaucoup de pays en développement, la qualité et l'équité des services éducatifs ont perdu du terrain au bénéfice d'une interprétation de plus en plus «économistique» des objectifs d'efficacité.

Avec la chute du mur de Berlin, en 1989, puis l'écroulement du modèle de référence soviétique, la fin des années 1990 aura été, pour le FMI et la BM, le moment de la mise en place forcée d'une véritable économie libérale globalisée dans le cadre de leurs politiques à l'égard des pays en développement.

Dans le cadre des prochaines sections, nous aborderons certaines orientations prônées par ces «conditionnalités».

LES MAÎTRES DISCOURS

Aux cours des dernières années, les maîtres discours des grands bailleurs de fonds internationaux auront été notamment la décentralisation, le développement de l'enseignement privé, le soutien à l'enseignement technique et professionnel et la constitution d'indicateurs en éducation. Selon la conception privilégiée, ces mesures doivent permettre d'assurer une meilleure obligation de résultats et d'améliorer la qualité et l'efficacité du système éducatif. Dans les limites de ce texte, l'attention se portera sur deux orientations majeures prônées, soit la décentralisation et le développement de l'enseignement privé.

La décentralisation

Aujourd'hui, la décentralisation est probablement l'un des concepts qui fait couler beaucoup d'encre tout en étant l'un des plus ambigu. C'est un concept dans «l'air du temps» qui n'est pas sans être accompagné d'une aura de pensée magique.

Dans sa variante néo-libérale bien connue, la décentralisation constitue une stratégie d'allègement de l'appareil central de l'État, par une dévolution, à des structures périphériques, de responsabilités accrues dont elles devront assumer en retour une «obligation de résultats» vérifiée par un système d'indicateurs standardisés, des examens nationaux et diverses mesures de contrôle et d'évaluation. Bien sûr, l'emballage cadeau pourra être enveloppé dans des termes tels que l'autonomie accrue des établissements, le développement professionnel, l'empowerment, etc. En fait, si la mise en place d'un processus de décentralisation peut favoriser cela, c'est davantage la nature des nouvelles mesures de régulation qui en détermine sa réalité. Ainsi, il est abusif de persister à décrire le système éducatif anglais après Thatcher comme une organisation décentralisée. Dans les faits, c'est visiblement le contraire qui s'est produit par le biais d'un accroissement substantiel des normes et standards éducatifs, supervisés par un corps d'inspection privé dont la survie est proportionnellement assurée par le degré de zèle à l'emploi (Solar et Pelletier, 1999 ; Henriot-Van Zanten, 2000)

La décentralisation n'est pas un processus singulier, ses formes sont plurielles et peuvent s'avérer plus ou moins réussies, voire pertinentes, comme on pourra le noter à l'étude de la série de monographies de pays qu'a réalisée l'OCDE sur ce sujet au cours des dernières années. *Chose certaine, les formes de décentralisation ne sont pas des autocollants que l'on peut apposer machinalement sur des systèmes éducatifs donnés. La structuration d'une organisation s'inscrit dans un temps, un espace et un contexte donnés.* Elle est, de plus, fortement associée à la mission poursuivie par l'institution. Ainsi, au sein des pays occidentaux, le discours d'intérêt partagé pour la décentralisation en éducation a véritablement émergé lorsque :

- les effectifs scolaires se sont stabilisés ;

- les structures d'accueil et de gestion mises en place au niveau de l'ensemble du territoire furent consolidées ;

- la formation du corps enseignant fut relevée et son statut valorisé ;

- le personnel de direction au niveau des instances locales et régionales eut disposé d'une formation appropriée et d'une expertise reconnue ;

- enfin, et non la moindre des choses, l'autorité centrale a eu accès à un large spectre d'informations de qualité pouvant assurer le pilotage et la régulation du système (normes, standards, indicateurs, etc.).

Bref, au sein des pays développés, la décentralisation s'avérait possible dans la mesure où un ensemble de paramètres était respecté. En effet, au sein de ces pays, dans la suite des réformes engagées au cours des années 1960 et 1970, l'on retrouvait du personnel aux qualifications plus élevées disposant d'infrastructures de travail adéquates, d'une stabilisation des effectifs scolaires, d'une mise à jour régulière des informations sur l'état du système et, enfin, de pouvoirs scolaires régionaux instrumentés et compétents.

Ainsi, cela peut être surprenant, mais, dans le cadre des « ajustements structurels » et de ses « conditionnalités » que le FMI et la BM ont fait appliquer au sein de la plupart des pays en difficulté économique, on aura exigé le plus souvent d'eux qu'ils mettent en pratique des formes strictes de décentralisation des services éducatifs comme il n'en existe même guère au sein des pays de l'OCDE. Or, aucun

des paramètres énoncés précédemment n'était respecté. Les économistes économétriques de l'époque[5] étaient visiblement peu férus en sociologie et en histoire. Dans
maintes régions en émergence, les notions même de pays, d'État ou de nation constituent une référence assez floue et souvent une source de tensions interrégionales
et interethniques.

Curieusement, bien des économistes néo-libéraux de la BM semblent avoir
occulté le fait que le premier incubateur d'une citoyenneté nationale, et par-delà
mondiale, est bien l'école. Somme toute, la fonction de socialisation et de construction identitaire de l'école n'est pas prise en compte dans l'élaboration des équations
économétriques néo-libérales, calculs souvent davantage préoccupés par l'économétrie du pourcentage de l'effet-maître, de l'effet-classe, de l'effet-établissement
ou de l'effet-système. Or, c'est par une école commune nationale – républicaine
diraient nos collègues français – que les enfants s'affranchissent et transcendent les
normes de la famille, du groupe ou de la tribu et que, dans cet effet d'entraînement,
ils sont les vecteurs de la construction collective renouvelée du pays. Sous le couvert de la décentralisation, les directives structurelles du FMI et de la BM ont fait
en sorte que de nombreux pays n'ont eu le choix que de renvoyer aux régions et aux
villages, aux familles et aux mouvements religieux, la responsabilité parfois totale
de l'éducation. Cette situation a contribué, en quelques années, à une remontée
fulgurante de l'analphabétisme, à l'accroissement de l'iniquité et à une paupérisation massive des enseignants qualifiés qui quittèrent par milliers leur métier. De
fait, alors que les effectifs scolaires étaient en progression, les orientations prônées
par ces programmes ont encouragé la diminution du nombre d'enseignants, ont
réduit la formation des enseignants et ont favorisé le recrutement d'enseignants
« volontaires », « communautaires » ou de « contractuels » moins qualifiés et…
moins rémunérés (OIT, 1996 ; Rasera, 1999). Dans certains pays, comme le Togo,
ces « contractuels » constituent la majorité des enseignants du second cycle de l'enseignement secondaire (UNESCO, 1998b : 37). En République de Guinée, en l'espace de cinq années, leur nombre a quadruplé et ils constituent maintenant près de
la majorité des enseignants du premier cycle du secondaire. Sous peu, ils seront de
très loin la grande majorité. Cette dévalorisation de la formation des enseignants
n'est pas étrangère aux limites ressenties par les économistes économétriques à
apprécier la « valeur ajoutée » de cette formation dans leur mesure quantitative
de résultats scolaires sur des variables d'accès faciles, c'est-à-dire habituellement
les notes obtenues à des tests standardisés en langue maternelle et en mathématiques. Ainsi comme le rappelle Jarousse (1999 : 176), « la plupart des études réalisées

---

5. Avec l'arrivée au pouvoir des Reagan et des Thatcher, les économistes associés au « développement » furent
le plus souvent écartés des centres de décision et d'orientation des institutions de Bretton Woods. Peu de
temps après, les États-Unis et la Grande-Bretagne retirèrent leur soutien financier aux programmes de
l'UNESCO. Voir, à ce sujet, Kapur, Lewis et Webb (1997) et Guilhot (2000).

montre en effet que la formation initiale et professionnelle des enseignants n'exerce pas une influence significative sur ce qu'apprennent les élèves et cela à l'école primaire, où "les normaliens ne se différencient pas des autres enseignants" comme au collège...». Cet apport serait de l'ordre de 2% et considéré comme résiduel[6]. Bien sûr, aucun pays occidental n'élaborerait sa politique éducative en fonction de telles appréciations et sans débat éclairé sur l'usage et les limites de telles méthodes. D'ailleurs, nous avons assisté à la situation contraire. Au cours des dernières années, la plupart des pays occidentaux ont renforcé, prolongé et valorisé la formation initiale des enseignants de tous les ordres. Ce qui n'est malheureusement pas le cas pour les pays soumis aux conditionnalités de la BM et du FMI et à leur expertise de l'époque. De fait, après la *décennie perdue* des années 1980 et le *grand bond en arrière* des années 1990, un nombre considérable de pays soumis aux PAS se trouve aujourd'hui confronté à un important déficit d'enseignants qualifiés. Le problème est colossal et, actuellement, la nécessité de mettre en place des politiques dites de «formation continue» repose le plus souvent sur des mesures limitées de remédiation face à l'importante carence de formation initiale à la fois disciplinaire et professionnelle des personnels de l'éducation dont l'origine remonte aux PAS.

Par ailleurs, les politiques prônées de décentralisation par les PAS ont trop souvent favorisé le déploiement d'écoles «ghettos» refermées sur un espace tribal et/ou religieux…, parfois même de fabriques de futurs combattants d'idéologies ethniques ou religieuses sectaires… Il aura probablement fallu un 11 septembre 2001 pour mieux comprendre les tenants et les aboutissants d'une telle orientation.

Enfin, l'école des régions permet encore moins que par le passé la préparation à l'insertion au sein d'un marché de l'emploi qui dépasse les particularismes locaux. De fait, en maints endroits, l'idéal d'une école, basée sur la méritocratie de la réussite, permettant d'avoir accès à une mobilité sociale et professionnelle, n'existe plus. Bref, les dés sont pipés et cette situation, parmi tant d'autres, n'est pas étrangère aux nombreux conflits sociaux et ethniques qui ont gangrené la situation politique de bien des pays au cours de la dernière décennie.

Au regard de l'ingénierie de la régulation organisationnelle, la contrepartie de la décentralisation est l'existence de moyens techniques sophistiqués permettant de rendre compte de l'utilisation des moyens au niveau local et de l'atteinte des résultats. C'est notamment l'approche valorisée par le discours sur l'«obligation de résultats» et de sa déclinaison en «plans de réussite» ou «contrats de performance». Or, même dans les pays en émergence les plus avancés, ces moyens n'existent tout simplement pas et cela, quelle que soit la nature des résultats en question dont on voudrait

---

6.   À ce sujet, voir entre autres, Jarousse (1999); Duru-Bellat; Leroy-Audoin (1993); Minguat (1991b); Bressoux (1994) et Duru-Bellat, Mingat (1993)

apprécier les tenants et les aboutissants. Plus souvent qu'autrement, les ministères de l'Éducation – ou plus précisément ce qui en reste après les ajustements structurels – sont encore à la recherche des moyens nécessaires pour avoir accès à des informations de base fiables sur l'état de leur système éducatif.

En somme, la décentralisation comme stratégie appelant une obligation de résultats n'est pas une panacée organisationnelle propre à tous les systèmes éducatifs. Elle se situe au sein d'une étape historique et sociale du développement d'un système éducatif. Elle nécessite des moyens considérables de régulation dont bien des pays ne disposent pas, mais, de plus, elle s'inscrit au sein d'un ethos culturel partagé de l'éducation, de sa mission, de ses valeurs et de sa fonction au sein de la société. Il y a des choix à réaliser, des décisions à prendre, des orientations à imposer... Veut-on une école qui s'inscrit d'abord dans une société traditionnelle valorisant, par exemple, un maillage serré avec une religion donnée et une ethnie donnée ou veut-on engager l'effort éducatif à la construction d'une citoyenneté ouverte à la tolérance, à la modernité et aux autres univers culturels? Centralisation et décentralisation peuvent permettre à la fois l'un et l'autre, mais la régulation de la décentralisation nécessite des moyens dont on sous-estime le plus souvent l'ampleur et... le coût.

Pourtant, *les politiques éducatives imposées de décentralisation étaient conçues comme des politiques moins onéreuses conduisant à une réduction importante de l'appareil ministériel responsable de l'éducation.* Dans la conception prévalant, il coûtait moins cher à l'État central de procéder à la dévolution des prises de décision auprès des régions concernées, de rendre ces dernières responsables du développement de l'éducation et d'en faire assumer les coûts par les communautés locales. Or, cette conception, énoncée dans les officines des institutions de Bretton Woods, traduisait une méconnaissance profonde des terrains nationaux où elle serait appliquée. De fait, en toute vraisemblance, comme le signale Cassen (2000) au regard des concepteurs des programmes de l'époque, «les programmes (d'aide) avaient été élaborés une fois pour toutes et stockés dans des disques durs d'ordinateurs. Ne restaient qu'à ajouter le nom du pays, quelques données budgétaires et monétaires...». Ainsi, l'on «pouvait élaborer en chambre des programmes "d'aide" à des pays dont ils ignoraient à peu près tout».

La réduction drastique imposée à l'État, au nom de l'efficacité de la régulation par le marché, a fait en sorte que ce dernier n'a pu jouer son rôle compensatoire dans l'équilibre du financement de l'éducation selon les régions. Aujourd'hui, les exemples foisonnent des dérives auxquelles ont conduit ces politiques. Ainsi, le Rapport Delors (1996: 181) signalera que, juste pour l'Amérique latine, de nombreux exemples démontrent «que la décentralisation peut renforcer l'inégalité existante entre les régions et entre les groupes sociaux; l'affaiblissement de l'État central ne permet pas alors la mise en place de mécanismes compensatoires.»

De fait, dès 1993, Tedesco signalait que «l'expérience internationale démontre que, dans les cas où la décentralisation est réussie, elle a eu lieu à partir d'une administration centrale bien établie». *En somme, la décentralisation produit des effets désirés dans la mesure où l'administration centrale n'en est pas affaiblie au niveau de ses ressources. Cela peut paraître paradoxal, mais une décentralisation réussie ne réduit pas tant les dépenses de fonctionnement associées aux différents corps administratifs; elle constitue davantage une redistribution des ressources en fonction des nouveaux rôles et des nouvelles responsabilités.* Par exemple, lors de la mise en place d'une décentralisation, certaines ressources jusqu'alors affectées à des activités de normalisation des programmes devront être utilisées afin d'assurer la reddition de comptes des activités conduites au sein des unités dites «décentralisées».

En tenant compte de ces limites, il est fort probable qu'une analyse de la situation des pays en développement démontrerait que les politiques de décentralisation n'introduisent pas d'économies réelles pour une qualité de service comparable ou supérieure. Ces politiques n'auraient fait que déplacer les sources de dépenses et la nature des efforts à déployer alors même que les ressources disponibles s'amenuisaient de jour en jour. Toutefois l'exercice est d'un intérêt secondaire, car les PAS n'ont pas contribué à assurer «une qualité de service comparable ou supérieur». Comme l'ont démontré Reimers et Tiburcio (1993) et rappelé Chang (1996), elles ont contribué dans la majeure partie des pays à une véritable récession des services éducatifs.

L'enseignement privé

Le deuxième maître discours prôné pour le développement de l'éducation par les grands organismes financiers internationaux est le soutien au développement de l'enseignement privé, ce dernier correspondant à l'idéal type de la décentralisation totale des services éducatifs (World Bank, 1999: 2). Cette orientation n'est pas étrangère à l'intérêt commercial de la mise en marché d'un certain nombre de services publics relevant traditionnellement de l'État. Les gains seraient manifestes car, selon les postulats de l'idéologie néo-libérale prônée, le secteur privé serait plus sensible aux besoins du marché, davantage soucieux de la qualité des prestations et très préoccupé par l'atteinte des résultats. Bref, l'enseignement privé constituerait une mesure étalon de l'efficacité scolaire permettant de calibrer, voire de stimuler l'enseignement public.

Sur les bases de cette conception, des pressions importantes ont été exercées auprès des pays en développement pour qu'ils libéralisent davantage leur secteur éducatif afin de permettre l'émergence, le soutien et la consolidation d'un secteur privé de l'éducation. Plusieurs États se sont donc trouvés dans l'obligation d'octroyer des ressources internes et externes au développement du secteur privé de l'éducation, et cela, alors même que l'on réduisait de façon drastique le

financement du secteur public. Cette situation a conduit à des situations surpre-
nantes. Par exemple, aujourd'hui, 60 % des écoles secondaires de la Côte-d'Ivoire
relèvent du secteur privé et cette tendance va en s'accroissant (Guttman, 2000).

*Pour l'instant, il est assez difficile de tracer un premier bilan de cette orien-
tation et de ses conséquences au sein des pays en émergence. Les États ont déjà à faire
face à des problèmes colossaux avec la relance de l'enseignement public, ils n'ont guère
pu accorder de ressources nouvelles pour s'assurer de la qualité des pratiques au sein des
établissements privés. Sans aucun doute, ici et là, il existe des établissements de bon
niveau recrutant leur effectif au sein de familles nanties pour qui le privé constitue une
stratégie d'évitement d'un secteur public d'éducation qui a été plus ou moins sinistré
au cours des politiques d'ajustements structurels. Mais, la quasi-absence de contrôle
de l'État sur ce secteur fait craindre les pires dérives.* D'ailleurs, en maints endroits,
on a noté, au cours des dernières années, le regroupement d'établissements d'enseignement privé demandant des formes diverses d'inspection ou d'agrément afin
d'assurer la qualité dans un réseau dont le développement est devenu fortement
anarchique. C'est souvent le cas dans le secteur des établissements d'enseignement
professionnel et technique de bien des pays en développement.

*En somme, l'enseignement privé n'assure pas une meilleure obligation de
résultats s'il n'y a pas un organisme de régulation qui assure une véritable reddition
de comptes.* Or, au sein d'une conception moderne de l'État, il s'agit là de l'une
des responsabilités premières des gouvernements. Toutefois, dans l'esprit de bien
des économistes néo-libéraux, la légitimité même de l'intervention étatique était
problématique. Selon leur vision, seul le marché était garant d'une régulation de
qualité.

Enfin, est-il nécessaire de rappeler que très peu de pays peuvent se permettre de référer le développement de leur système éducatif à un secteur privé à
caractère commercial? Si c'est le cas pour les pays occidentaux, cela l'est a fortiori
pour les pays en émergence. À notre avis, la valorisation du développement de
l'enseignement privé par le FMI et la BM aura été un « sparadrap » discutable pour
masquer les effets pervers des politiques d'ajustements structurels qui ont littéralement fait imploser certains systèmes publics d'éducation.

À cet effet, l'étude de cas d'envergure réalisée au Brésil (Amadeo *et al.*, 1992)
est particulièrement révélatrice de stratégies adaptatives utilisées par les segments
les mieux nantis de la société pour composer avec les effets des PAS en éducation.
Ainsi, selon l'analyse effectuée, les élites urbaines ont le plus souvent réussi à se
protéger de l'impact des coupures budgétaires en transférant leurs enfants vers les
écoles privées et en se mobilisant pour maintenir, voire augmenter le financement
de l'enseignement supérieur. De fait, en maints endroits, les restrictions budgétaires en éducation se sont traduites par la mise en place d'un puissant lobby pour

défendre le secteur universitaire et l'enseignement privé. Ces groupes de pression sur les décisions politiques firent en sorte que les coupures furent moins fortes dans l'enseignement supérieur qu'elles ne le furent dans les autres ordres, particulièrement dans le fondamental.

Dans un même sens, Reimers et Tiburcio (1993 : 50) ont observé un accroissement de l'iniquité entre les financements octroyés aux études universitaires par rapport à ceux destinés au primaire. Par exemple, pour l'Afrique entre 1980 et 1988, au sein des pays engagés dans les PAS, un étudiant d'université coûte 47 fois plus qu'un élève du primaire alors que ce rapport est de 32 dans le cas des pays sans programme d'ajustement. De l'avis des auteurs, la mise en place des PAS a conduit à l'accroissement de l'iniquité du financement suivant les ordres d'enseignement, et cela, d'abord dans les suites des enjeux politiques qu'a constitués la gestion de la décroissance des ressources. D'ailleurs, il est fort probable que très peu d'universités n'aient eu, à l'époque, leurs spécialistes et leurs groupes de recherches sur la «gestion de la décroissance», le plus souvent préoccupés par la seule situation de l'enseignement supérieur. Par ailleurs, un examen attentif des recherches doctorales, effectuées à ce moment-là par des doctorants en provenance des pays en développement, démontrerait sans doute l'intérêt pour une telle problématique et, en contrepartie, le peu d'attention accordée à l'enseignement fondamental.

Les temps changent...

Les temps changent, les idées aussi... Mais, cela s'inscrit dans le temps..., ainsi que la reconnaissance de la désuétude des idées antérieures. Les grandes institutions financières internationales ont de moins en moins le triomphalisme dominant. Même les historiographes quasi officiels de la BM n'ont pas manqué de souligner plusieurs erreurs décisionnelles aux conséquences très graves (Kapur *et al.*,1997). À maints égards, les échecs sans cesse répétés de leurs politiques notamment au regard des «conditionnalités» sectorielles en éducation ne sont plus à démontrer (Stiglitz, 2002). En conséquence, les orientations prônées ont évolué et cherchent maintenant à corriger les effets pervers des politiques précédentes. Cette situation vaut aussi pour la Nouvelle-Zélande qui a constitué pendant près d'une décennie l'archétype du néo-libéralisme tous azimuts en éducation et qui se retrouve aujourd'hui avec un système éducatif sinistré nécessitant une réforme majeure (Fiske et Ladd, 2000).

Ainsi, on parle un peu moins de «décentralisation» et de «marché éducatif» et davantage de relance de l'enseignement de base, d'équité d'accès à la scolarisation et de remise à niveau des personnels de l'éducation. Ces priorités ne sont pas sans remettre en valeur le rôle essentiel de l'État dans le domaine de l'élaboration et la conduite des politiques éducatives. Bien plus, si l'on reconnaît que les secteurs éducatifs public et privé ont chacun leur spécificité et, en conséquence, leur «valeur ajoutée», il est réaffirmé aujourd'hui avec encore plus de force qu'au cours des deux décennies précédentes que, «en matière d'enseignement, la responsabilité première doit rester à l'autorité publique, parce qu'elle et elle seule est garante de l'intérêt général» (Hallack, 2000).

L'intérêt pour les recherches en éducation s'est aussi considérablement développé au cours des années récentes. Par exemple, la Banque mondiale compterait aujourd'hui plus de cinquante chercheurs en éducation, ce qui est deux fois plus qu'en comportent l'UNESCO et ses institutions associées comme l'Institut international de planification en éducation (IIPE). En outre, la BM a recours de plus en plus à la diversité des expertises universitaires, extérieures à ses propres services, dans ses analyses et ses interventions, dans leur validation et leur évaluation.

Tout comme on l'aura noté pour l'OCDE, les publications de la BM en éducation deviennent de plus en plus nombreuses, tout en étant aussi plus nuancées, voire critiques, au regard des maîtres discours néo-libéraux du début des années 1980. Particulièrement connue pour la publication de ses indicateurs, l'OCDE réalise aussi plusieurs autres publications d'intérêt en éducation et formation.

Sans doute, assistons-nous, au cours de ces dernières années, à des formes de «pluralisation» du champ de l'économie jusqu'ici littéralement dominé par l'économétrie – tendance fortement soutenue par le néo-libéralisme qui, rappelons-le, n'est pas une discipline scientifique mais bien une orientation politique – et à l'émergence d'un nouveau paradigme pour les sciences économiques. Paradigme rappelant par ailleurs que l'économie fait bien partie des sciences sociales et humaines et non pas des sciences exactes. Les derniers Prix Nobel en économie accordés à des économistes préoccupés par des questions de développement humain et d'inégalité (voir, entre autres, Sen, 2000; Stiglitz, 2002) ne sont pas sans être porteurs d'un message aux tenants d'une certaine conception de l'économétrie, innovateurs, il y a plusieurs décennies, mais, devenus bien traditionnels, aujourd'hui.

Dans le cadre même de ce changement de perspective, deux publications de la Banque mondiale ne sont pas passées inaperçues. La première (1998), au titre évocateur et fort révélateur, est *Rethinking Decentralization in Developping Countries*; la deuxième (1999) est intitulée *Decentralization Briefing Notes*[7]. Ces deux publications ne partagent plus la pensée unique et magique du début des années 1980 qui caractérisait les orientations de la BM. En effet, tout en indiquant l'intérêt potentiel des processus de décentralisation en éducation, un certain nombre de limites signifiantes sont indiquées. En effet, *les travaux conduits sur la décentralisation en éducation dans la perspective d'accorder une plus grande autonomie aux*

---

7. Disponible sur le site: www.world.bank.org/html/fpd/urban/decent/sn37142.pdf. Paru le 20/12/1999.

établissements éducatifs ont signalé un certain nombre de conditions nécessaires à la réalisation d'un tel projet (Pelletier, 2001). Il est à signaler que *ces conditions sont le plus souvent l'objet d'une approche différenciée selon les ordres d'enseignement.* Parmi ces conditions, signalons :

- l'importance de reconnaître qu'il n'existe pas un modèle unique de décentralisation en éducation, mais bien des approches composites qui doivent d'abord tenir compte du pays, de son histoire, de la diversité de ses communautés et des objectifs nationaux poursuivis ;

- l'importance aussi de reconnaître que le modèle national privilégié peut s'avérer à géométrie variable selon les ordres d'enseignement, la mission spécifique octroyée à chaque catégorie d'établissements et les spécificités régionales et locales ;

- que la conduite réussie d'une telle opération repose sur une volonté partagée de changement, sur un *leadership* fort et un engagement politique significatif ;

- que la décentralisation au niveau local a des effets positifs dans la mesure où les unités devenues plus autonomes du centre seront davantage responsables à l'égard des représentants locaux des objectifs nationaux poursuivis ;

- que le gouvernement central demeure le maître d'œuvre des plans d'études, des programmes scolaires, de l'homologation des manuels scolaires ainsi que des examens finaux à caractère national ;

- que le gouvernement central assure un encadrement au niveau de la formation initiale et continue des enseignants ainsi qu'au niveau des règles à l'égard de leur recrutement et de leur statut d'employé d'un service public ;

- que le gouvernement central définit un socle de base de standards éducatifs attendus des différents établissements et se donne les moyens pour s'assurer qu'il y ait régulièrement une reddition de compte à l'égard de ces derniers ;

- que le gouvernement central se donne les moyens d'action pour effectuer, lorsqu'il y a lieu, la péréquation de ressources et pour octroyer le soutien nécessaire auprès des enseignants et des élèves œuvrant dans des conditions sociales et économiques difficiles ;

- que les établissements puissent disposer, lorsque cela est possible, de fonds propres provenant de diverses sources (y compris les fonds provenant de dons, legs, fondations, ventes, etc.) ;

- que les organismes locaux et régionaux disposent de ressources propres – taxation, transferts de crédits de l'État, etc. – leur permettant d'assumer une partie des coûts associés à la prestation de services éducatifs sur leur territoire ;

- que les grands investissements dans la construction, l'aménagement et le renouvellement des infrastructures matérielles relèvent du gouvernement central ;

- enfin, que la mise en place d'un processus de décentralisation soit l'objet d'une attention soutenue, suivie de mesures d'accompagnement et d'une évaluation continue.

En définitive, la décentralisation en éducation ne s'improvise pas et ne constitue pas une réponse magique dans la mise en place des services éducatifs. De fait, elle est loin de constituer une réponse appropriée et unique à toutes les situations nationales.

CONCLUSION

Décentralisation des décisions, professionnalisme accru, formes diverses de «privatisation» et obligation de résultats sont les maîtres discours de bien des réformes de l'éducation et, au regard de notre analyse, on pourrait parfois être porté à croire que bien des pays en développement auront été, sans le savoir et sans leur avis, des bancs d'essai de ces orientations que nous cherchons à appliquer, avec modération, à nos propres systèmes éducatifs. Plusieurs de ces pays auront vécu une véritable thérapie de choc, contribuant parfois même à les déstabiliser, à générer des conflits multiples et insolubles, à favoriser l'émergence de toutes les intolérances au nom de la loi d'airain du marché...

Il est peut-être à se demander s'il en est des réformes en éducation comme il en est souvent pour des vaccins expérimentaux aux conséquences douteuses... On préfèrerait les expérimenter ailleurs plutôt que chez soi.

À maints égards cependant, tant le FMI que la BM peuvent s'avérer des boucs émissaires d'accès faciles pour masquer les manques de capacité de gestion des États ou, comme nous l'avons signalé, justifier des jeux politiques locaux de maintien ou de redistribution des pouvoirs. Chose certaine, les PAS auront démontré – mais était-ce vraiment nécessaire ? – la vulnérabilité des dépenses en éducation. Les services éducatifs comme les autres services sociaux ont subi le rouleau compresseur de l'ajustement structurel d'une façon disproportionnée et sans vision du futur. Très tôt après la disparition rapide des budgets discrétionnaires, les coupures dans le matériel scolaire et les équipements, il ne restait plus que la masse salariale sur laquelle des ponctions importantes étaient possibles. Ces dernières conduisirent à une paupérisation importante des personnels et des emplois en éducation. Les correctifs qu'il est aujourd'hui nécessaire de mettre en œuvre ne peuvent se réaliser qu'au prix de coûts énormes et d'une revalorisation significative de l'enseignement – particulièrement de la carrière enseignante – qui nécessiteront probablement une génération.

Quant à la décentralisation… *La décentralisation, pas plus que l'obligation de résultats, n'est garante de progrès et de rehaussement de la qualité en éducation. Centralisation et décentralisation sont situées sur un même continuum et un gouvernement responsable sera toujours à la recherche permanente d'un équilibre dynamique mais fragile entre l'une et l'autre.* Trop de centralisation alourdit le fonctionnement général de l'État, rend les procédures administratives «bureaucratiques», encourage peu les prestataires de services situés aux premières lignes à être responsables, dynamiques et innovateurs, et ne facilite pas l'adaptation aux conditions locales. Trop de décentralisation entraîne des problèmes importants de disparité et d'équité dans la prestation de services, occasionne des coûts de fonctionnement plus élevés suite à la perte de l'économie d'échelle et à la difficulté d'exercer les contrôles, rend problématique l'élaboration et la mise en place des politiques nationales et peut susciter des conflits inextricables avec ou entre les différents groupes de pression locaux prêts à occuper le nouvel espace de pouvoir.

La conduite d'une décentralisation réussie est une activité complexe qui nécessite du temps pour la préparation aux changements des règles de fonctionnement, à la formation et à l'accompagnement des dirigeants concernés et à la mise en place de nouveaux mécanismes de régulation et de responsabilisation. Elle nécessite aussi le renforcement des mécanismes nationaux de pilotage et la mise en place d'actions de soutien à la participation des communautés locales.

Enfin, compte tenu que les changements dans le domaine de l'éducation sont longs à mettre en œuvre et que, par ailleurs, l'évaluation des résultats des décisions nécessite une trame importante de temps, *il faut procéder avec une grande circonspection à la mise en place de mécanismes favorisant une autonomie accrue des établissements scolaires. Mais une fois que le processus est enclenché, il faut donner le temps aux pouvoirs régionaux et aux établissements scolaires de s'approprier les nouvelles dynamiques créées par cette réorganisation signifiante de leurs activités traditionnelles d'échanges et de coopération.*

Une analyse élaborée de l'expérience vécue au sein des pays en développement, au cours des deux dernières décennies, démontrerait que la précipitation n'a servi personne, que plus de décentralisation n'a pas été le corollaire de meilleurs résultats et que la mise en place d'une obligation de résultats appelait la nécessité de renforcer les organismes centraux de contrôle et de standardisation.

En terminant, signalons qu'au regard des pratiques imposées par les politiques des programmes d'ajustement structurel, le monde vécu des organisations humaines s'est avéré beaucoup plus complexe à saisir et à comprendre que le laissaient entrevoir les formules de l'économétrie néo-libérale classique. Il s'agit sans doute d'une conquête de l'homme complexe sur la super-machine à calculer... en dollars américains.

7

Enjeux et limites de l'obligation de résultats : quelques réflexions à partir de la politique d'éducation prioritaire en France

Lise DEMAILLY
Université de Lille 1

Les observateurs de nos sociétés s'accordent généralement sur le fait que, depuis les années 1980, les administrations publiques et les grands organismes internationaux proposent et promeuvent l'obligation de résultats comme mode de régulation de l'action publique et essaient de la mettre concrètement en œuvre. Ce changement ne concerne pas seulement l'éducation, qui nous occupe ici, mais aussi le travail social, les services culturels, le soin, l'ensemble des services publics. Ce mouvement, global et puissant, pourrait être pensé dans le cadre de l'exacerbation des concurrences de toutes sortes au niveau mondial, concurrences économiques, culturelles, idéologiques. Selon les domaines, marchands ou non marchands, cette obligation de résultats qui semble s'imposer aux administrations publiques se réfère aux termes de rentabilité, productivité, efficience, maîtrise des coûts ou qualité, séduction du consommateur.

En ce qui concerne l'Éducation nationale en France, le mouvement en faveur de l'obligation de résultats s'exprime essentiellement en termes d'efficience, d'efficacité et de qualité. Actuellement, les acteurs du système éducatif semblent partagés quant au déploiement de ce cadre normatif, porté en France par une partie de l'administration et par les parents d'élèves, moins porté par les enseignants et les corps d'inspection, les chefs d'établissement manifestant, quant à eux, une certaine ambivalence.

Je voudrais examiner les enjeux et les limites de cette nouvelle régulation normative, et pour cela, sans prétendre traiter l'ensemble du problème dont les facettes et les ramifications sont multiples, mais seulement contribuer à son éclaircissement, poser deux questions politiques. Je tenterai d'y répondre, en m'appuyant sur un certain nombre d'observations sociologiques, tout en assumant un certain caractère politique, normatif, de mon propos.

1. Première question : quelle pourrait être la place de l'obligation de résultats dans la régulation des politiques éducatives, ou autrement dit quelle pourrait être la signification légitime de l'obligation de résultats, sachant que cette expression est employée de façons diverses par les chercheurs, qu'elle emporte des connotations diverses et que, comme on le verra, elle renvoie à des phénomènes qui ont des significations sociales et politiques différentes, selon les configurations institutionnelles et politiques où elle prend place ?

2. Deuxième question : si l'on admet une certaine place pour l'obligation de résultats dans la régulation des politiques éducatives, quelles méthodes efficaces doivent être imaginées pour qu'elle soit intériorisée par les enseignants, sachant que les cultures professionnelles collectives et individuelles présentent une résistance spontanée à la prise en compte des « résultats » ? Quelles méthodes politiques et gestionnaires permettraient que les normes professionnelles évoluent en ce sens ?

Ce texte s'appuiera sur des observations de terrain réalisées dans une région de France qui, depuis dix ans, mène une politique volontariste en ce domaine, cherche à infléchir la régulation de la politique éducative vers l'obligation de résultats, ce qui signifie qu'elle a deux objectifs :

1. améliorer la qualité du service public ;

2. développer une culture de l'évaluation chez les personnels éducatifs.

Je ne vais pas réanalyser ici l'expérience d'audits d'établissement menée dans cette Académie, quoique cette innovation fasse tout à fait partie du débat[1], mais je vais plutôt m'appuyer sur la relance de la politique d'éducation prioritaire en France. L'éducation prioritaire est certainement le meilleur terrain pour analyser les changements et les possibilités de changement dans l'École, parce que c'est là que les problèmes sont aigus, et particulièrement au collège, dont depuis longtemps je considère que c'est le maillon faible du système éducatif français. Le management de la relance des ZEP tel que j'ai pu l'observer dans une Académie en France[2] depuis

---

1. Plusieurs écrits sont disponibles, auxquels je renvoie le lecteur. L. Demailly 1999, « L'évaluation et l'auto-évaluation des établissements : un enjeu collectif. Le cas des audits d'établissements scolaires de l'académie de Lille ». *Politique et management public*, avril ; L. Demailly, N. Gadrey, Ph. Deubel , J. Verdière, 1998, *Évaluer les établissements scolaires : enjeux, expériences, débats,* Paris, l'Harmattan, Logiques sociales, 303 p.
    Je rappelle qu'il s'agit d'une évaluation participative, non publique, à la fois qualitative et quantitative, maniant une extériorité proche, couvrant tous les aspects de la vie d'un établissement (finances, vie scolaire, pédagogie...) et à méthodologie complexe (étude de dossiers, entretiens collectifs, visites de classes, réunions d'équipes, écritures, compte rendus...).

2. Il s'agit de l'Académie de Lille, dont je précise pour les lecteurs québécois qu'elle a à peu près la taille du Québec en matière d'équipements scolaires (512 établissements secondaires publics) et qu'elle est dirigée par un recteur d'Académie, représentant du ministre dans la région.

deux ans a entretenu un double rapport avec l'obligation de résultats. À un premier niveau: dans une Académie, un recteur se soucie de l'efficacité de son management et demande à un chercheur, moi-même en l'occurrence, d'examiner en toute indépendance si sa politique a ou non des résultats escomptés (on peut noter que cette demande, impensable il y a dix ans, a quelque chose à voir avec la diffusion et l'intériorisation de l'obligation de résultats par les cadres supérieurs). À un deuxième niveau, qui concerne le contenu même de cette politique, cette administration régionale cherche à développer chez ses personnels une «culture de l'évaluation», par la mise en place d'un certain nombre d'outils d'évaluation et d'auto-évaluation dans les 112 Réseaux d'éducation prioritaires (REP dans la suite du texte) de l'Académie. J'ai donc eu là l'occasion d'examiner si l'obligation de résultats «prend» à la base, dans des établissements difficiles[3].

QUELLE PLACE POUR L'OBLIGATION DE RÉSULTATS DANS LA RÉGULATION DES POLITIQUES ÉDUCATIVES?

Un certain nombre de clarifications conceptuelles sont nécessaires pour préciser la place possible de l'obligation de résultats dans la régulation des politiques éducatives. Notamment autour du concept de normes.

Norme impérative ou norme incitative?

Les normes se différencient, entre deux pôles, d'une part des règles, du règlement, de l'institution, de la loi, du juridique, d'autre part des mœurs et des usages, des cadres moraux. Les juristes et parfois les sociologues tendent à réduire l'usage du mot à la norme juridique et à employer prescription ou injonction pour la norme incitative. Cela me paraît intéressant au contraire de garder le même mot pour les deux choses et l'on verra d'ailleurs que les discours sur l'obligation de résultats jouent sur les deux registres, jouent des deux registres.

À un pôle, la norme impérative, dont le non-respect déclenche des sanctions matérielles institutionnalisées, à un autre la norme appréciative, incitative, morale, qui peut n'en être pas moins forte, mais dont la transgression n'est pas sanctionnée au sens juridique du terme, tout en appelant des conséquences qui sont de l'ordre de la sanction symbolique (l'approbation de la conduite opérée par le sujet lui-même ou ses proches) ou de réactions institutionnelles qui ne peuvent être rangées dans la catégorie des sanctions. Cette distinction idéal-typique

---

3. La méthodologie des recherches a été la suivante: 1) observation du travail des cadres politiques et gestionnaires par participation aux réunions, aux groupes de travail et d'écriture, entretiens de cadres, analyse des documents et des dispositifs qu'ils produisent, 2) enquête par observations et entretiens dans quelques établissements scolaires (chefs d'établissements et enseignants). L. Demailly, J. Verdière, 2000, *La politique de l'Académie de Lille en matière de pilotage de l'éducation prioritaire*, Rectorat/IFRESI-CNRS, mai, multig.

est intéressante quant au statut de l'obligation de résultats et de celle de moyens. On voit très facilement que, dans nos sociétés qui connaissent des États de droit, l'obligation de moyens est souvent de type impératif, juridique. On voit très bien aussi que l'obligation de résultats fonctionne de manière impérative dans certains univers : les marchés financiers, le sport de compétition, l'espionnage. Mais qu'en est-il de l'obligation de résultats dans l'espace éducatif ?

Dans les discours officiels actuels qui promeuvent l'obligation de résultats, il y a une grande ambiguïté quant à sa nature de norme impérative ou de norme incitative. Autrement dit, savoir si son non-respect entraîne ou non des sanctions pour l'établissement (ou l'enseignant) qui n'atteint pas les résultats escomptés.

Dans certains discours, il s'agit seulement d'une « ardente obligation ». Mais d'autres laissent entendre qu'il serait bien que la norme soit impérative, soit une vraie norme, que l'impunité dont jouissent les enseignants n'est pas normale. Dans les discours les plus technocratiques, l'obligation de résultats est présentée comme idéalement stricte : obligation institutionnalisée, dont la transgression est suivie de sanctions de contenus divers (juridiques, professionnelles, matérielles). Les chefs d'établissements par exemple devraient pouvoir se débarrasser des mauvais agents, et donc être capables de mesurer l'efficacité de leur personnel. Les établissements non performants verraient leurs budgets baisser, voire seraient fermés. La carrière des enseignants serait indexée à leur efficacité (à la valeur ajoutée scolaire qu'ils produisent).

Si l'on regarde non plus les discours, mais les pratiques, on constate la même ambiguïté. Je vais faire part ici d'observations de terrain. Aussi bien dans l'expérience de l'audit que dans le « contrat réussite » REP, au début de chaque opération, est évoquée une articulation de l'évaluation de l'établissement avec la contractualisation de son budget. À bon projet, évaluation sérieuse, bons résultats auraient correspondu des financements plus élevés pour l'établissement, des évolu-tions de carrière plus intéressantes pour les chefs d'établissement. De fait, les audits ont eu quelques conséquences pratiques : quelques mutations fortement suggérées à quelques chefs d'établissements (sanction professionnelle). Ensuite, dans le cours de l'expérience d'audit (qui dura cinq ans) on est passé à une pratique de la seule sanction symbolique : c'est essentiellement les réputations des établissements et des chefs d'établissements qui se jouent. Puis un glissement supplémentaire s'est opéré vers la désinstitutionnalisation et l'effacement de la sanction et donc de l'obligation de résultats impérative, au moment où l'évaluation se retrouve posée comme un accompagnement formatif. Pour les REP, ce processus a été encore plus rapide : on est passé en un an d'une philosophie de l'évaluation contrôle des contrats de réussite à l'idée d'une aide accompagnement et d'une écoute autour des bilans d'étapes.

Pourquoi? En grande partie sous la pression continue implicite ou explicite des enseignants et des personnels d'encadrement pédagogiques, voire des chefs d'établissements dans les REP, qui restent attachés à l'obligation de moyens. En quelque sorte, le système retourne à sa pente naturelle qui est en France l'obligation de moyens comme seule norme *impérative* possible.

Je viens de décrire une situation de fait. Mais qu'en est-il sur un plan prospectif. Peut-il en être autrement? Une obligation de résultats impérative est-elle pensable?

Rien n'interdit de penser en principe qu'une politique éducative ne puisse être régulée par une obligation de résultats impérative. Un tel modèle est régulièrement imaginé, voire tenté. Reste à savoir si mettre en œuvre un tel modèle est cohérent, souhaitable, pragmatiquement tenable à moyen terme. Nous examinerons plus loin les aspects concernant la politique elle-même, et nous verrons tout de suite ce qui concernerait les différentes catégories de personnels.

Il faut distinguer le cas de la haute administration et celui des professionnels de base. Pour l'action publique de l'homme politique ou le haut cadre, considérer qu'elle est ou peut être soumise à une obligation de résultats impérative a un sens, ceci pour plusieurs raisons. Première raison: au niveau national, on peut trouver assez facilement des objets mesurables, objectivables, lisibles; certains objectifs peuvent être chiffrés: faire reculer de tant % l'illettrisme, l'échec scolaire, la ségrégation sociale et scolaire, le taux d'absentéisme. Deuxième raison: l'éventualité de la sanction fait partie du contrat de départ de l'homme politique ou du haut cadre (siège éjectable en ce qui concerne le ministre et les sommets de l'administration, élection pour l'élu). Troisième raison: la transformation du champ politique. La sanctionnabilité a une légitimité aux yeux de l'opinion publique, il apparaît normal que les décideurs de l'éducation soient soumis à l'obligation de résultats. Comparaison internationale et pressions de l'opinion publique font que les ministres ne peuvent plus gérer le système éducatif de manière traditionnelle, routinière, conjoignant bureaucratie et arrangements personnalisés opaques.

Reste une limite au sens que pourrait avoir une obligation de résultats impérative pour les cadres du système scolaire: c'est l'absence de consensus et de stabilité sur les résultats visés. L'objectif principal est-il par exemple en France la réforme du système ou la paix sociale entre l'État et ses fonctionnaires? Combien de temps une priorité reste-t-elle priorité à l'agenda national, le reste-t-elle suffisamment pour que les résultats puissent être évalués? Cette limite de l'obligation de résultats est *celle de la possibilité de formulation démocratique de la volonté générale*.

Qu'en est-il maintenant pour les enseignants, les équipes, les établissements? Serait-il possible de leur appliquer une obligation de résultats impérative?

Quand des décideurs en parlent, je pense qu'on a affaire là plus à de la rhétorique qu'à du réel, une obligation de résultats impérative me paraît impossible à mettre durablement en œuvre pour plusieurs raisons d'ordre philosophique et d'ordre pragmatique.

D' abord, deux limites philosophiques :

1.   La question de la formulation de la volonté générale : au nom de quoi sanctionner les enseignants si les résultats à atteindre ne sont pas posés par une volonté générale légitime, qui a été formée selon des moyens légitimes et qui a un contenu légitime ?

2.   La liberté singulière de chaque apprenant. Il n'est pas question de lui apprendre quelque chose à tout prix. En tant qu'éducateur, ma responsabilité s'arrête à la responsabilité de l'autre. Je peux être responsable de l'autre, pour l'autre, mais pas à sa place. J'ai toujours une part de responsabilité en toute circonstance éducative, mais seulement une part.

Enfin une limite pragmatique, qui varie sans doute selon les pays : il n'est de toute façon pas possible de changer de corps enseignant, même si celui-ci n'atteint pas les résultats attendus, comme on change de directeur d'administration centrale. On ne change pas de corps enseignant, de même qu'on ne change pas de peuple, il faut faire avec, même si on régule mieux les sorties pour incompétence et la gestion des carrières. Le système des sanctions négatives ne peut que rester marginal, quel que soit le système (avec une tolérance différente selon les pays). La sanctionnabilité pragmatiquement supportable restera toujours inférieure à la sanctionnabilité théorique même dans des pays comme l'Angleterre ou les États-Unis. En France, la tolérance à la sanctionnabilité est très basse ; il est probable qu'un élargissement des sanctions négatives produirait une crise de recrutement (on voit déjà ce qui se passe avec les chefs d'établissement, confrontés à des obligations de plus en plus juridisées et judiciarisées). Dans d'autres pays, où le seuil de tolérance est plus haut, il reste impensable que, dans le cadre d'une politique durable et qui ne produirait pas à moyen terme de catastrophe sociale ou scolaire, les pouvoirs organisateurs sanctionnent les établissements ou les personnels pour des résultats inférieurs à la moyenne, avec le caractère d'immédiateté, d'automatisme et de généralité qui caractérise par exemple les sanctions pratiquées par les marchés financiers et les actionnaires à l'égard des entreprises, figure réalisée de l'obligation de résultats impérative.

L'obligation de résultats pour les établissements et les personnels ne saurait donc être (pour des raisons de pragmatisme) et ne pourrait être (pour des raisons philosophique) que d'ordre incitatif, ce que l'on peut énoncer, selon les plans d'analyse, comme de l'ordre *de l'incitation institutionnelle, de l'injonction morale, ou de l'horizon éthique.* Nous y reviendrons. Mais attardons-nous un instant sur la

question : quel est alors le sens des discours qui tendent à faire croire, avec la jouis-
sance de l'héroïsme imaginé, qu'on pourrait ou devrait passer à quelque chose de
plus « sérieux » ?

On peut sur ce point faire l'hypothèse que cette l'obligation de résultats
qui s'est imposée aux ministres et à la haute administration, ils veulent la parta-
ger. Certains pourraient même dire : ils veulent s'en défausser. Cette analyse un
peu méchante me semble avoir, à l'observation, une part de vérité. Il y a – c'est
observable dans certaines réunions de cadres non exemptes de haine à l'égard des
enseignants – une défausse du haut en bas de l'Éducation, des directions centrales
vers les Académies, des Rectorats vers les chefs d'établissements, qui eux-mêmes se
défaussent de l'obligation de résultats sur leurs enseignants. Au sein des hiérarchies
bureaucratiques, l'obligation de résultats est le valet de pique.

La diffusion de cette obligation de résultats présentée comme impérative
ou pouvant être impérative joue aussi un rôle idéologique et politique : prouver à
l'opinion publique qu'on se préoccupe de qualité d'enseignement et qu'on ne fait
pas n'importe quoi avec les impôts. Elle contribue aussi au développement du consumérisme scolaire (et de l'idéologie néo-libérale) en le légitimant.

Enfin il s'agit, en maniant la menace, de soutenir l'injonction morale, d'essayer de la faire passer dans les mœurs (sans beaucoup de succès d'ailleurs comme
je le montrerai dans la seconde partie de ce texte), par une pression symbolique en
répétant qu'il serait légitime qu'il y ait des sanctions négatives, qu'il serait légitime
qu'il y ait une obligation impérative.

La première thèse de ce texte est donc que l'obligation de résultats ne saurait être que de type incitatif pour les établissements et les personnels : soit comme
ligne politique régissant une série de mesures concrètes d'incitation institutionnelle, soit comme norme morale exposant à des sanctions symboliques auprès de
ses pairs, soit comme éthique personnelle qu'on pourrait appeler sens des responsabilités, refus de se défausser et de se défiler, recherche constante de la qualité,
goût du travail bien fait.

Le couplage normatif

La deuxième thèse du présent texte posera qu'elle ne saurait être le seul
cadre normatif pour la régulation de la politique éducative, l'institution devant
procéder à un couplage normatif.

Commençons par quelques précisions conceptuelles. Obligation de moyens
et obligation de résultats sont des catégories pratiques qui décrivent des cadres normatifs pour l'action morale et l'action publique.

Pour l'obligation de moyens, les normes de l'action ont pour objet les moyens de l'action, les bonnes manières de faire. C'est ce que les médecins appellent aujourd'hui : les « codes de bonne pratique », opposables devant les tribunaux aux plaintes des malades insatisfaits des résultats des soins.

À l'autre pôle, l'obligation de résultats est une obligation de réussite qui laisse dans le flou la question des moyens (à la limite l'injonction s'énonce ainsi : inventez les moyens efficaces ; dans le domaine de l'éducation, les moyens pédagogiques sont bons du moment que ça marche).

Comme toutes les catégories pratiques, ces catégories sont, d'un côté, commodes sur le plan politique et administratif, car elles dessinent des polarités philosophiques, mais, de l'autre, elles sont conceptuellement grossières, car leur intérêt est l'orientation globale de la pratique plus que sa conceptualisation. Notamment elles se présentent comme séparées et exclusives, ce qui n'est pas impossible. La position des parents de deux filles siamoises qui refusaient qu'une des siamoise soit tuée pour sauver l'autre relève de la pure obligations de moyens. Le dopage en sport est le produit d'un champ où règne la pure obligation de résultats. Dans les faits, on trouve rarement ces cadres normatifs à l'état pur. Ces catégories, qui concernent l'action morale, m'intéressent ici car elles permettent un repérage d'ensemble concernant l'évolution des administrations publiques.

Je proposerais de penser un couplage normatif à cause des effets pervers amenés par chacun de ces deux cadres normatifs dans la pratique scolaire.

Les effets pervers de chaque cadre normatif pris isolément

La structure de l'action sociale définie par l'obligation de résultats emporte un cynisme des moyens. Les effets sociaux pervers de l'obligation de résultats comme régulateur de l'action publique proviennent de son caractère foncièrement amoral, de son incomplétude éthique.

Sur l'éducation en particulier, les effets négatifs qu'impliquerait une obligation de résultats pure seraient de différents ordres. On peut penser à trois types de dérives :

1.   des dérives concurrentielles concernant les relations entre établissements : éducation à plusieurs vitesses, ghettos, effondrement de la qualité de l'enseignement, conditions matérielles déplorables dans certains établissements, dégradation de la socialisation dans tous les établissements par diminution de la mixité sociale.

2.   des dérives curriculaires quant au but des enseignements, qui pourraient devenir étroitement scolaires, d'une part, et même se centrer sur les tests et les examens, d'autre part. Cette dérive est favorisée par l'ambiguïté du mot

« résultats » dans l'univers scolaire (ce n'est plus seulement l'obligation d'atteindre des objectifs, mais l'obligation d'atteindre des résultats scolaires) et les défenses devant les évaluations-contrôles. C'est ce qu'on trouve dans certaines boîtes de rattrapage qui fonctionnent à l'obligation de résultats seule et dans tous les segments des systèmes scolaires où domine le bachotage, lieux dangereux pour la santé mentale des adolescents.

3.   des dérives pédagogiques, comme la technicisation de l'acte pédagogique, ou des formes autoritaires de discipline[4].

Une obligation exprimée en termes d'objectifs ou de compétences de manière étroitement ou abstraitement opérationnelle rigidifie le geste pédagogique. Au contraire, un enseignant compétent et innovant développe une *attention aux effets de son action plus qu'une centration étroite sur les objectifs*. L'esprit de responsabilité comprend l'ouverture à l'inattendu. Pour concrétiser l'obligation de résultats dans la pratique de classe, il faudrait parler d'obligation d'attention aux effets, y compris aux effets inattendus, de capacité d'invention, de recherche du geste adéquat.

Je ne m'étendrai pas sur les dérives bien connues de la seule obligation de moyens, telle qu'a pu la connaître la France entre les années 1960 (déploiement de l'ensemble des corps d'inspection) et 1990 . L'irresponsabilité, la routine, le report de la faute sur l'autre (sur l'élève peu doué ou fainéant, le parent négligent, l'administration stupide et les collègues bornés), l'impossibilité de la responsabilité collective sont les effets pervers habituels de la seule obligation de moyens.

Une solution pour l'institution : le couplage normatif

Chaque cadre normatif pris isolément constitue une catastrophe pour la régulation de la politique éducative. Les dérives des deux cadres normatifs peuvent se corriger par le couplage de l'un avec l'autre.

L'obligation de résultats ne peut pas fonctionner sans obligation de moyens, et il serait très dangereux qu'elle le fasse. Il faut rappeler que, au niveau de la classe, tous les moyens ne sont pas bons pour qu'un enfant semble apprendre quelque chose. Au niveau de l'établissement, tous les moyens ne sont pas bons pour que les résultats scolaires de l'établissement soient bons dans les statistiques (refuser les élèves mauvais et les refiler aux établissements voisins par exemple).

---

4.   C'est ce qui s'est passé dans un collège de REP. Il avait de meilleurs résultats en mathématiques que les résultats théoriquement attendus sur la base de l'origine sociale des élèves. C'était en fait dû à une discipline particulièrement musclée.

Les garde-fous nécessaires à l'obligation de résultats ressortissent de l'obligation de moyens, qui doit continuer à être contrôlée et qui doit donc rester une obligation institutionnelle, dont la transgression déclenche des sanctions négatives, parce qu'on est dans un État de droit, et qu'en cas d'incertitude il faut agir conformément à la loi[5].

Le nécessaire cadrage juridique de l'obligation de moyens pour les enseignants s'accompagne aussi de la même obligation sous sa forme éthique, que chaque enseignant doit investir pour son propre compte. Ceci parce qu'éduquer et instruire sont des tâches d'ordre éthique aussi profondément que d'ordre cognitif[6]. L'acte d'enseigner emporte une éthique de la relation (comment traiter l'autre?) et une éthique de la connaissance (comment parler en construisant de la vérité?).

Au niveau de la régulation des politiques publiques, il me semble nécessaire donc d'envisager un couplage entre l'obligation de résultats et l'obligation de moyens. Comment ce couplage pourrait-il être décrit, non plus au niveau des politiques, mais à celui des individus? Du côté des individus, ce couplage normatif signifie bien faire son métier[7], faire tout pour bien le faire en utilisant les connaissances disponibles, prendre des risques, poser des actes, accepter de se remettre en cause, de se développer, de se former. L'introduction de l'obligation de résultats dans le cocktail normatif est :

- une obligation d'attention aux effets du comportement pédagogique ;

- un sentiment de responsabilité individuelle par rapport à ce qui se passe immédiatement (dans l'acte éducatif) et comme processus dans la classe et l'établissement (même si on n'est pas responsable à la place des autres) ;

- de recherche de solution ou de nouvelles manières de faire quand les effets de l'action sont non désirables ;

- un sens de la part prise dans les responsabilités collectives (au niveau de l'établissement) et de l'évolution du système éducatif.

---

5. Je me situe ici dans le cas d'un État démocratique et de lois convenablement discutées.

6. Voir L. Demailly, 1999, «Les métiers relationnels de service public: approche gestionnaire/approche politique», *Lien social et politiques*, avril.

7. En ce qui concerne les personnels, on pourrait donner le nom d'«obligation de compétence» (Perrenoud, dans ce volume).

QUELLES MÉTHODES POUR LA MISE EN ŒUVRE DE L'OBLIGATION DE RÉSULTATS?

Si le lecteur a accepté le cheminement de mon raisonnement, je l'invite alors à réfléchir à un autre problème pratique : comment l'institution peut-elle contribuer à un changement des normes professionnelles de ses agents, à l'introduction de l'obligation de résultats dans un univers traditionnellement centré sur l'obligation de moyens.

Je vais donc m'intéresser maintenant à la question de l'efficacité dans les méthodes de diffusion de la culture des résultats et de la culture de l'évaluation, les deux tentatives étant le plus souvent couplées. C'est un gros problème actuel pour les administrations scolaires : comment faire pour provoquer cette reconnaissance de la norme, la mise en œuvre de l'obligation de résultats impliquant que cette norme soit consentie, qu'elle s'intègre effectivement à la culture professionnelle des enseignants?

On sait par différents travaux sociologiques quelles peuvent être les sources de la pratique professionnelle, et donc les moteurs du changement :

1. La conformité de la pratique d'un individu à des normes peut d'abord obéir à l'*intérêt* : choix rationnel autonome avec comparaison coût/avantage, intérêt objectif produit par les structures (Crozier).

2. La conformité aux normes peut aussi advenir par obéissance à un agent extérieur qui a un pouvoir de sanction ou de *contrainte* pour les imposer.

3. Elle peut relever de l'intériorisation de la norme par l'*attachement* à un groupe spécifique qui reconnaît cette norme par tradition ou par habitus (Sainsaulieu, Segrestin, Bourdieu), ou lien à un leader inspiré (le lien charismatique chez Weber).

4. Enfin elle peut relever de l'intériorisation de la norme par l'attachement à un groupe spécifique qui reconnaît ou invente cette norme dans le cadre d'un *projet* collectif autonome, «instituant» (Touraine, Castoriadis).

L'inculcation peut avoir un impact spécifique (martelage de la «propagande»), mais essentiellement quand elle rencontre un de ces précédents mécanismes.

Dans le cas qui nous occupe, les enseignants n'ont pas intérêt (du moins dans les structures actuelles et à court terme[8]) à mettre en œuvre l'obligation de

---

8. À long terme, le problème se pose de façon différente. L'intégration de l'obligation de résultats dans la culture professionnelle, comme éthique de la responsabilité, peut être source de développement personnel et professionnel. À court terme, elle est vécue comme une *dé-professionnalisation*.

résultats. J'ai montré que cette norme ne peut pas être de type contraignant. Enfin, elle ne relève visiblement pas de la tradition. Il ne reste, sauf à jouer sur les structures d'intérêt, que le dernier mode : invention ou re-invention de normes au sein de petits groupes qui construisent des projets.

Avant de défendre plus précisément cette thèse, je voudrais critiquer un certain nombre de méthodes utilisées par l'administration en France.

Critique des méthodes courantes

Les méthodes courantes, telles que peut les mettre en évidence une microsociologie de l'action administrative, se caractérisent souvent par l'idéalisme administratif. Celui-ci consiste à croire qu'il suffit de diffuser des normes pour qu'elles infusent, comme il suffit d'exposer un corps au soleil pour qu'il change de couleur. Si la norme ne passe pas – ce qui est généralement le cas – , il suffirait de répéter le discours jusqu'à vaincre « les résistances au changement ».

Cette pression normative, parfois assortie de menaces voilées, s'accompagne d'évaluations-contrôle et de l'imposition d'outils postulant que l'intériorisation des normes est déjà faite. (Le logiciel IPES, par exemple[9], ou le « Contrat de réussite » dans les REP postulent une culture de l'évaluation déjà développée et sophistiquée.)

La mise en œuvre de la relance de l'éducation prioritaire s'est par exemple, dans la première phase du cas observé, accompagnée de cette pression. Le « contrat de réussite » est un document normé, lourd, contenant, dans le cas observé, une partie diagnostic importante avec des données quantifiées et une grille d'écriture des projets. Selon la procédure choisie, les projets furent lus et évalués par un groupe de cadres et l'Académie renvoya ensuite à chaque établissement une évaluation écrite sur la qualité de son projet.

Cette procédure, si elle a permis de refaire la carte administrative des REP, a globalement été un échec sur le plan de la mobilisation des personnels. Elle a créé tellement de tensions que le responsable du dossier a été remplacé et qu'on a procédé à un changement de style.

Quels furent les effets pervers de ces méthodes, courantes dans l'administration scolaire, sur un terrain régional pourtant innovant et volontariste ?

La démobilisation des personnels enseignants

Dans les Zep, où les conditions de travail sont stressantes, les personnels attendent de l'institution du soutien, de la reconnaissance, des encouragements,

---

9.   Indicateurs informatisés pour le pilotage de l'établissement scolaire, créés par la DEP.

plus que de l'évaluation contrôle. Des outils «froids», fonctionnant uniquement à la communication écrite (à la différence des audits d'établissements qui comportaient beaucoup de communication orale, de face-à-face) étaient inappropriés à ce besoin de reconnaissance.

Pour les enseignants, l'insignifiance conférée de l'auto-évaluation

Lors de la rédaction des «bilans d'étapes», un an après le dépôt des «contrats de réussite», les équipes n'étaient pas en mesure de produire sur leur propre travail des auto-évaluations lisibles par l'échelon hiérarchique supérieur: ils n'en maîtrisent pas les formes, et la demande était prématurée par rapport à la temporalité de leur action. Il est apparu que le dispositif présentait une confusion entre l'évaluation *pour l'Académie*, celle qui lui était utile pour élaborer son propre pilotage, et notamment la liste des REP, et l'évaluation *pour les personnels éducatifs,* utile à leur propre travail pédagogique. C'est la différence entre *rendre compte* et *se rendre compte.* L'utilisation systématique des formes du rendre compte dévalue le «se rendre compte»[10].

Pour les chefs d'établissement, l'instrumentalisation de l'évaluation-contrôle

J'entends par instrumentalisation de l'évaluation-contrôle la perte de légitimité de la transparence. Des chefs d'établissements, inquiets des connexions éventuelles entre «contrat de réussite» et moyens financiers de l'établissement, me racontèrent comment ils ont truqué les statistiques du début du contrat de réussite ainsi que celles d'IPES (et m'expliquent comment d'autres acteurs du système truquent d'autres statistiques).

Pour des administrations intelligentes

Les méthodes pour faire bouger les normes professionnelles des enseignants doivent combiner plusieurs axes d'action et plusieurs dispositifs: la formation continue, l'encadrement de proximité, l'organisation de la participation à la fabrication des outils d'évaluation-contrôle, l'extériorité proche dans les dispositifs d'évaluation formative; enfin, la confiance en l'innovation à la base, en appui sur de petits groupes qui inventent leur propres formes pour évaluer les effets de leur action.

---

10. *Cf.* une observation de terrain. Un an après le lancement des «contrats de réussite», dans leurs «bilans d'étapes», exigés ce coup-ci sous une forme souple, les équipes s'auto-censurent en rédigeant. Elles n'envoient à l'Académie que des résultats simples et quantitatifs. Une équipe ne retient pas pour le rapport officiel envoyé à l'Académie des paragraphes présents dans les documents de travail et qui me semblaient personnellement fort intéressants. À ma question, il me fut répondu: «Ce n'est pas la peine de leur envoyer ça, ils veulent du quantitatif, ça, c'est entre nous». Et, de ce fait, ces thèmes laissés de côté ne furent pas discutés et retravaillés collectivement, ce qui est un appauvrissement de l'auto-évaluation.

Il paraît également important, pour une administration intelligente, de pratiquer la non-confusion des genres et de ne pas rabattre l'obligation d'efficacité sur l'obligation de reddition de comptes. On peut être efficace, se sentir obligé de l'être, tout en ne tenant pas à dire publiquement en quoi, comment et pourquoi (ou en ne sachant pas le faire). Il s'agit là de deux obligations distinctes et, au sens strict, l'obligation de résultats est avant tout une obligation d'efficacité, pas une obligation de reddition de comptes. Contrairement à son habituel espoir de simplification – faire tout en même temps avec le même outil pour gagner du temps[11] – l'administration ne devrait pas utiliser les mêmes formes pour faire produire un document d'évaluation destiné à des lecteurs externes à l'établissement ou un document à l'usage propre de l'équipe.

Dans les méthodes administratives, dans l'action incitative exercée par l'administration sur ses personnels, dans la construction de ses outils et dispositifs, il serait utile qu'elle distingue :

1.   l'obligation d'*efficacité* et de *qualité,*

2.   l'obligation de *se rendre compte*, de réfléchir à sa propre action ou à l'action collective,

3.   l'obligation de rendre des comptes, de se soumettre au contrôle et de corriger les actions de qualité insuffisante,

4.   l'obligation de rendre des comptes pour fournir au pilotage hiérarchiquement supérieur les informations et les mesures dont il a besoin,

5.   l'obligation de rendre des comptes dans le cadre du marketing public.

Il serait utile d'être clair sur le plan symbolique dans la communication avec les personnels, sur l'usage concret de tel outil ou de tel dispositif et ne pas chercher à superposer trop de fonctions.

Enfin, il est important de respecter une égalité de traitement entre agents face à l'obligation de résultats, de la base au sommet de la hiérarchie du travail éducatif et de valoriser la responsabilité collective.

CONCLUSION ?

Je voudrais en conclusion à la fois synthétiser les points auxquels ce texte est parvenu, et les situer dans un cadre de réflexion un peu plus vaste, car la question de la régulation des politiques scolaires est à multiples facettes.

---

11.   Sur le rapport entre la rationalité administrative et la simplification, voir L. Demailly, 1992, « Simplifier ou complexifier ? Les processus de rationalisation du travail dans l'administration publique », Paris, *Sociologie du travail*, 4.

1. J'ai montré la nécessité du couplage normatif obligation de résultats/ obligation de moyens au niveau des politiques éducatives, du caractère incitatif de l'obligation de résultats pour les établissements et les agents de l'éducation, du caractère impératif de cette même obligation pour les hommes politiques et les hauts cadres, ce qui pourrait être résumé dans le tableau suivant.

Évaluation de..., exigence pour	Obligation de moyens impérative	Obligation de moyens incitative	Obligation de résultats impérative	Obligation de résultats incitative	Remarques
les politiques éducatives nationales ou locales	Oui (État de droit)	Oui (normes morales)	Oui (efficacité et qualité requises), mais limites de la formation de la volonté générale	----	« Couplage normatif »
les hommes politiques, les hauts cadres	Oui (sanctionnabilité)	----	Oui (efficacité requise, sanctionnabilité) mais limites de la formation de la volonté générale	----	Responsabilité devant la nation
les établissements	Oui (sanctionnabilité)	Oui (éthique éducative)	Non	Oui Légitimité de l'incitation institutionnelle à la qualité du travail et de l'évaluation de cette qualité	Couplage normatif pour les établissements = « obligation d'intelligence collective »
les enseignants (individus)	Oui (sanctionnabilité)	Oui (éthique de la relation, éthique de la connaissance)	Non	Oui Légitimité - de l'incitation institutionnelle à l'efficacité, - de la morale professionnelle de la responsabilité, - de l'éthique de l'attention aux effets	Couplage normatif pour les enseignants = « obligation de compétence », « obligation de développement professionnel » ou autres formules...

Que signifie politiquement le couplage normatif proposé? On peut raisonner à partir d'un exemple. Un recteur annonce que les établissements seront évalués sur leur capacité à améliorer les résultats scolaires, ainsi que sur leur capacité à réduire les ségrégations sociales entre établissements et à l'intérieur de l'établissement. Dans ce cas on voit bien comment la régulation normative porte sur l'efficacité dans l'exercice des missions démocratiques de l'école. Pour ce faire, il faut qu'elle porte indissolublement sur les résultats (dans l'exemple précis, réduits aux résultats scolaires, mais il pourrait en être autrement) et sur des moyens (ici par dé-légitimation de moyens désignés comme mauvais)[12]. Mais pour saisir pleinement son sens de la norme, il faut introduire dans le raisonnement une donnée structurelle, l'existence d'un principe de carte scolaire, qui donne un certain réalisme à l'incitation énoncée. En dehors de l'existence d'une carte scolaire relativement contraignante, ce discours serait pure hypocrisie.

Nous voyons comment l'obligation de résultats couplée à l'obligation de moyens et à des finalités démocratiques prend un sens très différent d'une obligation de résultats qui serait couplée à une politique impérialiste (*cf.* Pelletier dans ce volume), ou couplée à une structure de marché scolaire et à une organisation taylorisée du travail éducatif (*cf.* Bélair dans ce volume). L'obligation de résultats en tant que régulateur des politiques éducatives voit donc son sens se modifier, voire carrément s'inverser, en fonction d'une part des autres éléments de régulation normative avec lequel il est ou non couplé, d'autre part des éléments de régulation structurelle[13].

L'insertion de l'obligation de résultats dans les configurations structurelles qui lui donnent finalement tel ou tel sens est donc très dépendante des rapports de force politiques et des consensus macro-sociaux qui ont pu s'élaborer dans la société en question.

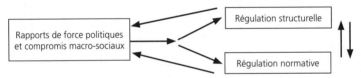

2. La mise en œuvre d'une politique de qualité du système scolaire et des actes éducatifs implique de jouer sur de très nombreux paramètres : budgétaires, structurels, curriculaires. Nous ne nous sommes ici intéressée qu'à un seul de ces paramètres : la modification des normes professionnelles, comme acquiescement à l'obligation de résultats, dans le sens démocratique que nous lui avons donné ci-dessus.

---

12. Cette mesure fut appliquée, même si c'est difficile, notamment à cause des protestations de parents d'élèves de classes européennes spéciales d'enseignement du Japonais, etc., qui refusent que leurs enfants soient répartis dans des classes diverses et réunis entre bons élèves uniquement pour les cours spéciaux. La pression consumériste va dans le sens de l'entre soi social.

13. Dans la construction des configurations qu'opère le chercheur, il doit faire attention à ne pas systématiquement postuler la cohérence des systèmes scolaires, ni la cohérence sociétale. Coexiste par exemple en France une politique anti-raciste et un encouragement au consumérisme scolaire dont le principal ressort, en France toujours, est le racisme (par rapport à l'origine nationale ou la classe sociale) et le refus de la mixité sociale. Plus banalement, il arrive qu'un ministère de l'Éducation prenne sans s'en rendre compte des mesures contradictoires.

Nous avons abouti au fait que l'efficacité des méthodes politiques en vue d'une modification des normes professionnelles des enseignants implique en retour une modification de la culture professionnelle de l'administration. Non seulement parce que celle-ci devrait elle-même intérioriser l'obligation de résultats (dans le cas observé, cette intériorisation est largement faite), mais parce que ce qui subsiste de la culture traditionnelle de l'administration l'empêche de saisir comment les normes professionnelles changent et la rendent donc incapable de piloter le changement.

L'inculcation de l'obligation de résultats par voie bureaucratique ou par agression dans l'espace public produit des effets contre-performatifs. L'agression par l'extérieur (les parents, la presse) délégitime les gouvernants et les chefs auprès des enseignants, qui suspectent chez eux une alliance avec l'extérieur contre eux-mêmes, une défausse de l'obligation de résultats sur «ceux du terrain». Elle introduit aussi un trouble sur la totalité du système normatif et sur les finalités réellement poursuivies par l'institution. La méthode bureaucratique provoque de son côté une dévaluation et une instrumentalisation des procédures d'évaluation formative, car celles-ci sont suspectées d'être en fait du contrôle déguisé auquel il faut donc répondre par les conduites de ruse habituelles, propres aux cercles vicieux bureaucratiques.

La mise en œuvre d'une transformation des normes professionnelles ne peut être que fortement participative, innovante, respectueuse des savoirs professionnels d'expérience. Je suis donc finalement favorable à ce que l'administration développe une «pédagogie active», socio-constructiviste, de l'obligation de résultats. Cela implique de laisser une large place à l'auto-évaluation socialisée dans le groupe de pairs, en n'utilisant un contrôle a priori que sur les formes concrètes que peut prendre cette auto-évaluation, puis en pratiquant un accompagnement formatif. Cela implique un encouragement de chaque instant au débat collectif. Cela implique un respect des temporalités propres au travail et au travail réflexif des professionnels de première ligne.

3. Je voudrais enfin dans cette conclusion revenir sur la question de la formation de la volonté générale, que ce soit au plan national ou au plan local. Le contenu des obligations de moyens ou de résultats, au niveau des politiques éducatives comme à celui des éthiques professionnelles individuelles, est suspendu à la question des finalités de l'École.

La limite interne à une obligation de résultats impérative, avons-nous dit, est celle de l'expression de la volonté générale.

Se situer dans une pure légitimité procédurale : bien manager, bien diriger, enseigner de manière efficace, plaire aux usagers, contourne la question fondamentale : bien enseigner, c'est enseigner quoi?

La question des finalités de l'École et, plus précisément, celle des contenus d'enseignement, est fondamentale philosophiquement et politiquement. Elle l'est aussi managérialement, car les enseignants n'auront jamais de réel respect pour un corps politique incapable de dire ce qu'il faut enseigner, pour un curriculum (qu'il soit national ou local) dont la légitimité ne soit garantie démocratiquement, par-delà les aléas pragmatiques ou les rapports de force entre intérêts individuels, sociaux ou corporatistes.

En ce qui concerne la France où les traditions font de la nation l'espace de définition du curriculum, il est important que, en ce qui concerne la scolarité obligatoire, le corps social se (re)mette d'accord sur ce qu'il y a à enseigner, sur les objectifs de l'École en termes de résultats scolaires, apprentissages, savoirs, compé-tences, socialisation, et en termes de distinction entre ce qui appartient aux mis-sions de l'école et ce qui ne l'est pas. Cette clarification appelle un débat général qui intègre les instances politiques de représentation démocratique du pays ainsi que des instances ad hoc à inventer[14].

---

14. En ce qui concerne la place du Parlement dans ce processus, je rejoins les positions politiques de
    F. Dubet.

8

L'OBLIGATION DE RÉSULTATS À LA LUMIÈRE DE L'INTERACTION ENTRE LE QUANTITATIF ET LE SOCIAL

Jean-Guy BLAIS
Université de Montréal

INTRODUCTION

Dans cette idée de l'obligation de résultats, on retrouve deux concepts, le concept d'obligation et le concept de résultats. On pourrait certes les étudier individuellement et s'interroger sur ce qu'est l'obligation et sur ce qui constitue un résultat. Cependant, en procédant ainsi on laisse de côté certaines résultantes de l'interaction qui existent entre les dynamiques constitutives de l'un et l'autre en éducation. En effet, d'une part, la pression sociale de l'obligation de résultats peut, selon les enjeux, contaminer fortement le mécanisme de production du résultat et biaiser le regard qu'on porte sur celui-ci. D'autre part, si le processus de production et d'analyse du résultat lorsque les enjeux sont critiques est condamné à être contaminé, avec quelle confiance peut-on conclure à l'utilité et à la pertinence du résultat pour juger de l'atteinte de l'objectif d'efficacité sous-entendu par l'idée d'obligation?

LE CADRE DE PRODUCTION DU RÉSULTAT

Dans la dynamique de l'obligation, on retrouve une référence impérative où les résultats sont synonymes de comptes à rendre et de production de réalisations tangibles. On y retrouve une attente spécifique concernant le résultat. Lorsqu'il y a obligation, on ne s'attend pas à n'importe quel résultat, celui-ci doit permettre une appréciation positive de la situation en cause, sinon ce n'est pas un résultat tel qu'entendu, c'est au mieux du surplace et au pire un recul. Il y a donc l'idée de faire bien ou même de faire mieux, impliquant *de facto* la notion de comparaison et, en bout de ligne, celle de critères de comparaison et, aussi, lorsqu'on invoque un désir d'objectivité, celle de standards communs pour la comparaison. En effet, on fait bien ou mieux par rapport à un référent quelconque, pas de manière isolée; le phénomène du résultat ne suffit pas en lui-même dans le contexte de l'obligation.

L'obligation de résultats en éducation est ainsi intimement reliée à un autre type d'obligation, l'obligation d'évaluation. Évaluer signifie selon Legendre (1988 : 263) : « Opération qui consiste à estimer, à apprécier, à porter un jugement de valeur ou à accorder une importance à une personne, un processus, un événement, une institution ou à tout autre objet à partir d'informations qualitatives et/ou quantitatives et de critères précis en vue d'une prise de décision. » L'obligation d'évaluation implique qu'il faut examiner les critères, normes ou standards, proposés ou mis en place ; qu'il faut utiliser des outils appropriés ; qu'il faut recueillir des informations pertinentes au processus ; qu'il faut analyser adéquatement les données ; qu'il faut porter un jugement sur l'atteinte ou non de la cible ; qu'il faut entreprendre les actions les plus judicieuses, etc. Mais, lorsqu'il y a obligation de résultats, l'évaluation n'est pas simplement un constat ou une description neutre de la situation comme l'énumération ci-dessus pourrait le laisser sous-entendre. L'évaluation est un mécanisme vivant qui exerce une pression sur ce qui est évalué, c'est un mécanisme qui interagit avec ce qui est évalué. Il y a donc évidemment des considérations méthodologiques et techniques rattachées à l'évaluation, mais il y a aussi des considérations politiques et sociales.

Il est donc utile dans cette réflexion sur l'obligation de résultats de distinguer différentes perspectives de l'utilisation de l'évaluation en éducation. Dans une utilisation ancienne et traditionnelle, l'évaluation se déploie pour la certification, la qualification ou la sélection des individus, en accompagnant le processus de mise en place des critères de réussite. Dans une utilisation plus récente, l'évaluation vise à accompagner le processus d'apprentissage en fournissant un diagnostic sur l'état de celui-ci et en lui permettant de se poursuivre dans des conditions appropriées. Finalement, ces dernières années l'évaluation est aussi mise à contribution pour faire des inférences sur le fonctionnement des institutions et des systèmes.

L'utilisation de l'évaluation en vue de la certification et de la sélection est sûrement l'utilisation la plus ancienne et son développement s'est accentué depuis la fin du XIXe siècle avec la massification de l'éducation dans les pays du Nord. Dès que la certification ou la sélection sont utilisées sur une grande échelle, pour l'entrée à l'université par exemple, un standard de référence commun est considéré essentiel à une prise de décision objective (Sutherland 1996). Très souvent, ce standard prend la forme d'une épreuve administrée dans les mêmes conditions, avec des tâches à réaliser identiques pour tous les individus et dont on essaie d'uniformiser l'appréciation (un test avec des questions à réponse choisie par exemple). Mais, ce ne sont pas seulement les contenus, les tâches et le contexte qui peuvent être standardisés, on peut également imposer une moyenne et un écart-type standards auxquels tous sont comparés. À l'occasion, on fait aussi appel au jugement professionnel d'un expert, mais en balisant le travail avec des consignes écrites qu'il faut interpréter et appliquer (dans le cas de la correction d'une production écrite, par exemple). Pour la sélection, l'objectif principal du recueil de l'information est de produire une prédiction qui soit la moins erronée possible, mais aussi de contribuer à la gestion de la relation entre l'offre et la demande. Pour la certification, le recueil d'information vise à documenter l'*imprimatur* de l'entité administrative autorisée à attribuer la compétence.

Le deuxième type d'utilisation est en quelque sorte bicéphale. L'évaluation est ici considérée comme une partie intégrante du processus enseignement-apprentissage en fournissant une rétroaction aux enseignants et aux élèves. Cette rétroaction peut guider les décisions lorsque vient le temps du choix des objectifs à atteindre. L'appréciation faite par les enseignants dans le cadre des activités quotidiennes de la salle de classe est un processus qui relève plus de l'ethnographie ou du processus clinique que de la mesure. L'approche ethnographique est relativement éloignée de la perspective que veut offrir le test standardisé, mais elle répond mieux à des besoins spécifiques des enseignants et des élèves, le besoin du diagnostic individuel *in situ*. En plus de son rôle central comme aide à la régulation du curriculum et comme guide des opportunités d'apprentissage, l'évaluation remplit un rôle important dans le processus de communication de l'information aux parents et aux enfants. Dans cette perspective, l'information doit être accessible et être comprise par un grand nombre de destinataires différents. Ainsi, la forme que l'on donne à l'information contenue dans les bulletins n'est pas indépendante des attentes de ceux qui reçoivent l'information et du contexte social de sa production. Depuis un certain temps déjà, la tradition fait en sorte que les appréciations que l'on retrouve dans les bulletins se présentent principalement sous la forme de scores. Il semble que les habitudes développées avec les système d'appréciation chiffrées favorisent une sorte de convergence de l'interprétation. La note que l'on retrouve au bulletin est cependant une représentation partielle des apprentissages réalisés, il s'agit d'un substitut pratique. Elle constitue un compromis entre la description clinique de toutes les tâches réalisées en salle de classe et le besoin d'une information facilement assimilable par les destinataires. On donne à cette information la forme d'une quantité, mais c'est surtout pour faciliter et accélérer les échanges dans des situations où le temps réservé à la communication des appréciations est limité.

L'intérêt pour un troisième terrain d'utilisation de l'évaluation se manifeste actuellement par l'attention particulière que l'on porte à la mise en place de systèmes d'indicateurs de l'éducation (Blais *et al.*, 2000), plus particulièrement, dans le contexte de l'obligation de résultats, des indicateurs d'extrant prenant la forme d'épreuves standardisées. Lorsque l'évaluation est mise à contribution dans la mise en place de politiques en éducation, les résultats sont vus comme des outils de contrôle et de régulation du système et jouent le rôle de levier pour les décisions qui visent à transformer le système. C'est ainsi que l'on voit de plus en plus de décideurs politiques remodeler les politiques d'évaluation avec l'objectif avoué d'altérer les priorités du système et d'en améliorer l'efficacité (Broadfoot, 1997 : 21). Dans cette perspective, les tests standardisés sont appelés à jouer un rôle différent. En effet, alors qu'ils sont conçus (et validés pourrait-on ajouter) pour obtenir des informations sur les individus, on les utilise pour faire des inférences sur des collectivités, comme les écoles par exemple.

Mais que l'on soit dans l'une ou l'autre des situations d'évaluation, il est évident qu'il faut toujours recueillir des informations, des données, pour étayer une appréciation, un jugement, une décision. Le nerf de la guerre pour réaliser une évaluation de qualité c'est de récolter des informations de qualité.

Le résultat est quelque chose de concret, de palpable, comme la réussite d'un cours ou d'un examen par un individu, une note ou un score, issu de la rencontre entre l'individu et le processus d'appréciation ponctuel du succès de l'intervention éducative. Il est l'aboutissement d'un processus de génération d'un fait, ou de production d'une donnée ou d'une information. Depuis le début du XXᵉ siècle, on veut généralement donner à cette information les traits de la mesure et de la quantité.

Il n'y a rien de surprenant à ce qu'on veuille donner la forme de la mesure et de la quantité aux informations récoltées. La mesure étalon favorise la convergence des regards et de l'interprétation. Ainsi, on prête rapidement à tout ce qui est présenté sous la forme de nombres les propriétés de la mesure, car cela rapproche d'un schème d'interprétation commun. On a ainsi l'impression de parler la même langue. De plus, alors qu'à d'autres époques une citation latine ou une éloquence soignée rassuraient sur le sérieux d'un individu et la confiance qu'on pouvait lui témoigner, de nos jours c'est le nombre (les mesures et les statistiques) et la précision qui lui est automatiquement attribuée (le plus souvent sans preuve) qui marquent la rhétorique de celui qui veut en imposer à ses interlocuteurs (Blais et al., 2000). Beaucoup de gens semblent faire plus confiance à la personne qui cite des chiffres à l'appui de ce qu'elle avance qu'à celle qui ne le fait pas (Keyfitz, 1987). D'ailleurs, l'importance que prend la compréhension de l'information quantitative de nos jours est telle qu'on n'hésite pas dans certains milieux à parler des dangers de l'analphabétisme quantitatif et qu'on cherche à développer la «littératie» quantitative, ou encore la «numéracie», dès les premières années de scolarisation (Barnett, 1982, 1984).

Gallilée disait à ce sujet quelque chose comme : «Compter ce qui peut être compté, mesurer ce qui est mesurable et rendre mesurable ce qu'il ne l'est pas.» Beaucoup plus tard, à la fin du XIXᵉ siècle, Lord Kelvin ajoutait : «Lorsqu'on peut mesurer ce dont on parle et l'exprimer numériquement, on en connaît quelque chose; mais lorsqu'on ne peut le mesurer et l'exprimer numériquement, notre connaissance en est rudimentaire et insatisfaisante» (Merton et al., 1984). Kelvin exprimait alors une opinion partagée par plusieurs de ses contemporains, mais une opinion qui a alimenté et alimente toujours des débats passionnés sur ce qui est mesurable et sur ce qui ne l'est pas.

La mesure et la quantification l'ont nettement emporté dans les sciences de la nature, alors qu'elles rencontrent des terrains d'application dans les sciences sociales qui engendrent des difficultés mettant en relief une réussite assez relative. La nature même des objets d'étude respectifs illustre bien les difficultés rencontrées. Par exemple, à quand remonte la dernière fois qu'un électron a refusé de participer à une expérience, a tenté de dissimuler la vérité, n'a pas fait preuve de motivation ou est né dans un milieu défavorisé?

PERSPECTIVES SUR LA QUANTITÉ ET LA MESURE

La quête de l'homme vers la quantification et la mesure l'occupe depuis des milliers d'années, elle est une des plus ancienne qui soit. Dans l'histoire de l'humanité, la mesure et la quantification ont figuré parmi les préoccupations fondamentales de l'homme; elles constituent des quêtes aussi anciennes que le monde civilisé lui-même. Les civilisations qui furent stables assez longtemps ont en commun d'avoir mis au point et d'avoir utilisé des procédures mathématiques et des instruments de mesure qui contribuèrent au développement de l'astronomie, de la comptabilité, de l'architecture et de la gestion de l'État (Hoyrup, 1994).

La prise de mesure comme champ de l'activité humaine est essentiellement un processus de recueil d'information. Le concept d'information implique à la fois la forme, c'est-à-dire une représentation organisée, et une acquisition ou compréhension réalisée par la perception de cette forme (Ifrah, 1994). La mesure est une information qui permet de comparer les choses entre elles ou les individus entre eux en fonction d'une caractéristique de grandeur bien précise et en fonction d'unités de référence identiques. La mesure absout toutes les qualités et toutes les autres caractéristiques de grandeur, sauf celle qui est visée. La mesure ne peut pas porter sur plusieurs choses à la fois, elle ne peut porter que sur une seule caractéristique à la fois. En recherchant l'uniformisation des règles d'interprétation, on est donc aussi amené à rechercher la simplicité. La mesure permet des échanges basés sur des informations qui ont le même référent pour tous les membres de la communauté qui participent aux échanges. Elle contribue à l'uniformisation du regard, à l'homogénéisation de l'appréciation et à la standardisation des procédures. L'instauration d'un système de référence métrologique est ainsi tributaire d'une démarche d'uniformisation dont un des moteurs et une des conséquences sont l'atteinte d'un degré d'accord élevé entre les individus d'une communauté donnée quant à l'interprétation à donner aux informations véhiculées par le «medium» de la mesure.

En étudiant le déploiement de la mesure dans les efforts de la société pour comprendre et contrôler la nature, on peut retenir quelques leçons et principes intéressants pour son déploiement dans la sphère des activités sociales.

Il existe un nombre assez réduit d'étalons fondamentaux en physique. D'abord, on peut mentionner les unités les plus connues, comme la seconde, le mètre et le kilogramme, qui constituèrent les premières unités du Système international. Lors de la Conférence générale sur les poids et mesures tenue à Paris en 1960, elles ont été intégrées au Système international d'unités (SI) avec le kelvin pour la température, l'ampère pour le courant électrique, la mole pour la matière et le candela pour l'intensité lumineuse. Avec ces sept unités et leurs dérivées, on peut non seulement mesurer l'ensemble des quantités nécessaires à l'élaboration de théories et modèles des sciences de la nature, mais aussi l'ensemble des quantités nécessaires à l'évolution de la technologie. On peut certainement avancer que les chercheurs en sciences sociales (mais aussi plusieurs décideurs politiques) seraient bien heureux de pouvoir disposer d'un tel ensemble d'étalons pour apprécier les individus et les interactions entre les individus.

La maintenance de l'invariance de la quantité représentée par les unités étalons standardisées engendre des coûts très élevés. On estime qu'il se dépense plusieurs milliards aux États-Unis pour s'assurer que tous les appareils qui mesurent quelque chose le font avec précision et stabilité (Hunter, 1980). Il y a toutes les opérations qui se déroulent dans le monde des sciences de la nature où la précision des relevés et des observations sert de base à la répétition et à la reproduction des expériences. Il y a toutes les transactions commerciales qui sont effectuées chaque jour et qui requièrent l'utilisation d'un instrument de mesure dont la fiabilité et la précision ne peuvent pas être soupçonnées : les compteurs d'électricité, les pompes à essence, les balances chez les marchands, etc. Il y a toutes les mesures prises pour poser un diagnostic sur l'état de la santé des gens et, le cas échéant, pour proposer un traitement approprié. Finalement, il y a aussi toutes les mesures qui sont considérées comme des indicateurs d'un degré de sécurité ou d'insécurité pour les activités des citoyens. On surveille ainsi la concentration de certaines substances dans l'eau, dans l'air et dans les aliments, on mesure le réchauffement de la planète et les réserves d'eau potable.

Mais est-ce que cela signifie que tout ce qui appartient à la « nature » et à la technique est facile à mesurer ou que l'homme a toujours du succès dans sa quête de mesure ? La réponse à cette question est fonction des *objectifs* visés par l'opération de mesure et du *contexte* dans lequel elle se déroule, c'est en bout de ligne ce qui définit ce qu'on entend par « succès ».

Certains succès sont plus faciles à confirmer que d'autres parce que les objectifs sont plus tangibles et les résultats assez facilement observables. Ainsi, lorsqu'un missile est expédié sur une cible, on peut observer la précision réelle de ce qui est prévu théoriquement parce que le phénomène à un début et une fin. On observe la réalisation de ce qui est prédit et on peut estimer le degré d'erreur de la prédiction. Dans cette situation, le fait de pouvoir mettre des balises quant à l'erreur potentielle de prédiction est un avantage important qui me permet de raffiner les instruments de contrôle et de navigation du missile jusqu'à ce que la précision obtenue me satisfasse. La mesure intervient à double titre dans le processus, d'abord parce qu'on doit calibrer des instruments de navigation comme l'accéléromètre et le gyromètre et, ensuite, parce que la précision est déterminée par la distance entre l'attendu et le réalisé. Dans cet exemple, on peut prétendre que le succès est grand si on réussit à établir une distance standard pour la réussite et si on démontre que le plus souvent les tirs se retrouvent à l'intérieur de cette distance à la cible.

Il y a également des situations très complexes où le simple fait d'observer, d'introduire un instrument de mesure, perturbe ce qui est l'objet de l'observation. On peut donner l'exemple de la mécanique quantique où parce qu'une mesure perturbe l'autre, on ne peut déterminer simultanément la position et la vitesse d'un quanton. Il y a aussi des situations où la modélisation visant à rendre compte de la réalité que l'on observe ne fait pas l'unanimité et on ne s'entend tout simplement pas sur le modèle le plus approprié. La réalité échappe à l'observateur; on en est au stade des hypothèses quant à la distance à laquelle on se trouve de la valeur vraie de la mesure.

À titre d'illustration, on peut dire que depuis très longtemps l'homme essaie de mesurer la taille de l'univers. Aristarque de Samos, un astronome grec ayant vécu au IIIᵉ siècle, a été un des premiers, semble-t-il, à tenter de mesurer les distances de la Terre à la Lune et au Soleil (Van Helden, 1985). Depuis ce temps, beaucoup d'autres ont suivi ses traces et ont fourni des estimations plus ou moins concordantes des distances entre la Terre et de lointaines planètes, étoiles, ou galaxies. Des unités de mesure ont même été inventées spécifiquement pour déterminer les distances extrêmement grandes: l'année-lumière et le parsec.[1] Depuis une trentaine d'années cependant, les travaux sur l'estimation de la taille de l'univers ont bifurqué vers la détermination d'une autre quantité que l'on croit apte à servir de procuration pour donner des informations adéquates sur la taille de l'univers. L'univers aurait, en effet, la taille de son âge. Une proposition théorique particulière a ainsi été avancée qui permet de poser des hypothèses quant à la naissance et à l'évolution de l'univers. D'après la théorie la plus en vogue à l'heure actuelle, l'univers aurait été créé il y a un certain nombre de milliards d'années suite à une explosion initiale, le *Big Bang*, et serait en expansion depuis ce temps. Ainsi donc,

---

1.   Une année-lumière équivaut à la distance parcourue par la lumière dans le vide pendant un an, soit 9,46 x 10^{12} kilomètres. Le parsec vaut 3,26 années-lumière, soit 3,08 x 10^{13} kilomètres.

si l'univers est en expansion, les galaxies se fuient l'une et l'autre et la distance entre elles croît avec le temps. Il n'y a pas si longtemps on estimait que les plus veilles étoiles avait un âge compris entre 12 et 18 milliards d'années et que l'âge de l'univers était égal à 15 ou 19 milliards d'années. Les débats autour des différences entre les valeurs avancées pour la taille et l'âge de l'univers tournent le plus souvent autour de la détermination d'une constante, celle de Hubble, qui caractériserait l'expansion de l'univers. Récemment, on réussissait à déterminer cette constante avec une précision jamais atteinte, dit-on, et on avançait que l'âge de l'univers se situerait entre 8 et 12 milliards d'années (Pierce *et al.* 1994). À supposer que ce calcul ait été adéquat à l'époque, il en ressort des erreurs d'estimation aux alentours de 100 %. Comme erreur de mesure, on pourrait trouver plus petit.

Mais l'exemple de la mesure de la taille de l'univers rend compte de problèmes rencontrés lorsque la science est en train de se faire, c'est-à-dire lorsqu'on pose des conjectures et qu'on conceptualise, lorsque le consensus théorique se cherche. Il est normal de retrouver dans la science en train de se faire des problèmes de mesure puisque le triangle dialectique théorie-expérimentation-technique n'est pas encore stable (voir à ce sujet Blais, 1998). Lorsqu'il le sera, on sera en présence d'un science faite, achevée, dont le succès est garanti par la capacité de la modélisation à prédire des phénomènes avec une précision suffisamment satisfaisante pour ceux qui sont concernés par la chose, une précision dont les paramètres font le consensus. Lorsque la science est en train de se faire et qu'elle se cherche une précision dans la prédiction, la mesure aussi se cherche puisqu'elle ne peut s'assurer de la proximité du lieu où elle se trouve par rapport au lieu où elle devrait se trouver. Parce que le modèle est au stade de la proposition, l'estimation de l'erreur de mesure et l'estimation du degré de précision restent également au stade de propositions, d'une démarche à mettre au point.

Il existe d'autres situations où la prise de mesure n'est pas réalisée en ayant comme objectif de contribuer à la science en train de se faire, mais plutôt d'utiliser certaines parties de la science achevée pour produire des informations utilisables dans une perspective pragmatique.

Dans des situations de *contrôle* par exemple, un premier type d'objectif est de déterminer que la quantité annoncée de quelque chose possède un degré de véracité acceptable. Il faut ainsi vérifier que les performances annoncées sont bien celles qui ont été intégrées à un produit lors de sa mise au point. Dans le secteur des activités commerciales, il s'agira par exemple de donner l'assurance au consommateur que la vitesse annoncée de son ordinateur de 500 mégahertz est bien réelle. Le consommateur doit faire confiance au processus de contrôle de qualité, car il est lui-même incapable de déterminer si les 500 mégahertz sont bien réels. Il n'a aucune prise sur cette réalité, mais il espère que, selon certaines considérations économiques et éthiques, personne n'essaiera de le rouler. De toute façon, s'il n'est pas satisfait, le consommateur peut, en principe, retourner la marchandise et se faire rembourser.

Un autre type d'objectif dans des situation de *contrôle* est de vérifier que la quantité trouvée de quelque chose respecte ce qui est considéré acceptable. Dans le secteur de l'environnement, il s'agira par exemple de s'assurer qu'une concentration de mercure dans l'eau ne dépasse pas le taux que l'on considère dommageable pour la santé. Dans ces activités, la mesure intervient à deux moments. D'abord, parce qu'elle est partie constituante d'une réglementation à observer et à faire observer. Dans cette fonction, elle contribue à l'exercice du contrôle du respect des normes et des standards de la réglementation. Pour le citoyen, c'est là où elle est la plus visible. Mais, en amont de son intégration dans la réglementation, elle est mise à contribution dans la recherche d'un seuil acceptable pour la santé et la sécurité. Dans cette fonction préalable, elle contribue lors d'expérimentations en laboratoire à l'élaboration et à la proposition de taux, de pourcentages et de concentrations qui ne devraient pas mettre en danger la santé et la sécurité du citoyen qui y serait exposé. À titre d'exemple, la loi fédérale américaine sur la sécurité et la santé au travail prévoit que les standards de santé au travail contenus dans la loi soient les points d'ancrage du contrôle et de la mesure dans des lieux et des intervalles de temps appropriés pour assurer que l'exposition des employés ne nuit pas à leur bien-être (Hunter, 1980). Il existe des dispositions semblables dans la loi fédérale sur l'air propre, la loi fédérale sur le contrôle de la pollution de l'eau, la loi sur les insecticides, les fongicides et les poisons contre les rongeurs, la loi sur le contrôle des substances toxiques, etc. Les dispositions de ces lois rendent obligatoire l'application de milliers de techniques de mesure. En effet, uniquement pour l'eau, on comptait en 1980 près de 200 polluants à surveiller et près de 500 substances à risque.

Le contrôle de la qualité opère selon des paramètres assez spécifiques. Dans le cas du contrôle de la qualité présent dans la production industrielle, il s'agit par exemple de répéter des opérations de vérification et de mesure ciblées et régulières sur un nombre déterminé d'objets et d'en inférer des conclusions au sujet de la stabilité des caractéristiques des objets fabriqués. Selon l'approche la plus utilisée actuellement, sans une prise de mesure constante et diversifiée, il ne peut y avoir de contrôle de la qualité puisqu'on ne peut préciser le taux d'erreur du processus de production (on peut consulter Deming, 1982, pour situer cette vision de la qualité). Les objets produits doivent avoir comme caractéristique fondamentale d'être identiques. Tous les objets produits sont différents, mais ils doivent à toutes fins utiles être interchangeables. On peut ainsi vérifier avec un échantillon de boulons si la taille des boulons produits par la machine A346 est égale à la taille pour laquelle la machine a été calibrée. La preuve de l'équivalence à la norme des mesures effectuées sur les boulons de l'échantillon est statistique.

Si les objectifs sont clairement identifiés, si on travaille avec des unités du Système international ou des unités qui en sont dérivées, si les opérations de vérification sont simples à effectuer et les instruments faciles à manipuler et si on répète plusieurs fois l'opération dans les mêmes conditions avec des objets interchangeables, il y a une convergence de conditions qui contribuent au succès de la prise de mesure et au succès du contrôle de la qualité. Les systèmes de mesure au service des opérations de contrôle de qualité qui opèrent dans des conditions qui se rapprochent de celles mentionnées sont assez efficaces, l'industrie manufacturière en a fait la preuve depuis assez longtemps. En contrepartie, si certaines de ces conditions ne sont pas présentes, il y a des risques que l'opération de vérification par la mesure ne soit pas couronnée d'un succès à toute épreuve, loin de là. Ainsi, il faut multiplier la prise d'informations, sous des angles différents, pour mettre en place la dimension contrôle de l'opération. Il faut aussi être conscient qu'un contrôle de qualité de ce type opère sur des objets pour lesquels on contrôle l'interaction avec le processus de mesure et qui sont peu contaminés par lui.

Les systèmes de mesure au service du respect des normes et standards intégrés dans la réglementation peuvent-ils prétendre à la même efficacité et au même succès comme outil de détermination de la qualité que les opérations qui ont lieu sur une chaîne de montage par exemple? Le citoyen est concerné par la qualité de l'air et de l'eau, par les analyses de son sang ou de son urine, mais il n'a pas de levier direct d'intervention sur la norme de production. Il ne peut pas retourner l'air et l'eau, son sang, chez le manufacturier pour cause de déficience et du non-respect des standards considérés acceptables en monoxyde de carbone dans l'air, en plomb dans l'eau ou en cholestérol dans le sang. Il ne pourra qu'exiger un meilleur contrôle des émissions dans l'atmosphère et des déversements dans les fleuves et rivières, il ne pourra que surveiller son alimentation de façon à ce que sa situation soit plus conforme à ce sur quoi on s'est entendu comme étant plus adéquat pour la santé.

Mais pour passer à cette étape de l'intervention, à cette étape où le citoyen peut juger que l'opération de contrôle révèle des déficiences dans le respect des normes et standards, il doit être assuré que l'information qu'on lui transmet est une information complète et de qualité, que la prise de mesure se fait dans des conditions adéquates à ce genre d'opération et que, surtout, la mesure est suffisamment précise pour être utile.

Ainsi, alors que le succès de la mesure lors du lancement d'un missile sur sa cible s'observe presque instantanément et que le succès de la mesure issue de la Grande Science se confirme à long terme lorsque des propositions se transforment en modèles acceptés et suffisamment valides pour réussir à s'imposer dans notre perception de la réalité, le succès de la mesure lors du *contrôle* passe par la capacité de mettre au point un système de vérification continue des propriétés annoncées ou de vérification de l'atteinte des normes à respecter. C'est la répétition de la vérification et la multiplication des sources d'information qui permet de juger, d'évaluer, si les normes sont respectées.

LA MESURE, LES RÉSULTATS, LES TESTS STANDARDISÉS, LA VALIDITÉ ET L'ÉVALUATION

Il existe des analogies entre certains exemples d'application de la mesure et les différentes formes d'informations nécessaires pour mener à bon port les démarche d'évaluation déjà mentionnées. Mais ces analogies ont des limites assez évidentes.

Est-ce que la sélection s'apparente au lancement d'un missile pour lequel on peut observer le succès ou l'échec ? Est-ce qu'elle s'apparente à une situation de contrôle de la qualité ou de contrôle de l'offre et de la demande, de contrôle des flux ? Est-ce que l'objet de la certification est un contrôle de la quantité ou de la qualité d'apprentissage ? Comment savoir ce qui est satisfaisant en termes de quantité ? Satisfaisant pour qui ? Quels sont la norme et le standard qui constituent la référence pour l'individu certifié ? Par qui et comment ces normes et ces standards ont-ils été établis ?

Lorsqu'on utilise l'évaluation pour sélectionner ou certifier, on se retrouve en quelque sorte à dire que les individus sélectionnés montrent des promesses d'atteinte de la cible, c'est-à-dire les promesses de la réussite. L'observation de la réussite est cependant loin d'être aussi instantanée que lorsqu'on observe le missile tomber sur sa cible. D'abord, pour ce qui est de la sélection, il ne faut pas oublier qu'on ne peut observer ceux et celles qui n'ont pas été sélectionnés et donc avoir un portrait complet de l'erreur de mesure associée aux outils intégrés au processus d'évaluation. On ne peut qu'observer le succès ou l'échec de ceux qui ont été sélectionnés. En éducation, il s'agit d'une prédiction académique, à court terme, qui ne peut rien dire sur le déroulement du reste de l'existence d'un individu. Ensuite, pour ce qui est de la certification, il faut mettre en perspective que l'appréciation du succès de cette opération se fait à long terme, souvent, par exemple, après plusieurs années de mise en application de la formation reçue. Encore une fois il est très difficile d'apprécier les composantes de la mesure en interaction en vue du raffinement du diagnostic et de la réduction de l'erreur de mesure. Finalement, on peut dire que l'on sait bien peu de choses au sujet de l'erreur de mesure associée aux informations que produisent les tests standardisés dans une perspective de sélection ou de certification *dans un système d'éducation de masse*. Mais, comme on le verra plus loin, on sait un certain nombre de choses sur la contamination des résultats issus de tests standardisés lorsque les enjeux sont critiques, comme dans des situations de certification et de sélection.

L'appréciation de l'enseignant dans sa salle de classe à travers les diverses tâches que les élèves ont à accomplir s'apparente à quels objectifs de la prise d'information : l'exploration, le diagnostic, la communication, le contrôle, la sélection, la description de l'établissement ou la description de l'élève ? Quelles sont les éléments contextuels dont l'enseignant ne peut tenir compte et qui ont un impact sur les résultats observés et sur les apprentissages réalisés ? Est-ce que la forme idéale pour communiquer l'information aux parents est la forme standardisée de la quantité ? Est-il souhaitable de standardiser ? Souhaitable pour qui ?

Lorsque l'enseignant recueille des informations dans le cadre des activités quotidiennes de la classe, il se situe en pleine situation d'exploration et de recherche. Il établit des diagnostics à partir d'une information à laquelle il donne les apparences de la mesure : le nombre de bonnes réponses dans un quiz, le nombre de mots bien écrits, l'appréciation d'un dessin, d'une maquette, d'un exposé oral, etc. Le plus souvent, la seule « balance » qu'il possède, c'est la sienne. Toutefois, dans la perspective d'une évaluation qui fait partie intégrante du processus d'apprentissage, cette situation est tout à fait adéquate parce l'objectif de la prise d'information est celui d'un diagnostic individuel et en profondeur, pas celui d'une description en surface comme on se limite à le faire avec les résultats aux tests standardisés. On se retrouve un peu dans la situation de la science en train de se faire, mais avec les moyens financiers en moins. Évidemment, l'analogie a beaucoup de limites. L'enseignant a une perspective temporelle plus limitée, ses observations sont produites dans un contexte donné et il ne peut reprendre l'analyse avec les mêmes individus lorsque des découvertes sur l'apprentissage et la motivation permettent une meilleure compréhension du processus qui guident l'élève dans son cheminement scolaire. L'enseignant ne pourra mesurer à nouveau, comme on peut le faire lorsque, à la lumière d'une percée technologique ou théorique, on mesure et remesure la taille de l'univers par exemple. Pourtant il se situe sur la ligne de front d'un problème important et pour lequel il n'y a pas d'unanimité théorique : comment l'être humain apprend-il ?

L'appréciation des institutions et des systèmes peut-elle se réaliser à partir d'un nombre quelconque d'indicateurs, d'unités étalons ? Quelle est l'état de la base de connaissance à ce sujet ? Le processus peut-il être efficace si on le place dans le cadre d'un contrôle de qualité similaire à celui que l'on retrouve dans l'industrie ? Quels sont les impacts de l'utilisation d'une information parcellaire pour baliser l'évolution d'un système, pour contrôler le flux dans un système d'éducation de masse ? L'obligation de résultats sous la forme unique de résultats à des tests standardisés contamine de quelle façon les informations recueillies ? Quelles sont les conséquences sur le curriculum d'une utilisation répétée des tests lorsque les enjeux sont critiques?

D'abord, il est assez évident que les élèves, les enseignants, les classes et les écoles, ne sont pas interchangeables comme des boulons. L'analogie avec un contrôle de qualité du type de celui que l'on retrouve dans une mécanique de production est ainsi plus que limitée. Dans cette situation le contrôle de qualité utilise des unités de mesure standardisées et le processus de prise de mesure peut être reproduit un grand nombre de fois dans les mêmes conditions presque sur demande. Il porte son attention sur une seule caractéristique à la fois, mesure oblige, d'objets présumés identiques. Le contrôle de qualité recherche les différences entre les objets produits et sanctionne cette différence parce qu'elle constitue une erreur. Lorsqu'on vise à mesurer les apprentissages réalisés, on se situe dans une situation inverse. Les différences constituent la norme et non des erreurs. Les individus ne sont pas interchangeables et il est impossible de démontrer qu'une et une seule caractéristique de l'individu, telle que représentée par les résultats à un test standardisé, constitue l'indicateur le plus précis et le plus déterminant dans l'appréciation des apprentissages réalisés. La même remarque s'applique pour ce qui est de l'utilisation des résultats à des tests standardisés pour apprécier une école.

Lorsqu'on récolte de l'information et qu'on désire lui donner une forme conviviale, comme celle de la mesure par exemple, pour sélectionner, pour certifier, pour décrire, pour communiquer ou pour contrôler, on peut se demander jusqu'à quel point cette information véhicule une réalité non contaminée, jusqu'à quel point cette information est valide? Le cas de l'utilisation du test standardisé dans des situations où les enjeux sont critiques servira dans les lignes qui suivent à illustrer certaines des embûches inhérentes se dressant devant un processus d'évaluation qui y recourt systématiquement.

Depuis que les examens et les tests ont été introduits pour le recrutement et la sélection des officiers et bureaucrates du gouvernement chinois en 210 avant J.-C., on a produit très peu de façons de tester, d'examiner ou d'apprécier les apprentissages, les connaissances, les compétences, les habiletés, les performances des individus (Madaus, 1993). Premièrement, on peut demander à l'individu de fournir une réponse élaborée orale ou écrite à une ou plusieurs questions ou de livrer un produit comme un portfolio d'artiste, un article scientifique, une table, etc. L'appréciation est faite par un ou plusieurs juges et la variété des réponses ou des produits à apprécier peut être grande. Deuxièmement, on peut demander à l'individu d'accomplir une action qui sera jugée en fonction de certains critères de réussite. Par exemple, on peut demander de réparer un moteur d'automobile, de réaliser une expérience en chimie, d'exécuter un mouvement de gymnastique. Il y a donc une cible, un standard, une norme à atteindre qui balise la démarche à suivre par le candidat et le regard de ceux qui doivent apprécier le produit. Troisièmement, on peut demander à l'individu de donner une brève réponse à une question ou de choisir la réponse à une question parmi un ensemble d'options qui lui sont présentées. Le nombre de réponses possibles est limité et l'appréciation est relativement simple puisqu'il n'y a qu'une seule bonne réponse possible.

Chacune de ces approches a des contraintes d'application techniques et pratiques inhérentes à son design. Mais, en posant un regard sur l'évolution des approches, on constate que les changements technologiques de ces quatre derniers siècles dans le domaine des tests et des examens en éducation ont toujours eu comme principal objectif d'en augmenter l'efficacité et de rendre le processus d'évaluation plus standard, plus objectif, plus fiable, plus facile d'administration, et, surtout, moins dispendieux à mesure que le nombre d'individus augmente (Madaus, 1993). Des objectifs qui s'apparentent à ceux de la mise en place d'un système d'unités de mesures étalons. Ainsi, à l'université Harvard au XVIIe siècle, il n'y avait que des entrevues à l'entrée et, par la suite, plus aucune prise d'information dans un cadre formel. Sur une période de près de trois cents ans, on adopta les examens oraux en fin d'année et la présence de juges externes, puis les examens écrits, la notation qualitative et, enfin, la notation quantitative (Smallwood, 1935). La création relativement récente de l'item à réponse choisie est aussi à situer dans une demande d'objectivité, d'efficacité et de contrôle que les items à réponse ouverte élaborée n'arrivaient pas à satisfaire.

Les changements technologiques ont eu lieu principalement parce qu'il y avait des insatisfactions envers les méthodes existantes, mais aussi parce qu'ils répondaient à des transformations sociales, politiques ou économiques de la société (Smallwood, 1935: 114-115). C'est ainsi que le test standardisé est devenu l'outil privilégié par plusieurs pour recueillir des informations et prendre des décisions au sujet des individus, des institutions et des systèmes. Il est «objectif» et il est celui qui coûte le moins cher à administrer dans une système de masse.

Mais est-ce que cette recherche d'efficacité, d'objectivité et de coûts réduits a toujours été conciliable avec la recherche d'une appréciation pertinente des individus, des institutions et des systèmes? Difficile de répondre à cette question, mais on peut dire que tout n'est pas dans tout et que ce qui est adéquat à un endroit pour une prise de décision pertinente et de qualité ne l'est pas toujours ailleurs. Par exemple, on oublie souvent que les résultats à certains tests standardisés que l'on utilise pour mettre en rang les écoles, les districts ou même les pays, possèdent des caractéristiques métriques pertinentes pour la comparaison des individus et beaucoup moins pertinentes pour la comparaison des collectivités.

Pour une bonne partie du XXe siècle, on a conçu la qualité de l'école non pas uniquement en termes de scores à des tests ou en taux de réussite à des épreuves standardisées, mais plutôt en termes de ressources et de conditions contextuelles (Madaus et Raczek, 1996). Ainsi, la qualité perçue d'une école était fonction de son taux de financement, de la qualité de ses installations, des caractéristiques des enseignants et des caractéristiques démographiques des élèves.

La situation a changé. L'attention au sujet de la qualité de l'école s'est largement transposée sur les indicateurs d'extrants. Les États-Unis constituent un terrain intéressant pour une étude de cas sur le sujet. En effet, dans un certain nombre d'États américains on favorise maintenant une appréciation de la qualité du système uniquement à l'aide de scores à des tests standardisés de fin de cycle ou d'étape. Les intrants, les processus ou le contexte sont négligés. Les résultats aux tests standardisés sont utilisés pour prendre des décisions dans un très grand nombre de situations : la certification ou la re-certification des enseignants, la promotion des élèves d'une année à l'autre, l'octroi du diplôme de fin d'études secondaires, le placement des élèves dans des groupes spéciaux, la distribution des ressources aux écoles et aux districts scolaires, le salaire au mérite sur la base des résultats des élèves, la certification des écoles, celles-ci pouvant même être fermées ou mises en tutelle suite à une série de mauvais résultats de la part des élèves (Madaus et Raczek 1996, p.145).

Différents problèmes résultent de ce changement d'attention. Lorsque l'accent est mis sur l'obligation de résultats, il y a des pressions sur les enseignants et les directions d'école pour qu'ils obtiennent lesdits résultats, pour que les élèves réussissent à la hauteur des attentes créées par la mise en place de normes et de standards de performance. Ainsi, l'expression « tests à enjeux critiques » (*high-stakes tests*), que l'on réservait aux tests destinés aux individus, est maintenant utilisée lorsqu'on fait référence aux tests utilisés dans ces autres situations. En bout de ligne, ces pressions contribuent à contaminer les résultats (Haney *et al.*, 1993). L'enseignement et le contenu de l'enseignement subissent des transformations (Araisian, 1988). On observe que dans certaines situations on enseigne surtout en fonction de ce qu'on sait des tâches que l'on retrouve dans les tests (Broadfoot, 1996). Il s'agit d'un enseignement orienté par le test ou par la mesure (*test-driven instruction* et *measurement-driven instruction*). Est-ce que cet enseignement produit le type d'apprentissage que les parents désirent pour leurs enfants, que la société désire pour ses enfants ?

Ainsi, lorsque les résultats sont reliés à une décision de financement, de salaire et de perspective de carrière, est-ce que l'influence du mécanisme de production du résultat sur les priorités et les pratiques est plus importante que dans une situation où ces pressions n'existent pas (Broadfoot, 1996 : 21-22) ? Il y a ici une source de contamination dont on ignore l'influence, mais elle contribue à remettre en perspective la validité de l'information recueillie à l'aide de ces tests. Est-ce qu'on mesure bien ce qu'on veut mesurer ?

Les habitudes développées pour passer des tests et pour préparer les élèves à passer des tests peuvent aussi avoir des influences indirectes sur l'apprentissage. En effet, Haney *et al.* (1993) estimait qu'aux États-Unis on administrait annuellement entre 140 et 400 millions de tests standardisés dans les programmes officiels de testing des États et des districts scolaires, dans les programmes visant des populations spéciales (à risque par exemple) et dans les processus de sélection des étudiants dans les collèges. Les élèves du primaire et du secondaire sont confrontés annuellement à un nombre de tests standardisés qui varient entre trois et neuf.

La perspective technicienne sous-jacente à l'utilisation des tests standardisés considère l'individu qui répond à une série d'items d'un test comme quelqu'un qui possède un attribut latent qui est, en principe, l'unique objet de la prise de mesure (Golstein, 1996). L'analogie avec l'élaboration des mesures étalons des sciences de la nature est assez directe. En éducation, mais plus généralement dans la sphère de déploiement des sciences sociales, l'individu, objet de la prise d'information, réagit à l'instrument et interagit avec l'instrument d'une façon complexe (Goldstein, 1996). En éducation, on ignore quels sont les impacts sur les apprentissages des élèves d'une pratique continue d'évaluation qui s'inspire fortement de la pratique des tests standardisés. Mais il semble que l'utilisation, dans une perspective d'imputabilité, des résultats à des tests standardisés lorsque les enjeux sont critiques a un effet négatif et indésirable sur l'enseignement et l'apprentissage. Cette utilisation conduit à un accent démesuré sur les habiletés dites «de base» et à une réduction du curriculum enseigné (Resnick et Resnick, 1992, Wilson et Corbett, 1990).

Lorsqu'on introduit un nouveau test, les résultats chutent clairement la première année, mais retrouvent le niveau de croisière observé pour le test précédent après quelques années d'utilisation (Linn, 2000). L'estimation des progrès réels des élèves demeure problématique. Il est difficile de déterminer si les gains observés sont spécifiques au test et à des pratiques d'enseignement ciblées sur la réussite du test ou s'ils peuvent être généralisés aux construits plus complexes que le test vise à mesurer (Linn 2000). Mais cela peut se révéler une stratégie heureuse pour un politicien. Les changements à ce niveau auront avantage à voir le jour au début du mandat, car les scores vont toujours augmenter dans les premières années d'utilisation du nouveau test ou de la nouvelle procédure. À la lumière de ces remarques, on peut certainement se demander quel est le réalisme d'un système d'imputabilité qui vise des taux d'amélioration fixes et linéaires sur de longues périodes (Linn, 2000).

On pourrait penser que ces contaminations surviennent uniquement dans les systèmes où une pratique de l'évaluation par des tests standardisés est intensive, comme dans certains états américains. Ce n'est pas le cas (Rousseau, 2000)[2]. Au Québec par exemple, tous les élèves du secondaire doivent réussir une épreuve de rédaction écrite pour obtenir leur diplôme d'études secondaires. La correction de cette épreuve se fait en fonction de sept critères. Pour trois de ces critères, le respect de l'énoncé, la formulation d'une opinion, l'articulation des idées, l'écart-type des scores est presque nul parce que les élèves obtiennent tous une appréciation maximale. Ces trois critères comptent pour 27 % de l'appréciation globale. Pour deux autres critères, les arguments qui soutiennent l'opinion et le vocabulaire, environ la moitié des élèves reçoit l'appréciation maximale, 3 sur 3, et environ le quart des élèves reçoit une appréciation de 2 sur 3. Encore ici, il y a peu de discrimination attribuable à ces critères. Ceux-ci comptent pour 33 % de l'appréciation globale. Les seuls critères de correction qui discriminent vraiment sont l'orthographe et les phrases et la ponctuation. Ensemble, ils comptent pour 40 % de l'appréciation. Pour ces deux critères, la médiane des scores se retrouve entre 50 % et 60 % selon les années (Rousseau, 2000). Si on ne tenait compte que des deux derniers critères, on peut deviner quel serait l'impact sur le taux de réussite de cette épreuve. On peut se demander comment se fait-il qu'il est presque impossible de constater des différences individuelles pour un ensemble de critères qui *représentent 60 % de l'appréciation globale*?

Trois explications peuvent êtres avancées. D'abord, il est possible que le souci de standardisation, de simplification et de *diminution des coûts* de la correction amène les responsables de l'opération à émettre des directives telles que la discrimination en fonction de ces critères se trouve marginalisée. Ensuite, on peut aussi penser qu'après plusieurs années de correction des épreuves selon ces critères et ces barèmes, les enseignants ont intégré dans leur enseignement des pratiques qui correspondent aux messages que leur envoie la correction. Par exemple, qu'il n'est pas nécessaire d'accorder beaucoup d'attention à l'orthographe, les élèves vont passer l'épreuve même s'ils ont des carences importantes à ce sujet. De plus, au niveau politique, on n'a pas intérêt à faire de vagues avec cette façon de corriger car l'impression qui se dégagerait alors pourrait fortement remettre en question la validité d'une épreuve appréciée de cette manière. Ainsi, dans cet exemple, on retrouve en interaction des considérations bureaucratiques, pédagogiques et politiques qui contaminent chacune à sa manière le regard que l'on pose sur ces résultats. Il ne faut pas perdre de vue qu'il ne s'agit pas uniquement d'une question de résultats chiffrés, de scores. Il s'agit aussi d'une question de validité des résultats et de leurs capacités à servir différents maîtres, à servir différentes visées de l'évaluation.

---

2. Je voudrais remercier M. Christian Rousseau d'avoir accepté que je fasse part de ces observations dans ce texte. Le lecteur qui voudra en savoir plus long sur le sujet pourra toujours consulter, en temps et lieu, la thèse de doctorat que M. Rousseau déposera durant l'année 2001.

Les nouvelles avenues en évaluation des apprentissages qui s'adressent à la performance ou aux compétences sont aussi sujettes à la contamination que n'importe quel résultat de test standardisé qui contient des items à réponse choisie, si, à la base, on en fait un levier pour orienter les changements dans les politiques en éducation. Elles ouvriront, elles aussi, la porte à un enseignement en fonction de la méthode d'évaluation. De plus, certaines caractéristiques des épreuves basées sur la performance ou les compétences ont été historiquement considérées comme peu appropriées à cette fin. L'appréciation de la performance perturbe plus les activités régulières et la routine de la classe. Elle prend plus de temps à réaliser lorsque le nombre d'élèves est élevé. Elle ne se standardise pas facilement, créant ainsi des problèmes de comparabilité des résultats. Les tâches à réaliser ne constituent que de petits échantillons des tâches possibles, rendant difficile la généralisation des résultats à l'ensemble du domaine d'intérêt (Madaus, 1990). Mais, surtout, une appréciation de qualité dans ce contexte est considérablement plus complexe, plus longue et dispendieuse à réaliser.

Le problème de la validité n'est pas résolu si on ne peut observer les compétences à l'œuvre ou si le simple volume des tâches à observer rend la chose impraticable. Les travaux de recherche sur l'appréciation, la correction et la notation de la performance rendent compte du taux élevé de variabilité observé entre les appréciateurs et correcteurs des performances (Wolf, 1996; Blais, 1998). Si des personnes différentes apprécient différemment des produits ou des performances, ne s'agit-il pas là d'un problème classique de validité? Mais, en contrepartie, si le processus discrimine minimalement, remplit-il la fonction pour laquelle il est mis en action? Dans ces différents contextes, il faut s'interroger sur la part de la validité que l'on veut garder et la part de la validité que l'on veut céder. Est-ce que ce sont des considérations au sujet de l'apprentissage, des considérations pédagogiques, bureaucratiques, idéologiques, économiques ou politiques qui doivent primer lorsqu'on détermine la validité des résultats?

Les résultats aux tests ne devraient pas être les seules choses qui comptent, ils ne peuvent à eux seuls résumer la profondeur des apprentissages réalisés. Mais comme on tend à valoriser les résultats de l'éducation qui prennent plus facilement l'apparence de la mesure (le nombre de bonnes réponses par exemple) et qui sont issus de procédures standardisées (pour favoriser la comparaison objective), on tend aussi à sous-estimer et à ignorer les autres résultats, ceux à qui il est intrinsèquement plus difficile de donner cette apparence. La société en général a tendance à traiter les scores à certaines épreuves de certification comme la fin en soi de l'éducation, plutôt que comme un indicateur utile d'une forme d'apprentissage mais qui ne se suffit pas à lui-même et qui n'est certes pas infaillible. Les taux de scolarisation correspondent plutôt imparfaitement avec l'idée que l'on peut se faire de la distribution des habiletés, de la connaissance ou des compétences dans la société, mais on les utilise souvent comme indicateurs de ces entités.

Alors, est-ce que les indicateurs d'extrants qui sont privilégiés dans les systèmes d'indicateurs sous la forme de résultats à des tests standardisés sont de bonnes mesures de la quantité et de la qualité des apprentissages réalisés? En d'autres mots, est-ce qu'ils sont valides? La réponse sera différente selon les objectifs que l'on met de l'avant. En effet, ce qui semble clair, c'est que le processus d'appréciation des apprentissages et les formes qu'il peut prendre sont autant le produit des forces politiques et économiques et des valeurs sociales que des préoccupations éducatives (McLean, 1996).

TESTS STANDARDISÉS ET INSTRUMENTS DE MESURE

Dans la sphère de déploiement des sciences de la nature et de la technologie, on retrouve un triangle dialectique où les échanges se font entre un pôle conceptuel-théorique, un pôle technique et un pôle expérimental. La relation entre la théorie et l'expérimentation est plutôt déductive et elle est médiatisée par la technique et la mesure. Le pôle théorique sert de boussole pour aiguiller l'expérimentation et de référence pour les données qui y sont produites. Le perfectionnement des outils du pôle technique sert à la mise en place d'expérimentations de plus en plus complexes et au raffinement de la mesure. Ainsi, dans le complexe « science de la nature-technologie », la mesure est tributaire des instruments, machines et autres appareils au service de l'observation et de la production des données. Il n'y a pas de mesure sans technique. Il n'y a pas de mesure sans instrument de mesure.

Dans la sphère de déploiement des sciences sociales, on retrouve également une dialectique semblable. Le pôle théorique est remplacé le plus souvent par un pôle de conceptualisation où il existe peu de réseaux nomologiques forts atteignant une puissance élevée de prévision ou d'explication. Le pôle expérimental possède une contrepartie « multicéphale », le recueil de l'information ou des données, qui se déroule en majeure partie dans des conditions où le contrôle des contingences et la manipulation des conditions ne peuvent pas opérer en totalité et même, assez souvent, ne constituent pas l'objectif premier. La relation entre le pôle conceptuel et le pôle du recueil de l'information est nettement plus inductive et l'empirisme y joue un grand rôle. On y développe également des instruments de mesure, mais la mise au point de la mesure fait appel à une technique en quelque sorte immatérielle ; c'est la modélisation statistique qui joue le rôle de technologie métrique, ce sont des modèles statistiques qui produisent les mesures. La mesure n'a jamais lieu pendant que l'information est récoltée, elle a lieu après (Van der Linden, 1994). C'est l'analyse des données qui produit la mesure, pas l'instrument.

La plus grande différence entre les deux triangles dialectiques se situe dans la contribution du pôle technique au développement et au raffinement du recueil de l'information et de la mesure. Ce qui semble distinguer le plus les sciences sociales des sciences de la nature c'est que dans ces dernières on réalise des progrès continus dans le développement des instruments, alors que dans les premières les avancées techniques dans le développement des instruments sont subsumées par la modélisation statistique. Comme on l'a déjà mentionné, la mesure et la quantification l'ont nettement emporté dans les sciences de la nature, alors qu'elles rencontrent des terrains d'application dans les sciences sociales qui engendrent des difficultés mettant en relief une réussite assez relative. En éducation, à défaut de produire des «mesures», peut-être pourrait-on produire une diversité d'informations, aussi valides les unes que les autres, chacune appropriée aux différents contextes de la situation éducative, aux différentes situations d'évaluation.

Alors, le test standardisé en question, quelle sorte d'instruments est-il? Est-ce qu'il doit être vu comme un microscope, donc un instrument pour observer, ou comme une règle, une balance, un instrument pour mesurer? Est-ce qu'il peut informer sur la longueur des compétences, la densité des compétences ou, encore, sur la couleur, la sensibilité, la pertinence des compétences?

On pourrait plutôt comparer le test standardisé à un séismographe, à un instrument pour mesurer les tremblements de terre. Pour le profane, il existe une échelle, celle de Richter, qui semble bien définie car il y a des nombres, 1, 2, 3, 4,...10, associés aux échelons et à l'information recueillie. Mais est-ce qu'on peut additionner ces nombres? Est-ce que les intervalles entre les nombres sont égaux? Est-ce qu'il y a une seule échelle? Est-ce qu'on s'entend pour définir le phénomène étudié?

L'échelle de Richter est exponentielle. Un tremblement de terre de 6 à l'échelle de Richter est considéré 10 fois plus imposant qu'un tremblement de 5 sur la même échelle. Il existe plusieurs propositions d'échelles de mesure et plusieurs définitions du phénomène (Strauss, 1995: 43), mais il n'y a qu'une seule échelle qui est très souvent utilisée pour communiquer l'information aux citoyens. Ceux-ci n'ont aucune idée de la validité de la mesure ou de l'erreur de mesure, mais ils ont confiance que la communauté des séismologues ne les trompera pas ou ne publiera pas de résultats erronées. Les besoins du citoyen sont cependant d'un autre ordre. Ils aimeraient en effet être avertis à l'avance qu'il y aura un tremblement de terre. Ils pourraient ainsi fuir les lieux appréhendés de la catastrophe à venir. En fait, dans le cas d'un tremblement de terre, les citoyens ont besoin d'outils pour faire des diagnostics, pas pour décrire ce qui s'est passé après que le phénomène ait frappé. Tout cela, c'est un peu ce qui se passe avec les résultats aux tests standardisés, si ce n'est, et ce n'est pas rien, que les enjeux de la mesure en éducation sont plus souvent politiques que scientifiques.

Comme le dit très bien Van der Linden (1994: 12): «La vérité à propos des tests standardisés, nonobstant les appellations de tous les jours, c'est qu'ils ne sont pas du tout des instruments de mesure dans le même sens que l'on perçoit les thermomètres, les balances ou les chronomètres. En fait ce ne sont que de simples expériences, plus ou moins standardisées, utilisées pour recueillir des données qualitatives sur les réponses données par les candidats aux tâches contenues dans les items du test.» On le répète, la mesure en éducation ne se réalise pas en même temps que le recueil de l'information, comme lorsqu'on mesure avec une règle; elle a lieu après, lorsqu'on analyse les données.

CONCLUSION

Il y a plusieurs raisons qui font que les résultats aux tests suscitent autant d'intérêt chez les politiciens, les groupes de pression et les réformateurs de tout acabit, comme outils pour guider le changement en éducation. Les tests sont peu dispendieux à mettre en place si on les compare à d'autres actions comme la réduction du nombres d'élèves en classe, l'augmentation du salaire des enseignants et des directeurs d'école, l'augmentation du temps d'enseignement, etc. Mais surtout, on peut rapidement mettre le processus en place pour la durée du mandat d'un politicien ou même, dans certains cas, d'un fonctionnaire.

Dans quelles directions peut-on aller pour se démarquer d'une utilisation exclusive des tests standardisés dans l'appréciation des apprentissages réalisés, dans l'appréciation des établissement et du système?

D'abord, pour ce qui est du système, on peut certainement baser une partie de nos indicateurs sur des informations qui n'ont pas le cadre du risque comme contexte d'élaboration et de production. Le risque c'est d'échouer, de perdre son emploi, d'avoir mauvaise réputation, d'être le dernier. On peut prélever des échantillons représentatifs des élèves ou des écoles et apprécier le tout dans un cadre qui n'a pas à se mouler à l'idée d'obligation. Les informations sont beaucoup moins contaminées, de nouvelles stratégies de recueil de l'information peuvent être mises à l'essai et la validité de nos inférences sur le système s'en trouve augmentée.

Ensuite, si on tient à rester dans l'esprit du contrôle de la qualité, on peut orienter notre appréciation dans le cadre du concept de valeur ajoutée. Par exemple, est-ce que toutes choses étant égales par ailleurs, il y a des écoles qui réussissent à faire plus progresser leurs élèves que d'autres. On retrouve cette approche dans plusieurs pays de la CE, notamment en France. Cette approche postule trois choses: que les écoles devraient être comparées avec celles qui leur ressemblent; que c'est le progrès réalisé à partir du point de départ respectif de chacun qui importe; qu'à la base, les écoles ne peuvent pas toutes être aussi efficaces les unes que les autres pour faire progresser les élèves.

Pour ce qui est des apprentissages réalisés par les élèves, peut-être doit-on faire plus confiance aux informations recueillies par l'enseignant. À l'heure actuelle, on peut avancer que cette information est disqualifiée par les tenants de l'objectivité scientifique et par les promoteurs de l'imputabilité. Pourtant, si on essayait de mettre à profit l'utilisation de la capacité de traitement des ordinateurs à des fins de diagnostic, il est fort à parier que l'information recueillie ait une pertinence beaucoup plus grande pour guider les élèves et les parents que les seuls résultats à des tests standardisés. Dans un avenir rapproché, on peut imaginer que les élèves réalisent leurs activités, répondent aux questions des quiz et font leurs exercices sur une sorte de cahier virtuel relié à un serveur qui compile l'information et qui la retransmet à l'enseignant, à l'élève et aux parents, mais sous une forme descriptive, explicative et diagnostique, sans exclure la présence de nombres pour donner des notes. Les modèles théoriques existent et plusieurs essais ont lieu actuellement dans cette direction (Raîche, 2000). Il ne manque que le cahier virtuel, mais on peut penser que c'est pour demain si la demande est assez forte.

Finalement, on peut et doit mettre à profit les immenses banques de données des ministères de l'Éducation pour étudier les réponses aux tâches demandées dans les tests standardisés. Imaginons, par exemple, que tous les textes écrits depuis dix ans par des élèves de secondaire V dans le cadre de l'épreuve de français de fin de cycle du secondaire soient disponibles sur un support numérique. Un bassin incroyable d'informations serait disponible pour une grande diversité de chercheurs.

Le mot de la fin. Si on considère que ce qu'on appelle «les résultats» en éducation fait partie de la grande famille des indicateurs sociaux, on peut terminer en disant, comme Bauer (1966: xvii), que: «Les indicateurs sociaux peuvent être mous ou durs, qualitatifs ou quantitatifs, être issus d'une mise en rangs ou d'un dénombrement, de nature statistique ou non, ils ne sont pas nécessairement froids. Peu importe ce que nous ferons, ils seront utilisés comme des indications, des accusations, des justifications, des attaques et des défenses, par des humains dans la chaleur des combats entre humains.»

9

RÉORIENTATION, REFINANCEMENT ET OBLIGATIONS DE RÉSULTATS : RÉFORME OU DÉRIVE POLITIQUE DES UNIVERSITÉS QUÉBÉCOISES ?

Marc-André DENIGER, Véronique BROUILLETTE et Canisius KANANZI
Université Laval

INTRODUCTION

La question de l'obligation de résultats des universités québécoises doit être posée dans son contexte économique et politique spécifique. Les discussions et négociations entourant l'émergence, puis l'élaboration, de la récente politique universitaire québécoise, s'inscrivent dans le cadre de la réforme de l'éducation, amorcée en 1998, et se tiennent dans le contexte et d'un refinancement récemment annoncé, après des années de vaches maigres. La baisse du financement public des universités durant les années 1980 et 1990, les sévères coupes budgétaires qu'elle provoque, jumelées à la baisse des effectifs étudiants, ont modifié l'institution universitaire : diminution de l'effectif enseignant, baisse d'encadrement des élèves, augmentation de la part du financement privé, etc. (Lemelin, 1998). Déjà, lors des États généraux de l'éducation, en 1995, les principaux acteurs de l'enseignement supérieur, et plus particulièrement des universités, décrièrent le sous-financement de leurs institutions. On s'interroge également sur les enjeux relatifs à la gestion des universités : les problèmes d'efficacité et d'efficience auxquels sont confrontées les institutions universitaires québécoises dans un contexte de mutations économiques.

Donnant suite à ces constats et critiques, le gouvernement québécois s'est récemment engagé à réinvestir dans le domaine de l'éducation supérieure. La *Politique québécoise à l'égard des universités*, parue en janvier 2000, arrête les orientations fondamentales de l'action de l'État en matière universitaire. En février 2000, lors du Sommet du Québec et de la jeunesse, le ministère de l'Éducation promet un réinvestissement significatif en éducation. En mars 2000, lors du dépôt du budget, le ministre des Finances annonce que 60 % du financement en éducation sera accordé aux universités, c'est-à-dire une somme de 600 millions répartie sur trois ans. À cette occasion, le ministre de l'Éducation expose son souhait de rendre le financement des universités conditionnel à l'établissement de paramètres d'efficacité. Un mois plus tard sont introduit les « contrats de performance » entre les universités et l'État, dont la première mouture suscite la désapprobation des acteurs universitaires. En juin, le ministre de l'Éducation conserve l'idée du financement conditionnel des universités en remplaçant le terme « contrat de performance » par « convention d'optimisation et de développement ». Désormais, le financement sera régi par ces ententes négociée entre l'État et les autorités universitaires.

Bien que prenant une signification et une forme spécifiques à cet ordre d'enseignement, les enjeux et les débats ayant trait à l'obligation de résultats, à l'évaluation et au financement des universités, suscitent matière à une réflexion plus globale. Ils se rapportent aux orientations fondamentales, aux priorités de développement, à la mise en forme concrète et aux effets structurants des politiques éducatives. La compréhension de ces mêmes enjeux nous ramène inévitablement aux débats sur les finalités de l'enseignement et sur le rôle des institutions sociales. Ils interrogent également l'efficacité et l'efficience du système éducatif et la rationalité de l'approche préconisée par l'État en matière de gestion de l'éducation. Les choix politiques et les interventions étatiques ont, à leur tour, des incidences sur le développement et la gestion du système éducatif.

Ces enjeux et changements sont ici compris à travers une analyse de la production de la récente politique québécoise à l'égard des universités. Notre réflexion sur ces questions nous porte à croire que l'évaluation est en voie de se jumeler, bien malhabilement, au financement, comme élément déterminant de la logique présidant à la production des politiques éducatives. Ce couplage donne une nouvelle inflexion au développement stratégique et à la gestion des universités et force leurs administrations au réalignement stratégique. Ces transformations ne nous semblent ni conséquentes avec l'esprit de la réforme de l'éducation entreprise suite aux États généraux de l'éducation de 1995-1996, ni acceptables d'un point de vue critique.

Pour supporter cet argument nous rappellerons d'abord les orientations fondatrices de la réforme de l'éducation, entamée en 1998, ce qui constitue pour nous le point de référence de l'analyse. Nous analyserons ensuite l'évolution des enjeux fondamentaux et institutionnels[1] sous-jacents à la production des politiques éducatives en ce domaine. Nous retracerons ainsi la genèse de la production de la politique universitaire. Puis, par voie de comparaison avec la politique de référence

---

1.   Ces concepts sont définis dans : M.-A. Deniger (2000). *La production des politiques éducatives au Québec : enjeux, acteurs, systèmes d'action et déterminants. Définition de l'objet, cadre d'analyse et méthodologie.* Québec, Faculté des sciences de l'éducation.

(États généraux et plan d'action ministériel), nous cernerons les choix privilégiés dans la forme aboutie de la politique à l'égard des universités. Enfin, nous proposerons quelques réflexions critiques sur les changements induits par cette politique en ce qui a trait aux orientations de l'université, à la conception de l'évaluation qui inspire l'État et aux effets de ces mêmes changements sur les orientations de la réforme amorcée en 1998.

ORIENTATIONS FONDATRICES DE LA RÉFORME DE L'ÉDUCATION

Les États généraux de l'éducation

Abordant le dossier de l'université dans le cadre de la réforme scolaire en cours, la commission des États généraux de l'éducation (MEQ, 1996) suggère cinq thèmes constituant les enjeux fondamentaux d'une politique devant guider les universités québécoises dans l'avenir : la mission des universités, la qualité de la formation, la recherche et le partenariat, l'imputabilité et le financement. Nous présentons ci-après un petit résumé des débats sur chacun des thèmes et enjeux mis en évidence par les États généraux de l'éducation.

Selon le rapport des États généraux, il faut maintenir la triple mission universitaire : enseignement, recherche-création et service à la collectivité. Afin que les institutions universitaires s'acquittent de cette mission avec succès, elles sont surtout appelées à maintenir l'équilibre entre l'enseignement et la recherche. En effet, les commissaires s'inquiètent de la tendance qu'ont les établissements universitaires à dévaloriser l'enseignement au premier cycle, au profit de la recherche et de l'enseignement aux deuxième et troisième cycles.

Une politique à l'égard des universités orientée vers l'avenir devrait viser l'amélioration de la qualité de la formation comme enjeu principal. Cela suppose que, au préalable, les institutions universitaires disposent d'enseignants qualifiés sur les plans scientifique et pédagogique. L'amélioration de la qualité de la formation fait aussi appel à des programmes répondant adéquatement aux attentes exprimées par les étudiants et l'environnement en général. À ce sujet, les avis sont contradictoires sur l'équilibre relatif entre la formation générale et la formation spécialisée. Pour leur part, les commissaires des États généraux suggèrent plutôt une formation équilibrée favorisant une base disciplinaire large, plutôt valorisée au baccalauréat, et une composante de spécialisation afin de renforcer la cohérence interne de la formation.

Les États généraux attirent aussi l'attention sur la nécessité des mécanismes de concertation entre les établissements en ce qui a trait à la rationalité des programmes : ceci permettrait d'éviter le dédoublement inutile de certains départements dans les différentes institutions. Les commissaires insistent également sur la concertation entre les universités et les collèges afin d'assurer la continuité entre les deux ordres d'enseignement.

On s'oppose à la spécialisation des universités, les unes axées sur la recherche, les autres sur l'enseignement. On admet cependant des spécialisations par créneaux bien qu'on soit très préoccupé par l'invasion progressive de la recherche commanditée. C'est pourquoi, le rapport des États généraux propose que le financement de la recherche universitaire soit entièrement assumé par les fonds publics afin de préserver l'autonomie et l'indépendance des universités. En contrepartie, l'université doit rendre des comptes sur ses résultats au public et aux étudiants qui la fréquentent. À cette fin, on encourage l'institution à revoir ses mécanismes d'évaluation institutionnelle. Entre autres, l'université est appelée à prendre des mesures d'encadrement de l'exercice des fonctions professorales. Quant au gouvernement, il devrait se doter d'indicateurs, autres que les arguments financiers, lui permettant de participer à la planification des activités de l'enseignement universitaire et d'en assurer la coordination, tout en préservant l'autonomie institutionnelle des universités.

Enfin, les États généraux reconnaissent que le bon fonctionnement d'un système scolaire est fortement déterminé par le système d'allocation et d'acquisition des ressources. À ce chapitre, les commissaires proposent qu'un intérêt privilégié soit accordé à l'amélioration des règles de financement.

L'ÉVOLUTION DE LA POLITIQUE À TRAVERS SON ÉLABORATION

Suite aux États généraux, l'élaboration de la politique à l'égard des universités a suivi cinq étapes qui ont abouti aux priorités et orientations finalement retenues. Le tableau 1 résume l'évolution du contenu de la politique.

Cette lecture chronologique montre que certains thèmes débattus sont retenus à l'étape suivante, que certains sont rejetés, dilués ou réinterprétés et que d'autres sont ajoutés à l'ordre du jour. Le rapport final de la commission des États généraux de l'éducation (1996), point de départ de la réforme de l'éducation, reprend les quatre grands thèmes retenus par les participants, soit la mission de l'université, la qualité de la formation, l'imputabilité et le financement. Deux ans plus tard, un document ministériel devant servir de prémisse à une future politique à l'égard des universités est produit. Des États généraux, sont repris les thèmes de la mission de l'université et de l'imputabilité, la qualité de la formation et le financement n'étant pas retenus. Après la publication de ce document, d'importants changements orienteront le document de consultation en vue de la politique à l'égard des université (1998). Seront ajoutés au débat les thèmes de l'accessibilité, de la formation et de l'accompagnement des étudiants et des services à consolider

TABLEAU 1

**Les étapes chronologiques du débat sur l'élaboration
de la politique à l'égard des universités**

Étape Document de référence	Thème et enjeux fondamentaux retenus	Thèmes ajoutés
Étape 1 1996 : Rapport final de la commission des états généraux sur l'éducation.	1. mission de l'université 2. qualité de la formation 3. imputabilité 4. financement	
Étape 2 Février 1998 : Université et l'avenir Perspectives pour une politique gouvernementale à l'égard des universités québécoises	1. mission de l'université 2. recherche et partenariat 3. imputabilité Thèmes dilués 1. qualité de la formation 2. financement	1. accessibilité 2. formation et accompagnement des étudiants 3. services à consolider : concertation interétablissement partenariat dans les universités, évaluation
Étape 3 1998 : Outil en vue de la consultation gouvernementale à l'égard des universités québécoises	1. mission de l'université 2. accessibilité 3. recherche et partenariat 4. formation et accompagnement des étudiants 5. système universitaire : services à consolider Thème dilué : imputabilité	
Étape 4 Octobre 1999 : Projet d'énoncé de politique à l'égard des universités	accessibilité thèmes dilués 1. Mission de l'université 2. Recherche et partenariat 3. Formation et accompagnement des étudiants 4. Système universitaire : les services à consolider	1. performance des universités : qualité de la formation et efficience des établissements 2. réponse aux besoins de la société
Étape 5 Février 2000 : Politique à l'égard des universités	- accessibilité - performance des universités : qualité de la formation et efficience des établissements - réponse aux besoins de la société	

(concertation interétablissement, partenariat et évaluation) alors que la question de l'imputabilité ne sera pas retenue. Notons que ce document insiste beaucoup sur les études de premier cycle. En 1999, après un remaniement ministériel, le nouveau ministre de l'Éducation produit un Projet d'énoncé de politique à l'égard des universités dans lequel seront retenus trois grands thèmes, soit : l'accessibilité, la performance des universités et la réponse aux besoins de la société. Ces trois grands thèmes seront conservés dans la politique finale (2000). Les deux dernières étapes marquent un changement important dans la conception des universités. Alors que l'imputabilité faisait partie des grands thèmes retenus lors des États généraux et dans le premier document ministériel, on parle désormais plutôt de «performance des universités» comprise en termes de qualité de la formation et d'efficience des établissements. Que signifie ce glissement de sens? Quelle est la conception de l'État en matière d'imputabilité? Quelles seront les orientations finalement retenues pour le développement des universités?

Synthèse de la *Politique québécoise à l'égard des universités. Pour mieux assurer notre avenir collectif*[2]

La nouvelle politique du gouvernement québécois à l'égard des universités fournit les premiers éléments de réponses à ces questions. Elle se donne *pour triple objectif* de réaffirmer l'importance de l'université pour la société québécoise, de faire connaître les orientations de l'action gouvernementale à l'égard des universités et d'établir un cadre de référence situant les engagements et les attentes du gouvernement à l'endroit des universités.

Pour les autorités politiques, la nécessité d'une nouvelle politique se *justifie* par:

•   les enjeux liés à la mondialisation de l'économie, l'interdépendance entre le développement économique et les avancées scientifiques et technologiques, les demandes croissantes en matière de recherche fondamentale et l'importance de l'institution universitaire dans la société;

•   les multiples pressions auxquelles sont soumises les universités, les tensions contradictoires de la part des différents intervenants et les tensions parfois contradictoires qui en résultent en regard de l'accomplissement de la mission universitaire;

•   le développement rapide d'une société fondée sur le savoir;

•   la fragilité des acquisitions en matière d'accès aux études universitaires car la société exige des ressources humaines hautement qualifiées;

•   un contexte socio-économique favorable au réinvestissement dans les études supérieures mais aussi un contexte social et démographique qui exige l'utilisation rationnelle des ressources.

Les grandes orientations de l'énoncé de politique souscrivent à un certain nombre de principes d'action délimitant le rôle des universités dans le développement de la société. À ce chapitre, la politique gouvernementale réaffirme le

---

2.   Ministère de l'Éducation du Québec (2000a). *Politique québécoise à l'égard des universités. Pour mieux assurer notre avenir collectif.* Québec: Gouvernement du Québec.

caractère public de l'université et son rôle social fondamental de transmission des savoirs et de la culture. L'université doit être accessible à tout individu qui a la volonté et les aptitudes à y suivre une formation. Elle doit répondre aux besoins de la société, en répondant des résultats et faisant preuve d'efficience, tout en préservant son autonomie.

Eu égard à ces principes, le gouvernement invite les universités à agir sur trois priorités, soit:

1.   l'accès aux études universitaires;

2.   la performance et l'ouverture sur le monde des universités au regard de la qualité de l'enseignement, de l'excellence de la recherche et de l'efficience globale du système;

3.   la réponse aux besoins de la société et l'ouverture sur le monde.

Accessibilité, réussite, qualité, performance et efficience

L'accès aux études semble être devenu un acquis incontestable dans la société québécoise. Toutefois, la notion d'accessibilité change de sens. Elle devra maintenant être envisagée en termes d'accès à la réussite des études. Le passage à cette nouvelle phase de la démocratisation scolaire suppose qu'une série de mesures soient prises afin de s'assurer qu'on réduise au minimum les contraintes économiques grâce à un programme d'aide financière aux étudiants, qu'on poursuive l'objectif de l'accessibilité géographique grâce à la présence d'établissements dans toutes les régions, qu'on encourage la persévérance aux études, notamment par un encadrement suffisant, et qu'on facilite l'intégration des étudiants (principalement de deuxième et troisième cycles) aux activités de recherche.

Par ailleurs, la politique à l'égard des universités introduit la notion de performance des universités. Celle-ci s'articule autour de deux enjeux: la qualité de la formation et l'excellence des établissements par des activités d'enseignement et de recherche de haut niveau. Par qualité de formation, on entend une formation mise à jour et actualisée, contenant des connaissances à la fine pointe émanant des résultats de recherche récents, évoluant au rythme des connaissances. C'est aussi une formation pertinente répondant à la fois aux besoins de développement du personnel et fournissant des outils nécessaires à l'insertion sociale et professionnelle. Une formation de qualité se veut également durable; elle vise à ce que les étudiants acquièrent des habiletés techniques spécialisées directement utilisables sur le marché du travail mais aussi des connaissances générales leur permettant de se convertir aux exigences des changements dans l'avenir. Enfin, une telle formation privilégie la culture générale, se veut transdisciplinaire, cherche à développer l'esprit critique et à s'adapter aux exigences de la conjoncture tant sur le plan national qu'international.

Dans cette optique, la promotion de la qualité de la formation implique la consolidation des activités d'enseignement et la poursuite de l'excellence de la recherche. Cette finalité présuppose la disponibilité des ressources humaines (enseignants hautement qualifiés et suffisants en nombre) et l'existence d'équipements matériels et technologiques (bibliothèques, laboratoires, technologies de l'information et de la communication). La consolidation des activités d'enseignement fait appel à des mesures concrètes pour assurer le renouvellement, le recrutement et la rétention d'un corps professoral : moderniser les infrastructures et équipements de base, renforcer les liens entre les contenus des programmes et les compétences nécessaires pour répondre aux besoins de la société, et revoir les mécanismes d'évaluation de la qualité des programmes pour s'assurer d'une mise à jour régulière.

D'un autre côté, la poursuite de l'excellence de la recherche s'appuie sur des mesures concrètes permettant le recrutement et la formation d'une masse critique de chercheurs ; le renforcement des liens entre l'enseignement et la recherche ; l'intégration des étudiants des 2e et 3e cycles dans les activités de recherche de haut niveau ; la conciliation de l'enseignement et la recherche et la création des conditions favorables au recrutement, à la formation des chercheurs et aux investissements dans les domaines encore en friche. En outre, une formation de qualité requiert une politique institutionnelle claire aux chapitres de l'encadrement des étudiants, de l'évaluation des programmes, de la revalorisation et de la conciliation des activités de recherche et d'enseignement.

L'objectif d'efficience de la politique étatique impose d'autres impératifs. Dans son énoncé d'orientation politique, l'État cherche clairement à poser les jalons d'une culture de gestion optimale des ressources : une pratique et des mécanismes d'application d'économies d'échelle pour éviter, ou du moins réduire, toute duplication inutilement coûteuse des programmes d'enseignement. Par ailleurs, le gouvernement tient à maintenir la diversité entre les universités de façon à favoriser l'adaptation de chacune dans son environnement régional et à renforcer la collaboration universités-cégeps pour favoriser l'intégration des deux niveaux d'enseignement. L'efficience fait appel à deux priorités d'action. En premier lieu, le gouvernement incite les établissements à gérer rationnellement leur offre de programmes. Les mesures devront être prises afin d'encourager les universités à faire un choix judicieux des programmes à dispenser, et pour soutenir financièrement les établissement faisant preuve d'une gestion rationnelle. En second lieu, le gouvernement soutiendra financièrement les établissements en déficit afin d'inciter les institutions à se concerter pour une gestion rationnelle des programmes et des ressources.

La réponse aux besoins de la société et l'ouverture sur le monde

La politique gouvernementale insiste particulièrement sur la nécessité de renforcer les mécanismes de rapprochement entre les universités et la société. En définitive, les priorités d'action envisagées afin d'accroître l'accessibilité et la performance des universités n'ont de sens que si elles leur permettent de répondre aux besoins réels de la société. Ici, l'enjeu est double. Les universités devront répondre à la fois aux demandes de formation professionnelle exprimées par les individus et aux demandes de la société en ressources humaines hautement qualifiées, tout en diffusant les nouvelles connaissances et technologies. Pour atteindre ces objectifs, l'État privilégie quatre domaines d'activités du développement des universités : la recherche, la formation de personnes hautement qualifiées et la relève scientifique, l'insertion dans la vie professionnelle et l'internationalisation.

Ainsi, les universités sont invitées à former des personnes hautement qualifiées et une relève scientifique solide grâce, notamment, à une formation mise à jour par des connaissances reliées au renouvellement technologique. Dans cet esprit, les universités devraient développer les programmes de formation dans les domaines où les besoins sont plus marqués, accroître le nombre d'étudiants dans les secteurs stratégiques et le nombre d'étudiants et d'étudiantes inscrits et diplômés aux études de deuxième et troisième cycles. Le gouvernement agira de concert avec les universités pour augmenter la capacité de réponse des universités aux besoins de la société en privilégiant les actions suivantes :

- Intensifier les interactions entre les universités et les différents acteurs de la société ;

- Encourager les universités à développer l'expertise et l'échange des connaissances avec la société ;

- Inciter les universités à participer aux activités de concertation, notamment à celles qui sont prévues pour la formation des ressources humaines hautement qualifiées ;

- Accorder plus de place aux partenaires des universités dans la planification des activités universitaires et dans leur évaluation ;

- Soutenir les efforts des universités en vue de contribuer au dynamisme de leur communauté ;

- Favoriser le rayonnement international des universités et des chercheurs ;

- Sensibiliser les étudiants à la dimension internationale ;

- Accroître l'accueil des étudiants étrangers.

En outre, une série d'actions doivent être engagées en vue de favoriser la recherche sur le développement social, économique et culturel. Ces actions viseraient à :

• Accroître la contribution de la recherche à l'identification et à la résolution des problèmes sociaux, économiques et industriels ;

• Accroître les partenariats de la recherche et les mécanismes de liaison entre les universités et les milieux industriels et sociaux ;

• Accroître le transfert des connaissances et l'utilisation des résultats de la recherche, y compris dans les sciences sociales et humaines ;

• Encourager la recherche dans les domaines stratégiques pour l'avenir du Québec ;

• Dégager les solutions en ce qui concerne les problématiques reliées à la propriété intellectuelle et à la circulation des connaissances dans le contexte des travaux de recherches effectués en partenariat, notamment avec l'entreprise privée.

Enfin, le législateur veut encourager les actions favorisant les stratégies d'insertion des diplômés dans la vie professionnelle en prenant des mesures pour :

• Appuyer les universités dans leurs efforts de promotion et de mobilité étudiante, y compris la mobilité internationale ;

• Soutenir le processus d'orientation scolaire et professionnelle de la population étudiante, jeune et adulte ;

• Rendre efficace les instruments visant à mesurer l'intégration des étudiants au marché de travail et le rapport entre la demande et l'offre, entre autres ;

• Encourager les universités à explorer et à développer les mécanismes nouveaux pouvant faciliter l'intégration des diplômés au marché du travail.

La politique de financement des universités

La forme achevée[3] de la politique étatique se précise avec la politique de financement qui réaffirme les principales orientations de l'Énoncé de politique, établit les priorités du développement des universités en concordance avec ces orientations, et revoie la formule de financement et les modalités de la gestion budgétaire des universités. Le leitmotiv de la politique de financement puise à deux sources : 1) l'actualisation des grandes orientations de la politique québécoise à l'égard des universités ; 2) la mise en pratique de la promesse d'un réinvestissement

---

3.   Cette notion constitue une adaptation du concept de *settlement* présenté dans : S. Taylor, F. Rizvi, B. Lingard, et M. Henry (1997). *Educational Policy and the Politics of Change.* New York : Routledge Press.

significatif (1 milliard de dollars sur trois ans) dans le domaine de l'éducation ; promesse faite à la clôture du Sommet du Québec et de la jeunesse. Les orientations de la politique de financement, qui s'inscrivent en continuité de la politique de référence, se résument à ce qui suit :

Orientations de la Politique à l'égard des universités retenues pour le Projet de politique de financement des universités

- Un financement de base permettant aux universités de remplir leur mission, tenant compte de leurs caractéristiques propres et respectant les limites financières du gouvernement ;
- Un financement de base reconnaissant l'autonomie d'action des universités et leur pouvoir d'initiative dans l'organisation des activités de formation et de recherche ;
- Le renouvellement, le recrutement et la rétention d'un corps professoral de haute qualité ;
- L'accessibilité géographique aux études universitaires, notamment par la présence de l'université dans les régions et par le développement de la formation à distance ;
- La modernisation des équipements et des infrastructures de base (bibliothèques, ateliers, équipements scientifiques et de laboratoire, technologies de l'information, etc.) pour les rendre conformes aux besoins de l'enseignement ;
- Une gestion optimale de l'offre de programmes de formation ;
- La promotion de la formation de la relève en recherche universitaire ;
- L'accroissement du nombre d'étudiants et d'étudiants à la maîtrise et, surtout, au doctorat ;
- L'intensification des interactions entre les universités et les différents acteurs de la sociétés ;
- L'ouverture des étudiantes et des étudiants sur le monde, en les encourageant à acquérir une partie de leur formation à l'étranger ;
- L'accroissement de l'accueil d'étudiantes et d'étudiants étrangers ;
- La mise en œuvre de stratégies d'insertion des diplômés à la vie professionnelle ;
- L'utilisation optimale des ressources disponibles, l'efficience attendue de la part des établissements et l'imputabilité des universités devant la société et les autorités publiques en ce qui a trait à la gestion des fonds publics alloués, aux grandes orientation de leur développement et aux résultats atteints ;
- La concertation et la complémentarité entre les établissements, de même que la conclusion d'ententes de collaboration ou de services avec des entreprises ou des groupes sociaux contribuant à la réalisation de la mission universitaire ;
- L'établissement de balises en matière d'exploitation des centres de service hors campus de manière à favoriser l'utilisation optimale des équipements existants ;
- En ce qui concerne les programmes courts, l'examen en profondeur des activités des universités en relation avec celles des établissements d'enseignement collégial dans une perspective de complémentarité, de respect des missions respectives et d'économie des ressources dans le système éducatif.

Source : Gouvernement du Québec (2000b). *Projet de politique de financement des universités*, p. 7-8.

L'État affirme d'entrée de jeu les principes qui fondent son action ainsi que son orientation fondamentale en matière de refinancement des universités : « L'Éducation – particulièrement l'enseignement et la recherche universitaires – y est considérée comme un axe à privilégier pour assurer à long terme la prospérité des individus et de la collectivité dans une économie aux frontières éclatées où le savoir, l'imagination, la créativité, la recherche et l'innovation constituent la nouvelle matière première » (Gouvernement du Québec, 2000b : 9).

Le réinvestissement sera graduel ; il prendra en considération le soutien financier octroyé par d'autres sources et majorera annuellement la subvention octroyée à chaque université en tenant compte des « coûts de système » (indexation des salaires et des avantages sociaux du personnel, indexations des dépenses autres que les salaires, la variation de l'effectif étudiant et la variation des sommes liées à certains ajustements comme les frais indirects de la recherche, les grades, etc.)

L'attribution des ressources budgétaires devient tributaire d'un certain nombre d'engagements et d'attentes du gouvernement à l'endroit des universités en matière de formation, de recherche et d'utilisation optimale des ressources, tout en respectant l'autonomie de l'institution.

Bien que la préoccupation d'efficacité et d'efficience dans l'attribution des ressources soit centrale dans la nouvelle politique de financement, elle n'est pas exclusive. Le diagnostic posé par le législateur fait également état du manque de transparence du modèle de financement à base historique. Certains aspects nécessitant des améliorations sont cités, tels que «le financement à la marge des variations de l'effectif étudiant, le financement comportant un délai d'un an et demi sur le plan de la mesure de l'effectif étudiant subventionné, le classement des activités aux fins de financement sans mécanisme de contrôle, etc.» (Gouvernement du Québec, 2000b: 11). La politique de financement vise aussi à «réduire les dédoublements ou la concurrence entre les ordres d'enseignement (cégeps et universités), à encourager le partenariat, à favoriser la réussite des études et à soutenir le renouvellement du corps professoral» (Gouvernement du Québec, 2000b: 11). Face à ces impératifs, la nouvelle politique de financement entend:

- Assurer la transparence des choix budgétaires, l'équité dans le partage des ressources disponibles, la prévisibilité du niveau des ressources des établissements, la cohérence par rapport aux attentes gouvernementales (l'accessibilité, la performance, qu'il s'agisse de la qualité de l'enseignement, de la recherche et de l'efficience, la réponse aux besoins de la société) et le maintien de l'équilibre budgétaire annuel de chaque établissement;

- Respecter les choix des universités dans la mise en œuvre de leurs activités de formation et de recherche et convenir à cet effet avec chaque établissement d'indicateurs de performance;

- Fonder l'essentiel du partage de l'enveloppe budgétaire disponible sur une approche dynamique, capable de s'ajuster aux situations nouvelles, aux mutations des établissements et aux attentes générales du gouvernement et de la société, ce partage reflétant de manière visible à la fois le volume, la nature et la qualité des activités d'enseignement et de recherche considérées aux fins d'allocation;

- Accorder une place, comme c'est le cas présentement, à des actions ponctuelles ou à des mesures particulières autres que les services généraux de formation et de recherche (Gouvernement du Québec (2000). *Projet de politique de financement des universités,* p. 11-12).

LA NOUVELLE FORMULE DE FINANCEMENT

La nouvelle formule de financement bonifie l'ancienne méthode d'attribution des ressources allouées aux activités d'enseignement et de recherche, fondée sur le calcul de l'effectif étudiant en équivalence au temps plein. Elle prévoit à la fois un financement général pondéré en fonction de l'effectif étudiant de chaque établissement et un financement spécifique répondant aux objectifs retenus dans l'énoncé de politique à l'égard des universités.

Le financement général

Le financement général comprend les ressources de base qui seront accordées aux établissements universitaires pour assurer les activités principales de fonctionnement liées à l'enseignement et à la recherche. Il se répartit en trois volets : l'enseignement, les services de soutien à l'enseignement et à la recherche, ainsi que l'entretien des terrains et des bâtiments. Dans le volet « enseignement », la part de l'enveloppe budgétaire réservée à chaque établissement est déterminée en fonction d'une pondération de l'effectif étudiant selon une distinction entre des groupes d'activités d'enseignement. Un certain poids budgétaire est associé à chaque domaine d'activités selon le nombre d'étudiants inscrits aux premier, deuxième et troisième cycles. Il en est de même pour les activités de « soutien à l'enseignement et à la recherche » ayant principalement trait aux bibliothèques, aux services informatiques, à l'audiovisuel et à l'administration générale. Enfin les ressources attribuées au volet « entretien des terrains et des bâtiments » sont calculées en fonction des superficies brutes.

Le gouvernement prévoit ajuster son financement en tenant compte des particularités de chaque institution. Entre autres, les réajustements tiendront compte de l'accessibilité géographique des établissements et de la spécificité de la mission du réseau de l'Université du Québec.

Par ailleurs, le gouvernement prévoit une série d'autres dispositions permettant d'équilibrer davantage les budgets des établissements :

- Le financement en fonction de l'année universitaire et la règle d'ajustement d'années antérieures : cette disposition prévoit des mécanismes évitant de pénaliser les établissements qui seraient confrontés à une baisse des effectifs de la clientèle estudiantine pour une année donnée. Par exemple, les allocations annuelles seront réajustées à partir de l'année universitaire x-2.

- La formation courte et la formation hors programme : le gouvernement entend analyser les données relatives à ces deux types de formation afin de procéder à la normalisation des mécanismes de financement à cet effet.

• Les droits de scolarité des étudiants étrangers : le gouvernement compte, à partir de l'année universitaire 2001-2002, laisser aux universités les frais additionnels exigés aux étudiants étrangers (non-résidents canadiens) en sus des frais exigés aux étudiants canadiens.

Le financement spécifique

L'autre nouveauté introduite par la politique de financement consiste à élargir le champ d'intervention de l'État dans le financement des universités en privilégiant certaines priorités de développement stratégique telles que :

• La bonification de l'ajustement relatif aux divers grades universitaires (majoration de 600 à 1000 dollars pour le diplôme de maîtrise et de 1000 à 7000 dollars pour un doctorat) ;

• Le soutien à la formation initiale du personnel enseignant du primaire et du secondaire ;

• Le soutien à l'orientation et à l'insertion professionnelle des diplômés ;

• La promotion de l'internationalisation des études ;

• La modernisation des équipement (bibliothèques et services informatiques) ;

• La rationalisation de l'offre de formation en tenant compte des besoins du marché du travail et de l'évolution des connaissances ;

• L'établissement d'une subvention de contrepartie visant à encourager les dotations privées aux universités.

LES CONTRATS DE PERFORMANCE

La forme achevée de la politique à l'égard des universités se précise encore davantage avec les contrats de performance, négociés entre l'État et les universités, qui lient le refinancement promis à l'évaluation de la performance institutionnelle. Si la politique à l'égard des universités et la politique de financement ont été, grosso modo, assez bien reçues par les acteurs de la scène universitaire, les contrats de performance ont, quant à eux, suscités une certaine méfiance. On craignait, et on craint toujours, que l'utilisation d'indicateurs de performance mette l'autonomie universitaire en péril. Après quelques rencontres à huis clos, le ministre de l'Éducation a convenu, avec les recteurs et principaux des universités du Québec, que chaque institution devait établir son propre contrat de performance, ultérieurement rebaptisé « convention d'optimisation et de développement ». La forme de ces arrangements institutionnels varie selon l'établissement, et la comparaison des cas permet d'établir d'importantes distinctions et convergences, entre diverses approches de gestion des nouveaux impératifs découlant d'un refinancement assujetti à l'évaluation institutionnelle et à la reddition de comptes.

Le contrat de performance présenté au ministère de l'Éducation par l'Université Laval prend la forme d'un volumineux document intitulé : « Convention de développement institutionnel de l'Université Laval », dans lequel on défini quatre grandes orientations stratégiques, soit :

1. l'acquisition par l'étudiant et l'étudiante d'une formation de qualité qui lui permette de travailler à l'échelle du monde,

2. le développement des études supérieures,

3. l'évolution de la recherche universitaire vers des secteurs de calibre international au sein des réseaux interinstitutionnels et

4. l'enrichissement des réseaux interinstitutionnels. En concordance avec ces quatre grandes orientations, 17 engagements sont annoncés.

Nous ne reprendrons pas ici tous ces engagements. Retenons simplement que la convention de développement institutionnel met surtout l'accent sur la dimension internationale de l'Université Laval et sur le fait qu'elle est une université de recherche. Elle fait également mention de mesures pouvant favoriser une gestion plus efficiente et efficace, comme la concertation avec les collèges, la rationalisation de l'offre des cours, l'évaluation de la tâche professorale et l'utilisation plus poussée des technologies de l'information et des communications. On fait également état de la réponse aux besoins de la population de l'Est du Québec et du développement régional. Mais elle entend faire de l'internationalisation une caractéristique majeure de son développement institutionnel.

L'Université de Montréal a, quant à elle, choisi de baptiser son contrat de performance « ententes de réinvestissement ». Son approche est plus financière que celle de l'Université Laval, par l'importance accordée à l'objectif de l'équilibre budgétaire. Au-delà de cette distinction, les grandes visées de ces deux premières approches se rejoignent; les objectifs de rationalisation de la banque de cours et de mesures d'efficience dans la gestion constituent des éléments centraux du nouveau contrat liant l'État aux universités. Tout comme l'Université Laval, l'Université de Montréal se définit surtout comme une université axée sur la recherche. Elle entend faire de la création de nouveaux postes de professeurs, d'auxiliaires d'enseignement et de personnel non enseignant, de l'attribution de bourses d'études, du soutien à l'enseignement et à la recherche, de la rationalisation de l'offre de cours et de programmes, de l'intégration des technologies de l'information et de la communication, de l'accroissement des échanges internationaux, de la hausse du nombre de stagiaires post-doctoraux, de l'amélioration de l'accès aux bibliothèques et l'augmentation des acquisitions, du soutien à la recherche et de la rénovation du campus, ses projets prioritaires. Pour l'Université de Montréal, la diminution de 1 400 crédits d'enseignement, la fermeture d'un département, la création de 23 programmes communs avec d'autres universités et de plusieurs programmes multifacultaires et bidisciplinaires, apparaissent comme des mesures visant une meilleure rationalisation et une plus grande efficience dans la gestion. L'efficacité de cette approche se traduirait par cinq indicateurs présentés au ministère de l'Éducation soit :

- Le nombre de crédits étudiants-personnel enseignant, qui est de 966 à l'Université de Montréal, comparativement à 891 pour l'ensemble des universités québécoises ;

- Le temps consacré aux divers volets de la charge professorale, soit 35 % à la recherche et 45 % à l'enseignement, qui situe cette université dans la norme des universités américaines comparables ;

- La charge moyenne d'enseignement de 14,6 crédits, ce qui équivaut à environ cinq cours ;

- Le ratio étudiant-personnel de soutien, qui est passé de 10,1 en 1993-1994 à 11,4 en 1997-1998 et qu'on vise à établir à environ 12,5, voisin de celui observé à l'Université de Toronto (12,3) ;

- La réingénierie des processus, ou révision des façons de faire, amorcée avec l'implantation du guichet électronique et qui se poursuivra avec la restructuration des services informatiques et la mise à jour des processus administratifs.

Pour ce qui est des constituantes de l'Université du Québec, leur situation est très différente des deux exemples précédents. Elles ne semblent pas avoir signé de contrat de performance pour l'instant, la politique de financement des universités étant encore récente. Seulement, la notion de « performance » pose des problèmes particuliers pour le réseau de l'Université du Québec. Le président de l'Université du Québec, M. Pierre Lucier, rappelait récemment qu' : « il y a autour du projet de l'UQ, un certain nombre de valeurs qui sont les valeurs de la révolution tranquille, et auxquelles nous n'avons pas renoncé : égalité des chances, participation sociale, démocratie. Je constate toutefois avec d'autres que ces valeurs porteuses qui entouraient le projet à l'origine sont moins bien portées dans les discours dominants[4]. » Ce dernier réitérera ses inquiétudes face à l'approche gouvernementale, lors de son allocution aux dirigeants des constituantes du réseau de l'Université du Québec le 30 août 2000 : « Les idéologies dominantes du

---

4.   M.-A. Chouinard, « Frayeurs prématurées. L'approche contractuelle est compromettante pour le gouvernement aussi, dit Pierre Lucier », dans *Le Devoir*, 9 juin 2000, A1 et A10.

"Big is beautiful" sont pleinement à l'œuvre, qui invitent les gouvernements et les entreprises à miser d'abord sur quelques gros joueurs comme atouts moteurs sur l'échiquier de la concurrence mondiale.» Dans ce même discours, Lucier fait également référence aux pressions poussant en faveur de la capacité d'innovation et aux partenariats, qui amenuisent la liberté académique et l'autonomie institutionnelle. Selon lui, le changement induit par la dynamique des contrats de performance se double d'une personnalisation accrue de chacun des établissement constituant le réseau de l'Université du Québec. Chaque institution universitaire devra donc faire preuve d'une vision stratégique afin de se tailler une place sur le nouvel échiquier. Les alliances avec les milieux d'affaires et les instances fédérales, l'élaboration d'un discours porteur et l'innovation dans les modèles organisationnels figurent parmi les stratégies privilégiées.

Ces trois exemples ne nous permettent pas de généraliser le principe de contrat de performance à l'ensemble du Québec. Au contraire, ils nous montrent à quel point chaque établissement universitaire interprète la performance à sa façon et comment il réagit aux exigences de la politique gouvernementale. Pour l'Université Laval, la performance est clairement liée à la recherche et à l'internationalisation. Pour l'Université de Montréal, la performance est comprise en termes d'efficience et d'efficacité dans la gestion alors que, pour l'Université du Québec, il s'agit plutôt de survie d'une institution en voie de changement que de performance. Toutefois, il existe aussi des convergences entre ces trois approches. Notons d'abord que les contrats de performance, compris comme la forme d'évaluation préconisée par le ministère de l'Éducation, ne favorise pas, de façon égale, les trois missions de l'université (enseignement, recherche, services à la collectivité). La mission de recherche est nettement à l'avant-plan, dans un contexte de « société du savoir » ou d'« économie fondée sur le savoir ». Ainsi, les thèmes de la compétitivité des universités au plan international, de l'innovation et de l'utilisation des technologies de l'information et de la communication, sont omniprésents dans les discours de la haute direction universitaire et du ministère de l'Éducation. La mission d'enseignement, bien que présente, est laissée à l'arrière-plan, ce qui explique, en partie, la réaction plus tiède de l'Université du Québec, vouée à cet objectif depuis sa fondation, face aux contrats de performance.

ANALYSE DE LA FORME ACHEVÉE DE LA POLITIQUE ET CONSIDÉRATIONS CRITIQUES

Tout au long de ce processus de production de la politique universitaire, dont nous venons de retracer la genèse, semble s'opérer une réduction de la politique de référence, se confirmant durant la transition de la Politique de financement vers les contrats de performance, forme institutionnellement négociée de la nouvelle régulation des rapports politiques entre les principaux protagonistes de l'arène politique universitaire. La politique de financement traduit assez fidèlement les orientations de la politique de référence et en reconduit les grands objectifs. Elle rejoint, en un sens, le souhait formulé par la Commission des États généraux de l'éducation, maintes fois réitéré lors des étapes ultérieures de la production de la politique universitaire, voulant que l'État assure le bon fonctionnement du système scolaire par l'amélioration des règles de financement et par l'établissement d'un système efficace d'allocation et d'acquisition des ressources. Toutefois, cette même politique de financement introduit deux changements de cours importants. D'abord, elle élargit le pouvoir d'intervention du gouvernement et de son ministre en définissant un large éventail de financement spécifique. Ensuite, elle recentre, par les contrats de performance, sa gestion de la politique éducative autour d'indicateurs de performance et d'efficience bien spécifiques, qui traduisent des choix en matière de développement des universités et d'évaluation institutionnelle. C'est ici que se peaufine ce que nous nommons la forme achevée de la politique, c'est-à-dire l'assemblage final des orientations fondamentales et des priorités ultimement retenues, des valeurs et intérêts dont relèvent ces mêmes priorités, et les aménagements et arrangements institutionnels mis en œuvre pour veiller à la réalisation des orientations et des priorités privilégiées.

Ainsi, dans sa forme aboutie, la politique se recentre sur des enjeux relatifs à la définition de la mission de l'institution universitaire, aux orientations prioritaires de son développement, au financement et à la gestion des institutions, et à l'introduction d'un nouveau financement assujetti à un mode d'évaluation, recentré sur des visées de performance et de reddition de comptes. En cours de processus, l'objectif de la qualité de l'enseignement, promu par la politique de référence, s'éclipse progressivement au profit des critères de performance et d'efficience. On s'éloigne également des préoccupations originales en limitant l'objectif de valorisation de l'enseignement à la diplômation au second et troisième cycle, laissant à peu près en plan le premier cycle universitaire.

En filigrane, se redéfini la donne du pouvoir entre les principaux protagonistes de l'arène politique du monde universitaire. L'État renforce son pouvoir et son contrôle sur le développement des universités, au détriment de l'autonomie institutionnelle de ces dernières, qui s'ajustent aux nouvelles exigences et nouveaux impératifs politiques par une réalignement du développement stratégique des établissements s'accompagnant, à son tour, d'une redéfinition du partage des pouvoirs et des ressources entre la haute direction universitaire, les instances hiérarchiques inférieures (facultés, départements ou modules) et le corps professoral. La forme achevée de ce nouvel ordre du pouvoir peut varier selon les institutions universitaires si l'on tient compte des distinctions administratives, des états financiers de l'établissement et de l'état des relations de pouvoir entre les acteurs de l'université. Mais, dans tout les cas, la réorientation du développement stratégique et la reconfiguration des rapports de pouvoir au sein des universités semblent donner lieu à une tendance de reconcentration du pouvoir des universités vers l'État. Cet interventionnisme accru de l'État est contraire au mouvement de décentralisation proposé par la réforme de l'éducation pour les autres ordres d'enseignement.

Ce qui transparaît également de cette forme plus achevée de la politique à l'égard des universités, c'est le caractère utilitaire et affairiste de la conception de la mission universitaire qui la fonde, la conception réductrice de l'évaluation institutionnelle qui en découle et, enfin, d'importantes implications en matière d'autonomie, de développement stratégique et de gestion des universités.

Sur la conception, le développement et la gestion de l'université

Il convient, à juste titre, de parler d'une érosion de l'idéal d'avancement des connaissances, de développement de la pensée critique et d'autonomie institutionnelle, au profit des impératifs du marché, une tendance consacrant, par voie de conséquence, le rétrécissement des lien sociaux et politiques entre l'université et la société civile. La nouvelle conjoncture de l'université vise bien davantage à répondre aux impératifs de la formation de la main-d'œuvre qu'à une quelconque utilité sociale, très partiellement esquissée et fidèle à une conception technocratique de la gestion du social, pour le peu qu'on en sache. La notion de réponse aux besoins de la société est largement assimilée aux besoins des entreprises et l'ancienne mission de services aux collectivités est pratiquement reléguée aux oubliettes. Il est vrai, en ce sens, que cette réorientation de la mission universitaire consacre une emprise accrue du marché et s'inscrit dans un contexte international de globalisation. Plus que jamais, l'État et l'appareil administratif des universités font référence au contexte mondial et aux impératifs de la compétitivité afin de légitimer leurs actions. Les arguments plaidant en faveur de l'évaluation institutionnelle et de la reddition de comptes sont motivés par des comparaisons avec les autres universités québécoises, canadiennes, les universités des pays de l'OCDE et des pays du G7. Cette comparaison internationale est omniprésente dans les discours sur la gestion des universités. Elle devient le gage de qualité de l'institution. Dans le contexte de «société du savoir», une université de «calibre international» est une université performante et de qualité. Les recteurs et principaux parlent de stratégies visant à intégrer pleinement les universités dans la «société du savoir» globalisée et à forte concurrence internationale[5]. Le récent projet de politique scientifique vient confirmer cette volonté de rendre le Québec compétitif sur la scène internationale en matière de recherche et de développement.

---

5.   Robert Lacroix, Bernard Shapiro, François Tavenas, *Le rôle stratégique de l'université : de la révolution tranquille à l'économie du savoir*, texte des recteurs remis aux chefs des trois partis politiques le 12 novembre 1998.

Mais cette réorientation relève aussi d'autres enjeux de nature institution-nelle. Comme nous l'avons vu, le couplage du financement a induit une emprise accrue de l'État sur le développement stratégique et la gestion des universités. Or, on peut s'interroger sur les effets potentiels de cette transformation sur l'autonomie de l'institution ainsi que sur la dynamique du pouvoir et de l'influence politique au sein même des universités. Par exemple, ces changements d'orientation et les nouvelles priorités en découlant au plan du financement de l'évaluation, donnent lieu à une adaptation des priorités et stratégies de développement et de gestion des universités. Cette adaptation se traduit concrètement par un réalignement de plans présidant au développement des institutions sur les priorités de la politique minis-térielle, par une attention particulière portée aux nouvelles ressources fournies par le financement spécifique (internationalisation des études, amélioration des infrastructures, intégration des diplômés, etc.), et par l'adoption de critères d'éva-luation conformes aux visées de la politique centrée sur la performance.

Toujours au plan institutionnel, on peut aussi spéculer sur les effets poli-tiques d'une telle réorientation. Par exemple, on peut se demander si les nouvelles exigences en matière de reddition de comptes n'accroissent pas la concentration des pouvoirs décisionnels aux mains de la haute administration universitaire et, par voie de conséquence, un affaiblissement de l'influence des autorités facultaires et des directions départementales et, en bout de ligne, une perte de souveraineté des assemblées professorales, une tendance déjà amorcée durant les années de décroissance budgétaire. Les cadres dirigeants deviennent garants de la perfor-mance des universités. À son tour, cette responsabilité redéfinie peut légitimer un mode de fonctionnement interne qui affaiblit l'autonomie professionnelle du corps professoral, au profit de l'autorité formelle des administrateurs et des fonctions managériales. Notre réflexion rejoint ici les inquiétudes du président du réseau des Universités du Québec, préalablement exposées.

Cette transformation comporte également des enjeux macro-sociologiques liés à la place et à la hiérarchie des diverses sciences et formes de connaissances valorisées au sein de notre système culturel. Les nouvelles orientations de l'univer-sité valorisent les savoirs utiles aux intérêts du marché et sous-tendent une hiérar-chie des connaissances dites utiles, favorable aux sciences marchandisables (génie, sciences biomédicales, sciences pures appliquées et administration) au détriment des sciences humaines et sociales. Elles favorisent également la spécialisation des savoirs au détriment des connaissances fondamentales et disciplinaires. Ceci n'est pas sans incidences sur l'importance accordée aux divers volets de la mission des universités, sur le choix des domaines de recherche privilégiés par l'institution, sur le prestige accordé et sur les ressources attribuées aux divers programmes, départe-ments et facultés au sein d'une université.

Sur la conception de l'évaluation

Par ailleurs, le concept même d'évaluation, ainsi que le choix de l'approche évaluative et des indicateurs privilégiés, apparaissent comme des forces motrices de la transformation en cours de l'institution universitaire. Ainsi, pour certains analystes, la montée du discours sur l'évaluation institutionnelle et la reddition des comptes peut être comprise comme un phénomène plus ou moins logique dans un monde où la responsabilité (*accountability*) de l'éducation comme ressource économique (capital humain) et l'internationalisation des échanges économiques, dominent le paysage politique : « The clearer the crucial importance of human capital as a decisive factor in the international competition, the more impressive will be the argument in favor of the necessity for government policies that will optimize the outputs of the education system as a whole » (Dahllöf *et al.*, 1991 : 23). Tout comme les motifs légitimant la réorientation de la mission universitaire, la montée de l'évaluation et de la reddition de comptes serait donc également liée au contexte d'une économie internationale compétitive. Pour d'autres, comme Van Haecht, l'évaluation serait devenue, tout à la fois, la fin légitimatrice et le moyen techniquement rationnel des système éducatifs occidentaux et, plus largement, de l'ordre social qu'ils servent.

Dans le contexte québécois, l'évaluation est maintenant couplée au financement comme déterminant central de la production des politiques éducatives et, par extension, du financement de l'éducation supérieure. Ce changement n'est pas spécifique à l'université, si l'on tient compte du fait que de nouveaux contrôles de performance furent aussi récemment implantés aux ordres d'enseignement primaire et secondaire, sous la forme de Plans de réussites scolaires également inspirés de critères de performance (diminution des retards scolaires, accroissement de la diplômation)[6]. Dans tous les cas, l'évaluation se recentre résolument sur une conception réductrice de la performance, qui invite à la diplômation accrue, à la réduction de la durée des études, et à la rationalisation de l'offre des programmes d'études, et qui fait très peu de cas des critères de pertinence sociale et de qualité de l'éducation.

En effet, l'analyse précédente révèle que les arrangements institutionnels d'évaluation de la qualité et de reddition de comptes des universités, mis de l'avant dans la forme achevée de la politique universitaire québécoise, misent davantage sur les résultats quantifiables et les outputs du système, tout en négligeant le processus. Une telle conception de l'évaluation et de la reddition de comptes est une arme à double tranchant. Elle peut certes encourager les directions universitaires à

---

6. À ce sujet voir : J. Berthelot et M.A. Deniger (2000). « Primaire et secondaire : La "mal-mesure" de l'éducation ». *Le Devoir*, 7 octobre, E4.

faire preuve de transparence, leur permettre de mieux cibler leurs priorités, dans le but d'améliorer leurs pratiques et actions en les rendant plus efficaces et efficientes, et rendre les données sur les universités accessibles au public. Mais, en contrepartie, une telle conception de l'évaluation peut entraîner certains effets pervers au plan de la qualité de l'enseignement supérieur. Ainsi, comme le souligne Crespo: «le souci de rencontrer des seuils de performance "fixés" peut aller même à l'encontre de la poursuite de la qualité des services, par exemple: être moins sélectif pour améliorer les coûts; être moins exigeant pour favoriser un meilleur taux de réussite; fermer certains programmes qui n'attirent que peu de "clientèles étudiantes", mais, par ailleurs excellents et même essentiels pour l'avancement des connaissances» (dans Beaulieu et Bertrand, 1999: 134)

Qui plus est, la conjonction d'une telle conception réductrice de l'évaluation institutionnelle, d'un contrôle accru de l'État et du marché sur l'institution universitaire et d'une perte d'autonomie institutionnelle, pourrait achever le *naufrage de l'université,* avec une perte de liberté intellectuelle et une réification de l'institution sociale et la transformer en «un simple réseau organisationnel de production et de contrôle» – une mutation pernicieuse contre laquelle nous a prévenu Freitag (1995: 32) – non seulement pour l'université, mais pour l'ensemble de la société, qui y perdrait son dernier lieu de synthèse et d'orientation critique.

10

L'IMPACT DE L'ÉVALUATION DES RÉSULTATS SCOLAIRES CHEZ LES ÉLÈVES DES MINORITÉS

Diane GÉRIN-LAJOIE
Université de Toronto

INTRODUCTION

L'évaluation des apprentissages scolaires est un thème à la mode de nos jours. Pour les politiciens et les politiciennes, c'est devenu, d'une certaine façon, le moyen privilégié pour rassurer le public sur l'état des systèmes d'éducation. Partout au pays, comme ailleurs dans le monde, des mots-clés et expressions comme «responsabilité», «redevabilité», «rendre compte», «imputabilité» sont venus s'ajouter au discours politique existant et se sont traduits par des pratiques spécifiques, qui font maintenant partie de la réalité quotidienne de la vie scolaire. L'évaluation du rendement est en effet devenu pratique courante et le phénomène de normalisation, qui avait eu tendance à s'estomper quel que peu dans les années 1970, est revenu en force, au cours des dix dernières années. Cette tendance est le résultat d'un questionnement sur la qualité de la formation que reçoivent les élèves dans nos écoles. Afin de juger de la réussite ou de l'échec des systèmes d'éducation, les milieux gouvernementaux voient à l'administration de tests qui visent à mesurer le rendement des élèves, et par le fait même, le rendement du système d'éducation dans lequel évoluent ces élèves. Les conséquences de l'usage d'un tel outil sont grandes pour les principaux intéressés, soit les élèves, mais aussi pour le personnel enseignant. On remet en effet la responsabilité de la réussite ou de l'échec d'abord à l'élève comme individu et ensuite aux enseignantes et aux enseignants, puisque ce sont eux qui détiennent la responsabilité de transmettre les connaissances nécessaires pour permettre aux élèves de remplir adéquatement leur rôle de citoyens et de citoyennes dans notre société.

Présentés comme une sorte de mesure universelle, les tests sont sensés indiquer clairement où les élèves en sont rendus dans leur apprentissage. D'après des critères spécifiques établis d'avance, certains élèves performent, alors que d'autres moins et enfin, un dernier groupe, pas du tout. On constate en effet que des

groupes entiers d'élèves réussissent moins bien que d'autres lors de l'administration de ces tests. Je pense ici aux élèves des milieux socio-économiquement faibles,
aux élèves de divers groupes minoritaires, que l'on parle ici de minorités visibles,
ou des francophones hors Québec. L'impact de ces évaluations peut s'avérer des
plus négatifs. En effet, en tentant de rendre les élèves responsables de leur propres
échecs, on risque ainsi de susciter chez ces derniers une piètre estime de soi, une
baisse d'intérêt dans le travail scolaire, voire même l'abandon scolaire. En voulant
donner un ton d'universalité aux divers tests administrés à une clientèle scolaire
hétérogène à plus d'un point de vue, on pénalise ainsi un grand nombre d'élèves.

Pour contrer cet impact des plus négatifs, il est important de chercher plus
loin que dans la responsabilité individuelle de l'élève les raisons de l'échec aux tests
d'évaluation. La réflexion qui suit constitue un effort dans ce sens. Elle se penche
sur le contexte social dans lequel l'évaluation scolaire prend place et sur l'influence
de certains facteurs externes sur la réussite ou l'échec des élèves aux différents tests
qui leur sont administrés (Gérin-Lajoie et Labrie, 1999). Quatre facteurs particuliers seront examinés dans le contexte de la présente réflexion. Nous verrons
que ces facteurs contribuent grandement à l'impact souvent négatif des tests sur
les élèves de groupes désavantagés. Comme ma recherche et mon enseignement
m'amènent à m'intéresser particulièrement à la clientèle scolaire qui évolue en
milieu francophone minoritaire canadien, les propos que j'adresserai seront tein-
tés de cette réalité. Néanmoins, ces mêmes propos s'appliquent tout aussi bien au
système d'éducation dans son ensemble, que l'on examine la situation en milieu
francophone majoritaire ou minoritaire, dans le contexte nord-américain, comme
dans le contexte européen. Les quatre facteurs dont il sera ici question sont donc
les suivants :

1.   la réalité du milieu scolaire, en l'occurrence ici la réalité de l'éducation en
      milieu francophone minoritaire,

2.   la classe sociale et le capital culturel et linguistique qui s'y rattache,

3.   l'hétérogénéité linguistique et

4.   les normes linguistiques.

L'intérêt sur la question de la réussite de certains groupes-cibles aux tests
d'évaluation est venu dans le contexte d'une étude interprétative des résultats des
élèves francophones de l'Ontario aux premiers tests provincial et national en lecture et en écriture, tenus en 1993, lorsque nous avons été amenés, mon collègue
Normand Labrie et moi-même à nous pencher sur certains facteurs qui nous
semblaient avoir eu une influence sur les résultats de ces élèves[1]. L'étude consistait

---

1.   L'étude dont il est ici question a été menée par le Centre de recherches en éducation franco-ontarienne de
      l'Institut d'études pédagogiques de l'Ontario de l'Université de Toronto. Les chercheurs principaux étaient

à tenter d'expliquer les raisons pour lesquelles les élèves francophones de l'Ontario avaient moins bien réussi que les anglophones à ces deux tests. En ce qui concerne le test national en particulier, on était curieux de savoir pourquoi l'ensemble des francophones de l'extérieur du Québec avaient obtenu des résultats inférieurs à ceux des anglophones du reste du Canada – incluant ceux du Québec –, et à ceux des francophones du Québec. Un examen de ces résultats a mené à la conclusion que ce phénomène ne pouvait pas s'expliquer uniquement par le rendement individuel des élèves, mais que des facteurs extérieurs devaient immanquablement influencer la performance de ces derniers à ces tests.

CRITIQUES FAITES À L'ÉVALUATION SCOLAIRE

Il semble que les milieux gouvernementaux et éducatifs ont tendance à ignorer la réalité sociale ambiante et insistent sur l'importance de développer des instruments communs qui permettront de mesurer le savoir des élèves de façon générale, sans prendre nécessairement en considération les particularités du milieu de vie de ces élèves. Les tests, qui sont devenus si populaires, constituent ainsi une preuve de « redevabilité » (Murphy, 1994).

Si on examine le cas de l'Ontario, par exemple, on s'entend sur la nécessité d'évaluer les élèves sur leurs résultats scolaires et leur progrès. Par ailleurs, si l'on fait un bref retour historique sur la façon dont le ministère de l'Éducation de l'Ontario a traité l'utilisation des tests par le passé, on se rend compte que l'évaluation normalisée du rendement des élèves n'est devenue une priorité que depuis quelques années. Comme il est mentionné dans le rapport de la Commission royale sur l'éducation de l'Ontario, paru en 1995, le soin d'évaluer les élèves a été laissé pendant longtemps aux enseignantes et aux enseignants. En effet, « parmi les provinces et territoires du Canada, l'Ontario était reconnu, jusqu'à tout récemment, comme la province qui accordait le moins d'importance aux évaluations menées à l'échelle provinciale » (volume 1 : 39).

À la fin des années 1980, cependant, l'Ontario a décidé de remédier à la situation en instaurant des tests provinciaux dans diverses matières telles que les sciences, les mathématiques, la lecture et l'écriture. Depuis ces premiers tests, les élèves sont évalués de façon régulière. Cette responsabilité revient à l'Office de la qualité et de la responsabilité en éducation (OQRE), organisme récemment créé suite à une recommandation de la Commission royale sur l'éducation de l'Ontario. Cet organisme, indépendant du ministère de l'Éducation de l'Ontario, réunit des

Diane Gérin-Lajoie et Normand Labrie, assistés de Denise Wilson. La recherche s'intitule *Étude interprétative des résultats obtenus par les élèves franco-ontariens et franco-ontariennes en lecture et en écriture aux tests de niveaux provincial et national*. Elle a été faite pour le compte de l'Association des enseignantes et des enseignants franco-ontariens et a été publiée en 1995.

spécialistes de l'éducation et de l'évaluation qui ont la responsabilité de produire les tests provinciaux qui sont administrés aux élèves qui fréquentent les écoles ontariennes de langue anglaise et de langue française. Le mandat de l'OQRE est de deux ordres. Le premier est de rendre compte aux parents, au personnel enseignant et au public du rendement des élèves et de la qualité de l'éducation. Le deuxième veille à ce que les renseignements fournis servent de catalyseur pour l'amélioration de l'apprentissage et de l'enseignement (OQRE, 1999, *Avant-propos*).

Même si, au milieu des années 1990, la Commission royale sur l'éducation de l'Ontario reconnaissait la nécessité d'évaluer les élèves afin de mieux répondre à leurs besoins, elle faisait toutefois une mise en garde sérieuse sur la façon dont les tests sont utilisés en notant que «les évaluations à grande échelle, qui visent les résultats de l'école, du conseil scolaire ou de la province, et les évaluations individuelles (comme les examens finals) qui servent à attribuer des notes et à rendre des comptes, ne sont pas très utiles aux élèves» (volume 2: 166). Elle citait, en particulier, les trois problèmes suivants:

- premièrement, que l'administration d'un test unique ne pouvait refléter le niveau de connaissances réel d'un élève;

- deuxièmement, qu'à cause du grand nombre d'élèves qui participaient à ces tests et du temps relativement court dévoué à la notation des réponses, il en résultait des tests à réponses généralement courtes et à choix multiples; il devenait donc difficile, dans ces conditions, de mesurer le degré de compréhension et d'apprentissage d'un élève;

- enfin, troisièmement, qu'à cause de l'importance disproportionnée que l'on accordait à ces tests, il en résultait des conséquences négatives sur les élèves et le système scolaire en général, parce que l'utilisation des renseignements recueillis se faisait au détriment des acteurs et actrices scolaires (volume 2: 179-180).

Lorsque l'on examine la littérature sur le sujet, on constate que plus d'un auteur partage l'avis de la Commission. Murphy (1994), entre autres, présente une critique en six points de l'utilisation des tests, qui convient parfaitement à la présente réflexion. Ces points sont les suivants:

1. *Les tests sacrifient la profondeur pour la quantité*

En tentant de produire des tests qui possèdent un contenu universel, c'est-à-dire un contenu qui sera le même pour tous les élèves, on pénalise certains groupes qui ne se reconnaissent pas toujours dans le matériel présenté. Il en résulte souvent des tests qui ne tiennent pas compte des différences locales et régionales, ni de l'hétérogénéité linguistique et culturelle des élèves qui participent à ces tests. Conséquemment, ces élèves ne sont pas familiers avec le contenu présenté et éprouvent de la difficulté à répondre aux questions, non pas, comme plusieurs le croient, parce qu'ils ne possèdent pas le degré de connaissances voulu, mais plutôt parce qu'ils ne comprennent pas le contexte de la question.

2. *Les réponses à choix multiples se fondent sur une conception dépassée du savoir*

Les élèves se voient ainsi limités à choisir une bonne réponse, sans avoir la possibilité de justifier leur choix, ni la liberté d'user de leur propre imagination.

3. *Certains élèves réussissent ces tests, tandis que d'autres échouent carrément*

Les élèves se voient ainsi classés selon des échelons hiérarchiques, ce qui a pour conséquence de créer deux classes d'élèves. Il devient alors facile d'étiqueter les élèves selon leur degré de réussite ou d'échec. Dans le cas de l'échec, les conséquences peuvent en être très sérieuses et lorsque des résultats moins satisfaisants affectent un groupe entier d'élèves, celui-ci peut facilement, à son détriment, devenir victime de stéréotypes de toutes sortes.

4. *La mesure de la connaissance par les tests dits objectifs avantage certains élèves et en désavantagent d'autres*

Pour que les élèves soient en mesure de réussir, ils doivent posséder un bagage culturel et linguistique qui satisfasse la norme de l'école. Pour les élèves de groupes désavantagés, ce bagage est souvent considéré inadéquat pour des raisons qui seront discutées ultérieurement.

5. *Les tests motivent les élèves pour les mauvaises raisons, ou n'arrivent tout simplement pas à les motiver*

Les tests obligent souvent le personnel enseignant qui les administre à porter davantage attention à la façon de faire un test, ainsi qu'aux connaissances requises pour le réussir, plutôt que sur le processus d'acquisition des connaissances des élèves. C'est un peu ce qui est arrivé dans les écoles de l'Ontario à la suite des premiers tests.

6. *Les tests deviennent des outils pour les politiciens et les politiciennes*

Les tests servent souvent de prétexte pour entreprendre certaines réformes dont le but est soi-disant d'améliorer le système d'éducation, même si au départ on n'a pas tenu compte dans les tests du contexte dans lequel vivent les élèves, ni à qui ils ont été administrés. Et c'est ce dont nous avons été témoins au cours des dernières années.

La critique de Murphy (1994) m'apparaît des plus valables dans le contexte de la présente réflexion. Elle rejoint d'ailleurs les inquiétudes soulevés par d'autres spécialistes de l'éducation il y a de ça déjà plusieurs années. Je pense, entre autres, aux analyses effectuées sur cette question par le groupe de la Maîtresse d'école de l'Université de Montréal et par la Centrale des enseignants du Québec, à la fin des années 1970. J'aimerais, ici, reprendre les points mentionnés par Murphy (1994) en examinant les quatre facteurs mentionnés auparavant, soit:

1.   la réalité de l'éducation en milieu francophone minoritaire,

2.   la question des classes sociales, du capital culturel et linguistique,

3.   l'hétérogénéité linguistique de la clientèle scolaire et,

4.   les normes linguistiques.

LES FACTEURS D'INFLUENCE SUR LA PERFORMANCE DES ÉLÈVES

1. La réalité de l'éducation en milieu francophone minoritaire

L'école, située en milieu francophone minoritaire, possède, au départ, les mêmes fonctions que celle en milieu majoritaire, soit celles de transmettre des connaissances et de socialiser les élèves aux valeurs de la société. Une troisième responsabilité vient cependant s'ajouter aux deux premières, qui est celle de veiller à la sauvegarde de la langue et de la culture françaises. Elle contribue ainsi à la survie de la communauté qu'elle dessert (Breton, 1968, 1983; Bernard, 1986; Gérin-Lajoie, 1993, 1996), communauté, qui d'ailleurs, soulignons-le, est loin d'être homogène, étant donné la diversité sociale, linguistique et culturelle qui la compose.

L'école de langue française située en milieu minoritaire fait face à certains défis qui lui sont propres. Le manque de ressources en français, l'isolement géographique et, comme il a été mentionné, l'hétérogénéité linguistique de la clientèle scolaire, en constituent des exemples. Il est aussi important de noter que sur le plan du pouvoir décisionnel, les écoles de langue française sont encore à la remorque du milieu anglophone majoritaire, en l'occurrence, le ministère de l'Éducation de l'Ontario, qui décide des politiques scolaires. Les enseignantes et les enseignants qui œuvrent dans ce milieu éprouvent certaines difficultés à composer avec la réalité de la salle de classe, puisque la formation reçue ne tient pas compte de la particularité d'un milieu de travail des plus hétérogènes. Même pour ceux et celles formés en Ontario pour travailler spécifiquement dans les écoles de langue française, le contenu des cours reflète difficilement la réalité du milieu, en particulier en ce qui concerne la diversité de la clientèle des écoles (Gérin-Lajoie, 1993).

Dans ces circonstances, on peut se demander si les tests, qui sont soumis à tous les élèves de la province peu importe de qui il s'agit et peu importe la langue d'enseignement, correspondent véritablement à la réalité des milieux respectifs, puisqu'ils sont élaborés à partir du point de vue de la majorité anglophone. Cette remarque s'applique d'ailleurs tout aussi bien aux élèves des diverses communautés ethnoculturelles qui se font de plus en plus nombreux dans nos écoles, qu'elles soient francophones ou anglophones, que ce soit en Ontario ou ailleurs. Le rapport de la Commission royale sur l'éducation de l'Ontario (1995), suite aux consultations publiques sur la question, a soulevé de façon particulière certaines inquiétudes évoquées par les parents concernant «les retombées particulièrement nuisibles sur les élèves des minorités, des familles à faible revenu ou sur ceux ayant des besoins spéciaux, lesquels ne pourraient peut-être pas donner leur pleine mesure en raison des difficultés la langue ou la forme de l'examen, plus que le contenu» (volume 2 : 161).

2. Classes sociales, capital culturel et capital linguistique

Les écrits sur le rendement scolaire ont démontré depuis déjà bien longtemps qu'il existe une relation étroite entre la classe sociale et le taux de réussite des élèves aux tests standardisés et que la classe sociale joue aussi un rôle déterminant dans le processus de sélection du choix de carrière chez les jeunes (Porter, 1965 ; Bourdieu et Passeron, 1970 ; Connell, 1983 ; Willis, 1977 ; Looker, 1994 ; Davies, 1994)[2]. Selon ces auteurs, le rendement scolaire est grandement influencé par la position de classe de l'individu, position qui résulte de rapports de force inégaux dans la société (Hurn, 1978 ; Mellouki, 1983).

À cause de leurs diverses positions de classe, les élèves ne possèdent pas tous et toutes le même capital culturel et le même capital linguistique à leur entrée à l'école. Par capital culturel, j'entends ici le bagage culturel que chaque enfant apporte à son entrée à l'école, ce qui, en fait, est hérité de la famille en ce qui a trait principalement à la culture (Bourdieu et Passeron, 1970 ; Bourdieu, 1979). Ce bagage culturel se voit indissociablement lié à la classe sociale de l'individu. En effet, le capital culturel détenu par un individu de la classe sociale privilégiée se verra attribuer plus de valeur que celui d'un individu issu de la classe ouvrière, notamment à l'école.

Selon Bourdieu et Passeron (1970), le capital culturel est aussi étroitement lié au capital linguistique ; ces derniers considèrent qu'il existe une distribution inégale «de capital linguistique scolairement rentable» (p. 144). En effet, dans bien des cas, on retrouve une distance assez appréciable entre le langage de l'école et le langage des élèves. La maîtrise pratique du langage chez les élèves dépend, encore une fois, de leur origine sociale. Plus la classe sociale est élevée, meilleure s'avère la maîtrise de la variété de langue valorisée par l'école, et plus grandes sont les chances de réussite scolaire selon les critères de l'école.

2.　Je reconnais par ailleurs que d'autres facteurs, tels que les rapports sociaux de sexe, la race et l'ethnicité exercent une influence tout aussi grande. La rencontre de tous ces facteurs, liée aux diverses expériences de vie, aura une influence définitive sur la position qu'occupent les individus dans la société.

3. *L'hétérogénéité linguistique des élèves*

L'une des caractéristiques découlant de certains milieux de vie est celle de l'hétérogénéité linguistique et par le fait même d'un capital linguistique diversifié chez les élèves de certaines écoles. Dans les écoles de langue française de l'Ontario, on retrouve une partie importante de la clientèle dont la langue d'usage au foyer ou dans la vie sociale est l'anglais, du fait de la position dominante de cette dernière en Ontario. Ce phénomène est d'autant plus important que le nombre de mariages mixtes est élevé, et que l'accès aux écoles de langue française, régi par l'Article 23 de la *Charte canadienne des droits et libertés*, de même que par la *Loi sur l'éducation de l'Ontario,* suppose qu'une partie de la clientèle a l'anglais pour langue d'usage au foyer (Gérin-Lajoie, Labrie et Wilson, 1995).

L'hétérogénéité linguistique qui caractérise l'école franco-ontarienne suppose aussi plusieurs phénomènes sociolinguistiques affectant tant le milieu que la clientèle et dont il faut tenir compte : la répartition fonctionnelle des codes linguistiques dans différents domaines de la vie sociale, l'interaction verbale entre des locuteurs et locutrices de langues différentes, le bilinguisme comme capacité individuelle à s'exprimer dans deux langues, le développement langagier et l'apprentissage des langues.

Les élèves qui fréquentent les écoles en milieu minoritaire sont appelés à passer d'une langue à une autre en fonction des situations de communication ou en fonction de leurs interlocuteurs. Ils développent généralement des compétences dans les deux langues, acquises d'une part, par un enseignement formel, et, d'autre part, par un apprentissage informel. Lors d'interactions verbales avec des interlocuteurs ayant développé des compétences bilingues similaires, on a tendance à alterner les deux langues au sein d'un même discours ou même au sein d'un même énoncé. C'est ce qu'on appelle l'alternance de codes et qui représente une compétence propre aux personnes bilingues. Ces phénomènes, qui constituent la réalité linguistique dans les écoles de langue française en Ontario, se situent au cœur de l'apprentissage informel. On peut se demander ici de quelle façon les tests permettent de tenir compte de cette diversité au niveau des compétences langagières (Hamers et Blanc, 1983 ; Cummins, 1987). Cela nous amène en effet à être circonspect devant tout test soumis à des groupes de population minoritaire. Ces tests ne rendent pas justice aux compétences des élèves ayant développé un répertoire bi- ou plurilingue. Ces tests sont conçus en fait en fonction des compétences des élèves ayant un répertoire unilingue, qui ont généralement la chance de développer différents registres ou niveaux d'une même langue, incluant une variété standard (Gérin-Lajoie, Labrie et Wilson, 1995).

4. Les normes linguistiques

Un phénomène propre à la langue française mérite entre autres d'être souligné, à savoir son caractère particulièrement normatif. Il existe une tradition d'insister fortement sur le respect de la norme de la langue standard, comme s'il n'y avait qu'une seule façon de s'exprimer, qu'on ne retrouve pas de façon aussi prononcée dans les autres langues.

En français, comme dans plusieurs autres langues écrites et standardisées, on a assisté à l'émergence d'une variété standard obéissant à une norme arbitraire qui sert de modèle pour l'écrit. Cette variété standard, tout comme sa norme, se trouve en constante évolution, la norme étant constamment redéfinie par les gens qui se trouvent au centre du «pouvoir linguistique», c'est-à-dire ceux qui détiennent un plus grand capital linguistique. Les écoles de langue française de l'Ontario se trouvant en périphérie du «pouvoir linguistique», on comprend facilement que les variétés de langue en usage chez les élèves s'éloignent souvent de la norme. En particulier, parmi les populations francophones enracinées depuis longtemps sur le territoire ontarien, les variétés de français maîtrisées par les élèves correspondent à ce que l'on appelle des variétés vernaculaires, c'est-à-dire des variétés de langue non standard servant à la communication en contexte familier (surtout au foyer) ou local (dans la communauté rapprochée), phénomène qui se retrouve d'ailleurs un peu partout dans le monde et qui n'est pas propre à la francophonie minoritaire ou majoritaire.

Or, pour les besoins de l'éducation et en particulier en ce qui concerne l'écrit, l'école fait la promotion d'une seule variété de langue, une variété qui tend à se rapprocher du français standard, ce qui a pour effet de marginaliser les locuteurs et locutrices de la variété vernaculaire. Il existe pourtant une façon de réconcilier les réalités linguistiques des élèves avec la mission de l'école, à savoir ne pas tenter de substituer chez les élèves la variété vernaculaire, ou la coexistence des variétés, par la seule variété normative de l'école, mais bien de chercher à élargir leur répertoire. En effet, l'une des missions de l'école consiste à aider les élèves à élargir leur répertoire linguistique pour y consolider la maîtrise de la norme linguistique privilégiée au sein du système scolaire, favorisant le succès scolaire et la poursuite des études.

Cette tâche est rendue plus ardue encore parmi les minorités francophones de la périphérie du fait de l'insécurité linguistique qui les caractérise (Boudreau et Dubois, 1993). L'insécurité linguistique correspond à la conscience qu'il existe une norme exogène, que l'on associe à une région extérieure, qui serait supérieure par rapport à la variété linguistique en usage dans sa propre région. Les agents détenteurs d'un plus grand capital linguistique, les enseignants et les enseignantes, par exemple, étant eux-mêmes confrontés à une certaine insécurité linguistique, se réfugient souvent derrière une norme standard extérieure.

CONCLUSION

En somme, les facteurs passés en revue, à savoir l'éducation en milieu francophone minoritaire, les classes sociales, le capital culturel et linguistique, l'hétérogénéité linguistique, de même que les normes linguistiques, ont un impact important sur les pratiques langagières des élèves. Ces facteurs, qui possèdent tous des aspects positifs, se transforment néanmoins facilement en handicaps dès que l'on s'inscrit dans une logique valorisant la standardisation, l'uniformisation et la norme unique.

Il est important d'insister sur le fait que les résultats obtenus lors de l'administration de tests sont influencés par plusieurs facteurs à la fois, et non pas par un seul en particulier, comme il serait facile de le croire. Par exemple, on ne peut pas nier l'influence très nette du groupe anglophone majoritaire sur les jeunes francophones qui vivent en milieu minoritaire. Cependant, il serait faux de prétendre que l'anglicisation est le seul facteur à prendre en compte ici. Une première explication, qui peut influencer en partie du moins la réussite scolaire, est l'appartenance de classe. Il en est d'ailleurs de même du capital linguistique. Un ou une élève possédant les compétences langagières valorisées par l'école augmentera ses chances de réussite scolaire (Bourdieu, 1970). Or, il s'avère qu'en milieu francophone minoritaire, les élèves n'arrivent pas tous à l'école avec le même bagage linguistique et culturel. Certains parlent couramment le français standard, alors que d'autres parlent un français plus régional et que d'autres, enfin, ne parlent que très peu le français. Les variétés non standard de français se voient dévalorisées par rapport aux variétés standard, même si ce français standard représente une langue seconde chez certains élèves (Hellet, 1994, 1989; Heller et Barker, 1988; Gérin-Lajoie, 1993).

Lorsque nous examinons les résultats des élèves franco-ontariens aux tests provincial et national, nous constatons que ces élèves réussissent moins bien que ceux et celles des milieux majoritaires. Cela étant dit, plutôt que de blâmer les élèves qui subissent les tests et de conclure que les élèves des écoles franco-ontariennes ne peuvent atteindre l'excellence dans le domaine scolaire, il est préférable de s'interroger sur les circonstances qui ont mené à ces résultats inférieurs et de travailler à partir de ces contextes. Comme il a été mentionné dans la présente réflexion, toutes les formes de rapports sociaux s'inscrivent en effet dans une conjoncture influencée par divers facteurs tels que la classe sociale, l'ethnicité, les rapports sociaux de sexe. En milieu minoritaire, les rapports de force qui s'établissent résultent de conditions historiques, sociales, économiques et politiques particulières, dans lesquelles se retrouvent les divers groupes dans la société : certains d'entre eux sont avantagés, d'autres le sont moins. Dans son rapport, la Commission royale sur l'éducation de l'Ontario (1995) faisait remarquer spécifiquement la situation qui sied dans un conseil scolaire anglophone où les élèves n'avaient pas bien réussi les tests (p. 45) :

> Le conseil scolaire de la région de ... affichait un rendement inférieur à la moyenne provinciale et les pires notes parmi tous les conseils de la Communauté urbaine de Toronto. Mais voici d'autres constatations [...] le tiers des élèves de ... viennent de foyers où on ne parle pas anglais alors que la moyenne provinciale est de 14 % ; le taux de chômage est plus élevé que la moyenne provinciale, la pauvreté y est largement répandue [...] Nous ne disons pas que ces facteurs expliquent à eux seuls le rendement de ..., mais qu'il faut être bien irresponsable pour négliger de les prendre en considération.

Quant à la question de savoir si c'est la condition de minorité qui constitue le facteur le plus déterminant en ce qui concerne les résultats aux tests, il est difficile d'y répondre, et tenter de le faire doit appeler à la prudence. Si on prend le Québec par exemple, la minorité anglophone a obtenu, en 1994, des résultats supérieurs à la moyenne nationale lors de l'administration des tests du Programme d'indicateurs du rendement scolaire. Il faut reconnaître que les conditions institutionnelles des élèves de la minorité anglo-québécoise sont tout à fait différentes de celles des élèves des minorités francophones, avec des institutions médiatiques, sociales, de santé, économiques et éducatives entièrement autonomes. Ce développement institutionnel est étroitement lié au pouvoir politique et économique dont jouit toujours cette communauté. Dans un tel contexte, l'école constitue une institution parmi d'autres, alors que les écoles des minorités francophones représentent souvent la seule institution apte à transmettre la langue et la culture.

Si on revient à la question de l'impact de l'évaluation des résultats scolaires chez les élèves des minorités, on ne peut tirer qu'une seule conclusion : que cet impact est négatif, étant donné que de telles évaluations placent les élèves dans des situations délicates, où la vraie nature des connaissances n'est que rarement évaluée. Il faut donc se poser les questions suivantes :

1. Quelle forme devraient prendre les tests d'évaluation pour les élèves des minorités ?

2. Quels seraient les mécanismes à mettre en place pour ne pas renforcer le phénomène de getthoïsation dans lequel ces groupes se trouvent déjà ?

On s'entend en effet pour dire qu'il faut développer des mécanismes d'évaluation qui soient mieux adaptés aux besoins des élèves, indépendamment de leur milieu. Le défi qui se pose toujours, néanmoins, c'est de trouver la façon la plus adéquate de le faire.

11

LES DÉRIVES DE L'OBLIGATION DE RÉSULTATS
OU L'ART DE SURFER SANS PLANCHE

Louise M. BÉLAIR
Université d'Ottawa

Actuellement, plusieurs milieux éducatifs subissent des réformes, qu'on pourrait facilement qualifier de réformes-minutes, réformes le plus souvent imposées par les décideurs politiques et qui sont souvent indicatrices d'un désir de retour à des valeurs que l'on croit sûres, pour nous protéger contre l'évolution perçue comme étant trop rapide. C'est dans ce contexte social coloré d'un retour au conservatisme que des changements de règlements, de curriculum ou encore d'organisation institutionnelle de l'école sont exigés et que les écoles doivent prouver l'application de ces dits changements par la démonstration des résultats attendus. Dans une telle optique, il n'est pas rare de constater une compétition entre les établissements scolaires au nom desdits résultats, conséquence logique d'une publication du palmarès des supposées forces et faiblesses des conseils scolaires et de leurs écoles (par exemple le site web de l'OQRE – www.oqae.com – donne le palmarès des conseils en affichant les résultats à des tests provinciaux).

On peut donc se questionner sur les orientations prises par ces réformes faites au nom d'un accroissement souhaité de la qualité de l'enseignement ou encore au nom d'une diminution du nombre de décrocheurs dans les écoles et, au-delà de ces orientations, analyser comment s'effectue l'évaluation de l'application de celles-ci au sein des écoles.

Or, ces réformes trouvent rarement une majorité d'appui au sein de la communauté enseignante et des chercheurs. Pire, elles provoquent un malaise tel qu'on peut affirmer qu'elles vont à l'encontre de la professionnalisation du métier d'enseignant par la réinsertion d'un paradigme techniciste de ce métier, si l'on se réfère à la classification de Léopold Paquay (Paquay et Wagner, 1998).

Tout d'abord, ce propos traitera de la difficile évaluation de l'application d'une réforme. Il sera illustré en prenant comme exemple la réforme actuelle en

Ontario et ce, afin de cerner les enjeux et les intentions qui orientent une telle réforme. Enfin, les dérives d'actions d'évaluation seront explicitées par une analyse du contexte ontarien à la lumière des principes d'une évaluation formative équitable.

LA DIFFICILE ÉVALUATION D'UNE RÉFORME

Philippe Perrenoud, dans un article dans la revue *Mesure et Évaluation*, présente bien la problématique soulevée par l'évaluation des réformes scolaires au sein des écoles. «Les enseignants actifs depuis les années 60 ne savent plus à combien de réformes ils ont survécu et ils attendent la suivante avec philosophie» (Perrenoud, 1996:54).

On dénote effectivement dans les milieux démocratiques qu'il existe une réforme quasi permanente du système éducatif, réforme conçue souvent au nom de l'efficacité et de l'économie, considérant que le manque d'efficacité met en doute les finalités établies et qu'il faut en concevoir de nouvelles pour mener à bien la mission de l'école. Ces finalités définies dans des textes de loi ou des règlements gouvernementaux, comme c'est le cas en Ontario, sont plutôt vagues mais laissent croire à une spécificité relativement observable, donc évaluable à très court terme dans les écoles. Les résultats à long terme, c'est-à-dire le succès de l'individu en société après la scolarité – qui représente en fait l'objectif sociétal de l'éducation –, ne sont que rarement considérés.

À cet effet, voici quelques extraits des finalités de la réforme proposée en 1997 par le ministre de l'Éducation de l'Ontario : «Nous voulons que les élèves se classent au premier rang du Canada et notre gouvernement entend bien leur donner l'éducation nécessaire, de la façon la plus rentable, pour atteindre ce but [...] le Globe and Mail a récemment décrit l'Ontario comme le fourgon de queue du train de l'éducation [...] notre intention est de faire passer les élèves de l'Ontario en tête de classe» (extraits de la présentation de la Loi de 1997 sur l'amélioration de la qualité de l'éducation par le ministre de l'Éducation de l'Ontario - www.gouv.on.ca).

Dans le même communiqué, le ministre poursuit en informant que l'efficacité de ce projet de loi sur l'amélioration de la qualité se vérifiera dans la mise en œuvre de curriculums clairs, d'une série de tests provinciaux et d'un bulletin scolaire standardisé. Or, nul document ne fait référence à une définition de la qualité en éducation. Tout au plus retrouvons-nous des éléments permettant de cerner cette qualité qui semble s'inscrire dans un paradigme de la réussite pour tous. Et pour rendre les écoles *de qualité*, le ministre ajoute que l'éducation de qualité se rentabilisera entre autres par la limitation du nombre d'élèves par classe, l'évaluation des compétences des enseignants, la prolongation du temps d'apprentissage (puisque nous avons apparemment moins de jours de classe qu'en Suisse), et un plus grand rôle des parents dans l'école. Ces dernières recommandations font d'ailleurs suite, toujours selon le ministre, à une vaste enquête menée auprès des parents de toute la province. Or, combien de ces parents ont une vue d'ensemble du rôle et des incidences de l'éducation sur une société, puisque chacun se base sur le vécu et le bulletin de son enfant?

On peut dès lors se questionner sur les paramètres permettant de définir et donc d'évaluer cette efficacité de la qualité de l'école. L'est-elle:

- pour l'entreprise? (et alors l'école serait l'agent de production de travailleurs autonomes et responsables),

- pour les contribuables? (et ainsi l'école devrait être organisée en fonction d'un rapport maximal qualité/prix avec une attention particulière sur les apprenants jugés «payants»),

- pour la création d'une élite? (l'école servirait alors de catalyseur dans l'acquisition de savoirs de hauts niveaux et viserait l'excellence au détriment d'un grand nombre d'élèves), ou

- pour la réussite des élèves? (et alors il faudrait prévoir une école répondant aux multiples besoins et différences de ces élèves),

De plus, comment entamer l'évaluation d'une réforme aux finalités tellement floues qu'elles laissent place à des interprétations multiples? Certes, pour reprendre les propos de Philippe Perrenoud (1996), une part de flou est nécessaire pour que ces finalités reconnaissent les valeurs de tous et celles de la société et pour qu'elles favorisent la différenciation comme le veut une «sage» démocratie. Cependant, il s'avère qu'en milieu ontarien, ce flou dans les textes n'est pas qu'un juste compromis. Il reflète plutôt une farouche volonté de la part du gouvernement ontarien de parfaire et de restructurer l'école de manière très précise, soit d'en faire une institution produisant des élèves académiquement forts, employés ou employeurs de demain, imposant même un mode de pensée aux contours patriotiques et tournée vers une morale d'antan, voisine de l'image de l'école de Jules Ferry en France, datant de la fin des années 1800.

Voici les propos de l'actuelle ministre de l'Éducation (Janet Ecker) lors le l'émission *Impact* diffusée il y a quelques semaines par Radio-Canada. «Un code de conduite répondant aux préoccupations des parents énonce des sanctions claires (renvoi, suspension...) à l'élève qui ne le respectera pas» (*Impact*, septembre 2000).

Déjà de tels propos provoquent, on s'en doute, des réactions plutôt contradictoires chez les directions et les enseignants car, au dire d'un directeur d'école secondaire de Toronto, ce code est conçu en réaction à un acte répréhensible plutôt qu'en prévention de tels actes, rôle que devrait maintenir et favoriser l'école. Et si nous poursuivons dans la lecture de ce code, le premier article impose aux élèves de chanter debout l'hymne national tous les matins (www.gouv.on.ca) : « Chanter le O Canada ! C'est faire preuve de respect qui, tant pour les Canadiens que pour les nouveaux arrivants, est un pays où il fait bon vivre » (Ecker, 2000).

En parallèle à ceci, la plupart des travaux et recherches concernant les orientations d'une école de qualité pour le prochain siècle tendent à définir cette qualité. D'abord au regard des enjeux de socialisation, visant à accentuer le développement de l'autonomie et de la citoyenneté planétaire et mondiale (Perrenoud, 1999), pour ensuite mettre l'accent sur les enjeux d'une formation permettant d'affronter la complexité du monde, donc plutôt centrée sur le développement du savoir mobiliser, du processus de décision et de résolution de problèmes, donc, des compétences. Or, de tels paramètres s'avéreraient difficilement évaluables ponctuellement et à court terme car ils mettent de l'avant l'idée que les véritables effets de l'école, à l'image du transfert, peuvent se vivre bien après que l'élève en soit sorti.

Par ailleurs, la demande sociétale actuelle exige que les sommes d'argent allant aux impôts soient utilisées à bon escient, projetant l'idée d'une rentabilisation à plus ou moins court terme de ces investissements, d'où la redevabilité que se donnent les ministères en matière d'éducation. Cette redevabilité se traduit souvent dans la vox populi, de même que pour les lobbies et les entreprises, par une comparaison entre établissements, directions, enseignantes et enseignants dans la course à la réussite scolaire qui, selon eux, est seul élément ponctuel et à court terme, visible et mesurable de l'amélioration de la qualité de l'éducation.

Dans une telle optique, les instances politiques ont donc deux options. La première qui relève de l'utopie en période de restrictions budgétaires éthérées consisterait à encourager la professionnalisation du corps enseignant par la reconnaissance explicite de cette profession par, entre autres, l'accroissement des possibilités financières pour des personnes ressources, du matériel, du support et de la formation professionnelle continue. Celle-ci favoriserait l'émergence d'une profession apte à répondre de manière tangible et persistante aux demandes sociétales, tout en rendant ces consommateurs conscients des enjeux que cela pose, dont, entre autres, celui d'accepter que les changements ne soient pas visibles dans l'immédiat et que l'évaluation d'une telle réforme ne puisse qu'être locale, institutionnelle et formative (Perrenoud, 1996 ; Tardif et Lessard, 1999). Cette prise de position aurait alors pour effet de valoriser le métier, et par conséquent de lui permettre de se donner suffisamment de clés pour répondre aux mandats de l'école dans l'apprentissage à la citoyenneté et dans le développement des compétences (Demailly, 2000).

Mais renouvellement des mandats électoraux oblige – en deuxième option –, il s'agit plutôt, en quatre ans, de créer l'illusion que l'école sera de meilleure qualité (sans la définir ou en la présentant comme le pourcentage de réussite) et par conséquent aidera davantage les élèves à réussir et ce, par la mise en œuvre d'une série de mesures qui encadreront davantage les activités éducatives et culturelles. Donc on choisit de légiférer plutôt que d'éduquer!

Ainsi en Ontario, les curriculums centrés sur des normes et des attentes détaillées, les tests provinciaux tous les trois ans en français et en mathématiques et l'évaluation des compétences des enseignantes et enseignants tant à l'entrée dans la profession, puis se répétant tous les cinq ans, répondent d'emblée à cette demande. Dans un tel cas, les paramètres entourant l'efficacité et l'amélioration de la qualité du système scolaire ciblent d'abord la satisfaction des contribuables, ou encore tel que mentionné dans les communiqués, des consommateurs, créant alors un système voulant à la fois satisfaire l'électorat, tout en leur faisant croire que leur satisfaction sera tributaire d'un resserrement des pratiques pédagogiques, des mesures scolaires et les testages répétitifs.

Or, un paradoxe s'installe. Pour reprendre les propos du ministre en 1997, est-ce possible de s'organiser pour que «tous les élèves soient en tête de classe...»? Dit tel quel, cela laisse supposer que tous les élèves réussiront avec brio les attentes décrites dans les curriculums et que ceux et celles qui auraient de la difficulté à les atteindre démontreraient l'inefficacité de l'école. Dans ce cas-ci, l'évaluation de l'efficacité de la réforme serait alors facilement réalisable: un test provincial permettant d'identifier les écoles dont le pourcentage de réussite est élevé et encourageant ainsi une compétition entre écoles, sans égard aux milieux socioculturels, ruraux, multiethniques, fortement francophones ou encore en grande minorité francophone – compétition prisée par les parents qui pourraient dès lors choisir l'école au regard du pourcentage d'élèves ayant réussi. Impensable dites-vous? Actuel et réaliste!

LA RÉFORME ACTUELLE EN ONTARIO ET SON ÉVALUATION

L'actuelle réforme ontarienne amorcée en 1997 présente plusieurs volets: la réécriture des curriculums de tous les paliers en attentes et contenus d'apprentissage, la création d'un office de la qualité et de la responsabilité en éducation (OQRE) pour administrer des tests provinciaux en 3e, 6e et 10e année ainsi que l'évaluation des enseignantes et des enseignants par leur ordre professionnel, la refonte administrative des conseils scolaires, la mise en place d'un programme de rattrapage pour les élèves en difficulté et, enfin, un code de conduite pour les écoles secondaires.

LES TESTS PROVINCIAUX

Sans prendre chacun de ces volets, la discussion portera en premier lieu sur l'administration de tests provinciaux. Ces derniers répondent à une demande explicite du ministre : celui de vérifier si la mise en œuvre des curriculums est effective et voir dans quelle mesure l'école augmente-t-elle son taux de réussite. Voici donc tout d'abord une description de l'administration de ces tests, pour enchaîner sur leur correction et bien sûr terminer sur la question de la validité et de la fidélité d'une telle mesure provinciale.

Ces tests réalisés par des personnes venues de toute la province accompagnées d'experts ont lieu en mars sur une durée de deux semaines. Chaque demijournée est consacrée à une partie de test, soit en français, soit en mathématiques. L'échéancier de même que le protocole est fourni par le ministère et chaque classe doit s'y conformer.

Ensuite, ces tests sont envoyés pour correction qui, elle, est effectuée par des personnes formées dans cette optique. Une fois les tests corrigés, un résultat est donné par élève, par classe, par école et par conseil avec statistiques quantitatives à l'appui (moyenne, écarts, etc). Les résultats par conseil sont publics et affichés sur WEB (www.oqae.com).

Les résultats par école sont donnés à la direction qui distribue ceux concernant chaque classe aux enseignants respectifs. Les parents reçoivent le résultat de leur enfant. Cette évaluation est prévue selon l'OQRE pour améliorer la qualité de l'éducation. Ainsi, un résultat jugé insatisfaisant dans un conseil ou une école oblige les dirigeants de ce conseil ou le directeur de l'école à établir un plan d'action de l'ordre d'une formation supplémentaire, d'un mécanisme de rattrapage ou autre, permettant de corriger l'erreur. Un résultat jugé satisfaisant peut faciliter la demande de budget accru pour diverses activités de formation pour les enseignants et pour les élèves. Déjà on peut voir que la contradiction est visible !

Pour faciliter la compréhension pour tous les membres du corps enseignant, les tests de français et de mathématiques sont précédés de copies types et d'esquisses montrant des modèles à suivre ou des exemples de copies à différents niveaux d'atteinte. Ces outils très prescriptifs ont d'ailleurs pour effet de réduire l'action d'enseigner à une simple redite ou au calquage d'une méthode privilégiée. D'ailleurs, nombre d'enseignants interrogés dans les conseils de la région d'Ottawa affirment que le fait de suivre ces modèles permet aux élèves de mieux s'y repérer certes, mais ne favorise en rien l'appropriation et la construction des savoirs par ces mêmes élèves et encore moins le développement de compétences transférables. Au contraire, ils accentuent le paradigme techniciste, préférant un enseignant suivant le moule à celui qui s'en dégage pour aller au-delà.

Également, l'effet produit par ces tests a pris des proportions gigantesques. La première année d'administration a provoqué un tel engouement populaire pour les comparaisons entre conseils, tant de changements d'écoles et de conseils pour les parents, que les directions et les dirigeants scolaires ont dû agir rapidement. Autrement dit, la plupart des conseils ont misé sur le calquage des moyens du MEO et de l'OQRE afin d'augmenter la réussite aux tests, sans se préoccuper de la réelle valeur de ces tests ni des véritables apprentissages des élèves. Dans certains cas cités par des enseignants, des écoles sont même allées jusqu'à identifier des élèves en programmes spécialisés afin qu'un nombre moindre d'élèves faibles passent ces tests pour favoriser un score élevé de réussite. Encore ici on se demande au nom de quoi on parle de qualité. Contrairement à ce qu'on annonce et qu'on cite dans les communiqués, n'est-on pas plutôt en train de détruire l'émergence d'une formation basée sur le développement de compétences et de la citoyenneté, qui serait davantage axée sur une qualité du mieux vivre ensemble pour mieux travailler ensemble, même à l'échelle planétaire (Delors, 1996 ; Savoie-Zajc, 1999) ?

À ceci s'adjoignent les représentations sociales que se font parents, élèves et enseignants face à de tels tests. Le climat devient alors invivable, car les élèves sont nerveux, plusieurs s'absentent, d'autres sont malades. Pour palier à ceci, certains enseignants donnent des réponses ou éclaircissent des questions posées, plusieurs entrecoupent l'administration des tests par des récréations, ou encore allongent le temps exigé. Par contre, d'autres enlèvent même les affiches de la classe qui pourraient éventuellement aider les élèves ou encore demandant à des collègues d'administrer les évaluations à leur place, allant quelquefois à replacer les pupitres en rang d'oignons, histoire d'éviter la tricherie et le bachotage. Que dire alors de la validité d'un tel test dont l'administration est loin d'être homogène et engendre pareil taux d'angoisse chez les élèves comme chez les enseignantes et enseignants ?

On peut aussi ajouter que la portée de ces résultats n'est pas aussi tangible que le laissent croire les documents d'appui et d'orientation. Les parents reçoivent les résultats de leur enfant certes, mais dans l'année qui suit, soit en octobre ou novembre. Or, comment peut-on reconstruire à partir de résultats à un test passé six mois plus tôt dans une autre classe et parfois même dans une autre école, sachant, comme l'a montré Hutmacher (1993), qu'une appréciation d'élève, même à l'échelle d'un établissement, n'est pas neutre et qu'une autre équipe d'enseignants (ou le correcteur) aurait facilement pu porter un jugement différent ?

Les écoles, comme les conseils, doivent rendre compte de ces résultats au ministre par le biais d'un plan d'action à mettre en œuvre et qui doit être rédigé selon un modèle prédéfini sur le site de l'OQRE ; mais encore faut-il s'assurer que les résultats soient le reflet véritable des acquis des élèves. Et enfin, globalement, les statistiques sont si générales qu'il devient difficile d'affirmer qu'il y a vraiment amélioration de la qualité. On cherche la planche! Pour surfer... les décideurs politiques semblent savoir le faire, ils contournent les petites vague, mais obtiendront-ils la médaille d'or? Et si oui, à quoi leur servira-t-elle?

L'ÉVALUATION DES ENSEIGNANTS ET DES ENSEIGNANTES

Un autre mécanisme mis en place par le MEO pour améliorer la qualité de l'éducation est l'évaluation continue des enseignantes et des enseignants. En effet, la loi stipule qu'en plus de l'évaluation des compétences linguistiques des étrangers de l'Ontario qui se fera dès cette année et qui est somme toute logique, les enseignants seront ré-accrédités tous les cinq ans dès l'an prochain et ce, par la passation d'un test et l'obligation de suivre des cours de rattrapage. Enfin en 2001, de nouvelles normes seront établies (donc ce ne seront pas celles actuellement définies par l'Ordre, 1999) pour uniformiser les évaluations du personnel enseignant par les directions d'école pour 2002, produire un test de qualification des nouveaux enseignants sortis des programmes de formation des universités (*Impact*, 2000; MEO, 2000).

Or, quoique la loi soit votée, il demeure qu'aucune action n'est entreprise actuellement pour définir les intentions qui se cachent derrière ces évaluations, pour déterminer le type d'éléments à évaluer et par conséquent pour concevoir les outils qui permettront cette évaluation. Et ce, d'autant plus que les facultés évaluent les futurs enseignants grâce à des programmes agréés et évalués par l'ordre des enseignantes et enseignants de l'Ontario à partir des normes déjà établies.

Quelle que soit l'intention du ministre en ce qui a trait à l'évaluation du personnel enseignant, on peut dès lors envisager l'avenir sous un jour pluvieux car on constate déjà un manque de personnel dans certaines disciplines et un élargissement de ce phénomène est à craindre très prochainement pour toutes les disciplines dans tous les cycles: les retraites anticipées pullulent, les congés de maladie sont en hausse croissante, le nombre d'étudiants en formation à l'enseignement diminue de manière importante et un nombre croissant de ces diplômés sortent de la province.

Nonobstant le fait que les intentions ne sont pas explicites, on constate de plus que les fonctions de cette évaluation – à savoir si elle sera formative ou sommative – ne sont pas plus explicites. D'ailleurs, même si ce processus était enclenché en partenariat avec le personnel dans une orientation plutôt formative, il reste que le climat actuel dans les écoles ferait certainement en sorte de parasiter l'opération. Et encore faudra-t-il y adjoindre le type d'éléments qui pourront être vérifiés par ces tests.

Comment mesurera-t-on l'enthousiasme, la passion, l'engagement, la patience et la motivation? Comment vérifiera-t-on le savoir mobiliser, la prise de décision, le travail en collaboration? Comment s'assurera-t-on de la qualité d'un enseignant alliant des connaissances certes, mais surtout amalgamant tout un bagage de non-dit, d'intuition et de bricolage, pour ne citer que ces quelques facettes de ce métier longuement analysé par de nombreux chercheurs (Cifali, 1998; Gauthier, 1993; Lessard, 1999; Meirieu, 1996; Paquay, 1995; Perrenoud, 1999; Tardif, 1993)? Et enfin, en quoi ces testages répétitifs permettront-ils une amélioration de la qualité? Ces évaluations, tout comme les tests, peuvent-elles être garantes d'une qualité? On peut en douter. Sans vouloir s'opposer à d'éventuelles évaluations qui seraient naturelles et de mise dans l'exercice d'une véritable profession reconnue, il demeure que la réalité fait en sorte qu'au détour d'une proposition qui semble honnête au citoyen contribuable, se cache une dérive sans commune mesure avec la professionnalité.

En conclusion, il reste qu'à la lumière des propos de Demailly (2000), l'obligation de l'école devrait passer par une prise en compte de ses finalités et de sa mission, à savoir l'éducation à la citoyenneté et le développement de compétences et ce, au regard des besoins de tous les élèves. Or, le contexte ontarien décrit une obligation de résultats centrée sur l'appropriation de contenus et sur la mise en œuvre de règles explicites obligeant à concevoir la citoyenneté telle que prisée par le gouvernement et à définir l'apprentissage comme la somme des contenus et des attentes à acquérir dans un cursus scolaire. Cette obligation de résultats reflète alors une obligation de procédures (Meirieu, 1989; Perrenoud, 1996) qui se concrétise par une panoplie de modèles, de règles, de modes d'application tant au niveau des pratiques pédagogiques que de l'évaluation.

Par exemple, des copies-types présentant un modèle de correction de copies d'élèves, des prototypes de planification appelés séquences-types qui offrent des modèles à suivre dans l'organisation des cours et de la matière, et surtout un CD-ROM (le planificateur électronique) qui fournit une liste de stratégies d'enseignement, de contenus, de ressources ou de méthodes à utiliser au regard des curriculums, sont autant de moyens et de procédures qui, sans être clairement prescriptifs, sont tout de même des références ou des modes d'emploi frisant la technique dite «parfaite» pour offrir un enseignement dit de qualité. Le pas demeure facile à franchir dans cette équation somme toute algébrique pour le ministère de l'Ontario:

| Un «enseignement de qualité» | = | Imiter toutes les copies-types, le prototype de planification et le planificateur électronique | + | Enseigner et évaluer toutes les attentes de tous les curriculums | + | Respecter à la lettre le code de conduite |

12

LES ORGANISATIONS DE SERVICE PUBLIC ET L'OBLIGATION DE RÉSULTATS EN ÉDUCATION : PLAIDOYER POUR UN PRINCIPE DE RESPONSABILITÉ LIMITÉE

Maurice TARDIF
Université de Montréal

L'ACTION INSTRUMENTALE ET LA RECHERCHE DE L'EFFICACITÉ OPTIMALE COMME FONDEMENT DE L'OBLIGATION DE RÉSULTATS

On pourrait comprendre la question de l'obligation de résultats en éducation comme une nouvelle mode (passagère, souhaitent certains!) découlant de l'extension des idéologies néolibérales et du triomphe de la logique de marché sur les autres logiques sociales comme la culture, la communication, la sexualité ou d'autres formes d'échanges symboliques. On peut cependant la comprendre autrement (et c'est le point de vue que je vais défendre ici), en soutenant que cette question d'actualité s'inscrit dans une tendance lourde et de longue durée caractéristique des sociétés modernes.

Cette tendance, qui a notamment été mise en évidence par le grand sociologue allemand, Max Weber, au début du siècle, correspond à la rationalisation générale des diverses sphères de l'activité sociale. Rationaliser veut dire ici: agir conformément à des buts évaluables afin de pouvoir déterminer, par la pensée calculatrice, un ensemble de moyens efficace pour les atteindre. Autrement dit, selon Weber et pour les autres théoriciens de l'action (Habermas, 1987; Giddens, 1987; Reynaud, 1997), agir de manière rationnelle par rapport à un but, c'est faire quelque chose qui a été calculé pour atteindre ce but avec une efficacité optimale. Ce principe d'efficacité optimale est à la base de la rationalité économique et des actions qu'on appelle instrumentales. Par exemple, en économie, une entreprise qui ne vise pas dans ses activités une efficacité optimale est irrémédiablement condamnée à disparaître.

Ce principe d'efficacité optimale suppose explicitement chez l'agent l'existence d'un savoir-agir, d'une compétence pratique qui peut provenir de diverses sources : d'une formation antérieure, de théories, de l'expérience concrète du travail, etc. L'action humaine est dite rationnelle, dans la mesure où la personne qui agit dispose d'un savoir relatif à ses buts, à ce sur quoi elle veut agir et sur comment elle doit agir. Ce savoir n'est pas absolu comme prétendaient l'être, par exemple, la philosophie classique et la théologie. Il s'agit d'un savoir limité, mais susceptible d'amélioration et donc de progrès. Ce savoir n'est pas non plus normatif ou éthique. Il ne porte pas sur ce qui doit être, mais sur ce qui est. Il ne s'intéresse pas à ce qui est bon, beau ou bien, mais « à ce qui fonctionne et au comment ça fonctionne ». Les sciences et les techniques modernes fournissent le meilleur modèle de ce type de savoir rationnel, à la fois limité, en progrès constant et éthiquement neutre.

Voici quelques exemples qui illustrent l'argumentation précédente : l'ingénieur qui cherche à construire un pont doit disposer d'un savoir qui va lui permettre, à partir d'une connaissance de nature causale (qui s'appuie sur des sciences fondamentales et appliquées), de coordonner des moyens et des objectifs empiriquement vérifiables, afin d'atteindre son but. Dans le même sens, un médecin qui veut soulager un patient atteint du cancer de la prostate doit posséder un savoir duquel découlent certains moyens concrets, par exemple, des médicaments, une chimiothérapie, etc., s'il veut faire le maximum pour aider son patient. Un administrateur qui veut réorganiser le service des ventes doit aussi s'appuyer sur des savoirs relatifs à son organisation et au personnel avec lesquels il travaille, afin d'agir de façon planifiée. Une orthopédagogue qui travaille avec un enfant de 8 ans éprouvant des difficultés en lecture doit être capable de connaître et d'évaluer la nature de ses difficultés et de proposer des stratégies d'apprentissage susceptibles d'apporter certaines améliorations.

Ces exemples montrent qu'une des propriétés de l'action rationnelle ou instrumentale est justement que son résultat peut être « évaluable », au sens large et pas forcément quantitatif de ce dernier terme. Autrement dit, elle aboutit à un résultat qu'on peut normalement juger en termes de succès ou d'échec : le pont est construit et ne tombe pas à l'usage ; le patient prend du mieux ou dépérit ; le service des ventes est plus performant et on peut le montrer à l'aide d'un simple graphique ; l'enfant lit mieux et réussit des tests en lecture auxquels il échouait auparavant. Ces exemples indiquent que les résultats de l'action peuvent faire l'objet d'une évaluation critique susceptible de conduire, dans des cas d'échec ou de demi-succès, à des améliorations de la performance de l'action. Il y a donc dans l'action rationnelle par rapport à un but un principe d'obligation de résultat : c'est-à-dire qu'on vise un but avec l'intention explicite de l'atteindre, ce qui suppose, d'une part, la mobilisation et la coordination efficaces de moyens, et d'autre part, une évaluation de l'action en termes de succès ou d'échec.

Selon Weber, ce principe d'efficacité optimale est à la base même de l'esprit du capitalisme moderne, mais il s'applique aussi à un grand nombre d'activités sociales. En fait, on pourrait décrire l'évolution des sociétés modernes depuis trois siècles comme une suite d'efforts pour appliquer la conception instrumentale de l'action à l'ensemble des sphères et des activités sociales. Aux XVIIIᵉ et XIXᵉ siècles, la conception instrumentale de l'action a été appliquée avec beaucoup de succès aux champs des activités économiques, industrielles et technologiques ; par la suite, elle va être appliqué à la gestion de l'État et, de nos jours, elle est appliqué à la gestion des sociétés nationales et internationales, et à divers champs sociaux, notamment les institutions et les organisations publiques tels les services sociaux, le système judiciaire, l'institution médicale et l'organisation scolaire.

En ce sens, on peut affirmer que la question de l'obligation de résultats en éducation n'est rien d'autre qu'un effort pour faire entrer les organisations scolaires dans la logique de l'action instrumentale propre à la modernité, logique basée sur des critères d'efficacité et de succès. De ce point de vue, parler d'obligation de résultats n'est pas nouveau. Ce qui est plus récent, c'est le projet d'appliquer ce principe aux sphères d'activités qui ont pour objet des êtres humains et qui étaient traditionnellement conçues, comme l'éducation, à partir d'autres principes d'action, par exemple, des principes religieux, éthiques, politiques, etc.[1].

Plusieurs conférenciers au cours de ce colloque ont bien situé le contexte social et idéologique dans lequel s'insère aujourd'hui le principe d'obligation de résultats. On sait que ce n'est pas la première fois, au XXᵉ siècle, que l'éducation est confrontée à des pressions semblables issues la plupart du temps des milieux économiques, qui cherchent à importer dans les organisations éducatives leurs propres logiques d'action et leurs standards de performance et d'efficacité. Depuis une dizaine d'années, ces pressions se sont exacerbées avec l'extension des idéologies néolibérales et le triomphe de la logique de marché sur les autres logiques sociales comme la culture ou la communication. Cependant, dans ce texte, je ne veux pas entrer encore une fois dans la discussion de ce contexte, je préfère me centrer sur certains principes et certains raisonnements sous-jacents qui me semblent à l'œuvre dans cette question d'obligation de résultats, et qui méritent, selon moi, d'être discutés de manière critique et en confrontation aux réalités des organisations et des activités scolaires.

En ce qui concerne les partisans actuels de l'obligation de résultats, je crois que leur raisonnement est à peu près le suivant : l'éducation coûte extrêmement cher à notre société, non seulement sur le plan de l'investissement économique,

---

1. Dans la théorie wébérienne de l'action, ces principes correspondent à l'action par rapport à des valeurs qui se distinguent ainsi des buts : une valeur n'est pas un but mais une croyance relative à l'existence de normes à respecter. L'exemple classique est l'homme qui se bat en duel pour laver son honneur.

mais aussi en termes d'investissement social et humain. Il est donc normal que
l'on veuille aujourd'hui en avoir pour notre investissement et que notre société
veuille faire les comptes. Cela signifie que les agents scolaires (tout comme les ingé-
nieurs, les médecins, les ouvriers de l'industrie, les travailleurs des services ou les
administrateurs) doivent désormais agir en étant capables de rendre des comptes
sur les résultats de leur action. Par exemple, savent-ils faire correctement ce qu'ils
font? sur quelles connaissances et techniques s'appuient-ils? de quelle manière s'y
prennent-ils pour atteindre les objectifs scolaires? quels sont les résultats réels de
leurs actions? peut-on les évaluer, les améliorer (par exemple, en innovant) et agir
de manière plus efficace?

   Ces questions sont d'autant plus importantes que l'éducation scolaire,
au-delà des enjeux budgétaires, engage d'abord et avant tout des coûts humains:
à l'école, on ne construit pas des automobiles, on forme des enfants et des jeunes. Une automobile mal fabriquée peut toujours être ramenée sur la chaîne de
montage, pour être démontée et refaite; mais on sait qu'il est extrêmement long,
difficile et souvent même très souffrant de rééduquer quelqu'un qui a été mal instruit et mal formé à l'école. On sait également que les résultats de l'action scolaire
perdurent très longtemps à travers le temps, et qu'une personne mal instruite aura
de fortes chances d'avoir des enfants qui éprouveront à leur tour des difficultés
avec l'école. L'échec scolaire ou ce que d'autres appellent «l'échec de l'école» est un
cercle vicieux générationnel dont il est extrêmement difficile de sortir comme le
montrent 50 ans de réformes scolaires.

   De ce point de vue, sur le plan social, éducatif et humain, il est difficile
d'être *a priori* contre l'obligation de résultats en éducation. En réalité, le véritable problème est ailleurs. Ce que l'on doit se poser, c'est la question suivante: les
organisations éducatives et les activités des agents scolaires peuvent-elles être uniquement ou même principalement conçues à partir de la conception de l'activité
instrumentale et être par conséquent soumises à des évaluations de leurs résultats
en termes d'obligation? Par exemple, le processus d'implantation des nouveaux
programmes scolaires, qui commence cet automne au Québec, comporte-t-il des
objectifs tangibles susceptibles d'être atteints par des moyens opératoires que l'on
peut évaluer et améliorer? Dans quelle mesure les agents scolaires, à commencer
par les enseignants, peuvent-ils être tenus responsables de la réalisation optimale
de ces objectifs, ainsi que des moyens utilisés pour les atteindre? Peut-on tenir un
enseignant de français responsable des difficultés d'apprentissage de ses élèves de
secondaire III? Dans quelle mesure peut-on exiger de lui qu'il atteigne des objectifs, non seulement mesurables, mais correspondant à un certain seuil de performance? Dans le même sens, un directeur d'école travaillant en milieu défavorisé
peut-il être tenu responsable de la faible performance de son établissement à des
tests nationaux ou encore, à des conflits qui peuvent survenir dans son équipe-

école? Un cadre de commission scolaire peut-il être tenu responsable des bavures bureaucratiques qui règnent dans son service?

Répondre de façon claire et précise à ces questions n'est pas facile, et peut-être est-ce même impossible dans un très grand nombre de cas. On peut faire l'hypothèse très plausible que la plupart des personnes œuvrant en éducation sont prêtes à accepter de prendre leurs responsabilités face à l'obligation de résultats, mais uniquement dans certains cas précis et dans certaines circonstances face auxquelles elles ont la conviction qu'elles dépendent réellement de leur contrôle, de leur activité et de leur volonté. En d'autres mots, nous pouvons tous accepter une certaine part de responsabilité face à l'obligation de résultats, mais une part forcément limitée qui doit être précisée et débattue au cas par cas, et au-delà de laquelle nous avons la conviction que les résultats éducatifs ne dépendent plus de nous et dont on ne peut pas, rationnellement parlant, nous tenir responsables.

Telle est donc l'idée principale de ce texte : en ce qui concerne les agents et les organisations scolaires, le principe d'obligation de résultats doit être systématiquement tempéré et nuancé par un principe de responsabilité limitée. Ma thèse est la suivante : les organisations éducatives et les activités des agents scolaires possèdent des caractéristiques particulières qui rendent extrêmement difficile l'application généralisée d'une conception strictement instrumentale de l'éducation et donc l'obligation de résultats qui peut en découler. Je souhaite être parfaitement clair sur ce point : je ne dis pas que les agents éducatifs n'ont pas la responsabilité de leurs actes et objectifs quotidiens ; ma thèse centrale est plutôt que le principe d'obligation de résultats ne peut recevoir qu'une application limitée en éducation. Autrement dit, nous sommes en bonne partie responsables de ce que nous faisons en tant qu'agents scolaires, mais nous ne pouvons pas être tenus responsables pour toutes les conséquences qui résultent des activités scolaires.

Ce que je propose à partir de maintenant, c'est de réfléchir sur la nature des organisations et des activités scolaires, afin de voir dans quelle mesure leurs caractéristiques opposent certaines limites fondamentales à une application systématique du principe d'obligation de résultats.

Il est bien sûr impossible ici de faire le tour de toutes ces caractéristiques ; je me limite à quelques-unes qui me semblent les plus importantes pour les besoins de mon propos. Je vais commencer par une très brève description de la scolarisation que je vais définir comme une action collective, organisée et de longue durée qui porte sur des être humains dans le but de les changer, c'est-à-dire de les instruire et les éduquer selon les normes, standards et contenus définis par notre société. Ensuite, je vais m'efforcer de montrer comment cette action collective possède diverses caractéristiques qui constituent des obstacles importants et peut-être incontournables à une application généralisée ou illimitée du principe d'obligation de résultats.

LA SCOLARISATION COMME ACTION COLLECTIVE ET TEMPORELLE PORTANT SUR DES ÊTRES HUMAINS

Depuis une dizaine d'années, tant du côté de la recherche en éducation que des autorités éducatives et politiques, on note une tendance importante à recentrer les perspectives théoriques et politiques sur les variables locales, voire individuelles du système d'enseignement. Par exemple, on s'intéresse de plus en plus à «l'effet-enseignant» ou encore, à «l'effet-établissement»; on préconise une imputabilité des personnes œuvrant à la base (par exemple, des enseignants dans leur classe) et une autonomie accrue pour les établissements, qui sont en quelque sorte les individus organisationnels formant la structure du système d'enseignement. Ces perspectives ont plein de mérites et je les ai endossées moi-même dans plusieurs de mes travaux (par exemple : Tardif et Lessard, 1999). Cependant, elles ne doivent pas nous faire oublier l'autre côté de la réalité.

Je voudrais donc insister sur le fait que ce qu'on appelle l'éducation en milieu scolaire est une action collective et, en plus, une action collective temporelle de longue durée. Au Québec, pour ne parler que de l'école primaire et secondaire, il y a actuellement environ 150 000 agents scolaires qui travaillent jour après jour et année après année avec plus d'un million d'élèves dans le cadre d'un processus de longue durée qui s'appelle la scolarisation, laquelle s'étale aujourd'hui sur une bonne douzaine d'années. On sait en outre que cette durée tend sans cesse à s'allonger. En France, on parle d'un million et demi d'agents scolaires, et de 3 millions aux États-Unis.

Au cours de sa trajectoire scolaire, un élève québécois reste en moyenne 15 000 heures sur les bancs d'école[2]. Il rencontre durant ces 15 000 heures plusieurs dizaines d'agents scolaires (majoritairement des enseignants) dont les actions interviennent à des moments et dans des lieux différents, et aussi en fonction d'objectifs et de contextes très variés. Tout au long de sa vie scolaire, cet élève va assister à des centaines de leçons différentes données par des dizaines d'enseignants différents au sein de classes différentes. Par ailleurs, cet élève n'est pas une boîte de conserve sur une longue chaîne de montage : il est un être humain, il ne se contente donc pas de subir passivement l'action des agents scolaires, il est lui-même un acteur de sa propre scolarisation et ses propres attitudes, décisions et projets contribuent à modifier les actions de ceux et celles qui veulent l'instruire. De plus, cet élève, même s'il est un individu unique, est aussi en même temps un être social, ce qui signifie qu'il apporte avec lui dans l'école et la classe tout ce qui le détermine socialement : la couleur de sa peau, sa culture, son niveau de langage, ses croyances, le niveau socio-économique de ses parents, ses relations familiales, les rapports

---

2.   Soit 180 jours par année à 7 heures par jour durant douze ans : 15 120 heures.

avec ses amis, avec son groupe de référence, etc. Finalement, cet élève est confronté à l'école à des objectifs très élevés et très ambitieux : l'école veut faire de lui un citoyen éclairé, un acteur social responsable, un futur agent compétent de l'organisation économique, une personne consciente de ses rôles et de ses responsabilités. Bref, la scolarisation n'est pas qu'une mince affaire : elle vise la réalisation d'objectifs humains supérieurs qui nécessitent une transformation profonde et durable de cet élève, pour qu'il devienne un membre actif de notre société de plus en plus complexe. C'est pourquoi l'école d'aujourd'hui a besoin au minimum de 12 ans et de 15 000 heures si elle veut réaliser cette transformation profonde et durable de l'élève. Et il ne s'agit ici que d'une éducation de base !

Prenons cet élève, multiplions son cas par un million et nous allons alors avoir une idée de l'ampleur et de la complexité de cette action collective qui consiste à instruire et à éduquer toutes les petites et tous les petits Québécois, génération après génération. Aux États-Unis, il faudrait multiplier le cas de cet élève par 45 millions et par 16 millions en France. Et je ne parle même pas ici des parents, des familles et des autres personnes qui sont engagées d'une façon ou d'une autre dans la scolarisation, ce qui, en leur additionnant les élèves et le personnel scolaire, représente en moyenne autour de 20 % de la population dans les sociétés développées comme le Québec, la France ou les États-Unis. En vérité, il n'existe peut-être pas dans toute l'histoire des sociétés humaines passées et actuelles une action collective aussi ample et complexe que la scolarisation, c'est-à-dire une action collective nécessitant un aussi grand nombre d'agents coordonnés entre eux qui poursuivent des buts communs sur une aussi longue période et dans une action sans cesse renouvelée à travers le temps.

La réalisation d'une action collective d'une telle ampleur et d'une telle complexité exige qu'elle soit confiée à une institution, car seule une institution, par opposition à des associations, des groupes ou des individus, peut assumer l'exécution d'un processus aussi massif, long et complexe que la socialisation et l'instruction de tous les enfants et adolescents en vue de les préparer aux rôles des adultes dans notre société. Cette institution, c'est l'école. Comment l'école actuelle peut-elle s'acquitter de cette action collective ? En simplifiant, on peut dire qu'elle s'y prend de trois manières :

1. Parce qu'elle travaille avec de grandes masses d'individus, l'école actuelle fonctionne comme une organisation bureaucratique de masse, c'est-à-dire qu'elle fixe des objectifs et des standards généraux qu'elle applique selon un traitement relativement uniforme à des masses d'élèves sur de longues périodes de temps. Elle offre des services éducatifs standardisés, orientés par des objectifs curriculaires collectifs, c'est-à-dire des programmes plus ou moins cohérents comportant une progression et une différenciation aux différentes étapes du processus de

scolarisation, ainsi que des activités de socialisation et d'instruction applicables à l'ensemble des élèves. En même temps, pour assurer la réalisation de ses objectifs et standards généraux, l'école institue un système formel de contrôle, incluant les normes régissant les comportements des agents et des élèves. Des lois, des codes, des règles, des conventions, etc., définissent donc l'action des membres de l'organisation, ce qui permet de les coordonner entre eux et de mettre en place des routines communes qui assurent une stabilité à l'action collective à travers le temps et l'espace. Finalement, l'école établit un ordre hiérarchique de fonctions, engendrant une structure d'autorité basée sur des normes légales qui définissent le pouvoir de chacun, ainsi qu'un système de contrôle, par les supérieurs, des conflits entre les agents et l'établissement de lignes d'autorité et de communication réglementaire. Bref, comme toute organisation œuvrant sur de grandes quantités de produits et de larges processus de production, l'école actuelle s'efforce donc de réaliser son action collective en la standardisant, en lui imposant des normes et des contrôles, afin de produire des résultats prévisibles à partir d'un traitement uniforme et valable pour l'ensemble des agents scolaires et des élèves.

2. Mais on sait que l'école n'est pas seulement qu'une vaste usine à produire des diplômés ; c'est pourquoi la standardisation ou la bureaucratisation de l'action collective ne suffit pas à elle seule à assurer la scolarisation. En effet, les enfants et les jeunes sont tous différents les uns des autres et ils ne peuvent apprendre leurs rôles sociaux et acquérir divers savoirs et compétences uniquement à travers des relations stables et répétées avec des adultes. Ce point semble fondamental pour comprendre l'école, car depuis qu'elle existe, les élèves y apprennent les savoirs et règles scolaires uniquement à la suite d'un contact quotidien, systématique et répété sur plusieurs années avec des adultes, lesquels agissent directement en personne avec eux. Ces adultes, ce sont d'abord et avant tout les enseignants qui travaillent dans les classes en relation directe, personnalisée et journalière avec leurs différents élèves. C'est uniquement grâce à ce type de travail humain et personnalisé, qui se répète aujourd'hui sur 12 ans et sur 15 000 heures, qu'on peut socialiser et instruire les jeunes, c'est-à-dire agir sur eux de manière profonde et durable. À sa base, l'école bureaucratique de masse ne peut donc fonctionner qu'au moyen et qu'à travers des interactions concrètes, localement situées et personnalisées entre les enseignants et leurs élèves. C'est pourquoi l'un des problèmes centraux de l'organisation scolaire consiste à laisser les enseignants interagir, de manière relativement autonome et indépendante les uns des autres, avec leurs élèves qui sont tous différents les uns des autres, et, en même temps, à atteindre des objectifs collectifs propres à une organisation de masse fondée sur des standards généraux. Pour résoudre ce problème très complexe, l'école doit contrôler les enseignants, c'est-à-dire les soumettre à des standards généraux et, en même temps, leur accorder une bonne autonomie dans leurs interactions avec les élèves. Avant d'être un attribut

professionnel ou un sentiment de relative liberté personnelle des enseignants, cette autonomie est une réalité organisationnelle car elle s'incarne physiquement dans la structure par classes des écoles, structure que Lortie, il y a 30 ans, comparait à une division cellulaire du travail, car dans sa classe, chaque enseignant travaille comme dans une cellule séparée des autres, en y accomplissant une tâche à la fois complète et autonome en elle-même. Quatre siècles après la naissance de l'école la cellule-classe demeure encore aujourd'hui un endroit relativement inviolable et caché, non seulement face aux autorités scolaires, mais face aussi aux autres enseignants.

3. Finalement, il ne faut surtout pas oublier que l'école a pour matériaux de base des êtres humains, dépositaires de valeurs culturelles et dotés d'une identité sociale et morale. Or ces êtres humains en croissance, jeunes et plein d'énergie, sont parfaitement capables d'initiatives individuelles et collectives, et ils peuvent donc s'opposer, feinter, ruser ou collaborer avec l'organisation et ses agents. Ils ne sont donc pas uniquement déterminés par ce que l'école leur impose, ils le sont aussi par leurs propres désirs, leurs motivations, leurs attitudes et leurs apprentissages antérieurs. Bref, ils sont doués d'autonomie et d'une certaine marge de «liberté», même si l'obligation scolaire les contraint à s'enfermer dans les classes. Aussi, pour être efficace et atteindre ses buts, il faut que l'école développe des mécanismes de «contrôle» des capacités d'initiative des élèves, afin de s'assurer que ceux-ci n'opèrent pas de manière à neutraliser, à détourner ou à rendre inefficace le fonctionnement et les projets de l'organisation et des agents scolaires. C'est pourquoi le contrôle physique, moral et cognitif des élèves est au cœur du processus de scolarisation, et il l'est d'autant plus que nous avons une école démocratique, c'est-à-dire une école qui force les élèves à y aller et à rester jusqu'à 16 ans. L'école est l'un des environnements sociaux les plus contrôlés. Par exemple, les élèves sont triés, étiquetés et surveillés avant d'aller et d'entrer dans l'école. Ils sont divisés par groupes et sous-groupes, en fonction de diverses variables : âge, sexe, résultats antérieurs, difficultés, etc. Leurs déplacements sont réglementés, ainsi que plusieurs autres choses : leurs façons de s'exprimer, leur hygiène corporel, leur posture, attitudes, gestes, prise de parole, mimiques, etc. Leur apprentissage n'est pas libre, il dépend au contraire des procédures, modes et contenus définis par les autorités scolaires et mis en place par les enseignants dans les classes. Les élèves n'apprennent jamais ce qu'ils veulent, mais toujours ce que l'école veut qu'ils apprennent, et ils n'ont pas ou très peu leur mot à dire sur leur propre apprentissage. En même temps, tous ces contrôles et bien d'autres du même genre seraient inutiles si les élèves n'acceptent pas de participer, d'une façon ou d'une autre, au travail scolaire. Les élèves sont des «clients-conscrits», c'est-à-dire qu'ils sont obligés d'aller à l'école, mais ils ne sont pas obligés d'apprendre. C'est pourquoi la tâche centrale des enseignants et des autres agents scolaires consiste à faire en sorte que l'obligation scolaire objective soit, dans la mesure du possible, vécue comme une obligation subjective de la part

des élèves. Ce que les psychologues appellent la motivation n'est rien d'autre qu'une façon de faire intérioriser par les élèves l'obligation scolaire. Lorsque la motivation échoue (et on sait qu'elle échoue très souvent), elle doit être remplacée par d'autres moyens, par exemple la coercition, de façon à ce que certains élèves ne dérangent pas le déroulement du travail scolaire.

En résumé, la scolarisation comme action collective repose donc sur trois ingrédients de base :

1. la standardisation de l'action collective grâce à des objectifs généraux, des normes communes, des règles collectives, des contrôles et des hiérarchies institutionnalisés qui définissent les fonctions et les rôles des agents scolaires, élèves compris ;

2. la personnalisation ou l'individualisation de l'action collective grâce à l'action d'adultes (les enseignants) qui bénéficient d'une bonne autonomie dans leurs interactions quotidiennes avec les élèves dans les classes ;

3. finalement, le contrôle des élèves qui doivent apprendre à jouer les rôles que l'organisation leur assigne ou du moins les respecter.

On peut dire que la présence simultanée de ces trois ingrédients engendre une tension constante au sein des organisations scolaires. Comme le souligne Derouet (1987), le problème central de l'école est « de faire face à une double contrainte : efficacité et universalité, qui s'accompagnent volontiers d'une certaine dépersonnalisation dans les rapports humains, et d'une socialisation de la jeune génération, qui requiert de plus en plus la prise en charge individualisée des élèves et l'esprit communautaire ». De façon imagée, on pourrait dire que le défi de l'école, comme organisation, est de fonctionner comme une immense usine, en assurant un traitement uniforme à sa production de masse, de s'occuper en même temps de façon personnelle et particulière de chacun de ses produits, tout en étant obligé de composer avec le facteur humain, non seulement du travailleur humain, mais aussi du produit humain. Elle combine donc trois modes de production d'ordinaire séparés : une production sérielle comme on en retrouve dans la grande industrie ; des tâches individualisées et souvent solitaires qui caractérisent, par exemple, l'artisanat ou l'art d'enseigner ; des interactions humaines sur et avec des personnes, c'est-à-dire les élèves, comme on en retrouve dans les métiers et les professions de relations humaines.

OBSTACLES ET LIMITES À L'APPLICATION GÉNÉRALISÉE DU PRINCIPE D'OBLIGATION DE RÉSULTATS

Après cette brève description de l'école, ce que je voudrais faire maintenant, c'est de voir comment cette organisation, qui assure l'action collective de la scolarisation, oppose, dans son fonctionnement même, des obstacles puissants et des limites peut-être infranchissables à une application généralisée du principe d'obligation de résultats. À mon avis, il existe plusieurs obstacles et limites, mais compte tenu de la longueur de ce texte, je me contente d'en mentionner quatre qui me semblent parmi les plus importants.

Obstacle 1 - Les enjeux multiples de l'action collective

Le premier obstacle relève de ce que j'appellerai ici les enjeux multiples de l'action collective. Depuis une quarantaine d'années, beaucoup de travaux théoriques et empiriques ont été consacrés à l'action collective, et les dix dernières années ont été particulièrement fécondes en nouvelles propositions théoriques, notamment *via* les théories économiques, les théories des jeux, les sciences cognitives et la sociologie de l'action et des organisations (*cf.* pour de bonnes synthèses et discussions de problèmes en cours: Reynaud, 1997 et Morgan, 1999). Tous ces travaux anciens et actuels débouchent sur une série de constats qui s'appliquent à la scolarisation comme action collective.

Un premier constat montre que le modèle de l'action instrumentale avec sa visée d'efficacité optimale, s'il peut assez bien s'appliquer à l'action des individus pris isolément, fonctionne plutôt mal lorsqu'on essaie de l'appliquer à l'action des collectifs d'individus dans des organisations. Ce constat repose sur l'idée qu'une organisation n'est pas un individu et ne fonctionne pas comme un seul individu. L'action des collectifs organisationnels (pensons ici à nos 150 000 agents scolaires au Québec et à notre million d'élèves) est essentiellement basée sur des négociations, des compromis, des arbitrages, des stratégies, des tensions, des discordes et parfois des conflits virulents entre les agents, ainsi qu'entre les agents et les clients de l'organisation, qui rendent très difficile, voire carrément impossible une efficacité optimale telle que pourrait en rêver un gestionnaire des systèmes assis dans son bureau. De plus, ces compromis, stratégies, conflits, etc., sont régis par une grande diversité d'enjeux, par exemple, des enjeux économiques (comme les salaires et les ressources dont disposent les agents scolaires), des enjeux symboliques (comme la place et le poids accordés aux diverses disciplines dans le curriculum scolaire), des enjeux politiques (comme les statuts et positions des membres d'une équipe-école dans les hiérarchies formelles et informelles de l'établissement), des enjeux professionnels (comme la reconnaissance des compétences, des autonomies, des titres, des prérogatives, etc.), des enjeux organisationnels (comme le départage des territoires de travail, les luttes pour affirmer son autorité sur un groupe, les négociations autour des espaces disponibles, etc.).

Comme l'ont montré il y a déjà pas mal de temps March et Simon (1974) et Crozier et Friedberg (1977), il découle de tous ces enjeux simultanés que ce qu'on peut vraiment espérer obtenir de mieux dans l'action collective, *c'est une efficacité limitée et satisfaisante pour les membres du collectif.* Dans les termes d'une théorie de l'action, on passe ici d'une conception de l'action instrumentale régie par un principe d'efficacité maximale à une conception de l'action collective régie par un principe d'efficacité limitée, laquelle résulte des nombreux compromis et enjeux individuels et collectifs. Mais le problème, c'est que la définition et l'obtention de cette efficacité limitée sont elles-mêmes des objets de négociations, de stratégies, de luttes, d'enjeux, bref, de pouvoirs. Autrement dit, l'action collective, non seulement fonctionne selon un principe d'efficacité limitée, mais cette efficacité limitée est elle-même instable et sujette à interprétations, à compromis et à reformulation par les membres de l'organisation. C'est dire par conséquent *que l'efficacité de l'action collective est construite, interprétée et évaluée par le collectif lui-même*, et ne découle pas de critères optimaux de rationalité définis dans l'abstrait, par exemple, par un comité d'évaluateurs neutres et indépendants, des fonctionnaires du MEQ ou des législateurs.

Voici une illustration des idées que je viens de développer sur l'action collective en milieu scolaire. Prenons le cas du secteur de l'adaptation scolaire (Tardif et Lessard, 1992; Tardif, Duval et Lessard, 1997; Tardif et Mukamurera, 1999), qui regroupe aujourd'hui près de 20 % du personnel scolaire et autour de 15 % des élèves, et qui est censé offrir des services pour répondre aux besoins des élèves handicapés et en difficulté d'adaptation et d'apprentissage (ÉHDAA). Lorsqu'on étudie l'évolution de ce secteur depuis 30 ans, on constate qu'il a été un véritable champ de bataille pour divers groupes d'agents scolaires mais aussi des acteurs en dehors de l'école. Par exemple, dans les années 1970, les orthopédagogues ont essayé de l'occuper et de se professionnaliser, et ce projet n'est pas mort; de leur côté, les syndicats d'enseignants l'ont utilisé pendant une bonne vingtaine d'années pour trouver des postes aux enseignants mis en disponibilité mais sans formation en adaptation scolaire; les enseignants réguliers ont profité eux aussi de l'extension des services aux ÉHDAA, pour leur transférer des élèves dont ils ne voulaient plus ou qu'ils jugeait trop difficiles; les directions d'école ont également parfois profité du financement dédié à l'adaptation scolaire pour l'utiliser à d'autres fins; les facultés d'éducation ont voulu aussi trouver des débouchés pour les étudiants, et ont mis en place des programmes de formation des maîtres en orthopédagogie, alors que les débouchés étaient à peu près inexistants; des universitaires, des psychologues, des thérapeutes, des médecins, des pédagogues ont investi ce secteur et proposé leurs livres, leurs méthodes, leurs thérapies, leurs médicaments; des associations de parents, d'handicapés, etc., ont combattu pour défendre les droits des ÉHDAA, parfois sans trop s'interroger sur la compatibilité de ces droits avec les droits collectifs des autres élèves dits « normaux » ou « réguliers ». Lorsqu'on prend en compte les actions et les objectifs de tous ces groupes d'agents et d'acteurs, on constate donc inévitablement que l'évolution du secteur de l'adaptation scolaire, loin d'obéir à une rationalité planificatrice unique qui définirait les résultats d'une efficacité optimale, correspond à une série de tensions et de compromis collectifs dont les résultats sont parfois très difficiles à interpréter en termes d'efficacité, y compris pour les élèves.

Obstacle 2 – Action collective et action locale

Une autre série d'obstacles et de limites que l'on retrouve dans les organisations scolaires face à une application généralisée du principe d'obligation de résultats dérive de ce que j'ai appelé tantôt la dimension temporelle de la scolarisation. Je cite ici les propos d'une enseignante du primaire qui illustre bien ce que je voudrais mettre en évidence :

> Certains apprentissages sont longs et, en un an, nul enfant et nulle enseignante ne peuvent faire des miracles. Si je réussis à faire un bout de chemin avec lui, mon mandat est rempli, mais je ne fais pas de miracles.

Ce que nous dit cette enseignante traduit une réalité profonde du métier d'enseignant : un enseignant travaille avec des élèves dont il a la responsabilité mais pour une durée limitée (une leçon, une journée, une année selon les ordres et les cycles) et dans un espace limité : sa classe. Mais, comme on l'a vu, la scolarisation s'étale sur 12 ans et 15 000 heures. Il en découle une chose très importante : l'action individuelle de chaque enseignant avec ses élèves n'est qu'un maillon d'une longue chaîne d'actions dont chaque enseignant ne voit jamais les résultats et dont il ne contrôle pas le déroulement d'ensemble. Ce qui est en jeu ici, c'est la tension constante entre la scolarisation comme action collective de longue durée et la scolarisation comme action locale et située de chaque enseignant avec ses élèves. Or, comme le disent bien les propos de l'enseignante, son mandat s'arrête à son action locale, car « elle ne fait pas de miracle », c'est-à-dire que la scolarisation s'étale dans une durée dont elle ne peut à elle seule garantir les résultats. À mon avis, les propos de cette enseignante ne font pas qu'exprimer une certaine sagesse professionnelle : ils traduisent en réalité la manière même dont fonctionne l'organisation scolaire, qui confie à des individus (les enseignants) la tâche de travailler en solitaire dans des classes pour accomplir un travail complet en lui-même et séparé des autres enseignants, tout en visant des buts collectifs et de longue durée qu'aucun enseignant ne peut atteindre à lui seul. Il en découle que chaque enseignant a une responsabilité limitée face aux résultats de l'action collective car ces résultats ne dépendent que partiellement de lui. Par exemple, une enseignante de 1re année accueille des élèves qu'elles n'a pas formés et qu'elle ne connaît pas, et elle les laisse au bout d'une année à d'autres enseignantes avec lesquelles bien souvent elle n'a aucun rapport, et il en va de même pendant 12 ans. Chaque enseignant est responsable de son action, mais aucun enseignant ne peut être tenu responsable de l'action des autres enseignants. Tout au plus pourrait-on parler, dans le cadre d'un professionnalisme collectif, d'une responsabilité collégiale des enseignants d'une même équipe-école ou d'une équipe d'enseignants d'une même matière ou d'un même cycle. Mais comme les enseignants n'entrent pas dans les classes des autres pour les contrôler ou même simplement les juger, cette responsabilité collective est très faible pour chaque membre[3].

Obstacle 3 – Les objectifs de la scolarisation

Le troisième obstacle à une application généralisée du principe d'obligation de résultats tient à la nature même des objectifs éducatifs. L'école n'est pas une simple organisation qui poursuit des objectifs opératoires, précis et mesurables ; elle est aussi et surtout une institution orientée par des finalités et des valeurs. Or, comme on l'a vu précédemment, ces finalités et valeurs sont très élevées et très ambitieuses : l'école veut faire de l'enfant un citoyen éclairé, un acteur social responsable, un futur agent compétent de l'organisation économique, une personne consciente de ses rôles et de ses responsabilités, etc.

Toutefois, s'il est assez facile de s'entendre sur des objectifs de productivité et de qualité concernant les produits matériels[4], il en va tout autrement lorsqu'on entre dans les domaines des finalités et des valeurs éducatives et, plus largement, sociales et humaines. En fait, dans l'organisation scolaire, la définition des objectifs est la plupart du temps problématique et ambiguë. En effet, ces objectifs renvoient nécessairement à des croyances et à des idéologies, à propos desquelles il n'est pas toujours facile d'obtenir un consensus social même restreint et autour desquelles des dilemmes fondamentaux peuvent engendrer, au sein de l'organisation et dans ses tractations avec l'environnement, des conflits, des tensions et des «incohérences» difficiles à gérer. Des stratégies et des processus de négociation, de compromis, de recherche d'équilibre sont donc constamment à l'œuvre pour permettre à l'organisation scolaire d'avoir un minimum de cohérence, de vision et de direction. Par exemple, il suffit de jeter un coup d'œil sur les archives du Rapport Parent ou de la Commission des États généraux de l'éducation, qui contiennent plusieurs centaines de rapports et mémoires proposant des objectifs extrêmement variés et disparates concernant l'éducation. Il faut lire aussi attentivement les textes de nouveaux programmes qui proposent des objectifs généraux très ambitieux mais peu clairs et opératoires.

Mais, même une fois précisés dans le cadre de programmes scolaires, les objectifs de l'école définissent une tâche collective, complexe et temporelle aux effets incertains et ambigus. Ils correspondent à ce qu'on appelle en ergonomie

---

3.   Je souligne que je ne discute pas ici de la question de savoir si cette situation de responsabilité limitée de chaque enseignant est bonne ou mauvaise, et s'il ne vaudrait pas mieux évoluer vers un professionnalisme enseignant beaucoup plus collectif et responsable.

4.   Mais on sait que ce n'est pas toujours le cas, car même là surgissent fréquemment des conflits d'interprétations comme le montre depuis 30 ans la fameuse histoire du mât olympique !

à des objectifs à «long délai de réponse», c'est-à-dire que leur réalisation renvoie (Durand, 1996: 112) «à des processus à évolution "lente et souterraine" particulièrement difficiles à appréhender: modification des attitudes des élèves, apprentissages complexes, développement psychomoteur [...] et qui ne sont pas observables directement et se produisent sur une échelle de temps prolongée». En ce sens, les enseignants peuvent difficilement évaluer leur progression dans l'atteinte des objectifs de la scolarisation, qui n'ont tout au plus qu'une fonction de cadrage très général de la tâche: ces objectifs disent où on devrait aller idéalement, mais ils disent très peu de choses sur la façon de s'y rendre concrètement et à quoi doit ressembler exactement le produit final. En réalité, trente ans de recherche sur cette question montrent que les objectifs scolaires sont si peu clairs et évidents que les enseignants doivent constamment les interpréter, les adapter et les modifier pour essayer de les réaliser tant bien que mal (sur cette question, *cf.* Tardif et Lessard, 1999, chapitres 6 et 7).

Obstacle 4 – L'objet humain de la scolarisation

Dans la très vaste majorité des emplois, l'objet du travail n'existe pas pour lui-même, il existe uniquement pour ceux qui le produisent et pour les consommateurs qui vont par la suite l'utiliser. Par exemple, si je produis une automobile ou un outil, un marteau par exemple, ces objets existent réellement, c'est-à-dire qu'ils sont «objectifs», mais ils n'existent pas pour eux-mêmes, ils ne possèdent pas une intériorité, une vie subjective et personnelle autonome. Autrement dit, leur sens et leur fonction dépendent uniquement de mes objectifs de production et, éventuellement, de l'utilisation qu'en feront leurs acheteurs. À l'école, les choses sont complètement différentes. L'acte que je fais pour un élève n'est pas un acte *sur* un objet mais un acte *avec* un sujet, et j'insiste ici sur la différence des prépositions: à l'école, je n'agis par uniquement *sur* des personnes, mais *avec* des personnes. En d'autres mots, les objets du travail scolaire sont des êtres humains. Qu'est-ce que cela signifie sur le plan des obstacles à l'application du principe d'obligation de résultats?

Un premier obstacle découle de la complexité des êtres humains, qui sont des «objets» très complexes ou, du moins, plus complexes que les objets physiques et la plupart des autres objets produits par le travail humain. Cette complexité de l'humain se manifeste notamment par la nature imprécise des attributs qu'il faut changer chez l'élève («la personnalité», «la formation intellectuelle», «le goût d'apprendre», «la qualité de la langue», «le sens de l'émerveillement», etc.), lesquels renvoient à des réalités ambiguës, porteuses de valeurs, d'intérêts et d'affectivité. Ces réalités sont très difficiles à mesurer et, en plus, elles sont l'objet d'évaluations sociales et humaines, comme le montrent, par exemple, les disputes infinies sur la qualité de la langue des élèves. Après quarante ans des réformes, nous ne savons toujours pas de façon précise si le niveau monte ou baisse.

Un second obstacle résulte des dimensions éthiques et sociales de l'action sur des êtres humains. Parce qu'ils travaillent avec des êtres humains, la relation des enseignants à leur objet de travail est fondamentalement constituée de rapports sociaux et éthiques. Pour une grande part, tout le travail des enseignants consiste à gérer des rapports sociaux et éthiques avec leurs étudiants. C'est pourquoi la pédagogie est faite essentiellement de tensions et de dilemmes, de négociations et de stratégies d'interaction. Par exemple, l'enseignant doit travailler avec des groupes, mais aussi se centrer sur les individus; il doit passer sa matière mais en fonction des étudiants qui vont l'assimiler de façon très différente; il doit plaire aux étudiants mais sans verser dans le copinage; il doit les motiver mais sans les materner; il doit les évaluer mais sans les exclure, etc. Enseigner, c'est donc constamment faire des choix sociaux et éthiques au sein des interactions avec les étudiants. Or, ces choix ne sont jamais logiques, techniques ou scientifiques. Ils dépendent de l'expérience des enseignants, de leurs convictions et de leurs croyances, de leur engagement dans le métier, de leurs représentations des étudiants et, bien sûr, des étudiants eux-mêmes. De ce point de vue, réduire la relation aux élèves à une question de performance mesurable risque d'entraîner une réduction et peut-être une destruction de l'acte éducatif dans ses dimensions sociales et éthiques.

Le troisième problème tient au fait que les êtres humains, les élèves, à la différence des boîtes de conserve, vivent dans des mondes multiples : ils ne sont pas seulement des élèves, mais aussi des enfants d'une famille, d'un quartier, ils appartiennent à une culture et à des sous-cultures, ils interagissent avec une foule d'autres personnes dont ils subissent l'influence, ils écoutent la télévision pendant 15 000 heures, etc. Ce qui résulte de cette multiplicité d'influence, c'est l'absence de contrôle direct et total exercé par les enseignants sur eux. Ce phénomène explique l'opinion majoritaire des enseignants de métier selon laquelle ils ne peuvent pas être tenus responsables des résultats médiocres de certains étudiants, voire de l'échec scolaire, car les étudiants sont soumis à plusieurs facteurs qui peuvent affecter leur rendement scolaire et que les enseignants ne contrôlent pas du tout. En ce sens, un des principaux problèmes des enseignants, comme travailleurs, c'est de travailler sur un sujet qui est toujours soustrait d'une façon ou d'une autre à leur contrôle.

CONCLUSION

Comme j'ai essayé de le montrer dans ce texte, il se dégage de cet ensemble de caractéristiques que les organisations et les activités scolaires n'obéissent pas et ne peuvent pas se soumettre à une rationalité strictement instrumentale, du type de celle qui a prévalu dans le développement des organisations axées sur la production matérielle. On aurait tort cependant de conclure qu'elles sont condamnées à un « flou artistique » permanent, bref qu'elles sont « irrationnelles » et « non rationalisables ». En fait, les organisations et les activités scolaires n'existeraient pas si elles n'étaient pas dotées d'une certaine rationalité, c'est-à-dire d'une stabilité de fonctionnement renvoyant à des régularités, à des modèles récurrents découlant de conduites intentionnelles. Cependant, c'est la complexité et la variabilité du « matériau humain » de base qui rend extrêmement difficile la rationalisation du travail selon les modèles traditionnels en usage dans les industries ou les autres grandes organisations étatiques. D'un autre côté, cette complexité et cette variabilité suscitent aussi, de la part des autorités gouvernementales et scolaires, divers dispositifs et scénarios de contrôle visant l'atteinte des buts éducatifs.

En ce sens, sur le plan qui nous occupe ici, on peut dire que l'école représente une organisation de travail structurée par des tensions centrales entre les « matériaux humains » à la base du procès de travail et les composantes instrumentales ou bureaucratiques qui interviennent forcément dans la gestion et le contrôle du travail scolaire. Elle poursuit des buts généraux mais, en même temps, elle est irrémédiablement marquée par les dimensions ambiguës, indéterminées, variables de « l'humain », qui est au cœur du travail scolaire.

Il en découle, en ce qui concerne le principe d'obligation de résultats, que nous sommes responsables, mais de manière limitée, c'est-à-dire que nous sommes responsables de nos actes et décisions, mais pas forcément de leurs résultats, car ceux-ci dépendent d'une foule de facteurs sur lesquels nous avons très peu ou pas de contrôle. De ce point de vue, exiger que les agents scolaires répondent systématiquement à une obligation de résultats, c'est la plupart du temps exiger l'impossible.

J'ai la conviction que nous avons tous une obligation de compétence, mais non une obligation de conséquences, ni de performance. C'est-à-dire que nous devons savoir faire ce que nous faisons et nous devons savoir pourquoi nous le faisons, mais nous ne possédons ni le savoir ni le pouvoir pour contrôler toutes les conséquences de nos actes, ni les performances qu'on veut bien nous imputer.

Finalement, nous ne devons pas oublier que nous sommes des professionnels de l'humain, et non des techniciens ou des ouvriers œuvrant sur des objets ou de la matière inerte. Travailler avec des êtres humains signifie accepter qu'il y a toujours quelque chose qui nous échappe, quelque chose qu'on ne peut pas contrôler et, à moins de rêver d'une école totalitaire ou complètement informatisée, je crois que c'est bien ainsi.

13

OBLIGATION DE COMPÉTENCE ET ANALYSE DU TRAVAIL : RENDRE COMPTE DANS LE MÉTIER D'ENSEIGNANT

Philippe PERRENOUD[1]
Université de Genève

Dès lors qu'il obtient un travail en contrepartie duquel il reçoit un revenu, nul salarié n'est dispensé de *rendre des comptes* à propos de ses méthodes et/ou de ses résultats. Il en va de même pour l'indépendant qui accepte un mandat. On parle aujourd'hui volontiers de *redevabilité*, traduction assez barbare de l'expression anglaise *accountability*. On pourrait simplement parler de *responsabilité professionnelle*, entendue comme obligation de *répondre* de ses actes et, dans une certaine mesure au moins, de leurs effets.

Responsabilité ou « reddition de comptes » s'appliquent aux personnes, mais aussi aux services, aux établissements, aux organisations. Nous nous limiterons ici à la responsabilité professionnelles des *personnes*. Dès que l'une accepte un mandat ou contrat, sa responsabilité est engagée, la reddition de comptes est de mise. La question délicate est de savoir *à quoi est au juste obligé* celui qui s'y soumet.

Cette question se pose dans tous les secteurs de l'activité humaine, mais sans doute avec plus de force dans les métiers de l'humain et les organisations de prise en charge de personnes, pour plusieurs raisons assez simples : une définition flottante ou conflictuelle des résultats attendus, l'impossibilité de les établir et plus encore de les mesurer avec exactitude, enfin la difficulté de faire la part de responsabilité de l'acteur dans des domaines où l'action est incertaine et se heurte à tant de résistances et d'aléas.

Qu'est-il de l'éducation scolaire ? Comment rend-on compte, que ce soit à l'échelle d'un système éducatif, d'un établissement, d'une équipe ou d'un enseignant ? À quoi les acteurs individuels ou collectifs sont-ils obligés ?

---

1. Courriel : Philippe.Perrenoud@pse.unige.ch. Internet : http://www.unige.ch/fapse/SSE/teachers/perrenoud/
    Laboratoire Innovation, Formation, Education (LIFE) : http://www.unige.ch/fapse/SSE/groups/LIFE

Il n'y a pas convergence automatique entre ceux qui attendent un service et ceux qui le proposent. Ils ne définissent pas toujours de la même manière un rapport équitable entre rétribution et contribution. D'où deux questions indépendantes :

- À quoi les responsables et les professionnels de l'école *se sentent-ils obligés ?*

- À quoi les autres acteurs, notamment les usagers, *pensent-ils* que les responsables et les professionnels de l'école sont obligés ?

Dans le champ scolaire, alors que la société civile demande des comptes, joue avec les idées d'efficacité, d'indicateurs de performance, d'obligation de résultats et d'évaluation institutionnelle, les professionnels mobilisent des argumentations défensives qui, au nom de la spécificité de l'éducation, de l'autonomie des établissements et des universités, du caractère sacré du savoir et de la culture, du respect des personnes et des différences, refusent toute innovation dans la façon actuelle de rendre des comptes, pourtant bien peu convaincante.

Du coup, les gens d'école donnent facilement l'impression qu'ils réclament le privilège d'échapper à ce qui semble la condition commune dans le monde du travail et des organisations. Ce privilège apparaît de plus en plus exorbitant en un temps où les budgets publics s'amenuisent, alors que le contrôle et l'évaluation s'étendent à toutes les sphères de l'activité humaine. Les parents d'élèves, par exemple, qui rendent des comptes dans leur propre secteur d'activité, ne comprennent pas pourquoi les enseignants en seraient dispensés. Cela d'autant que le système éducatif inflige aux élèves, sans états d'âme, une obligation de résultats pure et dure dans le domaine des apprentissages, dont dépendent l'orientation et la certification.

Si, sur la question de savoir à quoi les enseignants et les institutions éducatives sont obligés, les divergences se creusent entre professionnels et usagers, il faut s'attendre à des *tensions* croissantes, qui auront de multiples répercussions négatives. Il importe donc, sans tomber dans des dispositifs absurdes, de cesser d'esquiver le problème.

Si je me limite ici aux enseignants, ce n'est pas pour signifier qu'ils sont les seuls ou mêmes les premiers responsables. Certes, les apprentissages se construisent dans le face à face pédagogique, dont la responsabilité première revient aux enseignants. Des enseignants faiblement engagés et peu efficaces peuvent neutraliser les meilleurs programmes, les moyens d'enseignement et les équipements les mieux conçus, les effectifs par classe les plus bas du monde. Mais le contraire est vrai : les enseignants les plus investis dans leur tâche et les plus efficaces ne peuvent faire de miracle s'ils doivent subir des programmes aberrants, une organisation irrationnelle du cursus et des horaires, des conditions de travail inadéquates.

S'intéresser au travail des enseignant n'est donc pas ici une façon de leur faire «porter le chapeau». Ils sont formés, nommés, encadrés, soutenus, contrôlés et évalués par d'autres personnels. Et leur travail s'inscrit dans un système et une organisation dont ils ne sont pas seuls comptables, quand bien même la tendance à l'autonomie des établissements et à la création de cycles d'apprentissage pluriannuels leur donne davantage de prise et donc de responsabilité quant à la détermination des contenus et de l'organisation du travail.

Si je choisis de parler de la façon dont les enseignants rendent compte individuellement, ce n'est pas pour les accabler, mais parce que c'est le problème le plus spécifique et le plus difficile. En partie parce que les intéressés ne veulent pas entendre parler de changements. Ils tolèrent l'inspection à condition qu'elle soit de moins en moins présente, en particulier lorsque leur avancement dans la carrière en dépend. Au-delà, le *statu quo* leur convient.

Personne n'aime être évalué, ou, plus exactement, chacun préférerait n'être évalué que lorsqu'il est sûr de faire bonne figure et de recevoir un feed-back positif. Les professionnels et leurs syndicats ne se montrent donc jamais très coopératifs quand il s'agit de concevoir et surtout de mettre en œuvre un système efficace d'évaluation. Qui voudrait donner les verges pour le battre? On peut le comprendre, d'autant que l'évaluation s'inscrit souvent dans un rapport de force et que lui résister paraît une façon de s'opposer au pouvoir en place et à ses orientations, ou à une aggravation des cadences ou des conditions de travail.

Pourtant, dans les autres métiers de l'humain, le refus de rendre des comptes semble moins absolu que dans l'enseignement. Pourquoi, dans ce dernier, paraît-il plus scandaleux et/ou impossible qu'ailleurs d'évaluer le travail des professionnels? Est-ce en raison de sa nature, qui serait «à nulle autre pareille»? des incertitudes et des controverses sur les finalités et les priorités? de l'opacité des pratiques? de l'état des savoirs? du degré de formation professionnelle des professeurs? du manque de courage des évaluateurs? de l'absence de dispositifs à la hauteur de la tâche?

Aucune enseignant raisonnable ne conteste *ouvertement* le principe d'une certaine évaluation de son travail. Comment prétendre qu'on n'a de comptes à rendre qu'à soi-même alors qu'on a accepté un contrat?

Cette résistance profonde à toute évaluation «sérieuse» du travail des enseignants favorise une certaine mauvaise foi dans l'analyse des obstacles techniques, juridiques, éthiques ou économiques à vaincre pour mettre en place des dispositifs d'évaluation à la fois rigoureux et équitable du travail de chaque professeur. Est-il possible de traiter ce problème autrement que sur le mode noir/blanc? Peut-on, comme le propose Philippe Meirieu, ne pas choisir entre l'irresponsabilité sociale et le consumérisme, entre l'école «vache sacrée», intouchable, et l'école jouet du néo-libéralisme triomphant, soumise à d'absurdes impératifs de rendement?

Les enjeux sont tels qu'on peut en douter. Il vaut cependant la peine d'essayer. Je vais tenter de montrer:

- qu'une stricte «obligation de résultats» est impraticable en éducation, mais qu'il serait absurde de ne tenir aucun compte des *apprentissages* des élèves dans l'évaluation du travail enseignant;

- qu'une *obligation de moyens*, alternative proposée par Philippe Meirieu à l'obligation de résultats, reste une formule ambiguë qui, mal comprise, peut renforcer la bureaucratisation du système éducatif, le strict respect de procédures ou de méthodes prescrites ou jugées orthodoxes;

- qu'il serait plus clair et plus conforme à l'idée de professionnalisation du métier d'enseignant de parler d'une *obligation de compétences*;

- que cette dernière exigerait, pour n'être pas un vœu pie, non seulement des dispositifs assez sophistiqués, mais une évolution de la culture professionnelle dans le sens de *l'analyse du travail* comme moteur du développement professionnel;

- que l'un des obstacles demeure la faible étendue des *savoirs partagés* relatifs aux processus d'enseignement-apprentissage.

NE PAS FAIRE ABSTRACTION DES APPRENTISSAGES DES ÉLÈVES

Dans des travaux antérieurs (Perrenoud, 1996 b, 1997, 1998), j'avais avancé quatre conditions pour qu'il soit à la fois possible et légitime d'exiger des résultats définis d'avance dans un métier donné:

- que le problème à résoudre soit purement technique, autrement dit que les finalités de l'action soient parfaitement claires et que les professionnels n'aient d'autre tâche que de chercher les meilleurs moyens d'atteindre des objectifs sans équivoque;

- que l'action des professionnels ne dépende que marginalement de la coopération ou de la mobilisation de personnes ou de groupes indépendants de l'organisation qui les mandate;

- que l'état des savoirs savants et professionnels rende possible une action efficace dans la plupart des situations rencontrées;

- que les situations qu'affrontent les professionnels de même niveau de qualification soient sinon identiques, du moins relativement comparables.

Il n'est pas nécessaire de revenir sur le détail de l'analyse pour constater que ces conditions ne sont pas véritablement remplies dans l'enseignement, du moins si les résultats sont jaugés à l'aune d'une norme standard, indépendante du contexte et identique pour tous les praticiens.

Peut-on en conclure que l'enseignant n'a dès lors aucun compte à rendre quant aux apprentissages de ses élèves? Ne risque-t-on pas, en caricaturant l'obligation de résultats, de délivrer à bon compte les professionnels de l'humain de toute responsabilité quant à l'efficacité de leur action?

Nul ne saurait soutenir l'idée que le mandat d'un enseignant est d'amener en un an *tous* ses élèves à maîtriser l'intégralité des connaissances et à manifester sans faille toutes les compétences visées par le programme. Chacun sait qu'il faut faire avec le niveau initial des élèves, les appuis dont ils disposent, leur rapport au savoir, leur résistance à l'intention et à l'action de les instruire, la dynamique de la classe, son effectif, les circonstances, les conflits, les incidents qui détournent des apprentissages et du savoir. On peut attendre d'un travailleur peu qualifié que, nanti des matériaux et des équipements requis, dans des conditions normales, il découpe un nombre fixé de tôles ou lave un nombre fixé de vitres en respectant un seuil de qualité. On ne peut attendre d'un enseignant qu'il instruise un nombre prescrit d'élèves en un temps donné.

Cela autorise-t-il à se désintéresser de ce que les élèves apprennent dès lors qu'il s'agit d'évaluer le travail des enseignants? Ce serait reconnaître que toutes les pratiques pédagogiques se valent. On sait bien que c'est faux. «Toutes choses égales d'ailleurs», les professeurs ne sont pas interchangeables. La «performance» d'un enseignant *moyen*, faisant *correctement* son travail, se positionne entre deux extrêmes:

• d'une part, les apprentissages que feraient les *mêmes élèves* accompagnés *dans les mêmes circonstances* par un adulte de bonne volonté dépourvu de toute formation à l'enseignement;

• d'autre part, les apprentissages qu'ils feraient *dans les mêmes circonstances* sous la conduite d'un enseignant hors du commun, expérimenté, efficace, démocratique, sensible, charismatique, etc.

Il est bien entendu difficile de *chiffrer* ces deux seuils extrêmes aussi bien que le niveau de performance attendu d'un enseignant moyen. Il n'est pas exclu que des travaux sur l'effet-maître, l'effet-établissement et le poids des variables agrégées, écologiques et contextuelles permettent peu à peu de *calculer une performance attendue* (moyenne et dispersion) pour chaque classe. Encore faudrait-il que ces bases de comparaison soient solides, comprises et acceptées par les intéressés. On peut calculer un chiffre d'affaire raisonnable pour une succursale d'une chaîne de distribution, en tenant compte du quartier, de la concurrence, de la date d'implantation, de la conjoncture, etc. Nous sommes loin de pouvoir assurer et faire accepter un tel calcul pour les classes et les enseignants.

Il faut donc renoncer à toute vision technocratique de l'obligation de résultats, qui assignerait à chaque professeur des résultats attendus :

- définis *a priori*, avant même que l'année scolaire ne commence ;

- standardisés ou du moins calculables en fonction d'un certain nombre de paramètres.

Doit-on pour autant déclarer définitivement impossible de juger *a posteriori* de l'efficacité d'un enseignant, en tenant compte des élèves et des circonstances ? Est-il absurde d'envisager que l'on puisse répondre à la question suivante : *dans les conditions de travail qu'il avait, avec les élèves qui étaient les siens, cet enseignant a-t-il fait, cette année-là, ce qu'il était possible de faire dans l'état de l'art et de la science de l'enseignement et de l'apprentissage ?*

Clermont Gauthier indique qu'aux États-Unis, dans les procédures pour incompétence professionnelle d'un professeur, on n'exige pas que le praticien soit hors du commun, mais simplement *moyen*. Il ne s'agit donc pas d'opposer une inaccessible perfection à une pratique réelle, mais de confronter une pratique défaillante à celle qu'on pourrait attendre d'un professionnel *ordinaire* placé dans les mêmes circonstances.

Ne nous précipitons pas pour dire que cette norme moyenne est difficile à fixer ou que l'écart qui l'en sépare ne peut être mesuré exactement. Demandons-nous plutôt si nous sommes prêts à soutenir que nul jugement ne peut être porté sur l'efficacité d'un enseignant dans des conditions de travail spécifiées.

Si l'on pense qu'il est radicalement impossible de juger de l'efficacité d'une pratique pédagogique, même dûment contextualisée, il faut en accepter le corollaire : *l'enseignement est un métier sans rationalité commune*, sans autres références partagées que les savoirs à enseigner. C'est une aventure singulière, chacun restant enfermé dans sa propre histoire, définissant sa propre forme de professionnalité, construisant sa propre didactique, sa propre pédagogie, sa propre éthique, sa propre manière de faire, incommensurable, incomparable à d'autres.

Si l'on adhère à cette vision – qui séduira sans conteste les professeurs les plus conservateurs et les moins compétents – on peut en conclure que les chercheurs en éducation et les formateurs d'enseignants n'ont plus qu'à mettre la clé sur la porte. Ou du moins à *renoncer* à introduire tout élément de rationalité partagée dans le travail d'organisation des apprentissages. On peut du même coup renoncer à toute inspection ou évaluation, ou les limiter aux aspects les plus extérieurs de l'acte pédagogique: présence, respect des élèves, suivi du programme et des procédures d'évaluation.

À l'inverse, si l'on pense que faire apprendre n'est pas un processus aléatoire, que la pratique et les compétences de l'enseignant *font une différence*, si l'on admet la réalité de l'«effet-maître» et si l'on considère qu'il dépend non seulement des caractéristiques personnelles du professeur, mais aussi et d'abord de son action *professionnelle*, alors on ne peut faire abstraction des apprentissages des élèves et refuser de s'intéresser à l'efficacité pédagogique d'un enseignant. Ce serait faire comme si la qualité professionnelle d'un médecin n'avait «rien à voir» avec le pourcentage de patients qu'il guérit, la qualité d'un ingénieur civil aucun rapport avec le nombre d'ouvrages fiables et fonctionnels qu'il construit, etc.

On peut rejeter «l'obligation de résultats» sans cesser de prendre en compte *raisonnablement* les résultats. L'obligation de compétences, pour laquelle je plaiderai plus loin, s'efforcera donc de réintégrer les apprentissages des élèves comme données pertinentes dans un «tableau clinique» brossé par un expert capable de «faire la part des choses», de ne pas appliquer mécaniquement des «normes de production», mais d'assumer tranquillement le fait que les enseignants ne sont pas interchangeables et que certains posent des gestes professionnels en moyenne plus justes et efficaces que d'autres.

CONTRE UNE OBLIGATION DE PROCÉDURE

Une autre piste consiste à tenir les enseignants pour comptables, non pas des apprentissages des élèves, mais des *moyens* mis en œuvre pour les faire advenir. Ce qui substitue une «*obligation de moyens*» à une «obligation de résultats». C'est ce que propose Philippe Meirieu. Sans prendre le contre-pied de cette position, je voudrais montrer qu'elle peut conduire à la déprofessionnalisation ou à son contraire selon la conception qu'on se donne des *moyens*.

Si les moyens sont connus *a priori* et font partie des composantes du travail prescrit, on se trouve du côté des métiers de l'exécution. Le praticien qui peut apporter la preuve qu'il a utilisé les bons équipements et les bons produits fait les vérifications d'usage, suivi les méthodes et les procédures standards, se trouve libéré de toute responsabilité morale, civile et pénale quant aux résultats de son action. Le débat sur la faute professionnelle éventuelle (Chateauraynaud, 1991) ne tient évidemment pas pour acquis le respect de toutes les règles. La controverse peut porter aussi sur leur légitimité ou leur publicité. Il est improbable en effet que même dans un métier en apparence simple et peu qualifié, les situations à gérer soient entièrement prévisibles et couvertes par des règles claires. Improbable aussi que, même dans le milieu le plus technique ou juridique, les règles fassent l'unanimité, ne serait-ce que parce que l'évolution des savoirs, des technologies ou du droit provoque des développements méthodologiques ou normatifs permanents, qui ne sont pas stabilisés sans délai ni débat.

Il serait donc absurde de prétendre qu'un salarié, aussi peu qualifié soit-il, n'exerce aucun jugement et n'est donc jamais incriminable pour n'avoir pas « fait le bon choix » dans une situation qui échappe aux prescriptions ou provoque un conflit de règles. Toutefois, dans un métier peu qualifié, cela se produit à la marge et la responsabilité morale, civile ou pénale est imputée d'abord à l'organisation qui structure et prescrit le travail. Dès lors qu'on peut montrer une défaillance dans la formulation des règles et des procédures, ou dans la formation et l'information visant à en garantir la compréhension et la mise en œuvre, le salarié est hors de cause. Il lui suffit de faire la preuve qu'il *a suivi les règles* pour se laver de toute faute professionnelle. Ce sont les auteurs de règles et ceux qui les transmettent ou en supervisent l'application qui assument la responsabilité principale des effets de l'action.

Transposé à l'enseignement, ce modèle amènerait à dire qu'un enseignant qui a suivi le programme, utilisé la méthode et les moyens d'enseignement et d'évaluation préconisés n'est aucunement responsable si tout ou partie de ses élèves n'apprennent rien ou beaucoup moins que ce qui était visé !

Sous cette forme un peu caricaturale, la description peut faire sourire. C'est pourtant une pente possible du métier d'enseignant, et une forme de tentation, car elle délivre du poids de la responsabilité. Contrairement à ce qu'on imagine souvent, l'autonomie dont rêvent la plupart des praticiens – dans l'enseignement comme ailleurs – ne consiste pas à réinventer le métier de fond en comble, mais à faire les choses « comme ils les aiment » aussi bien qu'à *ne pas faire* certaines choses pesantes ou auxquelles ils ne croient pas. Le métier d'enseignant favorise cette forme d'autonomie, car il s'exerce dans une certaine opacité, qui autorise à prendre de « petites libertés » avec le programme, les méthodes orthodoxes, l'usage prescrit du matériel ou les procédures d'évaluation. Cette liberté, que j'ai appelée de contrebande (Perrenoud, 1996c), n'exige pas du système éducatif qu'il reconnaisse aux enseignants une nouvelle professionnalité, assortie d'une plus forte responsabilité formelle. L'opacité des pratiques et la difficulté de reconstituer les gestes professionnels peu orthodoxes ou défaillants suffit à garantir l'impunité.

Ce dernier élément est particulièrement important. Dans un traitement médical, *une seule erreur* peut être fatale : contrôle de routine omis, confusion de formule sanguine, mauvais dosage d'un médicament vital, contre-indication oubliée, fausse manœuvre opératoire, échange de dossiers. Rien de tel dans l'enseignement. Si, jour après jour, un enseignant ignore les questions d'un élève ou le ridiculise dès qu'il se manifeste, les effets ne seront visibles qu'à long terme et il sera difficile de les rapporter à une décision précise. Si, durant toute l'année, un professeur juge qu'un élève est inéducable ou que son comportement «ne mérite aucune indulgence», cela ne se verra pas à l'œil nu lors d'une simple visite de classe et aucune reconstitution d'un moment de travail isolé ne pourra objectiver le rapport entre une attitude constante de l'enseignant et le processus de marginalisation progressive et de désinvestissement intellectuel qu'elle induit chez un élève.

Entendue au sens bureaucratique de l'expression, l'obligation de *moyens* ferait régresser le métier d'enseignant vers la prolétarisation et la dépendance, sans garantir grand chose dans le registre des apprentissages. Ni l'amour, ni l'intelligence, ni la sollicitude, ni le respect ne sont des «moyens prescriptibles» et même dans le registre plus technique des séquences didactiques et des régulations cognitives, l'indication méthodologique n'a guère de valeur si elle n'est pas habitée par une *intelligence professionnelle* (Carbonneau et Hétu, 1996 ; Jobert, 2000a).

Ce qui conduit à concevoir tout autrement l'obligation de moyens, à la définir comme *l'obligation de se donner les moyens* d'une action pédagogique réussie, *tous les moyens*, ceux qui relèvent des règles, méthodes et techniques connues lorsqu'elles sont efficaces, et ceux qui passent par une stratégie originale et inventive, voire déviante, lorsque les démarches standards sont sans effets.

Pour éviter toute confusion, je parlerai alors d'une *obligation de compétence* plutôt que de «moyens». Elle s'applique au praticien, à son expertise, à sa capacité de jugement, à son aptitude à prendre des risques calculés, à ses stratégies d'enseignement. L'attente se déplace et touche moins aux moyens eux-mêmes qu'au *choix avisé des moyens*, autrement dit à l'expertise du professionnel qui en adopte, en adapte ou en développe, pour vaincre les obstacles et atteindre les objectifs.

En conclusion : je propose de renoncer à parler d'obligation de moyens dans la mesure où elle peut s'entendre comme une obligation de procédure ou de méthode. Il est plus clair de viser une obligation de compétence ou d'expertise. Comme l'expertise pourrait évoquer un niveau d'excellence hors du commun, je parlerai donc désormais d'*obligation de compétence*, celle qu'on peut attendre d'un enseignant *moyen*, compte tenu de son expérience et de son parcours de formation.

Il resterait à passer d'une obligation éthique, morale, celle qu'évoque l'idée de «conscience professionnelle», à une obligation plus contraignante, à laquelle on ne peut manquer sans conséquences. De là à imaginer des sanctions, par exemple salariales, il y a un pas à ne pas franchir. Si l'obligation de compétence devait avoir des conséquence, ce serait d'abord, il faut y insister, justement en termes de *compétences*. Si aucune régulation ne s'opère en cas de défaut de compétence, défaut qui ne peut être établi qu'après plusieurs tentatives et en laissant à l'intéressé le temps de combler ses manques, il sera sans doute inévitable, en désespoir de cause, d'en venir à des mesures plus répressives.

En amont, l'enjeu est le *développement professionnel*. Mais on reste dans le registre du *contrôle*, qui n'est jamais sympathique. D'autant qu'on trouve dans tous les corps de métier des praticiens dont la conscience professionnelle et les compétences sont au-dessus de tout soupçon, qui s'appliquent à eux-mêmes des exigences bien plus sévères que les standards moyens et ne cessent de s'autoévaluer et de se perfectionner. Affirmer qu'il faut une «police», c'est faire injure à ces gens dévoués, honnêtes et efficaces, adopter une vue pessimiste, entrer dans l'univers du soupçon. L'idéalisme des pédagogues les porte, plus encore que dans d'autres secteurs du monde du travail, à faire confiance à l'autocontrôle.

Sans doute, dans le meilleur des mondes, la confiance dispenserait-elle du contrôle. Pourtant, l'enseignant qui prétend «savoir ce qu'il fait» et exige qu'on lui fasse confiance ne s'interdit pas de vérifier le travail de son garagiste ou du concierge de l'école. Il est plus facile d'exiger la confiance que de l'accorder. Assimiler le contrôle du travail à une insupportable agression, à un soupçon infamant n'est en réalité qu'une tactique défensive pour se prémunir contre une pratique légitime, à condition qu'elle respecte la nature des tâches et reste dialogique.

Toutefois, ne nous trompons pas d'enjeu. Il y a certes dans l'enseignement comme dans d'autres métiers quelques «brebis galeuses» qui «déshonorent la profession», des sadiques, des pervers, des «fumistes», des irresponsables, des pédérastes, des paresseux, des violents, des gens toujours absents. L'obligation de compétence ne vise pas d'abord à réprimer ces «déviants», car leur déviance ne manifeste pas d'abord un défaut de compétence, mais un rapport brouillé à leur travail.

Il existe des enseignants intègres, travailleurs, jamais absents, équilibrés, sympathiques et néanmoins inefficaces. C'est dans ce registre qu'interviendrait une obligation de compétence. Prise au sérieux, elle amènerait à s'assurer que le travail des enseignants manifeste les compétences didactiques et pédagogiques que l'institution est en droit d'en attendre, au-delà de leur respect des règles de base du métier.

Aller dans ce sens, on s'en doute, ne va nullement de soi.

OBLIGATION DE COMPÉTENCE ET ANALYSE DU TRAVAIL

Lorsqu'on engage un travailleur manuel, mieux vaut le mettre à la tâche plutôt que de l'interviewer sur sa pratique: «*C'est au pied du mur qu'on juge le maçon.*» On postule que le défaut de compétence se verra alors *immédiatement*. Plus on va vers des métiers complexes, moins il est évident de juger de la compétence *de visu*, à partir de quelques performances isolées. Car la plupart de ces tâches s'inscrivent dans une stratégie à moyen terme et ne peuvent être appréciées *hic et nunc* que sous l'angle de leur accomplissement technique, non de leur *pertinence stratégique* (Tardif, 1992), autrement dit de leur contribution au plan d'ensemble.

Même en s'installant durablement dans le lieu de travail, il ne suffirait pas d'observer les gestes posés : une partie essentielle de la compétence se niche dans le *jugement professionnel*, les questions que le praticien se pose, les hypothèses qu'il formule dans sa tête, les hésitations qu'il éprouve, les décisions qu'il prend, les modulations qu'il envisage et opère, les interventions auxquelles il renonce délibérément. Bref, sans un accès au *raisonnement professionnel*, l'observation directe de l'action, même de longue haleine, et l'enregistrement de ses résultats, ne renseigneront pas véritablement sur les compétences du praticien. Le constat de son (in)efficacité ne permet pas d'en saisir les causes.

Ce qui ne veut pas dire qu'il suffit de s'entretenir avec un professionnel pour juger de ses compétences. On sait bien que le discours peut faire illusion, en particulier en pédagogie. C'est ainsi que si l'on observe les enseignants qui prétendent – et pensent de bonne foi – faire de l'évaluation formative, favoriser la métacognition, travailler à partir des erreurs des apprenants, différencier leurs interventions, on tombe parfois de haut. Essentiellement parce qu'entre le principe et sa mise en œuvre, on observe une déperdition de sens, un appauvrissement conceptuel, une réduction à quelques pratiques stéréotypées.

Évaluer les compétences professionnelles d'un enseignant n'est donc pas simple et lui proposer des régulations moins encore. L'orientation envisagée ici ne constitue en aucun cas une solution de facilité. Elle me semble en revanche de nature à favoriser une réelle professionnalisation du métier d'enseignant.

Je ne m'attaque pas encore ici à la question des ressources, de la position institutionnelle et des compétences des évaluateurs. En formation initiale, la certification porte sur les compétences, de façon convaincante ou non. L'obligation de compétences fait partie du contrat et son défaut justifie – en principe – le refus de la certification. Une fois les enseignants en fonction, l'obligation de compétences appelle une forme d'évaluation qui est pour l'instant « en quête d'acteurs » (Perrenoud, 1996b). Avant de chercher qui pourrait la prendre en charge, tentons d'abord d'en préciser les contours.

Un bilan de compétences ?

Lorsqu'on pense « obligation de compétences », la première idée qui surgit est d'établir périodiquement un *bilan de compétences*. Adossé à un référentiel établi et accepté, il ferait le point sur les compétences construites, en cours de construction ou à construire (Lévy-Leboyer, 1993). Cette logique, à l'œuvre dans nombre d'entreprises, se heurterait d'emblée à de sérieux obstacles dans le monde de l'enseignement.

Une question de légitimité

Ce qui est légitime, sinon facile, en formation initiale, devient presque infamant dans le métier d'enseignant, une fois le praticien titularisé. Un pilote d'avion ne se formalise pas lorsqu'on lui demande de refaire régulièrement la preuve de ses compétences, soit en simulateur, soit en vol, sous le regard d'un pair instructeur; dans ce métier, on part du principe que le diplôme obtenu et l'acte d'engagement ne garantissent pas une fois pour toutes le niveau de compétence optimal:

- les technologies évoluent, les conditions de travail changent;
- les modes de coopération et l'organisation du travail se transforment;
- les routines s'installent, la vigilance décroît;
- les savoirs et savoir-faire acquis se démodent, s'émoussent, s'estompent ou deviennent moins facilement mobilisables;
- l'âge, l'usure, la santé interfèrent avec la lucidité, la rapidité, la sûreté du jugement;
- le désir de bien faire, la tension vers le perfectionnement continu peuvent s'affaiblir.

De la même façon, on demande ou on envisage de demander aux médecins de faire tous les cinq ans la preuve que leurs connaissances et compétences sont à jour. Même pour le permis de conduire, une telle perspective est adoptée, avec les résistances qu'on imagine!

Les enseignants sont-ils à l'abri de ces processus de dégradation des compétences? Nullement. Le défaut de compétence a-t-il moins de conséquences? Le «crash pédagogique» est simplement moins mortel, visible et global. Pourquoi donc serait-il injurieux de demander aux professeurs de se soumettre régulièrement à un bilan de compétences?

Certains refusent l'idée même qu'il faut, au-delà de la maîtrise des savoirs à enseigner, des compétences professionnelles spécifiques pour professer une discipline. Mais ils refusent tout autant que leur maîtrise des savoirs à enseigner soit périodiquement vérifiée. La culture académique semble un acquis indélébile, contrairement aux connaissances professionnelles ordinaires.

Parmi ceux qui acceptent l'idée d'un bilan de compétences, un second obstacle surgit: quelles sont les compétences de référence et quel est pour chacun le seuil qui définit la professionnalité?

Un introuvable référentiel

J'ai analysé ailleurs (Perrenoud, 1999) les clivages que tout référentiel de compétences induit au sein du corps enseignant. Non seulement en raison de désaccords sur telle ou telle compétence, mais d'une profonde divergence sur l'idée même qu'on puisse «réduire» le métier d'enseignant à un référentiel, quel qu'il soit. Au nom des qualités humaines, des dimensions relationnelles et affectives, de la diversité des personnes, de leurs parcours, de leurs rapports au savoir, du génie propre de chacune, on prétendra qu'aucun référentiel ne saurait rendre compte de la richesse, de la complexité, de la valeur d'une pratique singulière.

Sans doute les métiers techniques se prêtent-ils mieux à l'inventaire d'un certain nombre d'opérations qu'il faut savoir choisir et conduire pour arriver à ses fins. Les savoirs théoriques et méthodologiques font aussi l'objet d'un plus grand consensus. En éducation, imposer un référentiel au nom de la connaissance scientifique ou d'une autorité administrative n'aurait guère de sens en l'état des savoirs. La seule chance est de le *construire en partenariat*, en consentant des compromis. Mieux vaudrait, dans le contexte de l'évaluation des enseignants, disposer d'un référentiel imparfait mais accepté que d'un outil de construction plus rigoureuse à laquelle personne n'adhèrerait, en dehors de ses auteurs et – éventuellement – de leurs commanditaires.

À supposer établir un tel référentiel, il resterait à fixer des seuils de compétence acceptable. Que signifie, par exemple, gérer des parcours individualisés, pratiquer une observation formative, travailler par situations-problèmes, partir des représentations préalables des apprenants, dialoguer avec les parents, coopérer avec des collègues? Ces compétences n'ont guère de sens si l'on ne se risque pas à fixer un seuil minimal. Or, selon la façon dont on le fixe, on court le risque soit de mettre en difficulté un grand nombre d'enseignants, soit de donner à chacun un *satisfecit* à bon marché.

Le déni des juges

Troisième catégorie d'obstacles: à supposer que les professeurs admettent le principe, adhèrent à un référentiel, acceptent des seuils de compétences, il leur resterait à donner le droit à *quelqu'un* de devenir juge de leurs compétences. Qui? Des collègues? Ce sont des égaux, dont on désapprouve souvent les orientations ou dont on n'estime guère la pratique. Des chefs d'établissements? Ils ne paraissent pas plus compétents que les enseignants, plutôt moins, puisqu'ils ont quitté la classe. Des experts, formateurs ou chercheurs? Ils ont la tête dans les nuages et n'ont aucune idée de la réalité. Des inspecteurs? Ils sont tout juste bons à donner une note ou à détecter les moutons noirs de la profession.

L'évaluation ne laisse aucun professionnel serein, le regard de l'autre est toujours une menace potentielle, nul n'est certain d'être irréprochable, mais il est sans doute peu de métiers où l'on récuse aussi facilement *tous* les juges.

Une analyse du travail

Sans renoncer au bilan de compétences, peut-être ne faut-il pas lui donner la priorité et en faire plutôt la synthèse d'un parcours coopératif s'apparentant au *debriefing,* tel qu'on le pratique dans certaines activités à hauts risques. Le *debriefing* s'effectue au retour d'une mission difficile. Il consiste, dans l'après-coup, à revenir sur les conditions de l'action, les décisions prises, les erreurs aussi bien que les options fondées. Non pas tellement pour juger positivement ou négativement, encore moins pour noter ou certifier. Essentiellement pour aider le praticien à *comprendre*, à porter un regard réflexif sur sa façon de fonctionner, sur les dangers et les effets pervers de ses routines aussi bien que sur les erreurs qu'il commet sous l'empire de l'urgence, de l'incertitude ou du stress.

Il faudra sans doute une forme de révolution culturelle, surtout dans les traditions les plus bureaucratiques, pour accepter que l'enjeu majeur de l'évaluation des enseignants ne soit plus de noter pour régler l'avancement, mais de *faire évoluer les pratiques pédagogiques vers plus de justesse et de justice, plus d'efficacité, plus de fiabilité.*

Analyser pour mieux comprendre et maîtriser ce qu'on fait

Développer un rapport réflexif et analytique à la pratique est l'un des objectifs de la formation des enseignants telle qu'elle est conçue aujourd'hui. Idéalement, un praticien réflexif sollicite un *regard externe* lorsqu'il en a besoin, par souci de décentration ou s'il a l'impression d'être à la limite de ses ressources propres et de ce que peuvent lui apporter ses interlocuteurs et partenaires habituels.

Dans le monde tel qu'il est, la pratique réflexive reste une ascèse et il n'est pas déraisonnable de la stimuler par des dispositifs fortement incitatifs, voire contraignants. On a, comme souvent, affaire à un *double seuil* : en deçà d'une certaine sollicitation externe, la machine réflexive ne se met pas en route ; au-delà d'un second seuil, elle se bloque et le sujet actionne des mécanismes de défense, des stratégies de dissimulation, de justification, de dénégation.

Il importerait donc que la « culture de l'évaluation » soit, dans tous les domaines, mais en particulier dans celui du travail des enseignants, une culture de la *confrontation* entre points de vue et de l'*élucidation*, de l'analyse et de la théorisation des obstacles qu'on rencontre dans le travail quotidien aussi bien que des tactiques qu'on leur oppose.

Cette analyse peut être stimulée par :

- une posture intériorisée, un rapport positif à l'analyse, une cohérence avec le type de professionnalité revendiquée par l'enseignant ;

- des interactions coopératives dans le travail quotidien, y compris avec les élèves ;

- des rencontres avec des intervenants externes dont c'est le rôle et l'expertise spécifiques.

Si les deux premières sources sont absentes, on peut douter du poids de la troisième. L'évaluation du travail des enseignants, telle qu'elle est conçue ici, n'a véritablement de sens que dans une culture professionnelle qui y prépare. On pourrait dire qu'on vise une « autoévaluation assistée », que l'intervenant externe ne peut que renforcer les mécanismes réflexifs du sujet, à la manière d'un remède homéopathique qui n'a d'autre vertu que de stimuler les défenses « naturelles » de l'organisme.

Dans la phase de transition où se trouve le métier d'enseignant – à supposer qu'il progresse véritablement vers la professionnalisation – on peut considérer que des formes d'évaluation du travail qui devraient, idéalement, se fonder sur une professionnalité exigeante, peuvent aussi contribuer à la développer. Une des fonctions des dispositifs soutenant une obligation de compétence serait de modéliser des postures et des pratiques réflexives, de leur proposer des instruments et des démarches que les professionnels pourraient s'approprier et utiliser de façon autonome par la suite, seuls ou en équipe pédagogique.

Partir des situations et des problèmes rencontrés

Sans proposer un dispositif, on peut indiquer une orientation. Posons qu'on reviendra d'autant mieux aux compétences qu'on les oublie provisoirement pour s'absorber dans l'analyse fine d'actions situées, autrement dit de *situations de travail*. L'observateur ne s'empressera pas d'en déduire des points forts ou faibles, il s'abstiendra de juger, il prendra le temps d'entrer dans le monde professionnel de son interlocuteur, en respectant sa complexité, sur le mode du débat et de l'analyse dans l'*après-coup*.

Le but n'est pas de dire ce qu'il aurait fallu faire, ni de louer, ni de blâmer. C'est de *faire expliciter un raisonnement professionnel*, en adoptant une posture qui ne soit ni de recherche, ni de formation, mais d'*aide à la régulation*. L'analyse devrait en quelque sorte inciter puis aider l'enseignant à formuler des éléments de réponse à *deux questions* :

•   Dans les situations rencontrées, me suis-je donné des moyens suffisants, adéquats de résoudre le problème, de faire face à l'obstacle ?

•   De façon plus générale, dans quel registre de savoirs savants, experts ou personnels, dans quel ensemble de ressources, avec quelle prise de risque, quelle ouverture à des apports externes, quelle méthode, quelle énergie et persévérance ai-je cherché les moyens d'affronter un problème professionnel ?

Même si chaque enseignant passait deux heures par semaine avec un visiteur disponible, expert, auquel il accorderait sa confiance, avec lequel il aurait construit une complicité et des codes communs, il ne ferait pas le tour des problèmes qu'il résout au jour le jour. L'analyse n'est donc pas une ressource pour résoudre des problèmes concrets *hic et nunc*. Si c'est un *bénéfice secondaire*, tant mieux, mais l'objectif vise la prise de conscience d'un fonctionnement intellectuel et affectif plus stable. La seconde question est en ce sens plus cruciale.

Un expert entraîné peut, à partir d'un petit nombre de situations, aider un praticien à repérer ses habitudes mentales et son univers de ressources. La condition est évidemment que les situations de travail analysées soient fortement *significatives*, ce qui exige que le praticien joue le jeu, n'ait pas peur de s'exposer et ne mette pas toute son énergie à raconter des «contes de fée». Cela ne veut pas dire qu'il faut se limiter aux échecs, aux conflits et aux crises, mais que la situation évoquée doit permettre de remonter à des fonctionnement récurrents, à des zones d'ombre ou d'incertitude dans l'exercice du métier. Comme dans un contrat de supervision, il appartient au praticien de choisir et de narrer les situations, mais il revient à son interlocuteur de ne pas se laisser «mener en bateau». Il y a évidemment dans une telle analyse une part de tension. Sans toile de fond coopérative, sans un minimum de confiance mutuelle, chacun perd son temps, mais une bonne relation ne garantit pas la transparence absolue et l'absence de conflits sur les limites à poser ou à dépasser...

Ce travail permettrait de cerner certaines compétences sous la double perspective des ressources mobilisées et de leur mode de mobilisation. Ce n'est pas le moyen de dresser un bilan de compétences complet, mais ce pourrait être l'amorce d'une seconde phase, plus méthodique mais aussi plus superficielle, dans la mesure où le temps fait défaut pour articuler chaque composante d'un bilan de compétences à des situations de travail précisément rapportées et analysées en commun.

L'analyse du travail fonctionnerait en quelque sorte comme un zoom avant, un plan rapproché, autorisant dans un second temps à prendre du champ et à voir plus large. Elle se développera d'autant mieux que les «gens d'école» apprennent à voir leur travail, à certains égard, comme un travail ordinaire et s'approprient les acquis des sciences du travail, en s'appuyant plus spécifiquement sur les études qui tentent de décrire le travail enseignant au quotidien (Durand, 1996; Perrenoud, 1996a; Tardif et Lessard, 1999).

Bien entendu, tout cela peut se faire en équipe, en duo, en réseau, en établissements.

Une obligation de lucidité et de régulation

Présenter l'évaluation comme une *analyse* peut sembler aberrant si l'enjeu est de noter des fonctionnaires, d'accorder des promotions ou des privilèges, voire de proportionner le salaire au mérite.

De ce point de vue, l'obligation de compétence n'est qu'une façon de nommer la face contraignante du *développement professionnel*. En réalité parler d'obligation de compétence est encore un raccourci. Ce qui devrait être obligatoire, dans une profession, c'est la *lucidité* du praticien sur lui-même, ses actes, son rapport au travail, son éthique, le sens de ce qu'il fait, les savoirs dont il dispose, les compétences qu'il a et celles qu'il n'a pas. Et c'est aussi la *régulation* de ce qui peut être amélioré.

Inscrire une *obligation de lucidité et de régulation* dans le statut des enseignants ne consisterait pas à formuler un vœu pie, à en appeler à la bonne volonté, à la conscience professionnelle. Il faudrait qu'une telle obligation soit assortie de *dispositifs*, et ne puisse être esquivée, ou du moins pas sans efforts et ingéniosité.

C'est pourquoi il importe de ne pas faire de l'évaluation des enseignants un dispositif de répression, donc une menace, mais une *ressource*, de la même manière qu'un *check-up* périodique est une ressource offerte aux patients par les services de soins. L'ambivalence ne disparaîtra pas miraculeusement : la lucidité est une figure de la raison, qui a ses lettres de noblesse tout en faisant peur à chacun lorsqu'il est question de l'exercer. La plus forte pente de chacun est de se bercer de l'illusion que « tout va bien » ou que « tout s'arrangera spontanément ». Les médecins préventistes doivent donc exercer une forte influence, intégrer le *check-up* à une forme de « contrat moral », se battre comme la tentation qu'à chacun de préférer l'optimisme ou de remettre l'épreuve de vérité au lendemain. De l'insistance pressante au dépistage autoritaire, il reste un abîme.

Dans un contrat de travail, l'employeur a, à l'égard des salariés, davantage de droits qu'un médecin à l'égard de ses patients. Le paradoxe est le suivant : s'il se sert de son autorité pour imposer unilatéralement une évaluation, elle sera vécue comme une *machine de guerre* contre le salarié. Ainsi ressentie, l'obligation de compétence perdra l'essentiel de ses vertus de régulation. À l'inverse, si l'employeur fait aveuglément confiance à l'autoévaluation spontanée, il sera probablement déçu, car ne la pratiqueront que les professionnels les plus courageux ou ceux qui n'ont rien à craindre.

Il faut donc inventer des dispositifs «fortement incitatifs», ou plus exactement contraignants dans leur principe, mais non inquisiteurs et dont les salariés peuvent espérer plus d'avantages que d'inconvénients. Toute évaluation constitue une menace et fait courir des risques. Il importe qu'ils soient contrebalancés par des profits pratiques ou symboliques.

On sait que les dispositifs les plus subtils ne servent à rien, voire aggravent les choses, si les intéressés ne les comprennent pas, n'y adhèrent pas ou les soupçonnent de cacher des intentions manipulatrices ou répressives. Plutôt que de se hâter d'instituer des dispositifs condamnés à être mal accueillis, on ferait mieux de viser à une transformation de la culture professionnelle des enseignants. Elle ne peut s'opérer que lentement, à travers une évolution des représentations, des savoirs, des identités des enseignants.

Faut-il tenter de les gagner à la «culture de l'évaluation», issue du monde du management? Cela ne me semble pas très prometteur. Ses origines, ses excès, le simplisme de cette «culture» ne peuvent que rebuter le monde enseignant. Je propose de travailler à plus long terme sur deux axes plus ambitieux, qui ont partie liée avec le processus de professionnalisation:

- le développement d'une culture et de pratiques d'analyse du travail;

- la mise en forme de savoirs professionnels mieux *partagés*, qu'ils soient issus de la recherche ou de l'expérience.

DU TRAVAIL PRESCRIT AU TRAVAIL RÉEL

Un détour par la sociologie du travail ordinaire permettrait peut-être de voir le travail enseignant de façon mythifiée.

Pourquoi l'évaluation du travail fait-elle peur, dans tous les métiers? Parce que le monde du travail repose sur une *fiction*: puisqu'il occupe un poste, le salarié est censé maîtriser tous les gestes professionnels correspondants. Or, la réalité est souvent plus complexe, en raison des failles du système de formation, des pressions de l'encadrement, des effets pervers de la concurrence et de la flexibilité (Sennett, 2000), des conditions concrètes du travail humain et surtout de l'impossibilité *pratique* de respecter toutes les prescriptions tout en assurant la production.

Les organisations ne peuvent guère adopter ouvertement ce point de vue. Lorsqu'elles le font, c'est avec la tentation naïve de rationaliser et de maîtriser cet écart au travail prescrit, de l'intégrer aux prescriptions, alors qu'il ne peut que se déplacer.

Or, cette fiction ruine toute analyse du travail. Un salarié ne peut que se défendre contre une évaluation qui ne s'intéresse qu'à mettre en évidence l'écart entre ce qu'il fait et ce qu'il devrait faire, pour le stigmatiser, voire le sanctionner. C'est pourquoi la première compétence d'un salarié ordinaire est *de masquer ses failles*, parfois à ses propres yeux, au moins à ceux des usagers, de sa hiérarchie, voire de ses collègues de travail s'il n'a pas confiance en eux. Cela ne signifie pas que la plupart des salariés sont incompétents, mais seulement que chacun s'écarte parfois ou souvent des prescriptions, pour de bonnes et de moins bonnes raisons.

Le regard d'autrui est d'autant plus redouté que l'observateur-évaluateur ne sait ou ne veut pas faire «la part des choses», autrement dit adopte, naïvement ou non, le point de vue selon lequel le travail réel doit et peut sans cesse s'approcher du travail prescrit, et considère donc tout écart comme une faute professionnelle, un passage à vide ou un signe, soit d'incompétence, soit de manque de sérieux ou d'investissement. Si les salariés demandent à être évalués par «quelqu'un du bâtiment», ce n'est pas seulement parce qu'ils espèrent une solidarité de corps, mais parce qu'ils imaginent que ceux qui ont fait le même travail ont éprouvé de l'intérieur l'écart entre le prescrit et le réel et savent qu'il est inéluctable et souvent fonctionnel. L'un des problèmes que rencontrent une partie des inspecteurs scolaires comme d'autres «contremaîtres» issus du métier est de ne pas transformer cette communauté d'expérience en complicité et en indulgence inconditionnelle. Pour que le regard informé reste expert et critique, peut-être faut-il que celui qui observe n'ait pas à se faire pardonner de ne plus avoir «les pieds dans la glaise»…

Si l'on adoptait sur le travail une perspective plus proche de l'ergonomie cognitive de langue française ou de la psychosociologie du travail, on verrait que l'écart entre le prescrit et le réel est non seulement inévitable, mais qu'il est nécessaire et souvent bénéfique. Les ergonomes vont jusqu'à concevoir la compétence comme la capacité de gérer un écart inévitable et nécessaire entre travail prescrit et travail réel.

Deux registres normatifs

Dans le travail, il s'agit de faire les choses à la fois «comme il faut», «le mieux possible» et «au moins aussi bien que les autres», le conformisme aux prescriptions étant le minimum requis, le dépassement de ce minimum donnant des atouts dans la compétition pour l'estime et parfois pour des gratifications moins symboliques, un salaire plus élevé, un peu plus d'autonomie ou une promotion.

L'évaluation du travail opère dans deux registres normatifs au moins. L'un couvre l'ensemble de l'activité et prescrit des attitudes, un rapport au travail à l'autorité, au temps davantage que des gestes précis. Le second prescrit des procédures à respecter dans des postes et des situations de travail définis.

Dans le premier registre, chaque milieu de travail, chaque métier produit une impressionnante série de normes spécifiques, mais ce sont assez souvent des déclinaisons de principes généraux tels que :

- observer les horaires de présence et de travail ;

- tenir les échéances et la planification du travail ;

- suivre la voie hiérarchique et les procédures formelles ;

- ne pas détourner les ressources de l'organisation à des fins personnelles ;

- se montrer efficace et efficient dans l'emploi du temps et des ressources ;

- coopérer sans réticence avec des collègues dans le cadre de l'organisation du travail (transmettre les informations, demander ou apporter de l'aide, etc.) ;

- respecter la division du travail, ne pas s'attribuer des tâches relevant d'autres personnes, ne pas se décharger de ses tâches propres sur d'autres ;

- ne pas utiliser des moyens illégaux ou contraires au code d'éthique.

- honorer le secret de fonction, ne pas divulguer des informations confidentielles hors des cercles autorisés ;

- ne pas conserver pour soi des informations, des idées ou des ressources utiles à l'organisation ;

- respecter les règles de sécurité, d'hygiène, de protection contre diverses nuisances ;

- obéir aux directives de l'autorité légitime ;

- lui rendre des comptes à sa demande et se prêter à des procédures d'évaluation ;

- ne pas s'approprier le travail ou les compétences d'autrui ;

- utiliser les méthodes de travail reconnues par la corporation ou l'organisation ;

- ne pas nuire au fonctionnement ou aux intérêts de l'organisation ;

- manifester solidarité, loyauté, disponibilité, responsabilité, sens de l'initiative en cas de difficultés imprévues ;

- s'adapter aux changements de technologies, de structures, de normes et se former en conséquence.

À ces prescriptions générales s'ajoutent des règles et des recommandations propres à chaque fonction et relatives aux diverses actions à effectuer. Les entreprises et les administrations assortissent chaque poste de travail chaque machine, chaque opération d'un ensemble de prescriptions censées garantir le respect de l'environnement et des outils, la sécurité, la productivité, la coordination des tâches dans le cadre de la division instituée du travail. Tout cela définit la tâche prescrite : comment faire une piqûre ou une vidange, comment disposer un couvert ou une souricière, comment transférer des fonds ou des informations, comment ouvrir un dossier ou une huître, comment fermer un compte ou un magasin, comment contrôler un passeport ou un niveau d'huile, comment construire un abri ou un budget, comment organiser un voyage ou une séquence didactique. Pour chacune de ces tâches, les organisations qui emploient des travailleurs répondent de façon normative, par des prescriptions ou des recommandations édictées par les responsables de l'organisation du travail.

Le nombre, la nature, le caractère impératif ou indicatif des prescriptions varient selon le niveau de qualification. La professionnalisation s'accompagne d'une diminution des prescriptions édictées par la hiérarchies, mais d'autres s'y substituent, émanant de la corporation ou dérivant de savoirs établis.

Les sources de l'écart

Dans tous les métiers, l'observation montre que toute activité réelle s'écarte, parfois spectaculairement, de la tâche prescrite. D'où vient cet *écart* entre travail *prescrit* et travail *réel* ? Ses sources sont multiples.

L'écart à la norme est parfois une condition de la réussite de l'action dans ses conditions effectives de déroulement. Dans certains cas, si l'on observe à la lettre les prescriptions de sécurité, les procédures formelles, les méthodes standards, on est irréprochable, mais on ne maîtrise pas la situation. Dans les professions les plus qualifiées, savoir *jouer avec les règles* fait partie de la compétence de base ; dans des situations d'exception, on attend de chaque salarié qu'il « prenne des initiatives » et « se montre plus intelligent que la règle ».

La pression au rendement est une cause constante d'écart à la norme. Si les chauffeurs routiers respectaient strictement les limitations de vitesse et les heures de sommeil, si les douaniers faisaient systématiquement les vérifications prescrites, si les caissiers prenaient le temps de compter et recompter les sommes d'argent qui passent entre leurs mains, ils mécontenteraient leurs employeurs ou les usagers, ou les deux à la fois. La grève du zèle en est la démonstration par l'absurde : la société se bloque si chacun observe scrupuleusement toutes les règles.

L'écart entre travail réel et travail prescrit peut trahir une incompétence ou en tout cas une difficulté d'agir de façon aussi rapide et sûre que le prévoit le poste de travail. Le job le plus simple suppose au minimum une certaine dextérité. Si elle n'est pas présente, le salarié doit feindre de nettoyer, vérifier, livrer ou réparer une partie des objets qu'on lui confie. Dans les métiers plus qualifiés, le défaut de compétence a des effets plus subtils; il peut par exemple infléchir les choix professionnels, voire le diagnostic des situations.

L'écart aux normes professionnelles peut refléter un manque de compréhension de leurs fondements scientifiques ou éthiques, donc des risques et des enjeux. Une partie des accidents du travail ou des erreurs naissent d'une vision fausse ou simplificatrice des forces et des processus à l'œuvre, radiations, contamination, courants électriques, produits chimiques, processus économiques ou psychosociologiques. Ce manque de compréhension peut refléter une désinvolture personnelle, mais c'est souvent la rançon d'un écart entre la qualification des salariés et la complexité qu'on leur demande de maîtriser.

L'écart peut manifester le refus de normes dont le salarié ne voit pas la nécessité, par exemple rester debout derrière un comptoir, porter une cravate ou se laver régulièrement les mains. Il ne méconnaît pas alors les raisons d'être de la norme, mais il n'y adhère pas personnellement ou seulement dans certaines circonstances.

L'écart peut naître de la paresse, du refus d'investir dans son travail l'énergie, la rigueur, la concentration, la persévérance exigée du sentiment que sa contribution équilibre sa maigre rétribution financière ou symbolique (Jobert, 2000b).

L'écart peut traduire un manque de courage, d'esprit de décision. Dans de nombreux métiers, il faut agir dans l'incertitude, avant d'avoir toutes les données et toutes les garanties. Certains praticiens ont peur de prendre ce risque et n'agissent jamais qu'à coup sûr, ce qui peut amener à multiplier les examens et les études, à geler les problèmes, à différer les arbitrages, à laisser les problèmes se transformer pour que quelqu'un d'autre en hérite.

L'écart peut résulter d'un conflit entre le mandat et le projet personnel d'un praticien. La plupart des salariés rêvent d'être aussi libres qu'un artisan à son compte, sans courir les mêmes risques économiques. Ils composent donc entre les exigences du poste et ce qu'ils aiment et savent faire, ce qui donne du sens et de l'attrait à leur vie professionnelle.

L'écart à la norme peut provenir de l'irruption dans le monde du travail de pulsions et de passions humaines: désirs, séduction, complicités, histoires de sexe, histoire d'amour ou d'amitié, mais aussi histoires de haines, de pouvoir, d'exclusion, règlements de comptes, manipulations.

L'écart peut être la conséquence de maladies, de handicaps ou de troubles de la personnalité qu'il faut dissimuler le plus longtemps possible pour ne pas perdre son emploi.

L'écart peut être une forme de délinquance permettant le travail au noir, l'obtention de pots-de-vin ou d'autres avantages, le commerce des ressources de l'organisation (matières premières, fichiers, technologies par exemple) ou de plus graves escroqueries encore, détournements de fonds, espionnage économique.

L'écart peut encore manifester une opposition, larvée ou ouverte, au pouvoir qui édicte des normes jugées abusives, contraires aux droits de l'homme, par exemple lorsqu'elles interdisent de bavarder, de s'asseoir, d'aller aux toilettes lorsqu'on en a besoin. Plus une institution est «totale», au sens de Goffman (1968), plus elle développe des déviances à large échelle, sans lesquelles il serait difficile de survivre, dans une prison, un asile ou une armée, mais aussi certaines entreprises.

L'écart peut être une affaire de solidarité entre collègues ou camarades de travail. La sociologie du travail a montré depuis longtemps qu'à la norme de l'entreprise, guidée par la loi du profit maximal, s'opposait une norme émanant des travailleurs et les protégeant de la pression au rendement qu'ils subissent.

Ce dernier point montre que l'écart peut exprimer une *culture* et ne pas être une affaire purement individuelle. C'est vrai, à des degrés divers, de chacune des sources évoquées.

Des écarts à la fois programmés et déniés par l'organisation

Les écarts entre travail prescrit et travail réel sont assez souvent la résultante des *contradictions* de l'organisation, qui doit à la fois avoir l'air de faire les choses dans les règles de l'art et «tourner» avec des ressources limitées, soit pour dégager des profits, soit pour faire avec des financements publics en baisse ou qui n'augmentent pas en proportion de la demande sociale. Sociologiquement, l'écart entre travail prescrit et travail réel est à la fois inévitable et indispensable: c'est parce qu'il y a du *jeu* que la machine sociale peut tourner. Les systèmes humains sont moins fragiles qu'un mécanisme d'horlogerie, parce qu'ils continuent à fonctionner avec une dose d'écart à la norme qui paralyserait toute machinerie. Ce qui apparaît une déviance, pas toujours reluisante, prise cas par cas, permet globalement la coexistence plus ou moins pacifique et la mobilisation d'ensembles immenses de personnes au service de buts collectifs.

Cela n'empêche pas – contradiction de plus – l'écart entre le travail réel et le travail prescrit de faire l'objet d'une réprobation morale ou rationaliste qui fait abstraction des contextes et de la complexité des systèmes sociaux. Cette réprobation empêche toute analyse du travail. Il importe donc que quiconque veut aller dans le sens d'une obligation de compétences se départisse de tout jugement moral et donne au contraire à ses interlocuteurs l'impression qu'il connaît les contradictions dans lesquelles ils se débattent, qu'il sait que chacun ne fait pas ce qu'il veut et compose avec toutes sortes de contraintes, de limites, d'attentes, de circonstances qui justifient un écart entre le prescrit et le réel. Aussi longtemps qu'on enfermera les acteurs dans la fiction d'un travail entièrement rationnel, l'évaluation sera vécue comme un danger, une façon de donner à voir la réalité pour la *condamner* au nom de la norme, pour mieux restreindre les marges de liberté des salariés.

Si l'évaluation du travail continue à entretenir la fiction d'un travail constamment cohérent, efficace, maîtrisé, conforme aux prescriptions et à l'état de l'art consacré par quelques experts, elle ne peut qu'alimenter des stratégies de défense ou de dissimulation. Il en ira de même si elle est vécue comme une atteinte à l'autonomie professionnelle, que cette dernière permette de faire son travail ou d'y échapper.

La porte est étroite : voir l'évaluation comme une pure relation d'aide serait faire fi du *droit au contrôle* que tout contrat de travail donne à l'organisation. À l'inverse, se placer entièrement du côté de la norme met le salarié en position défensive et le pousse à saboter tout système « intelligent » d'évaluation, autrement dit tout système qui requiert la coopération active des intéressés.

Je ne sais pas si cette contradiction est surmontable. Peut-être le « refus de participer à sa propre évaluation » est-il l'équivalent, dans le monde du travail, du droit de ne pas contribuer à son propre procès. Il se peut que les organisations soient condamnées à pencher, soit vers des évaluations violentes, intrusives, menaçantes et cruelles, comme dans une partie des entreprises, soit vers des simulacres, comme dans les administrations publiques...

Une vision plus réaliste du travail des enseignants n'aplanira certainement pas tous les obstacles, mais c'est sans doute une condition nécessaire de l'obligation de compétences.

PARTAGER DES SAVOIRS PROFESSIONNELS

Une *obligation de compétences* permettrait de concilier une forme d'évaluation du travail et le mouvement vers la professionnalisation du métier d'enseignant. Cette orientation se heurte toutefois à de nombreux obstacles. L'un d'eux, et je conclurai sur ce point, touche à la part congrue de *rationalité partagée* dans le métier d'enseignant.

Dans certains métiers, l'arbitraire du jugement est limité par une *communauté de savoirs déclaratifs et procéduraux* qui « mettent d'accord » des professionnels par-delà la diversité des places et des valeurs. Aujourd'hui, cette communauté est fort restreinte dans le métier d'enseignant, en particulier lorsqu'il s'agit de « faire partie du problème ». Comme tout métier, l'enseignement fabrique des « idéologies défensives » (Dejours, 1993) qui fonctionnent comme des modèles descriptifs et explicatifs du réel. Dans l'enseignement, ces idéologies se construisent autour de l'échec de l'intention d'instruire, et fonctionnent comme justification de l'impuissance, que le fatalisme soit biologique – l'idéologie du don –, psychosociologique – le mode de vie, le milieu socioculturel, la famille désorganisée – ou encore dans le registre de la psychologie clinique : troubles, carences, faiblesses, manques en tous genres. Dans une école ordinaire, ces stéréotypes fonctionnent dès qu'un enseignant cherche du renfort ou se pose des questions culpabilisantes.

L'évaluation du travail dans l'esprit d'une obligation de compétences n'a pas pour but premier de confirmer sans examen que nul ne pouvait mieux faire. Elle adopte au contraire, non par suspicion maladive, mais parce que c'est son seul sens, l'hypothèse qu'un autre cadrage, un autre diagnostic, une autre stratégie didactique, une autre attitude auraient pu changer quelque chose au cours des événements. Le dialogue va donc conduire à interroger l'évidence selon laquelle le praticien « a fait tout ce qu'il pouvait », aussi bien d'ailleurs que l'évidence contraire, moins fréquente, selon laquelle il serait responsable de tout ce qui a mal tourné.

Le *debriefing*, l'analyse *ex post*, consistent à reprendre patiemment le cours des choses pour trouver non pas une faute, ni même une erreur caractérisée, mais des bifurcations, des raccourcis, des analogies fallacieuses ou des stéréotypes dans le jugement professionnel. Pour conserver une posture analytique, ne pas fuir immédiatement dans la justification ou l'autoflagellation, il importe que le praticien ait une théorie du sujet et de l'action qui fasse la part de l'inconscient, des déterminations affectives, des limites de la raison et de la volonté. L'analyse ne mènera à rien si le praticien refuse de se considérer comme un être faillible, inconstant, avec des intuitions fulgurantes et des aveuglements, des temps de persévérance et d'autres d'abandon, des moments de lucidité pointue et d'autres de pensée magique ou de sens commun, des cohérences obsessionnelles et des contradictions, une part d'autonomie mais aussi une culture due à un ancrage culturel et social dont on ne se défait jamais.

Aussi longtemps qu'un enseignant se juge porteur d'un savoir dont il ne met pas en cause la légitimité, fait de son propre rapport au savoir une norme universelle, dénie en lui tout goût du pouvoir au-delà d'une autorité didactique fonctionnelle, refuse la part de narcissisme et de séduction dans le rapport pédagogique, prétend n'avoir aucune préférence parmi ses élèves, pense évaluer en toute impartialité, mésestime la part de routine et d'arbitraire dans sa planification et sa gestion de classe, affirme n'avoir jamais peur et ne pas connaître le doute ou la panique, aussi longtemps qu'il fait fonctionner l'illusion de la rationalité et que ce que j'ai appelé la « comédie de la maîtrise » (Perrenoud, 1995), le dialogue avec un autre professionnel deviendra menaçant s'il s'écarte de l'esprit de corps et de la complicité dans l'attribution des difficultés du métier aux élèves, aux familles, aux médias ou à la « société ».

Une partie des enseignants ont construit de tels savoirs par des itinéraires personnels: formation en sciences humaines, expérience de vie, psychothérapie, supervision, contacts intensifs avec des professionnels de la santé ou du travail social, culture familiale. Il reste que ces savoirs et cette vision du sujet ne font pas partie de la culture professionnelle de base des enseignants. Au vu de l'hypertrophie des savoirs à enseigner et des didactiques des disciplines dans la plupart des cursus de formation initiale, et de la *pauvreté de l'apport en sciences humaines et plus encore en sciences sociales*, il n'est pas sûr que la situation soit en train d'évoluer. Il subsiste, dans le métier d'enseignant, un écart sans pareil entre ce qu'on fait fonctionner au jour le jour dans la classe et l'établissement et les savoirs formels construits en formation professionnelle.

Cela me paraît le principal obstacle à une évaluation du travail visant l'analyse et la régulation des pratiques dans la perspective d'une obligation de compétence.

14

LA NOTION DE COMPÉTENCE PERMET-ELLE DE RÉPONDRE À L'OBLIGATION DE RÉSULTATS DANS L'ENSEIGNEMENT ?

Bernard REY
Université libre de Bruxelles

Si on admet que l'école a une obligation de résultats, alors ceux-ci doivent être définis d'une manière d'autant plus rigoureuse qu'ils sont justement «obligés».

Or, au moment même où émerge, dans le monde scolaire, cette obligation de résultats, les curriculums sont, dans de nombreux pays, redéfinis en termes de compétences. Pour s'en tenir à la francophonie, des pays aussi différents du point de vue de leur organisation éducative que la Suisse, le Québec, la France et la Belgique formulent tout ou partie de leur plan scolaire sous la forme de référentiels de compétences. Cette disposition semble être la condition indispensable pour l'expression d'une obligation à l'égard des écoles et des enseignants.

En Belgique francophone, la Ministre en charge de l'éducation au moment de la publication des *Socles de compétences* (Ministère de la Communauté française, 1999) présentait ceux-ci comme le «contrat entre l'école et la société». Cette idée de contrat renvoie directement à celle d'obligation, si l'on se souvient qu'une obligation n'est pas une contrainte par la force mais plutôt l'effet d'un engagement volontaire.

La notion de compétence permet-elle de définir les résultats attendus de l'école en termes tels qu'ils puissent faire l'objet d'un contrat entre société et école et donc d'une obligation imposée à cette dernière ?

Est-il plus facile d'exiger des résultats et de les obtenir, en fixant comme but à l'école de faire acquérir des compétences ? Cette question a trois aspects :

1. Une compétence est-elle une réalité suffisamment univoque pour qu'on puisse s'entendre sur elle et en faire le terme d'un contrat et d'une obligation ?

2. Existe-t-il des procédés connus et éprouvés qui permettent de faire acquérir par des élèves des compétences? Car pour qu'il y ait contrat, il faut que
les obligations des contractants soient de l'ordre du possible.

3. Quelles compétences vont être choisies comme résultats auxquels on oblige
l'école?

DES ASPECTS DE LA NOTION DE COMPÉTENCE QUI EN FONT
UN BON INSTRUMENT POUR DÉFINIR LES RÉSULTATS AUXQUELS
ON PEUT OBLIGER L'ÉCOLE

La question que nous nous posons est évidemment tributaire de la définition que l'on donne au mot «compétence». Or celui-ci a un sens qui varie très
sensiblement selon les auteurs et les textes où il est utilisé.

Pourtant, en dépit de ces différences, il semble qu'un aspect se retrouve
dans la plupart des définitions et des usages de ce mot au sein des référentiels officiels de compétence. Il s'agit toujours d'une disposition à accomplir une tâche ou
un ensemble de tâches, ou bien encore à agir efficacement dans un certain type de
situations.

Cela signifie d'abord qu'une compétence se définit toujours comme un
potentiel d'action. Elle donne lieu à un «faire». Bien sûr, cette action peut très bien
être une action intellectuelle, c'est-à-dire un ensemble d'opérations portant sur des
objets symboliques. Mais elle n'est pas définie par des connaissances, des pensées,
des représentations ni des états physiques ou mentaux. Par suite, même si la compétence n'est pas visible en elle-même, elle est inférée comme caractéristique d'un
individu à partir d'une activité qui, elle, est observable de l'extérieur. Il y a donc
à première vue une vérifiabilité de la compétence qui rend possible un contrôle
objectif de son acquisition et peut en faire un objet d'obligation.

Mais, en outre, dans la définition même d'une compétence, l'accent est mis
sur le résultat et non pas sur le processus mental qui l'engendre. On parle ainsi de
la compétence à monter le circuit électrique d'une maison, à effectuer une multiplication de nombres décimaux, à écrire une lettre administrative, à étudier un
document historique, à tenir la comptabilité d'une petite entreprise, etc.

Ces exemples se réfèrent à des domaines d'activité très divers et sont de
niveaux très différents (les uns sont des exemples de micro-compétences tandis
que les autres renvoient à la globalité d'un métier). Mais la compétence y est, dans
tous les cas, indexée à la tâche minuscule ou générale sur laquelle elle débouche et
non pas aux opérations mentales auxquelles elle donne lieu.

Elle peut bien mettre en œuvre des structures opératoires, des schémas sen-
sori-moteurs, des connaissances déclaratives, procédurales ou conditionnelles, des

savoir-faire, des attitudes, des automatismes, des données retenues en mémoire de travail ou tout ce qu'on voudra. Ce ne sont pas de ces constituants psychologiques qu'on parle pour définir la compétence. Elle est définie par sa finalité fonctionnelle, par son utilité matérielle ou symbolique au sein d'une culture humaine. La notion de compétence n'est pas une notion psychologique, mais une notion de sens commun. Elle se définit par son résultat. Elle est, par là, directement opératoire dans une transaction où les acteurs sont soumis à une obligation de résultats.

DES PROCÉDÉS POUR FAIRE ACQUÉRIR DES COMPÉTENCES ET DERECHEF DE LA NATURE DE LA COMPÉTENCE

Pour qu'une obligation de résultats puisse s'exprimer en termes de compétences, il faut aussi qu'existent des procédés connus, relativement standardisés et susceptibles d'être diffusés, pour faire acquérir des compétences. Qu'en est-il réellement?

Il est toujours possible d'obtenir, à l'école, qu'un élève réponde par un comportement stéréotypé à un signal préétabli. On peut par exemple entraîner des élèves à ce que, lorsqu'ils reçoivent la consigne: «Dans les phrases suivantes, accorde le verbe avec le sujet», ils le fassent. Il en va de même d'un très grand nombre d'exercices scolaires traditionnels relevant des disciplines les plus diverses: effectuer une soustraction, calculer la dérivée d'une fonction, repérer les métaphores dans un texte littéraire, etc.

En disant qu'il est toujours possible d'entraîner les élèves à de telles procédures, nous ne voulons pas dire que c'est toujours facile. Car il faut que les élèves s'habituent à saisir la réalité au travers de concepts qui sont souvent opposés à la saisie du sens commun. S'il s'agit finalement pour l'élève d'acquérir des procédures mécaniques, il faut pour cela que l'enseignant déploie, pour sa part, bien autre chose que des procédures didactiques mécaniques et qu'il fasse preuve de stratégie et d'inventivité. Mais nous disons pourtant que l'acquisition de procédures élémentaires par les élèves est toujours possible, car elles relèvent d'un couplage entre stimulus et réponse pour lequel le behaviorisme a proposé de longue date un modèle du processus d'apprentissage, en lequel interviennent la répétition et le renforcement.

Mais effectuer une soustraction quand on demande au sujet de le faire, est-ce vraiment une compétence au sens fort qu'on donne ordinairement à ce terme? Lorsqu'on dit dans la vie courante que quelqu'un est compétent, on désigne généralement une aptitude moins élémentaire et moins automatique: on suppose qu'il possède tout un répertoire de ces procédures automatisées que nous venons d'évoquer et qu'en plus il est capable, face à une situation relativement inédite, de choisir la procédure qui convient. Si on tient à appeler encore compétence une procédure automatisée, nous dirons que c'est une compétence de «premier degré» et nous conviendrons d'appeler «compétence de deuxième degré» l'aptitude, face à une situation nouvelle, à choisir la procédure qui convient.

Mais il semble qu'il faille alors envisager en plus des «compétences de troisième degré». Car, dans la vie sociale réelle, celui qu'on estime «compétent» est celui qui, affronté à une situation non seulement nouvelle mais encore complexe, est capable de choisir et de combiner en une séquence adéquate un ensemble de procédures automatisées (ou compétences de premier degré) qu'il possède.

Nous distinguerons donc désormais entre:

- les compétences de premier degré qui ne méritent qu'à peine le nom de compétence, mais qui sont plutôt des procédures automatisées ou des routines que le sujet met en œuvre devant des éléments de situation, ou signaux, préétablis;

- les compétences de deuxième degré, ou compétences élémentaires, qui exigent du sujet l'interprétation d'une situation nouvelle de façon à choisir la procédure qui convient;

- les compétences de troisième degré, ou compétences complexes, où il s'agit non seulement de choisir, mais de combiner d'une manière cohérente les procédures de base à partir, là aussi, de la lecture d'une situation nouvelle.

Il faut ajouter qu'une compétence donnée ne relève pas d'une manière absolue de l'un de ces trois degrés. Une compétence qui exige d'un débutant une lecture de la situation parce qu'elle est nouvelle pour lui (donc de deuxième degré) pourra être une procédure automatisée pour l'expert qui, lui, a rencontré de nombreuses fois ce type de situations.

Dans les référentiels de compétence que l'on rencontre aujourd'hui dans les réformes curriculaires de certains pays, on trouve pêle-mêle des compétences relevant des trois degrés. Par exemple, «tracer des figures simples» (compétences de mathématiques, *Socles de compétences*, Ministère de la Communauté française de Belgique, 1999) est une compétence qui semble facile à automatiser: on peut entraîner des élèves à tracer un losange, un carré, un trapèze quand on le leur demande. En revanche, pour beaucoup d'élèves du primaire, la compétence «utiliser de manière appropriée le point en fin de phrase» (*ibid.*) risque d'être une compétence de deuxième degré, car elle exige d'eux une interprétation de situations linguistiques qui peuvent être d'apparence très différente de celles sur lesquelles on les a entraînés à la ponctuation. Il en va de même de la compétence «identifier et effectuer des opérations arithmétiques dans des situations variées» (*ibid.*).

Quant à la compétence « orienter sa parole et son écoute en fonction de la situation de communication » (*ibid.*), elle risque d'être, pour la majorité des élèves du primaire, une compétence de troisième degré, car elle exige non seulement une interprétation de la situation de communication, mais la mobilisation, la sélection et la combinaison de plusieurs types de procédures (relevant du niveau de langue, de la syntaxe de la phrase, de la grammaire textuelle, de la maîtrise des codes sociaux, etc.).

L'introduction de compétences de deuxième et troisième degrés dans les curriculums nouveaux de différents pays constitue, à n'en pas douter, une avancée pédagogique. Car il est intéressant que les élèves n'apprennent pas seulement, à l'école, à exécuter des opérations routinières en réponse à des situations limitées et codifiées, mais qu'ils s'affrontent à des situations inattendues et complexes, voire à des situations authentiques, c'est-à-dire extra-scolaires, ou encore pour le dire autrement à des « problèmes ».

C'est ce qui apparaît à l'examen des *Socles de compétences* de la Communauté française de Belgique, du *Plan d'études-cadre* fédéral suisse, de la *Liste des compétences de fin de cycle* de l'école primaire française et du tout nouveau *Programme de formation de l'école québécoise*. Dans tous ces référentiels, il est remarquable qu'apparaissent avec une très haute fréquence des termes comme « opportun », « pertinent », « concevable », « adéquat », « approprié », « à bon escient », « quand il convient », etc. Ces expressions sont la preuve qu'on a à faire à des compétences de deuxième et troisième degrés. Elles appellent de l'élève une action en adéquation avec des situations inattendues. On voudrait qu'il soit capable de résoudre des problèmes différents de ceux auxquels on l'a explicitement entraîné.

Mais on voit aussitôt que, dans le cas de ces compétences de deuxième ou de troisième degré, le résultat attendu est formulé de manière beaucoup plus incertaine. Ce qui « convient » relève de la singularité de chaque situation. Il n'est dès lors plus certain du tout qu'on puisse faire d'un tel résultat l'objet d'une obligation. Du moins sera-t-il plus difficile de déterminer si les résultats sont atteints.

Ce qu'il faut noter également, c'est que les compétences de deuxième et troisième degrés sont beaucoup plus difficiles à construire.

Dans une recherche que nous avons menée en Belgique (financée par le ministère de l'Éducation de la Communauté française de Belgique), nous avons proposé à des élèves de fin de deuxième primaire et de fin de sixième primaire des épreuves de trois types dont chacun renvoie à l'un des trois degrés de compétence. Les résultats font apparaître spectaculairement que, si un grand nombre d'élèves semblent maîtriser les compétences de premier degré, ils sont très sensiblement moins nombreux à réussir à des épreuves renvoyant à des compétences de deuxième degré et encore moins de troisième degré.

Ce résultat, qui confirme la distinction que nous avons établie entre les trois degrés de compétence, semble également signifier qu'il est beaucoup plus difficile pour les enseignants de faire acquérir par leurs élèves des compétences de deuxième et troisième degrés que de simples procédures de premier degré.

Et de fait, la littérature didactique contemporaine n'offre guère de dispositif qui permette d'arriver à coup sûr à ce que les élèves soient capables d'affronter efficacement des situations nouvelles pour eux. Il y a quelques années déjà s'était diffusée l'idée qu'en entraînant les élèves à une procédure, les enseignants devaient systématiquement leur indiquer la famille de situations à laquelle cette procédure pouvait s'appliquer. Une telle précaution constitue incontestablement une avancée didactique susceptible d'aider les élèves. Mais elle est loin de résoudre la difficulté principale. Car il est souvent impossible de dresser la liste exhaustive des situations auxquelles une procédure peut s'appliquer. Ce n'est, en outre, pas du tout souhaitable car l'ambition éducative de l'école est d'arriver à ce que l'élève découvre par lui-même les procédures qui conviennent à une situation nouvelle et cela au prix d'une véritable compréhension de cette situation.

L'instrumentation, toujours nécessaire, de l'action pédagogique doit aider le processus éducatif mais elle ne doit pas servir de prétexte pour en limiter les buts. La compétence, au sens fort, contient à la fois la maîtrise d'un répertoire d'actions élémentaires et l'exercice du *jugement*. Ce n'est pas par hasard que la notion de compétence soit, à l'origine, juridique et désigne le domaine de causes dont un juge a à connaître.

Mais du coup, la compétence ainsi envisagée est difficile à faire acquérir. Il n'y a pas de procédé didactique que l'on pourrait expliciter et qui aurait été suffisamment éprouvé et généralisé, en vue de provoquer chez les élèves l'exercice de la faculté de juger. Rien d'assez précis pour être impliqué dans la clause d'une obligation. Du fait de l'inexistence d'un moyen prouvé, il ne peut y avoir ni obligation de résultats ni même obligation de moyens.

Au total, les compétences qui sont les plus intéressantes à développer à l'école ne sont pas assez univoques pour désigner des résultats «obligatoires», pas plus que ne sont avérées les démarches qui permettraient de les obtenir.

DES DIFFICULTÉS DE CHOISIR LES COMPÉTENCES QUI SERONT LES RÉSULTATS OBLIGÉS DE L'ÉCOLE

Aux difficultés précédentes, s'ajoute la question du choix des compétences dont l'acquisition par les élèves sera une obligation. Dès lors que l'acquisition de ces compétences doit répondre à une obligation que la société impose à l'école, il semble cohérent de préférer des compétences qui soient socialement utiles, c'est-à-dire des compétences qui ne servent pas seulement à résoudre des problèmes scolaires. Si les référentiels de compétences constituent un contrat entre école et société, alors il faut que les compétences que l'école est chargée de construire répondent à une demande sociale. Les compétences attendues seront des produits scolaires pour un résultat extra-scolaire.

La notion de compétence se prête fort bien, en première approximation, à jouer ce rôle de médiateur. Car, comme nous l'avons vu, la compétence, quoique tenant à un certain nombre de dispositions cognitives internes, se définit par la tâche sur laquelle elle débouche, c'est-à-dire par une unité fonctionnelle qui prend son sens du système des activités sociales.

Parmi les curriculums que nous avons évoqués, c'est certainement le *Programme de formation de l'école québécoise* qui exprime le plus explicitement que les compétences à construire à l'école doivent être utilisables dans la vie réelle. On y lit par exemple : « Les apprentissages portant sur des connaissances, des habiletés ou des attitudes sont nécessairement arrimés à des compétences qui leur assurent viabilité et transférabilité au-delà du milieu scolaire » (Gouvernement du Québec, 2000).

Certaines remarques qu'on y trouve laissent même entendre que les contenus des différentes disciplines pourraient être subordonnés à la construction de compétences socialement utiles : « Ces compétences forment des cibles en fonction desquelles s'organisent les diverses composantes du Programme de formation » (*ibid.*).

Or, ce privilège accordé à des compétences utiles dans la vie, qui semble lié à l'obligation de résultats, pose des problèmes redoutables.

Le premier est qu'il faut bien choisir, parmi la multitude des compétences utiles à la vie, celles qu'on va obliger l'école à construire. Préférera-t-on des compétences juridiques, des compétences en langues étrangères, des compétences de jardinage, des compétences informatiques, des compétences relatives à la santé et à l'hygiène de vie, des compétences de sécurité routière, de bricolage, de soins à donner à un nourrisson, etc. ?

On répondra que tout cela est fort utile. Pourtant, il faudra bien, sinon choisir, du moins établir des priorités, proposer une hiérarchie d'attribution des temps de formation. Cette table de priorités engagera inévitablement des choix de valeurs.

Il n'est pas équivalent de développer une compétence aux placements financiers ou une compétence à la lecture de la littérature classique. Nous vivons désormais dans des sociétés qui ont perdu le consensus sur les valeurs et sur les manières de conduire sa vie. Proposer un référentiel de compétences utiles à la société et à la vie, n'est-ce pas donner un privilège à une manière de vivre ? Et lorsque ces compétences sont les résultats obligés auxquels doit parvenir l'école qui est elle-même obligatoire, n'y a-t-il pas le risque de l'imposition d'une manière de vivre ? Par delà ces questions, se pose évidemment celle de savoir si l'État est l'autorité la plus légitime et la plus techniquement outillée pour formuler la demande sociale.

Mais si la puissance publique abandonnait sa prétention à édicter les compétences que l'école doit faire construire, celles-ci seraient établies par les « lois du marché ». Chaque école fixerait ses propres buts et chaque famille, dans une perspective consumériste, choisirait l'école la plus conforme aux résultats qu'elle attend. La publication, dans certains pays, des palmarès des écoles constitue l'exemple de ce type d'obligation de résultats.

Ces difficultés, ces contradictions et ces dangers ont été, semble-t-il, perçus par les responsables en charge des systèmes éducatifs.

Ceux-ci ont évité de formuler d'une manière univoque les compétences utiles dans la vie et que l'école serait chargée de faire construire. On s'est rabattu prudemment sur des compétences exprimées en termes suffisamment généraux pour qu'on puisse en trouver la trace dans la totalité des pratiques humaines.

Ainsi sont apparues, dans la plupart des référentiels, ce qu'on a appelé les « compétences transversales ». Parfois ce terme renvoie à des compétences méthodologiques utilisables à l'école, dans plusieurs disciplines : par exemple, savoir prendre des notes, savoir organiser son travail, savoir lire un schéma, savoir chercher une documentation, etc. Mais souvent, les compétences transversales évoquées sont les indications des formes générales de l'activité intellectuelle humaine : savoir comparer, savoir observer, savoir analyser, savoir discriminer, savoir synthétiser, savoir identifier, etc.

Il semble que les auteurs de ces référentiels aient voulu, par de telles listes, déterminer des compétences dont on pense qu'elles sont engendrées par les disciplines scolaires et qui sont assez générales pour se retrouver dans les pratiques sociales les plus diverses. On aurait donc là les fameux résultats qui pourraient faire l'objet légitime d'une obligation imposée à l'école.

Mais de telles listes posent plus de problèmes qu'elles n'en résolvent. Notons d'abord que des expressions comme « savoir observer », « savoir analyser », « savoir identifier » ne désignent pas tout à fait des « compétences » telles qu'elles sont définies dans ces mêmes référentiels et telles que nous en avons parlé jusque là.

Elles ne sont pas, en effet, définies par une tâche ou un ensemble de tâches, ni par le type de situations dans lesquelles elles permettent d'agir efficacement. Elles sont définies par une opération intellectuelle. Ces formulations se réfèrent non pas au « résultat » sur lequel la compétence débouche, mais sur le mécanisme

mental supposé qui l'engendrerait. De ce fait, elles sont beaucoup moins susceptibles d'entrer dans un dispositif d'obligation de résultats, ne serait-ce que parce
qu'elles ne peuvent guère être évaluées que d'une manière partielle et incertaine.

En outre, c'est leur existence même qui est incertaine. Nous avons montré
ailleurs (Rey, 1996) en quoi les recherches contemporaines en psychologie cognitive amènent à douter qu'il existe des structures opératoires relativement indépendantes des contenus sur lesquels elles s'exercent.

Sans entrer ici dans une analyse technique, on peut en effet se demander
si « savoir observer » un document historique et « savoir observer » des expressions
algébriques relèvent bien du même processus mental. Ne se laisse-t-on pas abuser
par l'identité du terme « observer » qui renvoie à des processus psychologiques fort
différents ? Quand on parle de « savoir analyser », la polysémie du terme « analyser »
(analyse chimique, grammaticale, littéraire, mathématique, etc.) rend indiscutable
l'inanité de la compétence transversale qu'on prétend définir ainsi.

Par suite, il n'est pas sûr qu'apprendre à observer les organes d'un insecte
en cours de biologie et apprendre à observer des désinences de mots en cours de
langue étrangère préparent vraiment à observer les panneaux routiers quand on
conduit une voiture.

De même que l'existence même de telles compétences est douteuse, de
même on ne voit pas très bien comment on pourrait, à l'école, les faire acquérir. Par
exemple, quelle stratégie d'apprentissage pourrait-on mobiliser pour qu'un élève
sache « sélectionner l'information » ou « distinguer l'essentiel de l'accessoire » ?

Sélectionner l'information dans un problème de mathématiques, sélectionner l'information pour préparer un exposé en histoire, sélectionner l'information
en vue de résumer un texte argumentatif, voilà des opérations tout à fait différentes
dont chacune est fortement dépendante du contenu sur lequel elle s'effectue et du
contexte qui l'entoure.

L'apprentissage de cette capacité dans l'un de ces domaines risque d'avoir
peu d'effets sur sa maîtrise dans les autres. D'une manière générale, nous défions
quelque enseignant que ce soit d'arriver à faire acquérir par un élève à « distinguer
l'essentiel de l'accessoire » dans n'importe quelle situation.

Au total, définir, en termes de compétences, les résultats auxquels l'école
s'oblige semblait appeler un choix de compétences à usage extra-scolaire. Car si
la société exige de l'école des résultats, c'est bien pour que l'édifice scolaire, fort
coûteux, serve à quelque chose et notamment à produire des compétences que
l'individu pourra utiliser dans sa vie professionnelle, personnelle et civique. Mais
préciser quelles sont ces compétences, c'est imposer à chacun un système de valeurs
et un mode de vie. Quant à réduire les compétences attendues à des capacités

générales formelles, cela revient à enlever toute consistance aux résultats dont on exige l'obtention.

CONCLUSION

Une école qui ne répondrait pas à la demande sociale s'isolerait et perdrait sa légitimité. Il semble donc juste qu'on attende d'elle et de ses acteurs des résultats. Mais quels résultats ? Le produit attendu de l'école n'est pas ordinaire : il s'agit d'un être humain. La notion de compétence paraît offrir un outil adéquat à la détermination de ces résultats. Car une compétence est une propriété indissociable du sujet qui la possède. Elle lui appartient en propre. Mais, en même temps, elle se définit aussi par une activité ayant un sens et une fonction dans le monde social. Par là, elle semble pouvoir constituer un résultat susceptible d'être attendu de la société. Enfin, elle s'exprime par des actions vérifiables (à la différence des savoirs).

Pourtant un examen plus attentif de ce qu'est une compétence fait apparaître que les choses ne sont pas si simples, car une véritable compétence n'est pas seulement le pouvoir de produire un comportement stéréotypé face à un signal univoque. Elle est surtout le pouvoir d'adéquation à une situation inédite et singulière. Par là, elle est à la fois difficile à évaluer d'une manière objective et difficile à faire apprendre.

En outre, toute définition précise des compétences attendues de la société impliquerait des choix de valeurs qui seraient, ainsi, imposés à la société tout entière.

Mais cette impuissance des compétences à constituer les résultats auxquels l'école s'obligerait ne met pas tant en question la notion de compétence que celle d'obligation de résultats. Comment fixer à l'acte d'enseignement une obligation de résultats, alors que ce qui le caractérise, c'est d'espérer et d'exiger de l'élève toujours plus que ce à quoi on l'a entraîné ?

Il semble qu'entre la demande sociale et l'activité sociale, il doivent y avoir du jeu. L'école ne peut s'obliger à produire un résultat directement requis par la société. Entre ce qu'exigent les activités sociales si diverses et si changeantes et ce que fait apprendre l'école, une médiation est requise. Ne pourrait-elle être assurée, finalement, par le savoir ? Car celui-ci, avec ses exigences de preuve, de rationalité, d'universalité, propose une forme de relation à autrui en laquelle l'usage de la force ne sert à rien. Cet horizon de rationalité sur lequel ouvrent les savoirs est peut-être bien ce qui fonde l'entente sociale.

15

L'ENVERS ET L'ENDROIT
D'UNE « OBLIGATION DE RÉSULTATS »

Mireille CIFALI
Université de Genève

POSITIONNEMENT

Pour une clinicienne, qui vit le quotidien dans la rencontre de l'humain au singulier, il est intéressant de se confronter au problème de « l'obligation de résultats », dont la formulation même ne comprend ni subjectivité ni intersubjectivité.

Différentes disciplines scientifiques interviennent dans ce débat, chacune posant à sa manière la question de sa place. Certains parlent de modestie, soulignent leurs limites, montrent que les décisions ne peuvent et ne doivent pas être prises par eux uniquement, les experts; qu'il s'agit de laisser la place au politique, que personne n'a raison à soi tout seul, mais que nous ne pouvons pas éviter de parler de chiffres et surtout d'argent... Ma place paraît se situer dans une zone opaque: dans la « boîte noire », selon la formule, là où l'on ne sait pas ce qui se passe mais où l'on sent que quelque chose se joue; ou bien, en d'autres termes, dans « l'ineffable » où l'on se réfugie pour échapper à tout contrôle et même à toute pensée. Je suis en effet du côté du « facteur humain », du malaisément cernable par les chiffres; du côté de ce qui dérange la rationalité, qui fait qu'on ne réussit pas comme on le souhaite; je demeure accrochée au relationnel, à la singularité des actions, donc à la poétique du sujet avec ses réactions inattendues.

Je tiendrai donc cette place, nommant les possibles effets d'une obligation de résultats sur les personnes en présence: ceux qui apprennent et ceux qui enseignent. Mais avant cela, dire que pour moi – clinicienne, freudienne et historienne – les métiers de l'humain relèvent d'une praxis[1], que Castoriadis définit ainsi:

---

1. Voir les travaux de Jacques Ardoino, Cornelius Castoriadis, Michel de Certeau, et en particulier de Francis Imbert, *Pour une praxis pédagogique*, Vigneux, Matrice, 1985.

«Nous appelons praxis ce faire dans lequel l'autre ou les autres sont visés comme êtres autonomes et considérés comme l'agent essentiel du développement de leur propre autonomie ». Et d'ajouter : «La vraie politique, la vraie pédagogie, la vraie médecine, pour autant qu'elles ont jamais existé, appartiennent à la praxis[2]. » Nos métiers dépendent de l'implication de la personne avec laquelle nous travaillons, considérée comme un sujet et non comme un objet. On n'apprend ni ne guérit de l'extérieur, le sujet est partie prenante et nous ne pouvons rien faire sans lui. Reprenant une boutade, Freud écrit : « Il semble *presque*, cependant, que l'analyse soit le troisième de ces métiers "impossibles" dans lesquels on peut *d'emblée* être sûr d'un *succès insuffisant*. Les deux autres connus depuis beaucoup plus long-temps, sont éduquer et gouverner[3]. » Une version manifestement différente d'une obligation de résultats, donc de réussite.

ENGAGEMENT

Du côté de l'enseignant

Qui ne voudrait que l'école produise des résultats positifs, que les élèves apprennent, que les enseignants instruisent de la meilleure façon ? Qui ne souhaite qu'il n'y ait plus d'échec, que l'effort d'une société – financier entre autres – ne produise du «bon travail» ? Qui refuserait que les professionnels soient intéressés à la réussite de leurs élèves, que le niveau de scolarisation se traduise en réelles com-pétences ?

Éloge de l'échouer

Il est donc légitime de parler de réussite, de se préoccuper d'elle. Mais n'oublions-nous pas qu'échouer est nécessaire pour réussir ? Je ne peux décemment pas faire l'éloge de l'échec, mais celui d'échouer, oui. Ou, plutôt que l'éloge, du moins l'acceptation, la reconnaissance d'un possible insuccès dans tout processus d'apprentissage, nécessaire confrontation à la difficulté et compétence à mobiliser nos forces pour dépasser l'obstacle. Échouer est un terme fort, nous pourrions préférer ratage là où il s'agit d'essayer encore et encore, la réussite venant au bout mais pas immédiatement ; là où il faut se batailler pour préserver son estime de soi. Chacun a le droit de réussir ; nous devons en favoriser les conditions. Mais il a droit aussi à l'échec. C'est parce que nous négocions la difficulté sans la fuir, parce que nos mécanismes de défense pour éviter l'obstacle sont imparfaits que nous finis-sons par « y arriver ».

---

2.   C. Castoriadis *L'institution imaginaire de la société*, Paris, Seuil, 1975, p. 103.

3.   S. Freud *Résultats, Idées, Problèmes*, Paris, PUF, 1985, p. 263. Souligné par moi. Traduction française par J. Altounian, A. Bourguignon, P. Cotet et A. Rauzy, qui est reprise dans les *Œuvres complètes* publiée par les PUF.

Pour un enseignant, tout centrer sur la réussite risque d'avoir un effet indésirable : la difficulté lui sera encore davantage inopportune, dérangeante, inacceptable. Or, tel est mon souci ; il paraît certes important de sensibiliser l'enseignant à la réussite d'un élève, mais également de l'aider à traiter la difficulté. Les difficultés sont normales, du côté de l'enseigner comme de l'apprendre. Accepter les difficultés peut déboucher sur une réussite ; ne vouloir que réussir risque de paralyser le processus d'apprentissage.

Renforcement de la toute-puissance

Lier les résultats de l'élève à ceux de l'enseignant paraît à la fois juste et dangereux. La croyance, la confiance qu'un enseignant met dans les capacités d'un élève soutient ce dernier et l'aide dans sa faculté à réussir. Le mépris, le négativisme, les phrases qui enferment un élève dans son incapacité actuelle ont des effets négatifs sur sa possibilité d'apprendre. Toutefois les résultats d'un élève ne reflètent pas à tout coup les compétences ou les qualités d'un enseignant.

Associer les résultats de l'un à l'action de l'autre va davantage encore provoquer un face-à-face nocif. J'essaie depuis longtemps d'œuvrer pour que la relation pédagogique sorte du miroir ; que la non-réussite d'un élève n'entraîne pas chez un enseignant une mauvaise estime de lui-même. Car si tel est le cas, il s'ensuit la plupart du temps une défense contre cette blessure, donc un rejet de celui qui meurtrit le narcissisme par ses résultats. Je travaille à déprendre cet enseignant de sa conviction qu'un élève aurait le pouvoir de lui octroyer sa qualité. Une telle conception donne lieu à des violences, des rejets, des discours très radicaux contre celui qui est en difficulté.

Lier l'évaluation d'un enseignant à celle d'un élève, renforce cette dépendance et favorise la toute-puissance de l'adulte. « Il me résiste, il me déçoit, et j'en serai moi sanctionné »... Au lieu de favoriser le travail sur une difficulté considérée comme normale, on dramatise tout obstacle. Les enseignants vont ruser. Ainsi en témoigne cet entrefilet paru dans *Le Monde* le 11 décembre 1999 :

> Depuis cinq ans, des enseignants new-yorkais aident les enfants à tricher pour améliorer le taux de réussite aux examens. M. Stancik [investigateur « spécial » chargé du système scolaire] a dissipé toute illusion sur les progrès remarquables réalisés dans certaines écoles – deux fois plus d'enfants savaient subitement lire au cours élémentaire – en publiant la liste des tricheurs : au total, quarante-trois professeurs et deux directeurs, dans trente-deux établissements de Manhattan, du Bronx et de Brooklyn.

Le système de fraude n'était pas très sophistiqué. Pendant les tests, les enseignants se promenaient dans les allées en donnant leur avis – « *à refaire, à refaire* » – jusqu'à ce que l'enfant coche la bonne réponse. Les examens s'effectuant par questionnaires à quatre choix possibles, il fallait montrer une certaine détermination pour échouer. Certains professeurs ont même corrigé de leur propre main des réponses erronées. Au total, environ un millier d'élèves ont été poussés à tricher. Plusieurs d'entre eux, qui se sentaient bien, en tête de classe, ont subi un traumatisme «*émotionnel*» lorsqu'un changement d'affectation du professeur les a fait retomber au rang des cancres, a expliqué M. Stancik.

Selon lui, les professeurs voulaient «améliorer leur réputation et faire avancer leur carrière en créant l'illusion qu'ils faisaient du bon travail». Pour les sociologues, l'affaire n'a fait qu'illustrer les dangers de la pression aux notes qui pèse sur les enseignants depuis que le pays s'est doté, ces trois dernières années, de «standards académiques» élevés.

Nous n'avons ni à rire ni à déplorer la bêtise de ces professeurs. Dans un système qui lie si directement l'avancée de leur carrière aux résultats de leurs élèves, ils font preuve d'intelligence en rusant, trichant. La conséquence pour un élève qui a été floué quant à ses capacités, est anti-pédagogique. Nous nous jouons de lui. Nous le leurrons et l'empêchons de s'affronter aux réelles difficultés éprouvées. Nous favorisons alors une surpsychologisation de l'acte d'enseigner. «Il dépend de moi, et de moi seul que tu réussisses.» Quelle prétention et quelle puissance!

Du côté de l'élève

La chose est connue: on peut faire apprendre de l'extérieur, exiger qu'on apprenne par obéissance, et puis un jour ou l'autre surgira la résistance. Il n'y a pas d'apprentissage sans sujet. Donc l'apprenant a sa part de responsabilité, mais pas la totalité. Il existe des conditions pour apprendre, dont bien des recherches ont nommé les éléments: une certaine sécurité, des protections, un cadre, des lois, des rituels, un groupe, une reconnaissance, une attention, des exigences. Apprendre est angoissant, il faut s'y risquer, se mettre en danger de ne pas savoir; batailler pour ne pas se laisser envahir par d'autres affects qui empêchent d'être suffisamment tranquilles pour se centrer sur la tâche... Alors l'obligation de résultats, la pression, la standardisation, la continuelle mise en jugement, la comparaison selon des méthodes statistiquement éprouvées, les classements ne viendront certainement pas faciliter la tâche de ceux qui ont déjà quelques difficultés.

Les effets des épreuves standards, qui doivent permettre à un État de mesurer son efficacité et sa qualité en matière scolaire, ne sont psychiquement pas neutres. Alors quelle évaluation, quelle comparaison, quelle obligation? C'est ce que nous avons à déterminer pour dialoguer avec ceux qui pensent avoir des solutions radicales. Des questions d'éthique apparaissent puisque se mêlent les intérêts d'un individu et ceux d'un État. Au plan national, il semble nécessaire de connaître le niveau de telle tranche d'élèves scolarisés. Mais il faut se demander si cette connaissance prime sur les intérêts d'un individu ainsi confronté répétitivement à la norme. Notre devoir n'est-il pas d'aider ce dernier à y faire face, non sans en tirer des conséquences et prendre les mesures qui lui seront bénéfiques?

De plus, notre expérience récente nous pousse vers la critique d'une uniformisation totalisante et vers la prise en compte des singularités et de leur lien avec la communauté. Que viennent dire et faire les mesures uniformisantes qui privilégient la masse plutôt que le sujet? Contradiction certes, à laquelle nous avons à répondre.

Droit à l'enfance

L'obligation de résultats pousse les adultes à entrer dans un suractivisme – qui les dédouane avant tout eux-mêmes –, et on peut prédire de beaux jours aux stratégies de résistance, aux apathies ou fuites dans l'ailleurs. Quels sont les dispositifs, les cadres qui permettent à un enfant de se risquer à apprendre? Telle est effectivement la question. Comment pouvons-nous l'accompagner, le soutenir, s'intéresser à lui sans agir à sa place, sans exiger toujours et tout le temps, mais sans l'abandonner, le rejeter? Voici de quoi nous mobiliser. Et nous savons qu'il existe non pas des miracles, mais des décrochements; des compréhensions ont lieu, personne n'est condamné à rester toujours à la même place.

Si nous prenons l'obligation de résultats dans ses effets les plus caricaturaux – application des normes de l'entreprise à la productivité éducative –, nous provoquerons une effraction supplémentaire dans le monde de l'enfance. Des adultes nous alertent. Nous avons créé les droits de l'enfant, notre siècle a voulu protéger l'enfance du travail, de l'exploitation. Et nous voyons que ces mêmes adultes sont peut-être en train de rogner sur le droit à l'enfance, c'est-à-dire le droit à la protection, à l'irresponsabilité, au jeu, à la sécurité, à être en dehors des affaires des grands. Les enfants sont soumis aux angoisses des adultes, ils sont poussés à être rentables, efficaces, adaptés, au point qu'ils développent très tôt des symptômes d'adultes, signes que leur corps et leur esprit sont soumis à des pressions qu'ils ont également peine à vivre.

Si des exigences sont nécessaires, elles ne vont pas jusqu'à soumettre un enfant à des normes de rentabilité. Elles lui laissent un temps, un espace pour une certaine inefficacité et irresponsabilité, alors que nous le préparons paradoxalement à être responsable à son tour. Les adultes ont surtout à leur fournir les conditions pour apprendre, mais ne peuvent pas apprendre à leur place. Pour cette raison, il s'agit de considérer que tout humain doit être accompagné pour parvenir là où il ne veut pas aller. Ce qui inquiète aujourd'hui, c'est le fait de tenir un élève pour un usager, un consommateur à qui il s'agirait de plaire, dont on mesurerait le taux de satisfaction. Nous contribuons à la médiocrité, parce qu'il est plus paisible d'aller là où l'on sait déjà en ne se risquant pas ; plus désirable d'échapper aux contraintes et à l'effort indispensables pour apprendre. C'est renoncer à l'œuvre d'éducation qui consiste à tirer l'autre de là où il se trouve, ne pas le laisser s'enfermer dans son état présent.

RESPONSABILITÉS

Les conditions de la réussite sont une œuvre commune qui comprend des responsabilités multiples. Le succès repose certes sur une exigence et un intérêt porté aux performances d'un élève ; sur l'investissement positif de l'école à l'égard ses potentialités ; sur la croyance et la confiance des parents dans cette institution. Mais c'est aussi toute la situation de celle-ci qui interfère : sa crédibilité, sa confiance, son accueil, son travail dans la cité, son respect par le politique. Faire croire que seul un enseignant est capable ou incapable, et que lui revient le mérite ou le non-mérite, est une escroquerie. Le résultat est toujours celui d'une co-responsabilité, d'un ensemble dont l'alliage fait appel à des paramètres qui ne sont pas simplement programmables par un train de mesures généralisées.

De ce fait je parlerais de co-responsabilité. Que les politiques, niant leur part d'engagement, se défaussent sur les professionnels, cela mène à l'échec. La réussite dépend de la reconnaissance de la société civile pour son école, de l'estime qu'ont les politiques pour la mission de celle-ci, de la confiance que lui apportent les parents, et évidemment, de la qualité des enseignants et de l'implication des apprenants. Que chacun travaille à la réussite, oui ; mais chacun dépend de l'autre, et c'est précisément à cet endroit que nous avons particulièrement à œuvrer : en collaboration, à partir de rôles et de fonctions distinctes ; chacun a sa part et l'œuvre finale est réalisation commune.

S'il y a échec, à qui la faute ? À l'apprenant par manque de capacité, de motivation ou de potentialité ; à l'enseignant qui n'a pas fait son travail ; à l'école, en perte de crédibilité, à la télévision qui fait concurrence, aux parents qui ont un contre discours, aux politiques qui laissent cette école à l'abandon ou à sa « mercantilisation », etc. ? Personne ne peut être délivré, pas même l'apprenant, de la part qui est la sienne. Comment opère cette co-responsabilité et se créent les fragiles conditions pour apprendre ? C'est à quoi nous nous heurtons. Nous avons à traquer les représentations qui entravent, les causalités trop simplistes, les déductions de statistiques pour stigmatiser tel ou tel élève, sans pour autant surpsychologiser en faisant porter la culpabilité sur les seuls enseignants et parents.

Les conditions pour enseigner dans une institution scolaire ne sont pas synonymes de peur, de mise en accusation, ou d'attaque. On n'invente pas quand on a peur, on ne réussit pas quand on est mis continuellement en jugement. Entre une absence de contrôle et un contrôle presque quotidien, il s'agit de trouver des alternatives. Un enseignant a aussi besoin de reconnaissance, d'assurance, de sécurité. En soutenant cela, vous risquez, dira-t-on, de renforcer une position où l'enseignant se protège lui-même avant de penser à ses élèves, défend sa place et ses commodités ! Certes, nous ne pouvons pas laisser des professionnels camper d'abord sur leurs privilèges, détourner l'institution scolaire à leur seul profit, se placer dans une défense qui rejette toute proposition et tout changement, échappant à tout contrôle au nom de l'ineffable. Nous ne pouvons pas non plus escamoter le fait que travailler sans une sécurité minimale provoque une souffrance qui n'est pas sans conséquence pour l'élève. Telle est l'inéluctable tension que nous rencontrons.

Fonction parentale

Être parents revient à tenir le rôle de parents d'un enfant qui est devenu un élève, à montrer à un enseignant qu'il n'a pas tout le pouvoir sur cet élève qui est leur enfant, et qu'il a à tenir compte d'eux qui en ont la responsabilité[4]. Tenir leur rôle, comme contre-pouvoir, mais pas comme critique systématique d'un enseignant ne correspondant pas à ce qu'ils veulent de lui. L'apprentissage est à faire, par les uns et les autres, pour accepter que tous n'aient pas le même point de vue, la même logique; que personne n'est au service exclusif de l'autre, mais qu'il s'agit d'œuvrer en commun afin de construire les conditions pour enseigner et apprendre. Que chacun joue sa partie, tienne sa place, sa fonction, dans le respect de l'autre. C'est ce qui nous est aujourd'hui le plus difficile.

Si obligation de résultats signifie « marchandisation » de l'école, alors nous ne sommes pas sortis des conflits d'intérêts, des volontés que l'autre soit comme on le souhaite, avec annulation des différences. Quelles obligations ont les parents, et comment le social leur permet-il de les remplir ? La transformation des parents en consommateurs d'école, en clients dont on peut donner l'indice de satisfaction me paraît dangereuse. Cette commercialisation des rapports nous fait glisser vers une conception réduisant l'humain à n'être que la somme de ses besoins et qui le tient pour comblé lorsque ceux-ci sont assouvis. Heureusement que nous sommes insatisfaits, heureusement que l'objet ne bouche pas tout à fait notre besoin, heureusement que l'école ne donne pas ce que nous voulons. Là aussi la limite est difficile à tenir. Il y a de l'insatisfaction, colère légitime, quand des fautes professionnelles sont commises qui mettent en danger l'apprentissage. Mais sinon, l'école ne doit pas répondre aux besoins de chaque parent, ce n'est guère tenable. L'école est un espace public, commun, avec ses normes, qui n'appartiennent à personne, qui n'ont pas à être adaptées à chacun, mais dont nous devons veiller à ce qu'elles ne défavorisent certains et n'en favorisent d'autres.

---

4.   Y. de la Monneraye, *La parole rééducatrice*, Paris, Dunod, 2000 (rééd.).

Engagement politique

Le politique a sa place et sa responsabilité. Quel message donne-t-il, quelle reconnaissance, quelle critique peut-il faire de sa propre bureaucratie, de ses tentacules parfois kafkaïennes? Comment peut-il n'être pas tantôt dans la séduction tantôt dans l'imposition de sanctions? Lorsqu'il y a obligation, si on n'y souscrit pas, que risque-t-on, en effet? La sanction peut être conçue comme répression, punition, exclusion, recalage, et même fermeture d'établissement non performant. C'est une conception de la sanction qui relève d'une autorité désuète dans notre société.

Si on instaure un régime de la peur, de la menace permanente, de la mise sous contrainte, de l'obligation aveugle, alors on peut être certain que la qualité de l'enseignement chutera. La sanction liée à la peur ne nous y aide pas. S'il y a sanction, ce serait davantage du côté de la réparation, comme avec les adolescents qui ont à prendre la mesure de leurs actions et des effets de leurs gestes[5]. Tout un travail peut être mené pour comprendre comment aux difficultés nous remédions, comment nous nous y confrontons en évitant de les cacher.

Le contrôle est le contraire d'un mouvement qui favorise la faculté des enseignants et des élèves d'être responsables de leurs actions, capables d'initiative. Parfois il s'agit de prendre des décisions qui transgressent, qui sont risquées; elles ont à rester dans le secret. Pour réussir, pour faire un coup, pour oser..., la transgression est en effet parfois nécessaire, au bénéfice d'un sujet. Qui n'en a pas profité? Une part d'ombre est donc vitale à toute institution, à toute personne. Avec les risques de dérapages que cela peut induire, il va sans dire. Il existe des zones où il s'agit de faire confiance, de renoncer à contrôler et de risquer d'être déçu.

Éthique de la responsabilité

On évoque ici tantôt une morale tantôt une éthique de la responsabilité. Qu'est-ce à dire? Si nous nous portons sur le terrain de l'obligation, nous sommes dans le registre de la morale, du «devoir», de l'impératif catégorique de Kant. Cette valeur de l'obligation est fondamentale, mais elle ne suffit pas. La critique actuelle de la morale, pour y substituer celle de l'éthique, postule qu'un impératif catégorique est difficile à tenir dans les situations singulières. Il fonctionne comme référence, mais sans pouvoir guider dans la particularité des circonstances. Il peut être vidé de sa substance d'efficience pour n'être plus qu'une rhétorique vide. Parler d'une éthique de la responsabilité, c'est non pas renoncer à l'obligation, mais confronter celle-ci à nos situations quotidiennes et demander qu'à chaque fois elle soit éprouvée, qu'on réfléchisse comment elle peut ou ne peut pas être appliquée.

---

5.   M. Vaillant, *La réparation. De la délinquance à la découverte de la responsabilité*, Paris, Gallimard, 1999.

L'éthique qui cherche à régler les conjonctures singulières peut par exemple envisager nécessaire la transgression d'une loi ou d'une valeur.

Mais l'éthique de la responsabilité ne peut intervenir seule. Elle est actuellement couplée à deux autres éthiques : celle de la conviction et celle de la discussion. Bien des auteurs leur en ont associé d'autres : éthique de la finitude, de la joie, éthique clinique[6]. Mais c'est l'articulation entre la conviction, la responsabilité et la discussion qui paraît pouvoir contrebalancer les effets passablement négatifs de l'une ou l'autre prise isolément. L'éthique de la conviction où nous croyons en quelque chose et avons le courage de ce que nous croyons. Mais si nous nous y référons uniquement, nous ne pouvons poser la question des conséquences de notre action, prendre conscience de nos erreurs d'appréciation et nous restons « obligés d'imputer les résultats non prévus à des coupables[7] » que nous choisissons. Puis l'éthique de la responsabilité où nous acceptons que les conséquences soient imputables à notre propre action, pour autant que nous ayons pu les prévoir. Nous sommes obligés de les traiter et de les assumer. Et vient enfin l'éthique de la *discussion* où nous acceptons de n'avoir jamais raison tout seul ; où il est essentiel que « les hommes puissent échanger des arguments rationnels concernant leurs intérêts dans un espace public de libre discussion[8] » pour parvenir à un accord : elle demande autonomie et acceptation de l'altérité. Donc, tenir « l'obligation », certes, mais dans une singularité et non une généralité, avec une responsabilité partagée et une discussion critique acceptée.

La question de la responsabilité est cruciale. Nous œuvrons sur un terrain aujourd'hui miné, où d'un côté on en appelle à la pleine responsabilité d'une personne vis-à-vis de ce qui lui arrive, utilisant une psychologie rapide pour lui remettre l'entier de sa vie sur son dos. De l'autre côté, s'est développée, comme le montrent les philosophes du droit, une idéologie de la victime que l'on tient pour irresponsable. « Tu as des circonstances atténuantes, donc on comprend que tu ne puisses pas, et que ton état t'octroie quelques bénéfices pour récompense. Nous allons payer les dommages subis, et ton malheur sera ainsi atténué. » La protection des victimes, la reconnaissance du dommage subi sont une avancée pour le droit[9]. Les effets de cette protection peuvent cependant se retourner contre les victimes, dans la mesure où cet état reconnu les y enferme, et qu'elles ne pourront mobiliser leurs forces vives pour n'être pas à jamais déterminées par ce qui, un jour, leur est arrivé.

---

6. J.F. Malherbe, *L'incertitude en éthique*, Montréal, Fides, 1996 ; R. Misrahi, *Les actes de la joie. Fonder, aimer, agir*. Paris, PUF, 1987.

7. E. Enriquez, Les enjeux éthiques dans les organisations modernes, *Sociologie et sociétés*, vol. XXV, n°1, 1993, p. 34.

8. *Ibid.*, p. 35.

9. A. Garapon, D. Salas (dir.), *La justice et le mal*, Paris, Odile Jacob, 1997.

Entre, d'un côté, la responsabilité absolue et, de l'autre, une irresponsabilité qui fait que nous n'intégrons pas les événements de notre vie pour nous opposer à leurs forces destructrices, nous devons trouver d'autres alternatives. Nous pourrions évoquer les éléments d'une auto-éthique à la Edgar Morin[10] ou la dette envers le monde telle que la développe Jean-Pierre Vernant[11].

QUALITÉ

Il est une évidence triviale que la qualité n'est pas la quantité. Certes la quantité contribue à la qualité. Le nombre de crayons dans une classe est un indice des moyens disponibles qui peuvent avoir un effet sur la qualité des résultats. Le monde pédagogique a eu, depuis le début du XXᵉ siècle, la tentation de la mesure comme indice de sa scientificité et de son objectivité. Les chiffres parlent, dévoilent, et il s'agit de s'y confronter. Mais on sait aussi que les chiffres mentent comme le langage, parce que la réalité n'est pas seulement faite d'éléments quantifiables. La tentation est de nier ce qui n'est pas quantifiable. La mesure nous tire certes de nos passions, de nos convictions, de nos représentations, de notre centration sur notre territoire. De ce point de vue, réintroduire la question de l'argent dans le débat paraît urgent. Sachant que davantage de moyens ne fait pas forcément la qualité; et qu'un manque de moyens peut grever la qualité de notre action.

Intériorité

Se repose la question des conditions, pour enseigner, pour apprendre. Elles ne détermineront pas forcément la qualité mais la rendront possible. La qualité est certes fabriquée par des données extérieures, elle vient aussi de l'intériorité de celui qui occupe la fonction d'enseignant, avec d'anciennes valeurs comme l'hospitalité, l'équité, le souci du plus faible, le sérieux, l'honnêteté, le courage, la prise de risque, la capacité de transgresser, l'engagement, l'implication, la confrontation à la règle sans y être soumis, la potentialité de résistance, d'écoute, le rapport à soi et à l'autre. Capacité de traiter l'incertitude, le non-programmé, l'indécision, et de se situer un parmi les autres, certes au centre mais relié à d'autres centres qui forcent une décentration.

---

10.   E. Morin, *Mes démons*, Paris, Stock, 1994.

11.   J.-P. Vernant, *La volonté de comprendre*, Paris, Éditions de l'aube, 1999, p. 86. « La dette envers le monde. C'est le constat intellectuel que nous sommes des êtres finis, limités, déficients, que ce qui nous caratérise c'est le manque et que par conséquent la vie est un effort pour combler ces vides en sachant qu'ils ne seront jamais comblés (…) C'est dans la mesure où nous éprouvons à la fois le sentiment de notre fragilité, de notre imperfection et ce lien qui nous unit à … un chrétien dirait notre prochain, comme nous limité, faible, mortel, que nous pouvons essayer ensemble de faire quelque chose de vivable, pas seulement au sens de survivre, mais aussi, comme diraient les Grecs, au sens du vivre bien, heureux, avec noblesse, sans lâcheté, sans petitesse.»

Les tendances de la mondialisation de l'économie auront des effets sur la construction de nos psychismes; nous guettent un certain vide intérieur, des pathologies du narcissisme, une externalisation de notre intériorité. La mission de l'école est sans conteste la transmission d'un savoir. Mais le savoir n'est pas qu'extérieur; il est aussi intérieur. Si nous ne voulons pas qu'il débouche sur des prises de pouvoir, des pratiques mortifères, il est nécessaire de l'associer à une éthique de son usage, à une intériorité capable de contestation, nous préoccupant aussi de l'aptitude des sujets à vivre avec eux-mêmes et avec les autres[12].

Différence

L'un des enjeux de notre actualité réside dans la manière de traiter la diffé-rence et son rapport à la norme, la singularité en relation avec le collectif; comment reconnaître une identité sans la clôturer, tenir compte de particularisme sans brader le lien social.

L'obligation de résultats ne permet pas de répondre à cette difficile question. Nous irons davantage vers l'uniformisation si nous demeurons dans le quantitatif. La réalité demeure infiniment plus complexe : comment aider chacun à développer ses potentialités, qui sont autres que celles de son voisin; comment traiter les diffé-rences et éviter qu'elles entraînent hiérarchie et exclusion; comment rendre chacun intelligent de soi, de l'autre et du monde et le garantir contre la mésestime de soi; comment être équitable là où il y a de l'inégalité; comment développer l'aptitude au savoir de ceux qui s'en disent exclus; comment…

Ces questions-là reviennent en partie aux enseignants. Sans doute des mesures d'ensemble doivent être prises à l'échelle d'une nation. Mais chacun en pressent les limites au niveau des singularités. Nous avons pourtant à tenir tout à la fois le collectif et l'individuel, le semblable et le différent. Les enseignants sont placé devant l'énigme de la singularité, et il est nécessaire qu'ils apprennent à travailler avec elle. Dans leur formation, comment les aide-t-on à passer de la question des coûts à celle de l'unicité d'un sujet? La question est pour le moins intéressante.

Quelle réussite?

Nous ne pouvons pas non plus réduire les résultats à la seule réussite aux examens. La mission de l'école est de développer une capacité de juger et de penser, de se construire une pensée propre; elle aurait à ne pas œuvrer seulement dans l'opératoire, mais également à autoriser ce qui ne sert à rien, qui est gratuit mais plaisant à créer. En cédant trop à l'utilitarisme, nous nous privons de forces vives, celles de la poésie, du jeu, des apprentissages qui semblent n'être pas rentables mais

---

12. M. Cifali, *Le lien éducatif: contre-jour psychanalytique*, Paris, PUF, 1984.

qui ouvrent, transforment par le détour qu'ils imposent. L'école a tout à la fois à imposer des normes reconnues comme celles d'un ensemble, mais aussi à favoriser les apprentissages qui sont ceux d'un sujet dans sa singularité, capacités d'apprendre et de comprendre, d'être en relation avec soi et les autres. Et cela vaut aussi dans la réussite. Le succès à l'école n'est pas celui de la vie et heureusement. S'il n'y a pas d'autre alternative que de prendre la réussite scolaire comme indice de l'efficacité de l'école, il s'agit de relativiser de tels résultats au niveau des individus.

Quand un sujet a échoué à l'école et qu'il se dit avoir réussi dans sa vie, qu'est-ce à dire? À qui en revient la responsabilité? Au sujet certainement, il n'a pas laissé un échec écraser ses forces vives. À la place qu'un sujet peut prendre dans un cadre social, à la chance donnée. Cet écart est signifiant. Celui dont l'échec, le rejet, l'exclusion ont détruit les forces vives et la confiance et que le social n'accueille pas, celui-là paye le prix fort; et la délinquance, la violence seront le dernier sursaut pour clamer une existence.

Il y a certes l'obligation de réussir. Un travail demeure pour affronter la difficulté; du soin à donner à ce qui résiste. Et cela prend un temps qui ne peut pas être comptabilisé. Le perdre peut devenir temps gagné. La réussite est une finalité à laquelle nous avons à tendre, comme mission à l'horizon d'un impossible, dans la quotidienneté de nos efforts. Le droit à la réussite est un droit à préserver, que je définirai par la formule de Ricœur d'un «vivre avec et pour autrui dans des institutions justes[13].»

UN CHOIX?

Alors, «finalement, l'obligation de résultats est-ce un bien ou un mal?» D'une part, une certaine manière d'appliquer cette contrainte aboutit à des horreurs, à des actions aux conséquences néfastes. Elle sécrète des effets pervers, nécessairement; ils sont repérables. D'autre part, certains souhaitent tout de même que nous ne nous dérobions pas à ce que l'économique tente d'imposer, nous aurions à y réfléchir, à opposer d'autres solutions; en somme nous n'y échapperions pas et la façon dont nous abordons cette obligation pourrait même être intéressante.

Un détail

Qui a raison dans ce concert de nuances et d'exemples édifiants? Chacun sans doute. Cela prouve que «l'obligation de résultats» n'est pas une mesure miraculeuse, avec un effet unique et positif à tout coup. Au contraire, comme dans toute action humaine, c'est ce qu'on en fait qui marque la différence. C'est réconfortant. Mais qu'est-ce qui fait la différence, entre un possible bénéfique et une probable

---

13. P. Ricœur, *Soi-même comme un autre*, Paris, Seuil, 1990, p. 202.

horreur? Je répondrai: l'humain, son intelligence. Quand ça marche et qu'on crée plus de liberté et moins de soumission, c'est qu'il y a de l'intelligence, de la croyance, de la cohésion, de la solidarité, de la mobilisation, de la ruse..., des qualités peu programmables mais dont la présence compte dans la réussite, et l'absence dans l'échec. Je reprendrai ici le très beau titre d'un ouvrage de Marie Depussé sur la Clinique de Laborde dirigée par Jean Oury avec, jusqu'à sa mort, Félix Guattari. Son titre: *Dieu gît dans les détails*[14].

Certes, il faut des mesures d'ensemble, des dispositifs, des conditions rationnelles, des ordonnances, mais la différence passe par les détails, par l'humanité de notre regard, la pertinence de nos gestes, la qualité de nos interventions.

Une rhétorique

« L'obligation de résultats » relève manifestement d'une rhétorique qui appartient à une certaine idéologie économique. Dans un ouvrage comme celui de Zygmunt Bauman: *Le coût humain de la mondialisation*, ou dans celui de Jean-Pierre Lebrun: *Un monde sans limites*[15], on retrouve également interrogés: un amour excessif pour l'efficacité, un rejet de l'échec, une rationalité instrumentale[16], le mythe de la transparence, l'éviction de l'impossible comme horizon de nos actes.

Pouvons-nous malgré tout trouver des mesures qui confrontent chacun à sa part de responsabilité, sans alimenter la toute-puissance chez l'enseignant ou le parent, sans refuser le travail de la négativité, ni renforcer le refus de toute difficulté; sans exclure ni mépriser les plus faibles, sans tomber dans l'obsession de la transparence ni dans l'idéologie unique de l'efficacité, sans simplifier l'acte d'éducation ni renoncer aux valeurs éducatives de l'école comme institution? Ce que le social nous renvoie dans la conception d'une obligation de résultats serait alors à saisir comme une occasion, non pas pour la contrer mais pour la détourner, en lui opposant d'autres passages qui répondent différemment à certaines questions qui ne sont pas dénuées de fondement.

Nous aurons vraisemblablement à consulter comment la médecine se confronte avec cette même exigence, comment elle exige une obligation de moyens, cherche une qualité des actes et une mobilisation de l'intelligence vive pour non pas assurer à chaque coup une réussite mais des moyens adéquats et une éthique assumée. Freud avait, après d'autres, rapproché les trois métiers « impossibles »:

---

14. M. Depussé, *Dieu gît dans les détails*, Paris, POL, 1998.

15. Z. Bauman, *Le coût humain de la mondialisation*, Paris, Hachette, 1999; J.P. Lebrun, *Un monde sans limites*, Paris, Érès, 1999.

16. Voir aussi: La résistible emprise de la rationalité instrumentale, *Revue internationale de psychosociologie*, n°8, 1997.

éduquer, soigner, gouverner; aujourd'hui encore nous n'avons pas fini d'explorer la pertinence de cette mise en lien[17].

Répétition

Dans les années 1980, Daniel Hameline interrogeait la rationalité d'une «pédagogie par objectifs» et ses conclusions pourraient bien être les nôtres à quelque vingt ans de distance. Il pointait, par exemple, le mythe de la transparence et sa contradiction avec l'opacité des relations sociales. Il citait un ouvrage de Chausson qui, en 1977, écrivait ceci: «L'efficacité d'une politique se mesure-t-elle par la clarté de ses objectifs et la validité de ses indicateurs de performance? Ou bien par la capacité à gérer des "zones d'incertitude" dont le caractère flou peut laisser place à des initiatives[18]? »

Ne sommes-nous pas encore pris dans le piège de cette alternative? Dans les affaires humaines, nous nous trouvons toujours dans des tensions entre des contraires; il s'agit désormais non pas de vouloir exclure l'un des termes, mais les maintenir ensemble. Entre éducation et instruction, entre affect et cognition, entre rationalité et passion, entre individu et communauté, entre réussite et échec, nous œuvrons nécessairement dans la contradiction, et n'avons pas intérêt à choisir un seul terme. La ligne est fragile qui sépare ce qui construit de ce qui détruit.

Être obligé...

Obligation de résultats, de moyens, de procédures, de compétences?... Et si nous revenions au fondement éthique de toute relation: fondamentalement nous sommes «obligés» vis-à-vis de l'enfant.

Les philosophes affirment que cette relation – éducative et parentale dans un premier temps – est le prototype d'une relation éthique. Nous sommes des obligés, donc nous avons la responsabilité d'accompagner, d'être intelligent, de tenir notre place, de rester vivant, de protéger sans surprotéger, d'autonomiser sans nous esquiver, de préserver l'humain, c'est-à-dire de nous soucier du soin de soi et de l'autre. Une telle obligation n'est-elle pas également celle d'un enseignant à l'égard de ses élèves?

Comme l'écrit Thomas De Koninck, la qualité de la civilisation à venir se mesurera «au respect qu'elle manifestera aux plus faibles des siens[19]». De quoi mobiliser nos efforts pour quelque temps encore...

---

17. Voir M. Cifali, L'infini éducatif: mise en perspectives, *in* M. Fain, M. Cifali, E. Enriquez, J. Cournut, *Les trois métiers impossibles*, Paris, Les Belles Lettres, 1987, p. 109-161.

18. D. Hameline, *Les objectifs pédagogiques en formation initiale et en formation continue*, Paris, ESF, 1979. Citation de Chausson, Les charmes pervers de l'évaluation, *Éducation permanente*, 1977, 41, p. 82.

19. T. De Koninck, *La nouvelle ignorance et le problème de la culture*, Paris, PUF, 2000, p. 160.

16

POUR UNE ÉTHIQUE DE L'ÉVALUATION DES RÉSULTATS EN ÉDUCATION : QUELLES COMPATIBILITÉS ENTRE LES ATTENTES NÉOLIBÉRALES ET LES VISÉES ÉDUCATIVES ?

Yves LENOIR
Université de Sherbrooke

S'il existe une universalité de l'éthique ce serait [...] le résultat d'une construction par élargissement progressif à partir des singularités des cultures, et non celui d'une déduction, soumission a priori à un empire culturel – fût-il celui de la raison –, qui abolirait toutes frontières sous l'uniformité unidimensionnelle de sa loi.

(Atlan, 1986, p. 330)

INTRODUCTION

Dans le contexte des réformes des systèmes d'éducation en cours en Occident, réformes largement portées par l'idéologie néolibérale et par les processus économiques, mais aussi politiques et culturels de mondialisation des marchés (Burbules et Torres, 2000a), il paraît tout à fait «normal» que la question des résultats en éducation émerge comme une préoccupation centrale et qu'elle se soit posée sous l'angle d'une «obligation de résultats». Cette idée d'obligation de résultats, qui peut paraître à la fois moralement souhaitable et socialement favorable à la réduction des inégalités sociales et des processus d'exclusion, et au relèvement de la qualité de l'enseignement – et qui peut possiblement avoir des effets positifs –, n'est cependant pas sans véhiculer des effets pervers dans le contexte de la mondialisation culturelle. Car il existe, comme le rappellent Bernard (2002) et Rocher (2001), une mondialisation plurielle, à savoir des interrelations étroites entre la mondialisation culturelle et les autres processus de mondialisation, économique et politique.

En effet, pour répondre aux exigences de ce phénomène global de mondialisation, le discours idéologiquement hégémonique néolibéral met en avant le principe d'excellence (Lenoir, 2000) et il l'accompagne d'autres maîtres mots : le

rendement, l'efficacité, l'efficience, les compétences, la flexibilité, la responsabilisation, l'imputation, la performance, la gestion de la qualité, la reddition de comptes,
etc. Le but visé, à craindre et à combattre, si l'on se réfère au directeur général de
l'Unesco (Matsuura, 2000), est d'harmoniser les pratiques sociales avec les impératifs du nouvel échiquier mondial où semble se jouer dorénavant le destin des
sociétés. Comme le relève Matsuura (*Ibid.*) « Pour la première fois dans l'histoire
de l'humanité, la planète dans son ensemble est touchée, à un degré ou à un autre,
par la diffusion d'un système omniprésent, à tel point qu'il devient difficile d'en
dessiner précisément les contours. [...] Ce qu'il est désormais convenu d'appeler
"mondialisation" est au départ un processus économique, financier, scientifique et
technologique ; elle implique de nouvelles formes d'organisation sociale, de nouvelles valeurs qui la fondent et la nourrissent tout à la fois. Les risques que présente un
tel phénomène sont multiples et largement débattus : uniformisation, standardisation des messages, mercantilisation du patrimoine, des biens et services culturels.
Mais aussi perte des identités, appauvrissement de la pensée, traçant ainsi la voie
à un repli sur soi défensif, à l'exacerbation des particularismes et à la montée des
intolérances. Du point de vue des libertés, les dangers ne sont pas moins redoutables : celui des nouveaux rapports de domination économiques, réduisant à l'impuissance les pouvoirs démocratiques. Au cœur des débats de l'heure, animés par
ces craintes, la société civile tend de plus en plus à s'ériger en force de résistance.
[...] La nécessité de la sauvegarde de la "diversité culturelle" est probablement une
autre de ces références de plus en plus largement partagée. Et à juste titre. Car la
"diversité culturelle" est tout aussi fondamentale à la survie de l'humanité que la
"diversité naturelle" » (p. 1-2).

Or, cette « diversité culturelle », à laquelle appartiennent les systèmes éducatifs, se voit menacée par la libéralisation des règles du marché, libéralisation qui est
en train de créer « un espace unique mondial où circulent librement marchandises,
capitaux, services et personnes dans une logique de compétitivité universelle »
(Fournier, 1997 : 46). Et cette logique, constate Petrella (1995), concerne « tous les
hommes, tous les groupes sociaux institués, toutes les communautés territoriales
(villes, régions, États) » (p. 28).

Le système scolaire ne pouvait évidemment échapper à cette tendance forte.
Comme le relèvent Burbules et Torres (2000b), « la version néolibérale de la globalisation [...] se reflète en éducation en privilégiant, sinon en imposant des politiques
particulières sur le plan de l'évaluation, du financement, des normes, de la formation des enseignants, du curriculum, de l'instruction et des examens » (p. 15).
Dans une étude comparative des transformations contemporaines de plusieurs systèmes éducatifs, Green (1997) montre que la tendance – clairement observable en
Grande-Bretagne, mais aussi dans divers autres pays – à considérer l'école comme
un nouveau marché « s'accompagne d'une toute nouvelle culture commerciale – la

culture des relations publiques, de la promotion, des unités de coûts et du contrôle de la qualité, où les élèves sont les clients, les parents les consommateurs, les enseignants des gestionnaires et l'apprentissage une valeur ajoutée» (p. 21).

La question de l'obligation de résultats en éducation, qui procède de cette nouvelle culture commerciale, s'inscrit pleinement, à notre avis, dans la logique néolibérale. Elle n'est pas sans soulever une multitude de questions hautement préoccupantes, dont la question éthique qui fait aujourd'hui l'objet de plus en plus d'attention. La question de l'éthique ressort en filigrane comme une interrogation fondamentale vis-à-vis d'orientations qui posent l'exigence de résultats comme une évidence fondée sur les nécessités d'un développement économique incontournable, de la responsabilisation accrue et systématique des acteurs sociaux, d'une gestion saine, rationnelle et efficace des organisations et des ressources, dont, bien entendu, les «ressources humaines». Le progrès social serait à ce prix pour les promoteurs d'un nouvel ordre économique du monde!

Adopter l'angle de l'éthique pour questionner l'obligation de résultats en éducation a cet avantage de permettre une prise de distance face à ces soi-disant évidences et orientations présentées comme inévitables, indispensables, obligatoires même (Beaud, 1997), du fait qu'elle scrute les valeurs qui orientent les conduites et les comportements humains. L'objectif que nous poursuivons ici est de montrer, d'un point de vue éthique, la perversité d'un tel discours et ses effets débilitants, aliénants, sur les êtres humains. La négation de l'humain et de son humanité n'aura peut-être jamais dépassé les limites actuelles. Et les processus en cours qui instaurent cette négation n'auront sans doute jamais été aussi doux, raffinés et subtils, d'autant plus qu'ils convoquent les êtres humains à y participer et à être leurs propres fossoyeurs. Pour Bourdieu, comme le relève Wacquant (1996), «quand l'*habitus* affronte le monde social dont il est le produit, il se trouve "comme un poisson dans l'eau", car il ne sent pas le poids de l'eau et il considère le monde dans lequel il vit comme un fait admis» (p. 220). Ou encore, citant Plenel (1985), Bassis (1998) note, en analysant «les coulisses de la transposition», l'existence d'attaches qui marquent le conservatisme social régnant et qui «contribuent à "transformer" la contrainte en adhésion. La contrainte ne s'y dévoile qu'exceptionnellement sous son apparence fruste, tant la soumission se niche désormais dans la production prioritaire du consensus, consentement obtenu au prix d'en perdre la raison, à vouloir la mettre obstinément trop en avant» (p. 22). Voyons cela de plus près.

Deux questions centrales animeront cette réflexion. Premièrement, à quelles finalités de l'éducation fait-on appel quand on entend évaluer ses résultats? Il nous paraît essentiel, en effet, de considérer ces finalités en les recontextualisant sur le plan social et sans lesquelles il devient impossible de déterminer et d'évaluer les résultats attendus. Deuxièmement, à quelle forme d'éthique les acteurs œuvrant en éducation sont-ils dès lors convoqués? À la lumière de ces choix de société au regard des finalités de l'éducation, il devient alors concevable de considérer la ou les formes d'éthique qui sont privilégiées et auxquelles les éducateurs sont conviés à adhérer... ou à se soumettre.

Notons au préalable que la notion d'éthique, autrefois strictement réservée au champ de la philosophie, s'est répandue dans toutes les sphères de l'activité humaine et a aujourd'hui droit de cité dans le discours et les pratiques des organisations et des institutions modernes. Pour Enriquez (1993), cet appel constant à l'éthique et la position centrale que celle-ci occupe aujourd'hui comme question capitale relève de deux facteurs principaux: il s'agit, d'une part, du «signe d'un malaise profond affectant nos sociétés occidentales et, d'autre part, [d'] une tentative de traitement de ce dernier soit en tentant de transformer le symptôme en signe de guérison, soit en s'efforçant d'en découvrir les racines et les significations» (p. 25). Par exemple, en recherche au Canada, pour des raisons évidentes de dérapages observés et appréhendés, les trois organismes subventionnaires fédéraux ont élaboré un énoncé de politique conjoint portant sur l'éthique de la recherche avec des êtres humains (Conseil national d'éthique en recherche chez l'humain, 1998). Les universités canadiennes ont toutes été contraintes, dans le même mouvement, à produire un code d'éthique institutionnel en recherche ou à réviser celui qu'elles possédaient déjà. Ainsi, l'Université de Sherbrooke (1995) a produit le sien où l'éthique a été définie comme «l'énoncé des principes [traitant] de la conduite humaine» (Caillé, Fournier, Larochelle, Lenoir, Malherbe et Marcos, 1995: 3). Et elle a constitué, comme tous les autres établissements universitaires canadiens, un Comité d'éthique de la recherche (CER). Dans les organisations publiques et privées, comme dans la société civile plus largement, la question de l'éthique est à l'ordre du jour: on entend développer le sens éthique des citoyens et des travailleurs au regard de leur patrie, de leurs institutions, de leurs entreprises, etc. Mais s'agit-il là, en réalité, de questions éthiques ou, plus exactement, de questions morales ou, carrément, de manipulations idéologiques?

Ansart (1974) recourt à l'expression «système d'emprise» pour désigner l'idéologie en tant qu'«un système intégrateur, distribuant manipulateurs et récepteurs, où s'exerce l'action spécifique de persuasion, action par le symbolique, par les voies sémiologiques, sans utilisation immédiate de la sanction physique» (p. 56). À la différence du système de pouvoir, «action sur autrui [...] obtenue par l'obéissance et par la menace des sanctions de force, le système idéologique, au contraire, obtient la répercussion sur les comportements par le maniement des significations» (p. 56)[1]. Par ailleurs, Ansart signale la nécessité d'un processus de

---

1. L'idéologie «proclame le sens, c'est-à-dire le sens vécu de la vie collective qui permettra de faire de l'action commune une vérité et de transposer chaque pratique dans l'ordre de l'intelligible et de la raison» (*Ibid.*, p. 15) et elle «ne revêt ses effets que dans la mesure où les messages sont reçus dans le consentement et sont vécus comme évidences par les consciences individuelles» (Ansart, 1974, p. 81).

discréditation en tant qu'un des processus indispensables auquel doit recourir une idéologie en élaboration : « Quant à la création idéologique, elle s'opère à partir du champ constitué par un double travail de critique à l'égard des systèmes présents et de proposition d'une synthèse nouvelle » (*Ibid.*, p. 77). C'est bien ce qui peut être observé de la part de l'idéologie néolibérale, à la suite de la proclamation de la « fin des idéologies » (Bell, 1967), proclamation fondamentalement idéologique qui lui permet de se présenter comme un ordre nouveau et providentiel, fondé sur l'analyse scientifique et la prise en compte des faits empiriques émanant du réel. C'est bien ce à quoi s'est également consacrée l'idéologie néolibérale vis-à-vis du système communiste et de l'État-providence (Anderson, 1996 ; Dostaler, 2001 ; Pasche et Peters, 1997 ; Robinson, 1995).

De plus, toujours en suivant Ansart (1974), rappelons que « le discours idéologique est discours de légitimation. Il s'agit, en disant les raisons d'être d'une organisation, d'en démontrer la valeur éminente, la conformité à la justice. Pour y parvenir, le discours fait communément appel à un "fondement" tenu pour absolu et d'autant plus incontestable qu'il est hors de portée de la vérification [...]. L'organisation proposée n'est pas un ordre accidentel issu du hasard des circonstances ou des déraisons individuelles, elle répond à un principe ou à une nécessité qui la rend indiscutable » (p. 17-18). Tel est le cas de l'excellence en éducation (Lenoir, 2000 ; Readings, 1996). Enfin, « à l'opposé de la connaissance scientifique qui s'engage dans un processus jamais achevé de recherche, le discours idéologique impose une vérité simple, schématique, nécessairement très éloignée de l'infinie complexité de la réalité. C'est à juste titre que les définitions de l'idéologie retiennent les critères de non-connaissance, de distorsion par rapport au réel, pour caractériser ce savoir » (*Ibid.*, p. 79) et qu'elle « revêt les caractères de la fixité et du dogmatisme, nul ne pouvant contester l'idéologie dominante sans risquer de s'exclure dangereusement de l'unanimisme proclamé » (*Ibid.*, p. 58).

Alors, comment ces questions éthiques, en tant qu'interrogations morales ou manipulations idéologiques, sont-elles traitées et distillées au sein de la société ?

Il importe au départ de clairement distinguer entre éthique et morale. Nous écartons la définition aussi communément répandue que simpliste du *Petit Robert* (1973), pour qui l'éthique est assimilable à « la science de la morale » et constitue « un art de diriger la conduite » (p. 632). Nous écartons également toute référence au recours à un impératif catégorique, normatif ; un tel impératif relève effectivement de la morale et prescrit ce qu'est le « bien » et ce qu'il faut faire pour l'atteindre, ou éviter de faire. Dans ce dernier cas, ce qu'il faut faire et ne pas faire est du ressort de la déontologie. Il faut plutôt voir dans l'éthique, comme le soulignent Etchegoyen (1991), le Groupe de recherche Éthos (1990) et les responsables du code d'éthique en recherche à l'Université de Sherbrooke (Caillé, Fournier, Larochelle, Lenoir, Malherbe et Marcos, 1995), un impératif hypothétique, c'est-à-dire une réflexion critique sur les valeurs qui prévalent socialement et qui influent sur les pratiques individuelles et collectives, une réflexion qui a pour raison d'être d'orienter la conduite humaine dans un contexte socioculturel donné.

C'est cette dernière conception de l'éthique qui anime notre réflexion sur les résultats de l'éducation et leur obligation.

À QUELLES FINALITÉS DE L'ÉDUCATION FAIT-ON APPEL QUAND ON ENTEND ÉVALUER SES RÉSULTATS ?

La question des résultats s'inscrit au plus profond d'une mouvance qui caractérise nos sociétés actuelles, convaincues plus que jamais du rôle crucial que doit jouer l'enseignement dans la formation des êtres humains. Mais de quelle formation parle-t-on, car les résultats attendus, sinon prescrits, sont déterminés par les finalités retenues?

De manière à ajuster ces formations aux exigences sociales nouvelles, de plus en plus imposées par les appétits économiques, les gouvernements occidentaux se sont lancés dans une réforme des curriculums à tous les ordres d'enseignement. Une des lignes de force qui animent ces réformes curriculaires réside dans un bouleversement des fonctions sociales de l'éducation, bien mis en exergue par exemple par les travaux de l'Organisation de coopération et de développement économiques (OCDE), par ailleurs solide défenseur d'une économie mondiale de type néolibéral (Lingard, 2000). L'OCDE a entre autres mené auprès des pays membres au cours des années 1980 et 1990 plusieurs vastes enquêtes sur les indicateurs de rendement et de réussite scolaire, ainsi que sur les indicateurs de l'enseignement (OCDE, 1992, 1997). De cela Jean-Guy Blais en traite dans le présent ouvrage.

Face aux multiples constats de la contestation, sinon de l'effondrement des institutions traditionnelles (l'Église, la famille, etc.), et de l'existence de multiples fissures dans les structures qui assuraient la cohésion sociale[2], la pression s'est accrue de toute part sur le système scolaire pour qu'il rétablisse l'unification de la société. Nos sociétés occidentales font face à une diversité croissante des cultures et des valeurs qui se côtoient et s'entremêlent, à une violence sociale qui se propage, à un affaiblissement notoire des États-nations et à leur retrait progressif des services sociaux (Bourque, Duchastel et Kuzminski, 1997 ; Beauchemin, Bourque, Duchastel, Boismenu et Noël, 1995 ; Guiomar, 1990 ; Jobert, 1995 ; Ohmae, 1995).

---

2.   Voir chez Thériault (1997), Fournier (1997) surtout et Tremblay (1997) l'analyse du concept de société globale comme mode d'expression à la fois imaginaire et réel de l'État-nation, par là de cohésion sociale.

Elles font également face à une explosion des communications, à un changement profond dans la nature du travail. Bref, face à une mutation de nos sociétés, à ce que Polanyi (1944) appelle une « grande transformation », l'École semble à certains le dernier rempart, la dernière muraille qui devrait garantir la transmission de la tradition culturelle. Pour d'autres, elle devrait devenir le pont qui assure un passage harmonieux vers un « nouvel homme », un « nouveau citoyen du monde » « qui pourra performer avec compétence dans des contextes sociaux, économiques, politiques et culturels en changement constant » (Popkewitz, 2000 : 161) et s'insérer adéquatement, dès lors, dans un « nouvel ordre » social, dans une « nouvelle société ». Les résultats de l'enquête INES de l'OCDE (1995) menée dans douze pays afin d'évaluer les attentes du public à l'égard de l'enseignement montrent que si l'enseignement des matières scolaires est toujours considéré comme essentiel, une importance plus grande encore est toutefois accordée à l'inculcation de qualités telles que la confiance en soi, les qualifications et les connaissances requises pour l'obtention d'un emploi, ainsi que l'aptitude à vivre dans une société multiethnique et multiculturelle. Popkewitz (2000) a recours à une fort belle image, celle du « soin des âmes », pour mettre en évidence que les objectifs sociaux ont pris le dessus dans les processus de formation de la jeunesse occidentale. Il recourt à la perspective sociohistorique pour montrer que cette nouvelle orientation s'inscrit dans la tradition messianique de la rédemption qui marque l'Occident, et que cette « quête de l'âme » ne constitue en fait que la substitution d'une conception de la rationalité moderne au sens religieux de l'âme. Cette nouvelle vision se fonde sur la perspective individualiste qui caractérise la démocratie libérale et qui promeut un être humain rationnel et actif. Popkewitz (*Ibid.*) remarque que « dans de nombreux pays, les réformes curriculaires sont concernées moins par les contenus spécifiques des matières scolaires que par la production d'un enfant qui puisse "se sentir chez lui" avec une identité cosmopolite qui incorpore une flexibilité pragmatique et des dispositions à résoudre des problèmes » (p. 171). Martinelli, dès 1979, mais aussi, par exemple, Aronowitz (2000) et Readings (1996) montrent bien que le contrôle des processus socioculturels constitue un mécanisme fondamental dans le développement actuel du modèle néolibéral au sein du phénomène de mondialisation.

Pour aller dans le sens de ce constat, il n'est qu'à retourner à la mission du système scolaire québécois qui sous-tend la réforme en cours des curriculums de l'enseignement primaire et secondaire. Dans l'énoncé de politique (Gouvernement du Québec, 1997), la ministre de l'Éducation de l'époque, madame Marois, octroie trois missions à l'école québécoise : « Instruire, avec une volonté réaffirmée [...]. Socialiser, pour apprendre à mieux vivre ensemble [...]. Qualifier, selon des voies diverses » (p. 9). Tous les documents ministériels qui suivront, y compris les versions successives du nouveau curriculum de l'enseignement primaire (Gouvernement du Québec, 2000, 2001), reprendront textuellement ces trois missions introduites dans la Loi de l'instruction publique. Nous ne considérerons ici que les deux premières.

La signification qui est allouée à la notion d'instruction est explicitement celle de «la transmission de la connaissance [afin d'assurer] la formation de l'esprit» (*Ibid.*, p. 9). L'insistance est nettement mise dans la documentation gouvernementale sur ce qu'il est convenu d'appeler les apprentissages de base – lire, écrire, compter (les 3 R anglosaxons) –, au point, entre autres, que l'enseignement des sciences humaines et des sciences de la nature, qui constituent pourtant les matières qui permettent de construire la réalité (Lenoir, 1990, 1991, 2001), ne sont pas retenues au premier cycle du primaire. Il est intéressant, ici, de relever que cette définition rejoint presque mot à mot celle retenue en France par la loi d'orientation sur l'éducation du 10 juillet 1989 (Gouvernement de la France, 1989). Le deuxième paragraphe de cette loi, qui a pour titre «Missions du système éducatif», indique que «l'école a pour rôle fondamental la transmission des connaissances» (p. 14). Cependant, il importe de noter que la notion d'instruction est porteuse d'une signification bien différente en Amérique du Nord où elle renvoie effectivement à une stricte transmission de connaissances. En France, dans la conception républicaine, elle véhicule une signification plus riche, ainsi d'ailleurs que le précise – ce que ne fait pas l'énoncé de politique québécois – le texte de la loi française. Celui-ci nuance beaucoup cette affirmation en l'explicitant immédiatement par l'ajout de ce qui suit dans un autre paragraphe: «L'école a pour but de former, grâce à une réflexion sur ses objectifs pédagogiques et à leur renouvellement, les femmes et les hommes de demain, des femmes et des hommes en mesure de conduire leur vie personnelle civique et professionnelle en pleine responsabilité et capables d'adaptation, de créativité et de solidarité» (p. 14). Dans la pensée de Condorcet (Condorcet, 1989a, 1989b) qui marque la conception républicaine de l'École, l'instruction ne peut jamais se réduire à la simple transmission de savoirs. L'instruction est, dans la lignée des Encyclopédistes, appel à la raison, à une démarche rationnelle, un «instrument de véridiction et non la vérité elle-même» (Sachot, 1996: 214). «L'instruction, écrit Sachot, est non pas, comme le veut une expression traditionnelle, la transmission du savoir construit par le savant (même si ce modèle est très présent dans les esprits), mais la participation par les élèves à la fois à cette démarche et à ses résultats» (p. 215).

Par ailleurs, puisque le développement des compétences sociales est en voie de devenir plus important que celui des compétences cognitives, semble-t-il, dans les enseignements primaire et secondaire, il n'est pas étonnant que le ministère de l'Éducation du Québec ait retenu, à côté de l'instruction et de la qualification, la socialisation comme la deuxième des trois missions de l'école. Face à la notion de socialisation, il faut se demander si elle ne peut se confondre à celle d'éducation, entendue selon la définition que Durkheim en a donnée en 1922, d'autant plus que le mot « éducation » a été exclu du discours ministériel dans le cadre de la réforme en cours. Pour Durkheim, rappelons-le, « l'éducation est l'action exercée par les générations adultes sur celles qui ne sont pas encore mûres pour la vie sociale. Elle a pour objet de susciter et de développer chez l'enfant un certain nombre d'états physiques, intellectuels et moraux que réclament de lui et la société politique dans son ensemble et le milieu spécial auquel il est particulièrement destiné » (p. 41). Immédiatement à la suite de cette définition à forte résonance sociale déterministe, Durkheim précise qu'il résulte de cette définition « que l'éducation consiste en une socialisation méthodique de la jeune génération » (*Ibid.*, p. 41). Et il ajoute, quelques lignes plus loin, que le développement d'un système d'idées formées de sentiments et d'habitudes propres à la collectivité, « telles [...] les croyances religieuses, les croyances et les pratiques morales, les traditions nationales et professionnelles, les opinions collectives de toute sorte » (*Ibid.*, p. 41) constitue l'être social. Et « constituer cet être en chacun de nous, telle est la fin de l'éducation » (*Ibid.*, p. 41).

À cet égard, Condorcet (1989a) adopte une position bien différente quant à la conception de l'éducation. Si l'éducation, prise dans toute son étendue, embrasse tout l'être et agit sur l'ensemble de ses dimensions (intellectuelles, morales, physiques), la liberté qui en résulterait ne serait qu'illusoire « si la société s'emparait des générations naissantes pour leur dicter ce qu'elles doivent croire. Celui qui en entrant dans la société y porte des opinions que son éducation lui a données, n'est plus un homme libre ; il est l'esclave de ses maîtres, et ses fers sont d'autant plus difficiles à rompre, que lui-même ne les sent pas, et qu'il croit obéir à sa raison, quand il ne fait que se soumettre à celle d'un autre. [...] Les préjugés donnés par la puissance publique sont une véritable tyrannie, un attentat contre une des parties les plus précieuses de la liberté naturelle » (p. 59-60). Sa pensée rejoint celle que Gramsci exprimait dans ses cahiers de prison et qui illustrait cette alternative : « est-il préférable de "penser" sans en avoir une conscience critique, sans souci d'unité et au gré des circonstances, autrement dit de "participer" à une conception du monde "imposée" mécaniquement par le milieu ambiant ; ce qui revient à dire par un de ces nombreux groupes sociaux dans lesquels tout homme est automatiquement entraîné dès son entrée dans le monde conscient [...] ; ou bien est-il préférable d'élaborer sa propre conception du monde consciemment et suivant une attitude critique et par conséquent, en liaison avec le travail de son propre cerveau, choisir sa propre sphère d'activité, participer activement à la production de l'histoire du monde, être à soi-même son propre guide au lieu d'accepter passivement et de l'extérieur, une empreinte imposée à sa propre personnalité ? » (p. 132).

On se voit ainsi confronté à deux conceptions diamétralement opposées, qui pourraient être encore plus fortement illustrées par les deux citations suivantes. Pour Jolibert (1989), « éduquer c'est agir sur quelqu'un en vue d'en infléchir

le comportement dans une direction donnée en fonction de valeurs explicites »
(p. 7), alors que pour Szacs (1976), qui déclare se référer à Socrate, Jésus, Luther,
Marx, Freud et Gandhi, la fin du processus d'éducation est « la création d'un état
de *subversion* [afin de] créer à long terme un ordre social plus rationnel, plus juste
et plus harmonieux » (p. 174), grâce à un enseignement critique. En fait, le tout est
de savoir si la finalité de l'éducation est l'émancipation humaine ou une des formes
quelconques d'asservissement, de soumission sociale à l'utilitarisme et à des pouvoirs particuliers.

En considérant les deux missions de l'École québécoise, telles qu'elles sont
retenues par le discours gouvernemental, on voit bien que la question des finalités
de l'éducation est une question centrale. Le choix de la conception de l'éducation
que l'on entend privilégier renvoie à la position éthique adoptée et que cette position doit être questionnée par l'éthique sociale. Rich (1994) définit celle-ci comme
la réflexion critique sur les fonctions des structures sociales et sur leurs effets sur
les rapports sociaux qui s'y déroulent. Cette conception pose, comme nous le verrons plus loin, le problème de la qualité communicationnelle des échanges interhu-
mains.

Face à la deuxième mission retenue par le ministère de l'Éducation du
Québec, le Conseil supérieur de l'éducation (1998) a d'ailleurs bien perçu le danger
de dérives en soulignant que « le terme "socialiser" a fréquemment des connotations de l'ordre du conformisme » (p. 9) et que « l'effacement du terme "éduquer"
au profit d'"instruire" paraît aux yeux de certains une régression » (p. 8). C'est, à
nos yeux en tout cas, la tendance qui se dégage dans la mesure où socialiser équivaut à inculquer et instruire à instrumentaliser, ce que tend à indiquer le discours
incessant depuis plusieurs années pour un retour à l'essentiel et aux apprentissages
de base. Ainsi, « instruire et « socialiser » ressortent comme deux finalités complémentaires bien accordées et supportent une vision étriquée de l'éducation. Elles
rejoignent l'analyse faite par Bourdieu (1967) qui met en évidence la suprématie
acquise de la fonction économique de l'École sur sa fonction de transmission culturelle.

Sous le poids des impératifs économiques, ces orientations éducatives
privilégiées au Québec s'inscrivent dans la tendance forte d'un double processus
d'instrumentalisation minimale de base (qui renvoie subtilement aux apprentissages dits essentiels ou de base) d'une clientèle étudiante, futur « capital humain »
à l'œuvre dans l'entreprise, et d'intégration sociale de cette clientèle aux normes et aux valeurs qui prévalent dans une culture que Forgues et Hamel (1997)
appellent « culture d'entreprise ». Cette dernière se caractérise par « les exigences
de l'objectivité » (p. 120) de l'économie de marché qui « tend à subordonner les
qualités sociales, culturelles, politiques et ethniques de l'économie » (p. 121), et

par la prééminence d'une rationalité strictement économique. Ces deux auteurs font appel, à cet égard, à Habermas (1987) pour qui « c'est seulement dans le capitalisme, où le marché exerce aussi une fonction de stabilisation des rapports de classes, que les rapports de production prennent une forme économique » (p. 184). En conséquence, « les traditions culturelles sont vidées de leur force contraignante et transformées en matériaux aux fins de planifier l'idéologie, donc pour adapter à un cadre administratif les contextes signifiants » (p. 340).

Dès lors, l'évaluation des résultats sera, elle aussi, bien différente et elle reposera sur des critères également bien différents. Aujourd'hui, les corporations transnationales, qui ne sont guère préoccupées par les principes démocratiques, échappent au pouvoirs étatiques nationaux et dictent de plus en plus les règles du jeu (Robinson, 1995). Comme l'idéologie néolibérale règne en maître et vise à imposer des valeurs et des normes sociales en harmonie avec les exigences économiques de l'entreprise, celle-ci étant devenue le modèle organisationnel par excellence (Aronowitz, 2000 ; Barnet et Cavanagh, 1994), l'école se conforme progressivement, de gré ou de force, à ce modèle (Kenney, 1986 ; Readings, 1996). Ainsi que le remarquent Ernst et Clignet (1996), « les indicateurs de qualité de l'enseignement reflètent l'assimilation de la notion d'école à celle d'usine ou d'entreprise » (p. 77) et ils portent essentiellement sur son rendement interne, ignorant ainsi un ensemble de facteurs sociaux de contexte dont l'influence peut être prépondérante. L'École, soulignent ces deux derniers auteurs, perd sa spécificité sous le poids d'un processus de monétarisation généralisée des rapports sociaux et elle se conçoit dorénavant de plus en plus comme un lieu marqué par les exigences de compétitivité et de performance, mots magiques légitimant la restructuration du social à l'échelle mondiale. Comme le relève Guigou (1972), « en rationalisant la formation comme le *management* rationalise la réalité contradictoire de l'entreprise, l'évaluation par objectifs [car l'obligation de résultats impose une telle pratique] limite le projet éducatif à une mécanique qui se meut dans un univers unidimensionnel, celui de l'efficacité pédagogique où les seuls résultats valables sont ceux qui étaient prévus dans les objectifs. Ce faisant, une telle démarche tend à faire passer la rationalité qu'elle a instituée pour la réalité de l'action éducative » (p. 106-107). Une telle orientation conduit à la mise en exergue, au niveau éducatif, des critères de rentabilisation et de jugement par les résultats (c'est-à-dire la réussite) qui ont cours dans l'entreprise.

L'École, en tant qu'elle se transforme en entreprise, tend effectivement à gérer une clientèle scolaire qui vient consommer du savoir et qu'elle doit transformer en « capital humain » prêt à fonctionner à la sortie : « les hommes sont gérés, traités [...] comme des stocks dont il faut assurer la rentabilité, comme de la marchandise [...] qu'il faut utiliser convenablement ou dont il faut savoir se débarrasser » (Enriquez, 1993 : 30). Dans ce sens, elle n'a de moins en moins que faire des dimensions humaines, sociales et culturelles. Comment, en effet, concilier l'idée de ressources humaines avec celle de personnes autonomes, ayant prise sur leur destinée? Et Bourque, Duchastel et Kuzminski (1997) se demandent si non seulement l'idée, mais aussi la réalité historique (Thériault, 1997) de «société globale», entendue comme «le savant mélange d'un processus sociologique d'intégration (le corps social) et d'un processus politique d'intégration (le corps artificiel)» (p. 27) assuré par une solidarité fondée sur l'imaginaire collectif au sein d'un État-nation, ne sont pas en train de s'effondrer, en marginalisant les dimensions culturelles traditionnelles (c'est-à-dire non entrepreneuriales) et communicationnelles. Dès lors, l'obligation de résultats tend à se fonder essentiellement sur un rapport «coût-productivité» en adoptant la même logique que celle qui prévaut dans l'entreprise et elle s'exprime à travers des indicateurs qui se caractérisent particulièrement par leurs qualités comptables, par leurs dimensions quantitatives, cumulatives et uniformisantes: le taux de réussite (mais quelle réussite?), le nombre de livres à la bibliothèque (mais sont-ils lus?), etc.: «seules importent les conduites comparables. Le chiffre devient le signe de l'excellence dans l'entreprise et, progressivement, dans l'ensemble des organisations» (Enriquez, 1993, p. 27). De tels indicateurs étant devenus l'aune de la mesure de l'excellence des établissements scolaires, la conception de l'éducation tend alors à se réduire en peau de chagrin.

On est en effet bien loin de l'objet «éducation» sur lequel Charlot (1995) réfléchit et qu'il définit comme «un ensemble de pratiques et de processus par lequel de l'humain advient en l'homme [...] le mouvement même de construction de l'homme comme homme» (p. 21). On est bien loin également de la définition de l'éducation qu'en donne Forquin (1989): «Phénoménologiquement, le concept d'éducation [...] est inséparable du concept de valeur, d'un ordre et d'une échelle des valeurs» (p. 183), du fait qu'éduquer implique un ensemble de choix plus ou moins conscients et explicités relatifs à des conceptions diverses. «Éduquer quelqu'un, précise Forquin, c'est [...] l'initier à une certaine catégorie d'activités que l'on considère comme douée de valeur [...], non pas au sens d'une valeur instrumentale, d'une valeur en tant que moyen de parvenir à autre chose (telle que la réussite scolaire), mais d'une valeur intrinsèque, d'une valeur qui s'attache au fait même de les pratiquer [...]; ou encore, c'est favoriser chez lui le développement de capacités et d'attitudes que l'on considère comme souhaitables par elles-mêmes» (Ibid., p. 183-184). Pour sa part, le peintre Oskar Kokoschka (1986) ne disait-il pas si bien dans sa biographie: «Comment suis-je devenu un être humain? Car on n'est pas un homme du seul fait d'être né. Il faut le devenir à nouveau à chaque instant» (p. 31). Advenir être humain procède fondamentalement d'un processus d'émancipation. Telle est la visée éducative fondamentale!

Pourtant, aujourd'hui, les attentes que l'on dit sociales, telles qu'elles sont définies par les commandes des pouvoirs publics (et plus subrepticement sans doute par celles des médias) sont loin d'adopter une telle perspective. La notion de «capital humain» n'est guère compatible avec celle de dignité humaine et de liberté de choix. Il n'est donc pas étonnant que les discours officiels soient parsemés d'invocations à la pensée critique, à l'autonomie, à l'approche réflexive, à la participation démocratique, au respect d'autrui[3], etc. Ces incantations agissent bien davantage comme «écrans de fumée» et comme processus d'envoûtement idéologique: «l'économicisme, qui caractérise le nouveau discours social, délaisse les grands idéaux émancipateurs des modernités libérale et providentialiste, marginalise les idées de progrès (individuel et social), de solidarité ou plus simplement de bonheur» (Beauchemin, Bourque, Duchastel, Boismenu et Noël, 1997: 8). Et le fait que les discours fassent tant appel aux valeurs de responsabilité, d'engagement, de participation ou de réalisation de soi ne doivent pas tromper: ces valeurs ne sont principalement sollicitées que dans un contexte organisationnel, entrepreneurial.

L'organisation tout entière de la société est dorénavant subordonnée aux «attentes sociales» que sont la privatisation, la déréglementation, la redéfinition des rapports entre privé et public, l'approfondissement de l'individualisme, l'extension d'une culture de masse standardisée et consommable, l'application de la rationalité économique comme norme universelle, etc. Mais alors, si les attentes sociales sont de plus en plus celles de l'entreprise, celles des grandes corporations transnationales qui imposent aux États-nations fragilisés leurs conceptions de l'éducation, les valeurs et les normes qui doivent la baliser, si elles sont progressivement conditionnées par les impératifs économiques, à quelle forme d'éthique les acteurs œuvrant en éducation sont-ils dès lors conviés? Considérons, à la lumière de ce qui précède, cette deuxième question.

À QUELLE FORME D'ÉTHIQUE LES ACTEURS ŒUVRANT EN ÉDUCATION SONT-ILS DÈS LORS CONVOQUÉS?

Etchegoyen (1991) constate que ce qu'on appelle aujourd'hui éthiques ne sont que des «pratiques préventives et rapidement bricolées» (p. 30) et il ajoute

---

3. Par exemple, dans le document *Orientations et encadrements pour l'établissement du programme de formation* de la Commission des programmes d'études (1998), organisme conseil indépendant auprès de la ou du ministre de l'Éducation du Québec créé par la Loi 180 qui modifie la Loi sur l'instruction publique, organisme qui «définit les encadrements généraux [des programmes d'études] qui doivent servir à leur élaboration et [qui], après examen, [...] recommande leur approbation à la Ministre» (p. 3), nous avons relevé une dizaine de références à la prise de conscience et au développement de la pensée critique quand il est question des thèmes transversaux qui visent à actualiser le curriculum dans la réalité sociale. On peut certainement se questionner sur la raison d'être et le sens de telles orientations. Il en est de même, toujours à titre illustratif, en ce qui concerne l'identification de la perspective socioconstructiviste en tant que fondement épistémologique du curriculum (Gouvernement du Québec, 2000), perspective incompatible avec les finalités prônant la production de «capital humain» (Lenoir, 2001; Lenoir, Larose et Hébert, 2000).

que «très souvent l'éthique a pour première finalité d'être communiquée [et imposée] plus que d'être partagée» (p. 83). Il est important de relever que cet auteur emploie le terme au pluriel. En cela, il rejoint les travaux d'Atlan (1986, 1991) pour qui la réflexion éthique est incompatible avec l'unidimensionnalité d'un discours de vérité unique posé *a priori*[4]. La réflexion éthique qui, dans nos démocraties, s'appuie sur les concepts de liberté et de responsabilité individuelle, requiert, ainsi que le souligne Atlan, la mise en œuvre d'un système éducatif héritant de l'idéal humaniste, en lequel les citoyens, en tant qu'êtres humains libres et autonomes, se déterminent par leur raison et non par leurs croyances. «Ceci implique une confiance *a priori* dans le système éducatif qui a permis aux citoyens adultes de devenir qui ils sont» (Atlan, 1991: 228).

«En fait, poursuit Atlan, mettant en quelque sorte la charrue avant les bœufs, le système démocratique admet d'abord le principe de ce droit et même son égalité pour tous les citoyens. Et, ensuite, le système éducatif doit [...] être organisé pour que la réalité se rapproche le plus possible de cet idéal d'une capacité de "bien" juger également répartie chez tous les hommes» (p. 228-229). Or, nous constatons que cet idéal démocratique bat sérieusement de l'aile, qu'il est mis entre parenthèses et que les processus actuels néolibéraux de mondialisation visent la mise en place de normes et de valeurs éducatives et culturelles les plus standardisées, unidimensionnelles et uniformisatrices possibles, en conformité à une gestion des organisations qui le réclameraient et à des visées utilitaristes de production d'un «capital humain» immédiatement fonctionnel dans les organisations sociales. Bref, la différence se porte plutôt mal et conduit, dans un système scolaire ainsi organisé, à l'exclusion. Il n'est donc pas étonnant de voir se développer, dans l'École qui «profite aux dominants et [qui] contribue ainsi à la reproduction de l'inégalité sociale» (Charlot, 1999: 1) un nombre croissant de mesures palliatives ou de «récupération» s'adressant à des jeunes de plus en plus nombreux qui n'acceptent pas, qui ne comprennent pas, qui abandonnent, qui se font déclasser de diverses manières.

Enriquez (1993), analysant les enjeux éthiques qui se posent aux organisations, met en exergue la dérive dont a été l'objet la raison fondatrice de nos systèmes démocratiques, en constatant que la question du «comment» (des procédures) a escamoté celle du «pourquoi» (des finalités). Un tel détournement conduit à l'adoption du modèle de la performance, la raison économique l'emportant ainsi sur les valeurs démocratiques, telles que la solidarité ou la sociabilité, dorénavant considérées désuètes du fait qu'elles ne peuvent être mesurées et comptabilisées. La question éthique s'est mise dès lors au service des organisations. Mais cette éthique, dont l'entreprise s'est emparée, ne peut être qu'une éthique travestie, montre

---

4.   Voir la citation placée en exergue à ce texte.

Enriquez, car il s'agit bien davantage d'une éthologie qui « emprunte ses canons à la science du comportement animal pour mettre en place des dispositifs de servitude volontaire assurant l'adhésion aux objectifs exclusifs de l'entreprise et des organisations » (*Ibid.*, p. 28, citant Le Guyader). Et cette éthique organisationnelle opère à la fois sur le registre sociétal et sur le registre entrepreneurial. Considérons ces deux registres.

D'une part, l'entreprise, en tant que prototype des structures organisationnelles, se présente comme le modèle social par excellence, comme une organisation avant tout socialement engagée dans le développement de citoyens responsables – des héros positifs – et chef de file dans la conception de la « vision du devenir social » (*Ibid.*, p. 29) et dans la mise en œuvre du développement non seulement économique, mais aussi social, psychologique, civique. D'autre part, l'adhésion des êtres humains au sein de l'entreprise – et des organisations – requiert la mise en œuvre « d'une éthique de la conviction et d'une éthique de la responsabilité » (*Ibid.*, p. 29), ces deux éthiques, conceptualisées à l'origine par Weber (1959)[5], étant indispensables à son bon fonctionnement. Comme le montre Enriquez, « dans bien des cas l'entreprise parvient à faire croire à ses membres qu'elle est vertueuse, qu'elle tient compte des hommes, de leur avis et de leur vie et qu'elle peut donc être le pôle idéalisé par excellence » (*Ibid.*, p. 31). Et elle y parvient en présentant l'organisation comme une communauté rassemblant des acteurs participants – le *management* participatif – et en promouvant le culte de l'excellence où la performance et le dévouement font de tous les acteurs qui y adhèrent des « héros débiles », selon l'expression qu'Enriquez emprunte à Nietzsche[6].

Peters, Marshall et Fitzsimons (2000) vont dans le même sens qu'Enriquez. Ils mettent en évidence le fait que le nouveau *management*, sur lequel repose la restructuration des systèmes scolaires occidentaux et dont le discours promeut la dévolution, l'autogestion, l'automotivation, le choix autonome et le *self-management* des écoles, et cherche à ce que ces notions deviennent crédibles et acceptées,

---

5.   Pour rappel, Weber (1959) présente l'éthique de la conviction (*gesinnungsethisch*) par le fait qu'elle justifie le recours aux moyens par la fin poursuivie. La poursuite d'une finalité n'a dès lors que faire de la conséquences des actes posés pour y parvenir. Ses partisans, animés d'un sentiment d'obligation vis-à-vis de ce qu'ils considèrent comme leur devenir, défendent des principes qu'ils estiment irréductibles et incontournables. Quant à l'éthique de la responsabilité (*verantwortungsethisch*), elle implique la prise en compte des actions réalisées, intentionnelles et même non sciemment voulues. Les tenants de ce type d'éthique prennent alors en considération les possibilités existantes et évaluent la pertinence des moyens à appliquer pour parvenir à la fin désirée. Ainsi, à la limite, si l'éthique de la conviction, éthique du « tout ou rien », privilégie l'affirmation inébranlable des convictions à la réussite, l'éthique de la responsabilité sacrifie les convictions à l'atteinte des buts retenus. Cependant, cette distinction entre les deux éthiques n'exclut nullement qu'elles se combinent de manière à intervenir avec conviction et avec responsabilité en vue d'atteindre la fin poursuivie.

6.   Enriquez (1993) cite Nietzsche en exergue de son article : « L'homme des civilisations tardives et de la clarté déclinante sera, en gros, un individu plutôt débile » (p. 25).

requiert une éthique qui implique que chaque sujet humain assure sa propre gouvernance, au sens proposé par Foucault[7] (1991). L'approche par compétences, ainsi
que le montrent Ropé et Tanguy (1994) et Tanguy (1994, 1996) ou, encore, l'appel à
la responsabilité constituent de bons exemples d'une tendance à l'exacerbation de
l'individualisme dans un contexte de compétitivité. La réforme du système scolaire
québécois tend à s'inscrire largement dans cette perspective, d'autant plus, ainsi
que le relève Apple (2000), que l'accroissement du soutien financier aux écoles
par l'État et le privé ne se réalise que dans la mesure où « les écoles rencontrent les
besoins exprimés par le capital. Donc, les ressources sont rendues accessibles seulement aux réformes et aux politiques qui relient davantage le système éducatif au
projet qui consiste à rendre notre économie plus compétitive » (p. 62). Les contrats
de performance exigés des université québécoises et les plans de réussite réclamés
des milieux scolaires par le gouvernement québécois illustrent bien cette tendance.
Dans la perspective de l'obligation de résultats, les exigences imposées pervertis-
sent en profondeur l'éthique de la responsabilité, la corrompt en faisant de tout
responsable que l'État voudra bien désigner (cadres scolaires, enseignants, …) « la
cible de toute sanction, tout en se voyant départi de toute possibilité d'évaluation
de sa propre action […] un suspect constant et un coupable probable » (Enriquez,
1993, p. 31).

Si ces deux éthiques, de la conviction et de la responsabilité, se situent sur le
plan organisationnel, les responsabilités politiques et sociales ne sont toutefois pas
prises en compte au niveau éthique sous l'angle de la recherche du bien collectif,
ainsi que l'illustrent de nombreux cas ici et là dans le monde. La question des rapports aux réalités extérieures à l'organisation, culturelles, sociales, politiques, etc.,
ne sont pas considérées, sinon du seul point de vue interne de l'organisation. Ainsi
considérée, l'éthique organisationnelle ne peut que susciter des effets pervers sur
le plan éducatif. Les finalités éducatives réduites à des fins économiques et organisationnelles, et l'absence de prise en compte des questions politiques, sociales
et culturelles dans une perspective qui privilégierait la société globale conduisent
à réduire l'éducation à un processus de techno-instrumentalisation associé à un
processus subtil d'asservissement social : ce qu'on appelle élégamment la socialisation. La question de l'obligation de résultats en éducation devient une question de
mise en place d'exigences en conformité avec les besoins économiques retenus et de
processus intégrateurs à la culture organisationnelle.

---

7.   Pour Foucault (1991), la gouvernance (*governmentality* en anglais) « est la forme spécifique du pou-
     voir gouvernemental fondée sur la "science" de l'économie politique » (Peters, Marshall et Fitzsimons,
     2000 : 112) et elle implique non seulement la gouvernance des autres, mais aussi celle de soi, de la dimen-
     sion privée de chaque être humain par lui-même (Foucault, 1991 ; Rose, 1989).

CONCLUSION

Ainsi que nous l'avons présenté, l'obligation de résultats soulève celle, sous-jacente, de l'évaluation des résultats qui se pose dans le cadre de l'idéologie néolibérale. Dans ce contexte, la question éthique constitue un enjeu important. Celle-ci se doit d'être considérée, dans le champ de l'éducation, en fonction de la transformation de l'École en entreprise dans un marché caractérisé par une culture commerciale. Dans ce contexte, l'éthique, qui renvoie fondamentalement à des préoccupations sociales, se trouve travestie en éthique organisationnelle et détournée au profit des intérêts économiques.

Dans la mesure, alors, où l'éthique sociale se réduit à une éthique économique et où les autres dimensions, humaines, sociales et culturelles, se voient contraintes à se soumettre à des impératifs économiques, la question de l'éthique ainsi posée ne peut plus être acceptée telle quelle. Une éthique de la conviction, associée à une éthique de la responsabilité, dans la mesure où elles s'inscrivent toutes deux exclusivement dans la sphère organisationnelle, constituent une impasse, sinon un piège mortel pour les valeurs démocratiques et le respect des dimensions humaines et sociales. Pour Rocher (2001), on assiste « à une éclipse de la démocratie sociale au profit de la démocratie libérale » (p. 29).

Si les effets pervers de l'éthique de la conviction sont facilement identifiables[8], ceux de l'éthique de la responsabilité le sont beaucoup moins aisément. Nous avons voulu mettre en évidence qu'ils sont toutefois bien réels lorsque la responsabilité organisationnelle prend le dessus sur la responsabilité sociale et lorsqu'elle étouffe cette dernière et la détourne du « bien » collectif, sous l'effet d'un discours idéologique au service d'intérêts économiques particuliers. Il est, à cet égard, tout à fait intéressant de relever la présence depuis plus de quarante ans d'un discours annonçant la fin des idéologies (Aron, 1955 ; Bell, 1967 ; Lipset, 1963 ; Mannheim, 1943 ; Shils, 1958). Mais, curieusement, à la lecture des ouvrages prônant une telle conception, on découvre que l'annonce de ce déclin et sa disparition du monde occidental ne concerne dans les faits que les idéologies d'inspiration marxiste, car

---

8. L'éthique de la conviction, éthique du « tout ou rien », se marie bien au culte de l'excellence, comme le montre Henriquez (1973) et elle est la source de l'héroïsme. Dans l'histoire, ce ne sont pas les figures héroïques qui manquent : de Jésus à Gandhi, en passant par Mahomet, les apôtres et les martyrs chrétiens, Martin Luther King, Norman Bethune, Vincent Van Gogh, le dalaï-lama, Louis Riel ou Antonio Gramsci, toutes sont fondamentalement animées par l'investissement de tout leur être dans un projet. Cependant, les illustrations de dérives catastrophiques fondées également sur l'éthique de la conviction sont tout aussi nombreuses. Il n'est qu'à penser à Staline, à l'Inquisition catholique, à Mao, aux purifications ethniques, à Hiroshima, à Pol Pot, etc. François Bizot, ethnologue français emprisonné et torturé par les Khmers rouges, a écrit, dans *Le portail* (La Table ronde) : « Je ne crois pas à la figure du bourreau-monstre, hélas ! Je crois à une vérité bien pire. Pour l'avoir observé, expérimenté et subi, j'ai peur que n'importe quel idéaliste, quand les circonstances s'y prêtent, puisse se transformer en inquisiteur et en meurtrier. »

dans les sociétés occidentales fondées sur l'une ou l'autre forme capitaliste, il ne pourrait être question d'idéologie. Le «vrai» s'y énoncerait dans la transparence et, surtout, comme l'avancent Aron et Bell, le monde occidental reposerait fondamentalement sur un consensus social qui le mettrait à l'abri de dérives idéologiques. Si, éventuellement, un certain consensus a pu exister au sein de la «société globale», ce qui n'a aucunement empêché, heureusement, l'existence de débats idéologiques, nous avons rappelé que maintes analyses font aujourd'hui le constat que cette «société globale» s'est effondrée ou est pour le moins sérieusement ébranlée. Qui plus est, selon Aron et Bell toujours, ainsi que l'évoque Birnbaum (1975), «seules les utopies "empiriques" trouvent grâce à leurs yeux, c'est-à-dire des projets précis, mesurables et réalisables» (p. 27). Or, ces «utopies empiriques» sont actuellement en cours d'actualisation à l'échelle planétaire sous l'action bien réelle de l'idéologie néolibérale. Car le néolibéralisme est bien une idéologie qui procède à la fois à une présentation déformée de la réalité et à l'occultation de contradictions inhérentes à la vie collective et d'intérêts particuliers. Il peut ainsi diffuser des méconnaissances, projeter des illusions, créer une fausse conscience sociale et transformer les attitudes et les pratiques par la persuasion; bref, il peut faire intégrer des schèmes représentatifs et interprétatifs dans la banalité de l'évidence et du quotidien, et inculquer un imaginaire collectif opérationnel. Le propre d'une idéologie, comme le montre Ansart (1974), est justement de se présenter comme l'antithèse d'une idéologie, comme l'expression de la réalité, comme le discours légitimé désignant des finalités auxquelles aspire le peuple tout entier: «C'est l'une des occultations communes du discours idéologique que de voiler cette exploration des fins et de prétendre que les fins proclamées ne sont que la volonté commune [...]. Or, précisément, cette volonté générale n'est pas un fait et c'est la première tâche des idéologues que de débattre de ces fins et d'amener une collectivité à approuver les fins et les moyens proposés» (p. 109). On comprend dès lors beaucoup mieux comment l'éthique organisationnelle, entrepreneuriale, agit en faisant appel à la fois à la conviction et à la responsabilité. L'objectif poursuivi serait d'assurer l'unification idéologique, c'est-à-dire qu'«on verrait [...] la domination complète d'une idéologie particulière intériorisée à tel point par tous, que les citoyens des sociétés industrielles occidentales ne la considéreraient plus comme une vision du moins spécifique» (Birnbaum, 1975: 33).

La question est dès lors: la société dans laquelle nous vivons repose-t-elle sur une éthique acceptable? Et si non, si le système éducatif instauré perd sa légitimité parce qu'il devient immoral, parce qu'il nie les dimensions humaine et sociale fondamentales dans tout processus éducatif, de formation d'êtres humains et leur caractère émancipateur imprescriptible, n'est-on pas en droit, comme le mentionnait Thoreau (1968)[9] au siècle dernier, de penser à la désobéissance civile?

---

9.   Henri David Thoreau demeure, malgré sa courte vie (1817-1862), une grande figure intellectuelle des

Dans le contexte qui nous préoccupe ici, celui de l'obligation de résultats, il faut observer que le ministère de l'Éducation du Québec a avant tout opté pour l'adoption d'une éthique de la conviction, les moyens justifiant dès lors la fin. Il semble laisser la question de l'éthique de la responsabilité aux mains de la sphère économique, celle-ci présentant les orientations actuelles comme étant de l'ordre de la fatalité tout autant que de la nécessité pour assurer le progrès social. En fait, il récupère plus exactement et diffuse l'argumentation servie par le monde économique (employabilité, développement, bien-être, etc.) pour requérir l'adhésion à la responsabilité ou, du moins, la nécessité de la prescrire.

Il faut cependant remarquer avec Weber (1959) que, «lorsque les conséquences d'un acte fait par pure conviction sont fâcheuses, le partisan de cette éthique n'attribuera pas la responsabilité à l'agent, mais au monde, à la sottise des hommes ou encore à la volonté de Dieu qui a créé les hommes ainsi» (p. 187). Sa responsabilité se limite à la nécessité de maintenir l'option qu'il a choisie dans sa pureté originelle et sa justification première repose sur l'idée aussi simpliste qu'erronée que l'intention du «bien» ne peut engendrer que le bien, et l'intention du mal engendrer le mal. Plaise au ciel que le gouvernement du Québec comprenne l'enjeu et les conséquences sociales des dispositions prescriptives qu'il adopte actuellement et qu'il s'interroge sur leur bien-fondé.

Au contraire, le tenant d'une éthique de la responsabilité dira que «ces conséquences sont imputables à ma propre action» (*Ibid.*, p. 187). On voit bien, à travers les positions adoptées par les différents intervenants au cours de ce colloque, la tension considérable entre les deux éthiques, entre l'appel aux moyens (l'obligation de moyens) et la revendication des fins (l'obligation de résultats). Un des effets des travaux est sans nul doute le fait qu'ils ont mis en exergue l'infinie complexité de la question en jeu et qu'ils ont conduit par là à mettre en cause la transcendantalité et l'occultation du discours idéologique officiel, simpliste et schématique, sur l'obligation de résultats. Par ailleurs, les échanges ont surtout porté, du point de vue éthique, sur la question de la responsabilité (l'obligation de compétences, la responsabilité limitée, etc.) et moins sur celle de la conviction. D'une part, il paraît plus aisément évident – et donc moins problématique – que la justification des moyens par les fins voue l'éthique de la conviction, prise isolément, à l'échec (*Ibid.*) ou, du moins, qu'elle doit souvent faire appel à «des moyens moralement malhonnêtes ou pour le moins dangereux» (*Ibid.*, p. 188); de plus, elle

---

États-Unis d'Amérique. Il fut un grand penseur, un abolitionniste actif qui proclama l'ignominie de la bonne conscience esclavagiste et qui inspira par la suite le président Lincoln. Il fut aussi un défenseur de la nature tout autant que de la justice sociale en refusant la soumission lorsque les droits individuels et collectifs sont déniés par des lois civiles immorales. Léon Tolstoï reprit ses idées en insistant sur la non-acceptation du mal; Gandhi adopta sa méthode et sa pratique de la non-coopération et Martin Luther King admit s'en inspirer.

ignore «l'éventualité des conséquences fâcheuses» (*Ibid.*, p. 188). D'autre part, la question de la responsabilité en éducation est cruciale et elle ne peut être ni ignorée ni rejetée. Cependant, détournée à des fins partisanes et singulières, négligeant de ce fait le contexte social et les conséquences qui dépassent l'immédiateté de la fin poursuivie, une telle conception de l'éthique de la responsabilité conduit elle aussi à des effets pervers.

C'est pourquoi il importe de ne pas poser l'obligation de résultats comme une exigence *a priori* découlant des nouveaux «besoins» économiques et d'une rationalité économique présentée comme universelle. Il importe également de ne pas procéder sur ces bases à un processus éducatif d'inclusion-exclusion en fonction de l'adhésion ou non à une conception des formés en tant que «capital humain» en devenir. Il importe tout autant de ne pas réduire l'éducation à un placement financier qui doit être rentabilisé et de saisir le système scolaire comme une entreprise qui doit être rentable grâce à sa productivité, à son efficacité, à son efficience, par là à son obéissance aux «lois du marché». Il importe aussi de ne pas le réduire à un vaste supermarché[10], à un centre de services où les êtres humains viennent chercher, en tant que consommateurs, des compétences leur permettant de fonctionner harmonieusement (Apple, 2000). Il importe enfin de ne pas accepter l'éthique organisationnelle qui tend à légitimer ces orientations éducatives. Il importe par contre d'adopter une autre conception qui pourrait reposer sur une éthique sociale qui s'inspirerait de l'éthique communicationnelle mise en avant par Habermas (1978).

Une telle éthique sociale, de la communication humaine, peut être comprise comme une discussion. Lorsque la délibération, menée par des êtres humains libres et autonomes se reconnaissant dans leur altérité respective, conduit «à un consensus sur la recommandation d'accepter une norme et que ce consensus est le résultat d'une argumentation, autrement dit se fonde sur des justifications proposées à titre hypothétique et qui admettent des alternatives, ce consensus exprime une «volonté rationnelle»» (*Ibid.*, p. 150). Ainsi, le résultat d'une réflexion éthique, menée par le biais du dialogue et de la confrontation, prend en compte à la fois la «passion humaine» (l'éthique de la conviction) et le «devenir humain» (l'éthique de la responsabilité). Il admet l'existence d'ambiguïtés de sens ne pouvant être éliminées et il fait appel à la raison comme outil soutenant l'argumentation et la communication. Il relève alors d'une volonté rationnelle «parce que, nous dit Habermas, les propriétés formelles de la discussion et de la situation de délibération garantissent suffisamment qu'un consensus ne peut naître que des intérêts universalisables interprétés de façon appropriée, [...] par des besoins qui sont

---

10. Dans cette perspective, pour Apple (2000), «l'éducation est vue tout simplement comme un produit au même titre que du pain, des autos ou la télévision» (p. 60).

partagés de façon communicationnelle» (*Ibid.*, p. 150). Une telle éthique, nous dit Enriquez (1993), «demande des hommes doués de passion sans laquelle l'imagination ne peut émerger, de jugement, sans lequel aucune réalisation n'est possible, de référence à un idéal, sans lequel le désir ne quitte pas sa forme archaïque, d'acceptation du réel et de ses obligations, sans lesquels les rêves les plus ambitieux se transforment en cauchemar collectif. Elle demande aussi aux organisations d'être un lieu d'où la manipulation serait bannie et où les efforts de tous à la construction de l'organisation et à l'édification du social seraient reconnus» (p. 37). Ainsi, si éduquer, c'est rendre libre, il faut accepter l'existence d'une pluralité de voies pour atteindre et exprimer cette liberté.

Dans le débat actuel sur l'obligation de résultats, et dans la mesure où un tel débat peut réellement avoir lieu et se tenir sur la place publique, il ne s'agit donc pas de rejeter le changement dans le champ de l'éducation et de défendre quelque conservatisme que ce soit. Il ne s'agit pas non plus d'accepter béatement et passivement l'imposition de mesures arbitraires fondées sur une idéologie néolibérale, une idéologie consommative pour Ansart (1977), qui recourt à une idéologie organisationnelle pour l'inculquer et l'imposer socialement. Il n'est absolument pas acceptable pour le système scolaire québécois de se conformer progressivement, à petites touches, mine de rien, à un modèle imposé dont les formules mises en place en Nouvelle-Zélande, dans certains États des États-Unis, mais surtout en Ontario (voir le texte de Louise Bélair), constituent des archétypes de la dérive néolibérale et témoignent d'une conception aberrante et dangereuse de l'éducation, pour le sort de la pensée humaine et pour l'émancipation de tous les êtres humains. Ces organisations du système scolaire versent en quelque sorte dans les cinq pièges que Petrella identifie dans le numéro d'octobre 2000 du *Monde diplomatique*: premièrement, l'instrumentalisation croissante de l'éducation en vue de former un «capital humain» dont l'employabilité se substitue au droit au travail; deuxièmement, l'entrée de plain-pied de l'éducation dans l'univers économique en tant que «marché» (de l'éducation, des produits et des services pédagogiques, des «kits» de formation, des enseignants et des élèves, etc.), sans considération pour les droits civiques, politiques, sociaux, culturels; troisièmement, l'exacerbation de l'individualisme dans un contexte de compétitivité mondiale conduisant l'École à devenir un lieu de formation à une «culture de guerre» (chacun pour soi; performer mieux que les autres) plutôt qu'une «culture de vie» (vivre ensemble en vue du «bien» collectif); quatrièmement, la soumission de l'éducation à la technologie (enseignement virtuel, à distance, etc.) réputée contribuer au progrès de l'être humain et de la société, mais mettant à l'écart les rapports sociaux et les dimensions affectives, éthiques et morales; cinquièmement, le recours à l'éducation pour légitimer de nouvelles formes de division sociale produites par le modèle entreprenurial triomphant, où la connaissance, qui devient la «ressource» fondamentale de la nouvelle économie, se réduit à «la connaissance qui compte» et conduit à l'instauration de processus d'exclusion sociale pour les non-qualifiés.

Le futur se conjuguerait-il dorénavant au présent dans un «meilleur des mondes» (Huxley, 1932) qui pourrait devenir d'une surprenante actualité? La vision hallucinée qu'offre Huxley d'une société déshumanisée, où les êtres humains sont produits et conditionnés dans des usines, serait-elle en voie d'instauration? Et le «totalitarisme», tel qu'entendu par Marcuse (1968) comme un concept général permettant de comprendre la tendance du capitalisme en tant que système, est-il, comme il le pense, une forme de la rationalité technologique qui impose standardisation et concentration, contrôle et domination? La première École de Francfort, à laquelle il appartenait avant d'émigrer en 1934 aux États-Unis, a largement stigmatisé au cours de la première moitié du XXᵉ siècle, à travers la «théorie critique»[11], la rationalité instrumentale qui anime nos sociétés occidentales contemporaines, la réification de la nature en un objet d'exploitation humaine, la réduction du sujet humain à un animal *laborans* (et non *faber*), la transformation du monde entier en un gigantesque *workhouse*.

La vigilance, sinon la résistance sont de mise, ainsi qu'en témoignent plusieurs dérives sur le plan éducationnel. Heureusement, «l'homme n'est pas vieux comme le monde, il ne porte que son avenir», nous rappelle Paul Éluard, et Aldous Huxley de nous convier à espérer dans *L'éternité retrouvée*: «Ce que l'on est dépend de trois facteurs: ce dont on a hérité, ce que votre milieu a fait de vous, et ce que vous avez jugé bon de faire de votre milieu et de votre héritage»! Entre les desseins de quelque puissance que ce soit et ce qu'il advient, demeure toujours la potentialité d'une conscientisation et d'un agir critique de la part de tous les êtres humains ou, du moins, d'un certain nombre.

---

11.   Voir en particulier Horkheimer (1974a, 1974b) et Horkheimer et Adorno (1974).

17

LES ENJEUX DE L'OBLIGATION DE RÉSULTATS EN ÉDUCATION AU REGARD DU DÉFAUT DE PERFORMANCE DES ENSEIGNANTS[1]

Clermont GAUTHIER
Université Laval

INTRODUCTION

Si chacun conserve profondément en lui-même l'empreinte de ses origines (linguistiques, sociales, culturelles, etc), il garde tout autant imprégnées les traces de sa formation initiale à l'université. Mon baccalauréat ayant été réalisé dans le domaine de l'enseignement, c'est de ce point de vue de pédagogue que j'ai choisi d'aborder la question de l'obligation de résultats en éducation.

Quand on enseigne, il arrive que l'on rate son coup avec ses élèves. Parfois, ces insuccès peuvent être mineurs et passagers; en d'autres circonstances toutefois, la situation peut être dramatique et conduire à un véritable fiasco. C'est pourquoi j'aimerais discuter de la question de l'échec, non pas celui abondamment documenté de nos jours de l'échec scolaire, c'est-à-dire des problèmes de réussite ou de décrochage des élèves, mais bien d'un autre type d'échec, celui de l'enseignant, thème très peu abordé et tenu secret par une sorte de silence embarrassé de tous les acteurs du système. La question qui nous préoccupe est donc la suivante: comment penser l'incompétence pédagogique de l'enseignant et, partant, comment poser le problème de l'obligation des résultats?

MISE EN CONTEXTE

Pour aborder le thème à l'étude, il convient de faire ressortir trois éléments de contexte qui éclaireront la perspective que nous voulons développer.

---

1. Ce texte s'inspire d'un article écrit avec mes collègues Stéphane Martineau et Jean-François Desbiens et portant le titre suivant: «Ce n'est pas toujours de la faute à El Niño». Il a paru dans l'ouvrage collectif intitulé *L'évaluation des nouveaux programmes de formation des maîtres: une compétence à développer* (2000), sous la direction de C. Lessard et C. Gervais, Faculté des sciences de l'éducation, Université de Montréal.

Premièrement, il est important de rappeler que le concept de professionna-lisation de l'enseignement constitue actuellement une tendance lourde à l'agenda de nombreux pays tant en Europe qu'en Amérique (Tardif, Lessard, Gauthier, 1998). La professionnalisation suppose notamment que les enseignants possèdent des compétences pédagogiques particulières qui leur permettraient de « faire une différence » en ce qui concerne l'apprentissage et l'éducation des élèves. Cette forme d'expertise propre aux enseignants, combinée à un contexte de travail d'une grande complexité (la classe), rend possible et nécessaire une certaine autonomie professionnelle. Or, à tout espace d'autonomie se greffe toujours une exigence de responsabilité. Et, dans le contexte actuel, cette exigence de responsabilité sous-tend une forme de visibilité sur la place publique.

Autrefois, il n'y avait pas véritablement de nécessité pour l'école ou l'en-seignant de rendre publiquement des comptes. Même si l'enseignant œuvrait der-rière les portes closes de sa classe, on pouvait fort bien deviner ce qui s'y passait. L'invisible de la classe était visible de l'extérieur précisément parce que l'école et son milieu ambiant reposaient en grande partie sur les mêmes valeurs (chré-tiennes), la même langue (française), la même religion (catholique). Plus encore, l'enseignement était considéré comme une vocation, et le maître perçu comme une sorte d'auxiliaire de l'Église. Dans ce contexte, on comprend pourquoi la confiance de la population envers l'école pouvait être aveugle ; elle l'était justement parce que sachant tout ce qui s'y déroulait, personne n'éprouvait la nécessité de la scruter davantage. Mais les temps ont changé. Le monde n'est plus homogène, les référents et les idéaux sont désormais pluriels. L'école est au cœur des débats qui agitent la société et est constamment la proie des critiques. Le maître également ne bénéficie plus de ce respect inconditionnel dont jouissaient ceux qui exhibaient naguère l'aura de la vocation, d'autant plus qu'il réclame maintenant un meilleur salaire et des conditions de travail convenables. Dans cette ère du soupçon et de la méfiance généralisée, on comprendra que l'autonomie dont profitent les professionnels de l'enseignement est assortie de l'obligation de rendre des comptes. L'exigence de visi-bilité devient donc un élément de base de la professionnalisation.

Le deuxième élément de contexte se réfère aux transformations actuelles du milieu scolaire qui contribuent à accentuer la variation des performances des enseignants. La plus grande autonomie accordée par la loi à l'école ainsi que les pouvoirs conférés au nouveau conseil d'établissement sollicitent grandement les compétences professionnelles des enseignants à un niveau qui déborde largement le cadre étroit de sa classe. En effet, l'enseignant est appelé à collaborer activement avec les autres membres du personnel de l'équipe-école et de la communauté édu-cative. Plus spécifiquement, on s'attend à ce que le personnel enseignant participe à la définition du projet éducatif, des modalités d'encadrement des élèves, des procé-dures d'application du régime pédagogique et des orientations générales en matière d'enrichissement et d'adaptation des programmes. On lui demande aussi de collaborer à la détermination des règles de conduite et des mesures de sécurité, du temps alloué à chaque matière, à la programmation des activités éducatives et des services complémentaires. Enfin, il fait des propositions en matière de programmes d'études locaux, de critères relatifs à l'implantation de nouvelles méthodes pédagogiques, de choix de manuels scolaires et de matériel didactique, de normes et modalités d'évaluation, de règles pour le classement des élèves et le passage d'un cycle à l'autre au primaire.

Par ailleurs, la réforme en cours interpelle de manière profonde l'enseignant dans sa classe même. La conception de l'apprentissage véhiculée dans les nouveaux programmes de formation s'inscrit dans une perspective dite socio-constructiviste dans laquelle l'élève devient l'acteur principal de ses apprentissages. Le maître joue alors un rôle de guide, d'accompagnateur, de médiateur entre l'élève et les savoirs. L'axe des compétences retenu pour l'élaboration des programmes d'études et le découpage de l'organisation scolaire en cycles d'apprentissage transforment de manière profonde le rôle de l'enseignant. Dans une telle organisation, le développement des compétences des élèves s'échelonne sur plus d'une année. Cela exige de la part de l'enseignant la mise en place d'une pédagogie différenciée, une nouvelle approche de l'évaluation, une concertation et un travail d'équipe soutenu avec ses collègues du même cycle. De plus, le nouveau régime pédagogique prévoit le regroupement des disciplines en domaines d'apprentissage intégrés. Enfin, le nouvel environnement éducatif accorde une attention particulière aux élèves handicapés ou en difficulté qui seront davantage intégrés dans les classes et exigeront des enseignants l'apprentissage de nouvelles habiletés relativement à l'adaptation de leur enseignement aux caractéristiques et besoins de ces élèves. Bref, la réforme scolaire que l'on vient tout juste d'amorcer au Québec exige pour les enseignants l'apprentissage de plusieurs nouvelles habiletés qui seront sans doute maîtrisées par ces derniers à des degrés divers.

En troisième lieu, il convient de souligner que la recherche en enseignement a beaucoup évolué ces trente dernières années. Alors qu'elle portait en grande partie sur des variables qui se situaient en périphérie ou en dehors du contexte de la classe, les recherches des dernières années ont permis de documenter de manière beaucoup plus fine ce qui se passe à l'intérieur des classes. On sait maintenant qu'il existe une variation dans la performance des enseignants. On sait également que leurs pratiques ne se valent pas toutes, que certaines peuvent réellement faire une différence en ce qui concerne l'apprentissage et l'éducation des élèves (Gauthier *et al.*, 1997). Autrement dit, on sait qu'il y a des moyens meilleurs que d'autres pour faire apprendre.

Ces trois éléments de contexte – 1) le discours sur la professionnalisation et son exigence de visibilité, 2) les transformations du milieu scolaire et leur impact sur les nouvelles habiletés que le maître doit développer, 3) l'évolution de la recherche en enseignement qui permet de mieux identifier des pratiques favorisant l'apprentissage et l'éducation des élèves – auront sans doute pour conséquence de créer une pression importante sur les enseignants. En effet, les transformations du milieu scolaire peuvent engendrer des défauts de performance, de l'incompétence chez les enseignants. À cet égard, toute réforme de l'enseignement produit au moins deux types de conséquences : d'une part, elle invalide des manières de faire que les enseignants estimaient correctes et dont ils doivent se défaire ; d'autre part, elle les oblige à apprendre des comportements nouveaux qui ne font pas nécessairement partie de leur répertoire. En ce sens, toute réforme produit, pour une période donnée, de l'incompétence chez les acteurs concernés. Par ailleurs, l'autonomie nécessaire à la professionnalisation s'accompagne d'une exigence de responsabilité à l'égard des actes prodigués. Étant donné que la réforme actuelle au Québec octroie une plus grande marge de manœuvre aux enseignants, la société s'attend à ce qu'ils agissent de manière responsable. Cela pourrait signifier, le cas échéant, la nécessité pour les enseignants de mettre en preuve l'efficacité de leur pratique sur la place publique. Puisque la recherche montre que toutes les pratiques ne se valent pas, puisque le doute, voire la méfiance, font partie intégrante de notre terreau social contemporain, l'enseignant sera sans doute plus interpellé qu'auparavant à se justifier auprès de la direction, des parents, de la communauté. C'est-à-dire qu'il devra rendre visibles, par le recours aux faits consignés, et rendre crédibles, par l'usage d'une argumentation fondée, l'efficacité et l'efficience des moyens qu'il a utilisés.

Il convient alors de se demander ce qui se passe en cas d'échec pédagogique, autrement dit, comment aborder l'idée d'incompétence pédagogique dans le contexte actuel de professionnalisation, de transformation des pratiques, de reddition de comptes sur la place publique.

COMMENT PENSER L'INCOMPÉTENCE PÉDAGOGIQUE ?

Parler d'incompétence en enseignement nous oblige à inventorier un ensemble de cas ou de situations afin de mieux saisir la nature de ce concept à la fois en extension et en compréhension. Qu'on pense notamment aux cas d'incapacité physique ou psychique de l'enseignant, aux mauvais traitements physiques ou psychiques infligés aux étudiants, à la violation des règles de l'école, aux manquements aux devoirs de supervision, au refus de coopération, à l'insuffisance de la connaissance de la matière, à la mauvaise gestion de la classe, à l'incapacité d'adapter ses méthodes d'enseignement, à la négligence, aux comportements immoraux, aux infractions criminelles, etc.

Pour arriver à y voir un peu plus clair, il apparaît nécessaire de commencer par élaborer une typologie des délits, fautes, incapacités, manquements, erreurs, etc., autrement dit, une typologie des «insuffisances professionnelles» et ce, pour marquer le fait que, dans tous les cas répertoriés, il s'agit de comportements ou d'attitudes de l'enseignant qui se situent en dehors de ce qui est considéré comme une conduite généralement acceptable. L'expression «insuffisance professionnelle» semble préférable à celle d'incompétence parce qu'elle est suffisamment générale pour regrouper un ensemble de conduites et qu'elle nous permet de réserver le terme «incompétence» aux dimensions proprement pédagogiques.

Nous avons identifié cinq types d'insuffisances professionnelles : l'incompétence au sens juridictionnel, l'incapacité, l'infraction criminelle, la faute déontologique, l'incompétence pédagogique.

L'incompétence au sens juridictionnel

Du point de vue juridique, la compétence fait référence à un territoire délimité à l'intérieur duquel un acteur peut légitimement exercer, comme dans l'expression «le champ de compétence du provincial». Selon cette acception, il faut concevoir l'incompétence comme «l'inaptitude d'une autorité publique à accomplir un acte juridique.» (Reid, 1994 : 291). Partant de cet exemple, il est possible de tracer un parallèle avec une autre situation plus proche de nos préoccupations où la compétence exprime la mainmise, c'est-à-dire l'accès privilégié à un territoire. Au cours des années, et afin de protéger les meilleurs intérêts du public, certains ordres professionnels se sont vu accorder par le gouvernement du Québec un droit d'exercice exclusif d'une profession. Par exemple, les médecins et les avocats bénéficient d'un tel privilège alors que les psychologues n'ont droit qu'à un titre réservé sans pouvoir exercer des droits exclusifs sur le champ d'intervention de la psychothérapie.

Lorsqu'il est question des professions, peu importe qu'elles disposent d'un droit d'exercice exclusif ou non, le concept de compétence apparaît intimement lié à celui de qualification. L'attribution d'un titre réservé ou l'exercice d'une activité dans un secteur de pratique exclusif est conditionné par l'obtention d'une certification qualifiante appropriée attestant de l'aptitude d'un candidat à poser certains actes identifiés et définis. L'incompétent, entendu en ce sens juridictionnel particulier, est donc celui qui s'attribue frauduleusement un titre réservé ou qui pose des actes dans un champ de pratique exclusif sans posséder une certification légalement reconnue. À ce propos, le *Code des professions du Québec* (1998) stipule, entre autres, à l'article 188,1, que quiconque n'est pas membre d'un ordre professionnel et utilise sciemment le titre ou encore exerce une activité professionnelle réservée aux membres d'un tel ordre, commet une infraction et est passible d'amende.

Soulignons que cette façon de définir l'incompétence d'un individu n'exclut pas que celui-ci puisse être capable de poser des actes dans un champ de pratique réservé sans causer de préjudice au bénéficiaire de ces actes. Par exemple, un médecin orthopédiste radié du Collège des médecins pour des raisons disciplinaires ne perd pas son habileté à réduire une luxation de l'épaule ou à reconstruire un ligament déchiré au genou même s'il a, de façon temporaire ou permanente, été dépossédé de son droit de pratique. De même, le comptable agréé condamné pour fraude et radié par son ordre professionnel demeure tout à fait apte à effectuer une vérification comptable même s'il a perdu le privilège de le faire à ce titre. Un enseignant diplômé de l'Ontario et ayant son permis de cette province est évidemment capable (au sens de posséder l'habileté) d'enseigner les mathématiques au Québec sans qu'il en ait toutefois le droit.

L'incapacité

L'incapacité désigne « l'état d'une personne dont les facultés physiques ou mentales ont été altérées par une maladie ou un accident la rendant ainsi inapte à poursuivre ses activités normales ou à accomplir son travail correctement » (Reid, 1994: 289). L'incapacité peut être partielle ou totale, temporaire ou permanente. Par exemple, un éducateur physique, portant un plâtre à l'avant-bras en raison d'une fracture, souffre d'une incapacité physique l'empêchant partiellement d'effectuer normalement ses activités professionnelles. Cette incapacité est également temporaire parce qu'après sa convalescence et l'administration de soins appropriés sa condition sera rétablie. Il n'en va pas de même de l'enseignant de chimie qui aurait reçu de l'acide sulfurique à forte concentration dans les yeux et qui, depuis cet incident, serait aveugle à 80 % en dépit des soins médicaux reçus. Dans ce cas, l'incapacité d'exercer normalement son métier d'enseignant de chimie serait totale et permanente.

Selon Tremblay (1991), l'incapacité se distingue de l'incompétence par le fait que, dans la première, le rendement est inexistant ou insignifiant alors que, dans la seconde, le rendement est sous un seuil acceptable. De ce qui précède, on comprend qu'un enseignant puisse être compétent, voire même être reconnu comme tel par ses pairs, mais qu'il ne puisse plus exercer son métier à cause de l'incapacité qui l'affecte. À ce propos, l'examen médical, bien qu'imparfait, constitue un outil de contrôle de la qualité des services professionnels[2] et pourrait même s'imposer comme un moyen de discriminer entre l'incapacité et l'incompétence.

Ainsi, à moins d'une expertise médicale – encore là, les témoignages pourront être contradictoires –, la dépression nerveuse ou le « burn-out » chez

---

2. « Un ordre peut radier un de ses membres ou encore limiter ou suspendre son droit d'exercice si ce dernier refuse indûment l'examen médical requis ou si ses résultats confirment que son état de santé physique ou psychique est incompatible avec l'exercice de sa profession » (Office des professions, 1998, p. 1).

un travailleur ne seront pas détectés. On dira de celui-ci qu'il n'a plus le même intérêt à l'ouvrage ou l'employeur mettra simplement en preuve la mauvaise performance du salarié. (Tremblay, 1991, p. 12).

L'infraction criminelle

L'infraction criminelle est:

une infraction grave créée par le législateur fédéral pour sanctionner les comportements qui portent atteinte aux valeurs fondamentales de la société. Elle exige la preuve d'un état d'esprit coupable (*mens rea*) chez la personne accusée; elle se reconnaît surtout à sa procédure de poursuite, la mise en accusation, et à la sévérité de la peine (Reid, 1994: 299).

La commission d'une infraction criminelle peut avoir pour effet d'empêcher un enseignant d'exercer son métier si elle conduit à sa suspension, à son congédiement ou à son incarcération, mais elle ne permet pas de préjuger de sa capacité à bien enseigner. Par exemple, un enseignant reconnu coupable de trafic de drogues dans l'école où il travaille, de proxénétisme ou d'abus sexuel sur un ou plusieurs de ses élèves, ne dispose manifestement plus des qualités morales attendues d'une personne œuvrant dans le secteur de l'éducation, mais il faut reconnaître que ces condamnations n'attaquent en rien ses compétences didactico-pédagogiques. Le même raisonnement s'applique à l'obstétricien ou au notaire reconnus respectivement coupables d'abus sexuels sur une cliente ou de fraude envers une compagnie.

Ces infractions graves, et de surcroît punissables, ne les empêchent pas, sur le plan de l'habileté, d'intervenir avec succès dans leur spécialité respective. En somme, dans tous les cas qui précèdent, les critères qui permettent de plaider en faveur de leur exclusion ne tiennent pas dans l'insuffisance des qualifications ou de la compétence professionnelle, mais plutôt dans le fait qu'ils constituent une menace à la santé physique, psychique ou économique (dans le cas d'une personne morale) des bénéficiaires de leurs services professionnels.

La faute déontologique

«La déontologie désigne l'ensemble des principes juridiques et moraux qui régissent l'exercice d'une profession ou d'une fonction» (Reid, 1994: 177). La faute déontologique constitue un manquement à ces principes et peut donner lieu à des poursuites disciplinaires. En ce qui a trait à l'exercice du métier d'enseignant, la faute déontologique découle du non-respect des articles de la *Loi de l'instruction publique* (LIP) (L.R.Q., chapitre 1-13.3) qui, pour ainsi dire, tient actuellement lieu de «code de déontologie». À cet égard, la section II de la loi (dernière modification, le 1er juillet 1998) contient une liste des obligations de l'enseignant:

22. Il est du devoir de l'enseignant :

1- de contribuer à la formation intellectuelle et au développement intégral de la personnalité de chaque élève qui lui est confié ;

2- de collaborer à développer chez chaque élève qui lui est confié le goût d'apprendre ;

3- de prendre les moyens appropriés pour aider à développer chez ses élèves le respect des droits de la personne ;

4- d'agir d'une manière juste et impartiale dans ses relations avec ses élèves ;

5- de prendre les mesures nécessaires pour promouvoir la qualité de la langue écrite et parlée ;

6- de prendre des mesures appropriées qui lui permettent d'atteindre et de conserver un haut degré de compétence professionnelle ;

6.1- de collaborer à la formation des futurs enseignants et à l'accompagnement des enseignants en début de carrière ;

7- de respecter le projet éducatif de l'école.

Un enseignant qui, par exemple, tiendrait sciemment des propos racistes à l'endroit de certains élèves des minorités visibles dans sa classe manquerait à l'article 3 qui stipule qu'il doit « prendre les moyens appropriés pour aider à développer chez ses élèves le respect des droits de la personne ». La faute déontologique n'implique pas nécessairement qu'un enseignant ne possède pas les savoirs et habiletés pédagogiques nécessaires pour transmettre sa matière ou gérer sa classe. Ce type de manquement se situe plutôt sur le plan des attitudes et des valeurs et fait en sorte qu'un acteur peut être présumé ne pas détenir les qualités morales nécessaires pour exercer ses fonctions.

L'incompétence pédagogique

Si les quatre types d'insuffisance professionnelle examinés précédemment peuvent être définis de manière relativement précise, l'incompétence pédagogique est cependant beaucoup plus difficile à caractériser. D'une manière très générale, on pourrait dire qu'elle se réfère à l'absence, à la faiblesse ou à la non-pertinence des moyens mis en œuvre pour produire un effet enseignant suffisant, compromettant ainsi la réalisation du mandat qui est confié à l'enseignant d'instruire, d'éduquer et de socialiser ses élèves.

Sur quoi principalement porte l'incompétence pédagogique ? Nous inspirant des travaux de Clear et Box (1985), il est possible de classer en trois grandes catégories les plaintes portées au tribunal contre les enseignants pour motif d'incompétence pédagogique. D'abord, certaines plaintes ont trait à la gestion de la matière. Celles-ci renvoient à des éléments tels que: le clarté des buts, le rappel des connaissances antérieures, la précision des explications, les techniques de questionnement, la connaissance de la matière, l'évaluation des apprentissages, etc. Ensuite, on relève des plaintes qui se rapportent plutôt aux dimensions de la gestion de la classe, comme l'incapacité à maintenir la discipline, l'absence d'attentes et de règles claires, l'inaptitude à créer un ordre favorable à l'apprentissage, etc. Enfin, certaines plaintes renvoient aux stratégies de relations interpersonnelles, comme l'absence d'interactions positives et respectueuses avec les élèves, les collègues ou les parents.

Cependant, l'analyse de la littérature révèle plusieurs remarques qui sont souvent mentionnées pour aborder la question de l'incompétence pédagogique et qui permettent d'établir des nuances plus fines dans la compréhension du concept.

Premièrement, il est préférable de penser l'incompétence pédagogique comme si elle se situait sur un *continuum*. En ce sens, personne n'est jamais entièrement incompétent ou compétent sous tous les rapports, ni à tout moment ou en toute circonstance. «La compétence ne peut être considérée comme quelque chose d'absolu; un salarié n'est jamais soit totalement incompétent, soit totalement habile à accomplir une tâche. La qualité du rendement fourni par un salarié se situe le long d'un continuum partant du très mauvais jusqu'à l'excellence» (Tremblay, 1991: 37).

Deuxièmement, l'incompétence pédagogique se réfère à la norme de performance d'un *professionnel moyen* et non à celle de l'expert (enseignant idéal). La compétence ne doit donc pas être pensée comme la réalisation d'une performance maximale ou ultime – laquelle, si elle advient, doit être considérée comme la manifestation d'un état transitoire –, mais plutôt comme le fonctionnement acceptable d'un professionnel moyen sur une base régulière. Un salarié ne peut être tenu à la perfection et en ce sens «il n'a pas à se situer au dessus de la moyenne des autres travailleurs d'un même domaine pour remplir ses obligations» (Tremblay, 1991: 28). Par le fait même, dans le cas de l'enseignement, un professionnel moyen est celui qui réussit raisonnablement à éduquer et à instruire les élèves. Il «doit fournir une prestation de travail semblable à celle du travailleur moyennement habile et compétent. Il s'agit d'un critère objectif comparable à celui de l'homme raisonnable ou du bon père de famille en droit civil» (Tremblay, 1991: 32). Il faut donc faire l'hypothèse qu'il manifeste certaines, mais pas nécessairement toutes les compétences identifiées dans la littérature et associées à l'enseignant efficace, et qu'en ce sens il est perfectible.

Troisièmement, la détermination de l'incompétence pédagogique implique la *répétition* d'actes inadéquats et non l'exécution d'un seul acte grave. Pour Tremblay (1991) «une mauvaise performance ne conduit pas à l'incompétence. Il faut une certaine continuité ou répétition dans le faible rendement pour conclure à l'incompétence d'un salarié» (p. 29). De plus, «pour certaines fonctions, quelques fautes suffiront à conclure à l'incompétence du travailleur, alors que d'autres exigeront une certaine répétition des erreurs» (p. 40). On tolérera des erreurs isolées chez celui dont le travail se déroule à une cadence rapide et comprend une accumulation d'actes à caractère répétitif. Cela vaut également dans le contexte de l'enseignement où les décisions sont prises en situation d'urgence à partir d'informations incomplètes. On le comprend aisément, le problème se pose différemment pour d'autres types d'emploi. Pour être jugé incompétent, un contrôleur de trafic aérien n'a pas besoin de provoquer plusieurs catastrophes aériennes; ce sera la même chose pour un camionneur s'il est tenu, sur une période relativement courte, responsable de plusieurs accidents causant de lourds dommages.

Quatrièmement, le concept d'incompétence peut aussi être analysé sur la base de son étendue. En ce sens, l'incompétence pédagogique réfère à un *patron* de comportements et non à un seul type d'actes jugé inadéquat. En effet, Bridges (1992) constate que les causes de l'incompétence apparaissent la plupart du temps nombreuses et enchevêtrées. À cet égard, il faut noter que rarement les poursuites sont intentées sur la base d'une seule insuffisance mais plutôt sur plusieurs aspects interreliés. En effet, comme l'indiquent Clear et Box[3]:

> It must be realized, however, that teacher dismissal rarely rests on a single charge, but rather on multiple charges, such as incompetence and insubordination. According to the American Law Reports this pattern results from the courts' tradition that the incompetent teacher is rarely deficient in one respect alone: rather, incompetence seems to manifest itself in a pervasive pattern encompassing a multitude of sins and bringing in its wake disorganization, dissatisfaction, disharmony, and an atmosphere unproductive for the acquisition of knowledge or any other ancillary benefit. (1985: 235).

Par exemple, un enseignant qui éprouve de la difficulté à transmettre sa matière en aura fort probablement avec la gestion de sa classe. Il augmente ainsi les possibilités de perdre le contrôle de son groupe et sera possiblement enclin à

---

3. Dans le même sens Seyfarth (1996: 277) mentionne que: «When a district contemplates terminating a tenured teacher for incompetence, it must explain to the teacher in what areas his or her performance is deficient. Time must then be given to the teacher to correct his or her problems. As a rule, a single incident of poor judgment or incompetent behavior is not sufficient to justify termination of a tenure teacher. Courts look for patterns of behavior, and if none is found, they are likely to support reinstatement.»

utiliser des comportements plus rigides et à exprimer des sautes d'humeur; ce qui risque d'occasionner des tensions répétées avec les élèves, les parents, la direction.

Cinquièmement, l'incompétence pédagogique est décrétée lorsqu'elle est perçue comme un problème *irrémédiable*. Ce caractère définitif et incurable de l'incompétence est souvent signalé : « [incompetence] connotes incorrigibility or permanent inability whereas [inefficiency] suggest the possibility of remediation » (Gross, 1988 : 53). Selon Bridges (1992), il semble qu'environ 5 % des enseignants puissent être identifiés comme incompétents, c'est-à-dire irrémédiablement incompétents.

Évidemment, avant de statuer sur la permanence de l'incompétence, il faut faire la preuve que des mesures de soutien ont été prises au préalable pour aider l'enseignant et qu'après un certain temps aucun changement n'est apparu. Cependant, si les défaillances d'un salarié sont susceptibles d'être corrigées, on ne peut plus guère parler d'incompétence au sens strict, mais bien d'inefficacité (Tremblay, 1991 : 21). L'inefficacité peut être vue comme une forme d'incompétence temporaire, par exemple comme celle produite par la réforme dans laquelle nous entrons au Québec. On peut y remédier par une formation appropriée.

ET QU'EN EST-IL DE L'OBLIGATION DE RÉSULTATS ?

Compte tenu de ce qui précède, comment pouvons-nous aborder maintenant la question de l'obligation de résultats?

D'abord, il faudrait éviter deux grands écueils, d'un côté, la rhétorique du grand ménage et, de l'autre, celle de l'angélisme.

La rhétorique du grand ménage peut se résumer en un mot d'ordre radical : nettoyons la place des incompétents. L'analyse de plusieurs cas répertoriés dans la littérature américaine montre que l'établissement de la preuve devant les tribunaux de l'incompétence pédagogique d'un enseignant est un processus très difficile, long, coûteux et qui nuit à la réputation de l'établissement. Afin de gagner sa cause, le poursuivant doit prouver la présence d'une faute, celle d'un préjudice subi par les élèves et, enfin, qu'il existe un lien de causalité entre la faute et le préjudice. Les étapes du procesus sont à peu près les suivantes. D'abord, les reproches formulés à l'endroit des enseignants destitués doivent faire valoir qu'ils ne sont pas le fait d'événements rares et isolés, mais plutôt que les comportements se sont répétés à plusieurs reprises dans le temps. Deuxièmement, les faits présentés en preuve contre les enseignants destitués ont été accumulés par le biais d'observations réalisées en classe, souvent par plusieurs intervenants extérieurs à des moments différents. Troisièmement, ces observations ont permis de signaler formellement leurs lacunes aux enseignants concernés et même, dans certain cas, de leur offrir des formations spécifiques afin de les corriger. Quatrièmement, les enseignants destitués ont pu bénéficier d'une période de temps plus ou moins longue pour apporter les correctifs jugés nécessaires. Cinquièmement, dans la plupart des cas mentionnés, les problèmes identifiés ne touchaient pas qu'un seul aspect associé à l'efficacité de l'enseignement (comme, par exemple, la planification des contenus) mais bien des patrons de comportements inappropriés. Enfin, sixièmement, les procédures de destitution des enseignants s'appuyaient sur des indicateurs ne faisant pas uniquement appel aux idéologies et aux croyances des observateurs. Processus difficile certes, mais pas impossible puisque des jugements ont effectivement conclu au renvoi d'enseignants. Clear et Box (1985) mentionnent cependant que tous les cas répertoriés de renvois d'enseignants concernaient seulement les cas lourds où les performances pédagogiques étaient extrêmement faibles.

Par ailleurs, il faut signaler que le fardeau de la preuve repose sur les épaules du directeur d'école qui doit assumer toute la pression découlant de ce processus. Par conséquent, il semble que la tolérance, l'évitement du problème et la protection des enseignants soient les réactions les plus courantes des administrateurs face aux cas d'incompétence et que seuls les cas les plus graves conduisent à des procédures de destitution en bonne et due forme.

En conséquence, le grand ménage ne semble pas une solution à privilégier. Sans doute qu'il vaudrait mieux prévenir que guérir et concentrer les énergies en amont du problème, c'est-à-dire lors de l'embauche. L'engagement d'un enseignant irrémédiablement incompétent est d'abord et avant tout mauvais.

La rhétorique de l'angélisme est le second écueil à éviter. *Grosso modo*, elle consiste à soutenir que tous les enseignants sont semblables, qu'ils enseignent également bien et donc que toute forme d'évaluation devient inutile. Dans cette perspective, s'il y a des problèmes dans la classe, la cause doit en être recherchée ailleurs : chez l'enfant lui-même, dans sa famille, dans son milieu social, etc. Pourtant, la recherche des trente dernières années montre que c'est faux ; des différences importantes existent entre les enseignants, peu importe le contexte dans lequel ils se trouvent. Toutes choses étant égales, certains enseignants se tirent mieux d'affaire que d'autres et, par conséquent, des élèves peuvent subir les préjudices de ces derniers. Et ils en subissent et les enseignants peuvent en être reconnus responsables.

En effet, selon plusieurs auteurs, les enseignants qui fonctionnent en dessous du standard du professionnel moyen risquent de causer des torts particuliers aux élèves. On pourrait nommer ce nouveau type de préjudice le préjudice d'apprentissage (*academically injured students*) (Essex, 1986 ; Patterson, 1980). Chacun connaît déjà le préjudice moral (souffrance, atteinte à la réputation), corporel (perte d'usage d'un membre, de façon temporaire ou permanente) ou matériel (coût de remplacement d'un bien détruit). Mais l'étudiant peut aussi subir un autre type de blessure, il peut être un «blessé scolaire», une victime de l'école ou d'un enseignant.

> Teacher malpractice represents a new kind of injury to students, although teacher liability for physical harm to students as a result of negligent supervision or improper exercice of authority has long been established. This new type of injury is not physical in nature but results in emotional, psychological, or educational damages stemmings from poor teaching, improper placement, inappropriate testing procedures, or a lack of timely feedback to parents regarding progress of their children (Essex, 1986: 2).

Que la blessure soit scolaire plutôt que physique ou morale, elle n'en constitue pas moins un préjudice.

> The harm suffered is the student's failure to attain the educational level that would probably have been attained had the teacher performed at the required level. Currently, this means that many students who have failed to learn constitute a class of victims without remedy, presenting a dilemma for both the courts and education (Patterson, 1980: 193).

Patterson (1980) indiquait il y a vingt ans qu'on aurait tort de penser que les causes impliquant les cas de préjudice scolaire subis par des élèves seraient constamment perdues par les plaignants. Les années qui ont suivi lui ont donné raison quand on examine le nombre de cas recensés aux États-Unis par Clear et Box (1985) et qui ont été effectivement gagnés par la poursuite.

Mais si l'on veut éviter, d'une part, le radicalisme et les abus possibles de l'éradication des incompétents, et, d'autre part, le déni du problème, des voies intermédiaires sont sans doute à explorer. L'une d'entre elles consiste à s'appuyer davantage sur la recherche.

On le sait, en éducation, le réflexe est davantage à la révolution totale qu'à la patiente analyse des pratiques. Or, à peu près tous les auteurs consultés traitant du thème de l'incompétence pédagogique soulignent l'absence de normes explicites en enseignement. Autrement dit, l'incompétence ne peut se juger qu'à l'aune de la compétence. «Attempting to determine what constitute improper conduct or unsatisfactory teaching performance of necessity requires an explicit or at least an implicit statement about what constitutes proper conduct and satisfactory teaching performance» (Gross, 1988: 5). À cet égard, la recherche peut jouer un rôle essentiel. Par exemple, plusieurs recherches en enseignement ont déjà montré des liens existant entre certaines pratiques d'enseignement des contenus et de gestion de classe et la réussite scolaire des élèves. Mais, à défaut d'expliciter les normes de pratique par la recherche, toute une série d'accusations prématurées continueront à être adressées contre certains enseignants concernant leur manière d'enseigner, accusations qui auraient pu sans doute être évitées si les enseignants poursuivis (et le public) avaient été au courant de ce qui pouvait constituer dans leur milieu une norme de pratique acceptable. Bref, il y a tout un chantier à ouvrir dans cette direction qui permettrait de clarifier par la recherche des normes d'exercice du travail enseignant, normes qui, dans l'état actuel, sont extrêmement variables d'un milieu à l'autre, existent trop souvent de manière implicite dans la tête des gens ou sont utilisées de manière arbitraire. Une telle clarification permettrait d'éviter bien des abus dont peuvent être victimes les enfants, les enseignants, les directeurs d'écoles et les parents.

La recherche peut également jouer un grand rôle à la fois pour préparer, accompagner et évaluer une réforme. Il est malheureux que les États généraux sur l'éducation aient été davantage l'occasion de faire ressortir les états d'âme et les frustrations de la population à l'endroit du système d'éducation que la mise en place de dispositifs systématiques de cueillette de données sur l'état du système ou sur l'état des connaissances sur tel type de problème. Par exemple, que sait-on des dangers et limites de l'approche par compétences au primaire et au secondaire? En sciences humaines et, notamment en éducation, il n'existe pas de modèles ou de solutions au-dessus de tout soupçon. En recherche, la prudence est de rigueur, et pourtant tout s'est passé comme si les décideurs n'en avaient cure. Mais bon, il est trop tard, la cause est entendue, la réforme est engagée. On l'a vu, toute réforme est productrice d'incompétence. Si la recherche n'a pas précédé la réforme, elle doit au moins l'accompagner. Il s'agit maintenant de suivre les enseignants dans le processus d'apprentissage des nouveaux comportements et de mettre en place des procédures de soutien pour ceux qui se retrouvent en défaut de performance. Ceci présuppose des observations, des cueillettes de données dans les classes, la recherche de solutions adaptées.

Et, en bout de ligne, dans tout cela, de quoi l'enseignant est-il responsable? À supposer que la réforme en cours au Québec soit un échec, peut-il être considéré responsable des résultats? À l'enseignant, on ne peut exiger la même chose qu'au plombier. Alors qu'on est en droit de s'attendre de ce dernier qu'il répare la baignoire parce qu'il contrôle tous les éléments du processus, on ne peut réclamer des résultats à l'enseignant qui ne contrôle qu'une partie limitée des variables en jeu. Il en va de même pour l'avocat qui ne peut être tenu responsable d'avoir perdu une cause mais bien de ne pas avoir pris les meilleurs moyens pour la gagner, ou du médecin qui ne peut non plus être tenu responsable de la mort de son patient mais plutôt de ne pas avoir pris les meilleurs moyens pour le garder en vie. À l'enseignant, on ne demandera donc pas d'être responsable des résultats, mais de trouver les meilleurs moyens pour instruire et éduquer ses élèves. Les meilleurs moyens donneront sans doute de meilleurs résultats compte tenu du contexte. En ce sens, la recherche est un outil indispensable à la pratique (moyens) et à une meilleure performance du système (résultats). À l'obligation de résultats, il faudrait donc plutôt faire valoir l'obligation de recherche dans nos institutions.

18

Conclusion synthèse

Claude LESSARD
Université de Montréal

INTRODUCTION

L'obligation de résultats en éducation représente un véritable choc pour un milieu scolaire traditionnellement réfractaire à l'évaluation et à la reddition de comptes, et pour un système d'éducation dont la seule véritable priorité au cours des quarante dernières années a été l'accessibilité à l'éducation pour le plus grand nombre. Car au-delà de la rhétorique managériale et des stratégies mises en place – qui méritent à juste titre un véritable débat et une appréciation rigoureuse des effets escomptés et des effets pervers –, ce qui est en cause c'est la capacité du système éducatif de changer de cap et de viser non plus uniquement l'accessibilité, mais plutôt la qualité de la formation du plus grand nombre et, en ce sens, de se responsabiliser non plus seulement par rapport à l'offre de formation, mais aussi par rapport à ses résultats.

La forme récente de cette responsabilisation, au Québec comme ailleurs, est le plan de réussite. En effet, le ministère de l'Éducation du Québec a demandé l'automne 2000 à tous les établissements primaires et secondaires de lui soumettre un plan de réussite, sous la forme d'un document comprenant une analyse de la situation, construite à partir d'indicateurs quantitatifs de rendement dont les valeurs avaient été préalablement fournies par le ministère, ainsi qu'un plan d'amélioration spécifiant des cibles quantitatives précises et un horizon temporel déterminé (3 ans). Les plans de réussite sont la suite logique de l'évaluation institutionnelle.

Dans le domaine de l'éducation, le Sommet du Québec et de la jeunesse a généré un consensus autour de l'objectif national d'atteindre une qualification de 100 % des jeunes, en fonction des choix et du potentiel de chacun. Pour atteindre cet objectif, les partenaires au Sommet se sont entendus sur la nécessité d'un plan

de réussite, élaboré par chacun des établissements d'enseignement, en collaboration avec les acteurs locaux, en fonction des caractéristiques socioéconomiques et
culturelles du milieu.

Le ministre Legault a clairement indiqué que les plans de réussite consti-
tuaient une priorité incontournable, et ce dans la forme qu'il jugeait essentielle,
c'est-à-dire avec des cibles quantitatives et une stratégie triennale claire pour lever
les principaux obstacles à la réussite, cette stratégie devant être fondée sur une
analyse serrée de la situation de chaque établissement. Il a débloqué, à la rentrée
scolaire 2000-2001 un budget supplémentaire de 23 millions de dollars pour soutenir la mise en œuvre des plans de réussite. Son refus des premiers plans soumis par
les collèges ne laisse aucun doute sur l'existence d'une réelle volonté politique de
voir l'ensemble du système éducatif prendre les moyens à sa disposition et efficaces
pour accroître la persévérance scolaire et la diplomation.

Des plans de réussite déposés par les commissions scolaires et acceptés par
le ministre, il ressort que si en 1998-1999, le retard scolaire à la fin du primaire tou-
chait 22,2 % des enfants, soit plus d'un enfant sur cinq, « sur la base des plans reçus,
les écoles se fixent l'objectif ambitieux de faire passer ce taux à 11 % seulement
d'ici 2002-2003, soit une réduction de 50 %. Par ailleurs, au secondaire, les écoles
s'engagent à faire passer le pourcentage de décrocheurs de 26,9 % en 1998-1999 à
22,8 % en 2002-2003 » (meq.gouv.qc.ca/cpress/cpresss2001, 26-10-2001). Quant
aux collèges publics, le taux d'obtention d'un diplôme passerait d'ici 2010 de 61 % à
76 % (meq.gouv.qc.ca/cpress/cpress2001/c011005.htm, 26-10-2001).

De leur côté, les syndicats d'enseignants dénoncent « l'approche étroite et
compétitive adoptée par le plan Legault », une approche dite « affairiste »[1], mais
n'en accepte pas moins des ingrédients essentiels de la démarche proposée par le
ministre. En effet, dans une fiche diffusée auprès de ses membres visant à soutenir les conseils d'établissement dans l'élaboration d'un plan local de réussite, la
CSQ accepte « de procéder à une analyse de la situation de l'école face à la réussite
éducative, à partir des données qui seront jugées pertinentes ; d'identifier des
mesures susceptibles d'améliorer la réussite des élèves et de prévoir des modalités
d'évaluation de celles-ci ; de fixer des objectifs quantitatifs ou qualitatifs, selon la

---

1.   La présidente de la CSQ, Mme Richard déclarait le 18-09-2000 : « au chapitre de la façon de faire du MEQ
      ou de sa façon de concevoir l'éducation, nous demeurons très critiques. Il est hors de question, et nous
      l'avons d'ailleurs souvent déclaré, qu'une approche non globale soit l'approche privilégiée par le réseau.
      Les comparaisons entre établissements, la détermination d'objectifs de réussite en termes exclusifs de
      taux de diplomation ou de non-retard scolaire (sans tenir compte de l'ensemble des facteurs qui influent
      sur les établissements), ou encore le fait de faire porter à chacun des établissements et des enseignants la
      responsabilité des difficultés scolaires des élèves ; ce sont là des façons de faire qu'on peut voir dans un plan
      d'affaires et non dans un plan de réussite éducative » (csq.qc.net/section23/nouvelles/nouvelle181.html,
      26-10-2001).

mesure retenue ; de déposer un plan local à la commission scolaire dans des délais raisonnables et selon l'approche retenue par le milieu » (csq.qc.net/educat/edusoc/ conseils/plans.htm, 26-10-2001). Toutefois, la CSQ refuse « de fixer a priori des cibles mesurables en termes de non-retard scolaire et de taux de diplomation ; de comparer la situation de notre école à celle des autres écoles ; d'adopter une vision étroite de la réussite basée sur la seule mesure des taux de diplomation » (csq.qc.net/ educat/edusoc/conseils/plans.htm, 26-10-2001). La CSQ propose aussi un modèle de plan local de réussite et suggère, à partir d'une liste de facteurs identifiés par la recherche comme liés à la réussite scolaire, un ensemble d'objets pouvant être intégrés dans un plan de réussite. En somme, tout en s'opposant à ce qui lui semble être une approche réductrice de l'éducation, la CSQ se dit prête à collaborer à tout effort sérieux d'amélioration de la réussite, conçue d'une manière large.

Je voudrais dans les paragraphes qui suivent réfléchir sur ce passage souhaité en éducation d'un accent traditionnellement mis sur l'offre de formation à un accent plus prononcé sur la demande, des moyens aux résultats, de l'entrée à la sortie du système, des ressources consenties aux compétences produites, etc. Pour ce faire, je vais m'appuyer essentiellement sur des idées émises lors des derniers Entretiens Jacques-Cartier (automne 2000) portant sur l'obligation de résultats en éducation. Je voudrais suggérer des éléments de synthèse. À cette fin, j'ai organisé mon propos autour de quatre pistes possibles. J'aborderai ensuite ce qui m'apparaît être le principal enjeu.

QUATRE PISTES POUR CERNER L'OBLIGATION DE RÉSULTATS EN ÉDUCATION

L'obligation de résultats peut être définie de plusieurs manières. En effet, elle peut être saisie :

- en référence aux apprentissages des élèves,

- en tant que responsabilité d'un collectif de travail,

- en rapport avec les moyens, processus ou procédures de travail,

- en fonction de la compétence d'un enseignant moyen, compte tenu de son expérience et de son parcours de formation.

Abordons chacune de ces pistes ou portes d'entrée. Acceptons au départ qu'aucune n'est pleinement satisfaisante et à l'épreuve de toute contestation. Ce qui est recherché ici est ce qu'il est raisonnable et juste d'attendre de l'école et de celles et ceux qui la font. Ce qui suit ne constitue pas une réflexion définitive et fermée. C'est un matériau pour aider les uns et les autres à s'approprier un concept qui se présente tout à la fois comme une injonction forte, une prescription précise et une pression légitime sur le système d'éducation, ses unités et ses acteurs, et qui génère chez plusieurs des réactions tout aussi fortes de rejet, de défense et de protection, fondées sur des craintes et des peurs qui ne sont pas toujours faciles à nommer et à rationaliser.

L'obligation de résultats définie prioritairement en référence aux apprentissages des élèves, ou l'obligation de résultats « pure et dure »

Ce point de vue possède trois caractéristiques essentielles :

1. Les apprentissages des élèves sont mesurés par des tests, quantifiés et comparés dans le temps et dans l'espace.

2. Ils sont aussi essentiellement d'ordre cognitif.

3. Les résultats souhaités sont définis d'avance, en général d'une manière positive : tant de diplômés, x taux de réussite ou de passage à l'ordre d'enseignement suivant. Le consensus peut aussi se formuler d'une manière négative : il n'est pas acceptable que les écoles laissent partir tant d'élèves, que les collèges perdent tant d'étudiants au cours du premier semestre ou que les universités diplôment si peu de leurs étudiants inscrits au premier cycle. Il importe donc d'agir afin de corriger cette situation.

Dans sa forme la plus courante, cette obligation de résultats est soutenue par la diffusion publique des résultats des uns et des autres, elle se matérialise souvent dans des palmarès d'établissements secondaires, collégiaux ou universitaires, de commissions scolaires, de systèmes éducatifs provinciaux ou d'États nationaux. Sur le plan administratif, elle peut être encouragée par des schèmes classificatoires d'établissements (Chicago, 1995), des plans de réussite approuvés et financièrement soutenus et divers systèmes d'incitatifs à la performance, comme on en trouve aux États-Unis[2] et en Grande-Bretagne.

Poussée à l'extrême, il peut s'agir d'une pure obligation de résultats qui laisse dans le flou les moyens mis en place ou les processus activés, ou qui estime que tous les moyens sont bons pourvu que « ça marche » et que les résultats attendus soient au rendez-vous.

Trois critiques sont souvent formulées en réaction à cette centration exclusive sur des résultats scolaires mesurés et quantifiés.

---

2. On peut lire dans l'*Education Analyst*, publié par la Society for the Advancement of Excellence in Education, que la Californie, tout comme quatorze autres États, entend accorder aux enseignants et aux écoles performantes des sommes d'argent supplémentaires. Ces récompenses seront fonction des résultats obtenus par les élèves sur les tests standardisés et sur les gains d'apprentissage en cours de scolarité obligatoire (Stanford 9 achievement test results in grade 2-11).

1. Il s'agit d'une vision réductrice de l'école et des conséquences souhaitées de la scolarisation. La mission de l'école ne peut être uniquement assimilée à assurer la réussite du plus grand nombre à des examens ministériels. L'école existe certes pour faire apprendre les instruments de base et une partie du patrimoine culturel de l'humanité, mais elle est aussi un lieu de développement d'une citoyenneté éclairée, critique et engagée; aussi, plusieurs finalités de l'école, y compris des compétences intellectuelles supérieures ou transversales, se mesurent mal quantitativement ou ne se manifestent pleinement qu'à long terme ou tardivement, après l'étape de la scolarisation dont on cherche à connaître les effets trop immédiats.

2. Cette vision risque d'entraîner plusieurs dérives inquiétantes (Demailly, 2000 : 8) :

- des dérives éthiques : si la pression sur les résultats est trop forte et perçue comme injuste, ou que les conséquences d'un échec apparaissent difficiles à supporter, alors les acteurs seront tentés d'adopter diverses stratégies déviantes. Le monde commercialisé du sport professionnel et des Olympiques constitue un bel exemple de cette dérive : les enjeux économiques et politiques, la pression sur les athlètes sont tels que la tentation de tricher, de se doper est difficile à combattre. En éducation, on constate déjà, ici et là à travers le monde, des comportements de ce type : des écoles inventent des moyens de se « débarrasser » d'élèves faibles, adoptent des pratiques de classement et d'orientation « sans risque », empêchent quelques élèves de se présenter aux examens ministériels afin de ne pas faire baisser la moyenne de l'ensemble ou d'accroître le taux d'échec, ou au contraire investissent beaucoup d'énergie à « doper » pour l'examen les élèves « moyens » qui peuvent faire une différence dans la réussite moyenne de l'établissement, tout en laissant les plus « faibles » à eux-mêmes, etc.

- des dérives concurrentielles entre des établissements, des classes, des professeurs et des élèves : dans un système de plus en plus compétitif, il est à craindre que les « meilleurs établissements » s'amélioreront, écrémant toujours davantage les « meilleurs » élèves, alors que les autres établissements pâtiront, incapables de conserver leur part de « bons » élèves et de « bons » professeurs; ainsi, les écarts entre scolairement « riches » et scolairement « pauvres » s'accroîtra inévitablement. Au Québec, il est à craindre que cette fracture recouvre à peu près complètement la distinction public-privé au secondaire et qu'elle soit donc, pour une part très importante, essentiellement de nature socio-économique. À l'échelle du système éducatif, on peut aussi craindre une perte de solidarité et d'esprit de corps, car la guerre de tous contre tous pour les meilleurs élèves, les meilleurs professeurs et les meilleurs cadres scolaires accroîtra la méfiance, la distance et le secret entre les acteurs, sans oublier la rancune des perdants et des laissés-pour-compte par ce jeu impitoyable.

- des dérives curriculaires (qu'expriment bien l'expression anglo-américaine *teach the test*) et pédagogiques (certains besoins de clientèles particulières risquent de ne pas être comblés, parce que les prendre en compte n'est l'objet d'aucune reconnaissance spécifique). Il est tout à fait prévisible et parfaitement rationnel que les écoles accordent dans un avenir rapproché – là où ce n'est pas encore déjà bien installé –, de plus en plus de temps et de soin à la préparation de leurs élèves pour la situation d'examen, le type d'examen et les contenus qui risquent de caractériser les épreuves nationales. Cela se passe couramment dans les provinces et les pays anglo-saxons, là où l'obligation de résultats est plus forte et où la culture de compétition est davantage acceptée et valorisée. Certes, on observe, du moins à court terme, une augmentation des rendements, mais cela ne révèle-t-il pas surtout que les élèves ont appris à gérer la situation de l'examen, le type de question posée et le répertoire de réponses désirées, et que l'école est totalement absorbée par cette logique de démonstration des apprentissages faits?

Lorsque les palmarès placent tout en bas de leur échelle du mérite des écoles à vocation particulière – l'école Vanguard, par exemple, au Québec, ou les écoles pour décrocheurs –, ou ignorent certaines sous-populations au sein d'autres écoles secondaires – comme les élèves sourds de l'Ouest du Québec regroupés à l'école Lucien-Pagé, ou les treize classes d'accueil du début du secondaire à l'école Saint-Luc, etc. –, il est clair que les besoins de ces clientèles ne sont donc pas reconnus et que le service public à ces clientèles n'est pas valorisé.

3. L'obligation de résultats ne peut pas fonctionner sans obligation de moyens:

- dans la classe, tous les moyens ne sont pas bons pour qu'un jeune apprenne quelque chose: éduquer et instruire sont des tâches d'ordre éthique aussi profondément que d'ordre cognitif. L'acte d'enseigner comporte une éthique de la relation (comment traiter l'autre?) et une éthique de la connaissance (comment parler en construisant de la vérité?) (Demailly, dans cet ouvrage).

- au niveau d'un système éducatif, la notion de service public impose des contraintes à la poursuite de l'efficacité et de l'efficience.

Plus fondamentalement, et au-delà de ces trois critiques, une question se pose. Elle est ainsi formulée par Perrenoud (dans cet ouvrage): est-il possible et légitime d'exiger des résultats définis d'avance dans un métier donné? Sa réponse peut être résumée en ces termes : oui, il est possible et légitime d'exiger des résultats définis d'avance, à condition :

1. que le problème à résoudre soit purement technique, que les finalités de l'action soient parfaitement claires et que les professionnels n'aient d'autre tâche que de chercher les meilleurs moyens d'atteindre des objectifs sans équivoque ;

2. que l'action des professionnels ne dépende que marginalement de la coopération ou de la mobilisation de personnes ou de groupes indépendants de l'organisation qui les mandate ;

3. que l'état des savoirs savants et professionnels rende possible une action efficace dans la plupart des situations rencontrées ;

4. que les situations qu'affrontent les professionnels de même niveau de qualification soient sinon identiques, du moins relativement comparables.

En éducation, on s'en doute, ces conditions ne sont pas véritablement remplies, du moins si les résultats sont jaugés à l'aune d'une norme standard, indépendante du contexte et identique pour tous les établissements et tous les praticiens. En effet, en éducation, les finalités et les objectifs sont nombreux, ambigus et contradictoires ; aussi, comme le rappellent constamment les pédagogues, l'apprentissage ne se décrète pas. Enfin, les savoirs savants et professionnels ne sont pas « consistants » et les situations sont fort variées.

Suivant cette analyse, il faudrait alors renoncer à toute vision technocratique de l'obligation de résultats, qui assignerait à chaque professeur (ou à chaque établissement) des résultats attendus, définis à priori, avant même que l'année et la formation ne commencent, standardisés ou du moins calculables en fonction d'un certain nombre de paramètres imposés ou convenus. Ou à tout le moins, il faudrait reconnaître le caractère un peu magique et gratuit/arbitraire de toute détermination et de toute assignation de cibles quantitatives pré-établies (Perrenoud, dans cet ouvrage).

Mais convenir de cela revient-il à dire et à accepter que toutes les pratiques et tous les profs (et tous les établissements) se valent ? Les recherches sur l'effet-établissement[3] (Cousin, 1993, 1998 ; Reynolds, Creemers *et al.*, 1996 ; Grégoire, 1990 ; Grisay, 1989 ; Scheerens, 1992 ; Gewirtz, 1998 ; Gibson et Asthana,1998) et sur l'effet-maître (Wendell, 2000) sont concluantes et ne peuvent être évacuées.

---

3. Entendons par effet d'établissement un impact dont la cause est à chercher dans la capacité de l'institution, et des acteurs qui la composent, à se construire et à se mobiliser comme une entité collective, et non plus comme une juxtaposition de classes, d'heures de cours indépendants et d'individus plus ou moins isolés. Il est donc le fruit d'une action ou d'une coordination volontaire d'un établissement qui n'est pas que le produit d'effets de contexte et d'effets de composition.

D'ailleurs, elles confirment à la fois le sens commun et aussi une sagesse éducative séculaire : certains établissements réussissent à faire une différence dans la vie de leurs élèves ; dans certains cas, la cohérence et la chimie y sont plus grandes et avec des effets décuplés sur l'apprentissage ; de même, certains enseignants ont un impact réel, plus significatif que d'autres ; il en est de même de certaines directions et de certains cadres scolaires. La recherche montre aussi que cet effet n'est pas uniquement le fait de caractéristiques personnelles, mais aussi et d'abord celui de l'action professionnelle de l'enseignant et de l'administrateur.

On ne peut donc faire complètement abstraction des apprentissages des élèves et refuser de s'intéresser à l'efficacité pédagogique d'un établissement et d'un enseignant[4]. On peut par ailleurs tenter de répondre à la question suivante :

1.   dans les conditions de travail qu'il avait, avec des élèves qui étaient les siens, cet enseignant a-t-il fait, cette année-là, ce qu'il était possible de faire dans l'état de l'art et de la science de l'enseignement et de l'apprentissage (Perrenoud, dans cet ouvrage) ?

2.   dans les conditions dont il a hérité, avec les enseignants de son école et le personnel non enseignant à sa disposition, cette année-là ou au cours de son mandat, ce directeur d'école a-t-il fait ce qu'il était possible de faire dans l'état de l'art et de la science de l'administration et de la gestion ?

Dans l'élaboration d'un jugement lucide, circonstancié, partagé, ni arbitraire ni complaisant, on peut donc prendre en compte raisonnablement les résultats, « comme données pertinentes dans un tableau clinique brossé par un expert capable de "faire la part des choses", de ne pas appliquer mécaniquement des "normes de production", mais d'assumer tranquillement le fait que les enseignants ne

---

4.   Une recherche dont les résultats seront bientôt publics et qui portent sur 12 écoles secondaires canadiennes de milieu à faible revenu permet de dégager les éléments suivants de réussite de l'établissement : une attitude positive et des attentes élevées de réussite pour tous ; une direction forte et vigilante ; un accent fort mis sur la réussite académique, mais aussi sur d'autres indicateurs de réussite et de besoins des élèves ; la reconnaissance de la nécessité d'être imputable de la qualité de sa performance, d'être innovateur et créatif, quelquefois avec le sens qu'il y a urgence d'assurer l'avenir de l'école ; une analyse régulière des résultats, et l'établissement d'une liaison entre les résultats et les efforts de l'école dans l'évaluation, dans le développement curriculaire, dans l'enseignement et dans l'innovation ; une planification intégrée et une réelle coordination par la direction, par les départements et par les enseignants afin d'améliorer la performance et d'associer les buts, la planification et les activités ; une importance clairement mise sur un bon enseignement, sur de bons enseignants en tant que modèles de rôle et sur le développement professionnel des enseignants ; un fort sentiment d'appartenance et l'engagement ferme des enseignants et des élèves à l'égard de la mission et des valeurs centrales de l'école ; un climat sécuritaire et respectueux, des relations chaleureuses entre les éducateurs et les élèves ; des initiatives pour motiver les élèves et rendre l'enseignement pertinent ; un enseignement structuré et des standards « traditionnels » de comportement ; du soutien et de l'aide pour les élèves et pour les enseignants ; de la variété et de la flexibilité dans les structures, les programmes et dans les services ; et un soutien fort pour l'école de sa communauté géographique ou de sa communauté de choix.

sont pas interchangeables et que certains posent en moyenne des gestes plus justes et efficaces que d'autres» (Perrenoud, dans cet ouvrage).

L'obligation de résultats : une responsabilité collective, et non pas individuelle

Le collectif peut être l'équipe des professeurs, l'équipe de direction, l'établissement dans son ensemble, un regroupement d'écoles, la commission scolaire ou tout autre partie du système éducatif. La question ici posée est celle de la responsabilité relative des unités d'un système dans la poursuite de l'atteinte des objectifs.

Ainsi, il y a actuellement une grande insistance sur la coopération professionnelle et le collectif de travail enseignant : l'introduction de l'approche-programme dans les collèges, celle des cycles d'apprentissage dans les écoles primaires et secondaires dans le cadre de la réforme curriculaire, la diffusion du discours pédagogique sur les compétences transversales et l'interdisciplinarité, l'importance accordée aux partenariats communautaires, tout cela requiert davantage de concertation, de coordination et d'intégration des actions individuelles et d'unités diverses. Les mesures de décentralisation administrative cherchent à faire de l'établissement un acteur plus autonome de son propre projet éducatif, ce qui suppose qu'il développe sa propre capacité de fédérer les énergies des uns et des autres autour de priorités d'action convenues et mobilisatrices. Dans la même veine, le Conseil supérieur de l'éducation prône depuis plusieurs années pour les enseignants un «professionalisme collectif».

La Centrale des syndicats du Québec adhère à cette conception du professionnalisme, tout comme elle reconnaît, ainsi qu'on l'a vu plus haut, la valeur d'une certaine forme d'évaluation institutionnelle. C'est l'évaluation du rendement de chaque enseignant que celle-ci refuse et craint, notamment à cause du risque d'arbitraire et du pouvoir qu'elle donnerait à la direction. Oui à une certaine responsabilisation collective et institutionnelle, mais non à son pendant individuel, semble-t-elle prendre comme position dans ce débat.

Ici, deux remarques s'imposent :

1. Si le tout est potentiellement plus que la somme des parties, il n'est jamais indépendant des parties. Il importe donc d'évaluer le travail des individus, notamment sous l'angle de sa contribution au projet d'ensemble, de sa dimension collective, tant dans le registre relationnel que dans le registre plus technique de la coordination des actions (Perrenoud,). Il en va de même des directions, des établissements (écoles et collèges), des regroupements d'écoles ou de collèges, des commissions scolaires.

2.　Il faut aussi réfléchir à la part de responsabilité qui incombe aux autorités supérieures – le ministère –, aux pouvoirs organisateurs intermédiaires – les commissions scolaires –, les établissements pris comme entités autonomes, et enfin, les enseignants, en tant que professionnels. L'on pourrait ajouter les parents et les élèves. N'a-t-on pas vu récemment des écoles américaines transmettre aux parents un bulletin de leur participation à l'encadrement scolaire de leur enfant! S'il apparaît évident que les divers paliers du système éducatif ne sont pas responsables et éventuellement imputables des mêmes dimensions de l'action éducative – par exemple, les programmes scolaires ne sont pas pour l'essentiel le fruit de décisions prises au niveau de l'établissement –, il n'en demeure pas moins que chaque palier a des effets (pas toujours prévus et voulus!) sur l'activité des autres paliers et qu'il importe donc de cerner la part d'autonomie relative – et donc de responsabilité – de la part du fonctionnement qui tient à l'intégration à un système piloté par une autorité.

S'il y a lieu de mieux cerner la nature et l'extension de l'obligation de résultats, et donc la limite de la responsabilité des enseignants dans la réussite des élèves (Tardif, dans cet ouvrage), cela apparaît néanmoins problématique : il n'est pas certain que nous puissions éliminer toute ambiguïté et toute difficulté en cette matière, en bonne partie parce que cette question est inextricablement reliée à des rapports de pouvoir et à des logiques contradictoires.

Non à l'obligation de résultats, oui à l'obligation de moyens, de processus ou de procédure

Cette conception de l'obligation professionnelle se retrouve en général dans les professions où une seule erreur peut avoir des conséquences incalculables et où, donc, il faut réduire au minimum les risques, comme par exemple en médecine. On y arrive en standardisant les pratiques, celles-ci étant en quelque sorte normalisées dans des protocoles précis et relativement rigides. Et si on déroge au protocole ou si on le modifie, il faut être en mesure de se justifier devant ses pairs et ses supérieurs et assumer les conséquences de ses actes. Car les erreurs ou les écarts injustifiés sont sanctionnés. Normalement, les protocoles ne sont modifiés que lorsque des données de recherche incontestables fondent le changement et que la solution de remplacement a été éprouvée cliniquement. Les protocoles dont il est ici question, toutes choses étant égales, sont censés incarner l'état des connaissances et de la recherche ; ils incorporent les meilleures pratiques.

Dans le cas de la médecine, si le patient meurt, le médecin ne sera mis en cause que si une faute professionnelle a été commise. La notion de faute renvoie à un manquement au plan des processus de diagnostic et de traitement. D'ailleurs, du moins dans une Amérique du Nord friande de poursuites judiciaires et de

résolution des conflits par le canal judiciaire, cette crainte de la faute professionnelle donne lieu à une médecine précautionneuse, les médecins appuyant leur
diagnostic sur des tests de plus en plus nombreux et sur une technologie médicale
de plus en plus sophistiquée. Une partie de la croissance des coûts de la santé est
probablement imputable à cette suspension du jugement médical autonome et à sa
forte dépendance d'outils «indiscutables».

Dans l'enseignement, la situation est différente: s'il est possible de définir
la faute professionnelle, il n'est pas toujours aisé d'en démontrer les effets, leur
importance et leur caractère permanent. C'est d'ailleurs là la grande difficulté à
laquelle fait face ces années-ci le Conseil pédagogique interdisciplinaire du Québec
dans sa tentative de convaincre les instances gouvernementales appropriées ainsi
que le Conseil interprofessionnel de la nécessité de mettre sur pied un Ordre professionnel pour les enseignants, les Ordres ayant dans la loi, pour principale raison
d'être, la défense du public contre les abus et l'incompétence professionnels. Or, la
question est la suivante: quels dangers graves courent des élèves à se retrouver avec
un ou des enseignants «incompétents»?

Comme Gauthier le soutient ici, l'incompétence pédagogique a davantage à
voir avec des schèmes de comportements, des erreurs répétées et une incapacité à se
corriger, qu'à une faute précise et non répétée, aux conséquences dramatiques pour
les élèves. L'erreur pédagogique n'a donc pas en général les mêmes conséquences
qu'en médecine ou qu'en cour criminelle. Dan C. Lortie (1975) aimait répéter, dans
son analyse du faible statut de l'enseignement, que personne à sa connaissance
n'était mort de ne pas savoir tel infinitif de tel verbe à tel âge!

Historiquement, l'obligation de moyens a prévalu en éducation, comme en
témoignent les rapports d'inspection d'autrefois, les consignes précises données
aux enseignants, les manuels standardisés et les systèmes de sanctions homogènes.

Aujourd'hui, cette obligation de moyens peut prendre deux formes:

1. Une forme étroite et bureaucratique, une ritualisation des comportements
   des enseignants. Par exemple, à l'université, cela pourrait se traduire ainsi:
   j'ai remis un plan de cours à mes étudiants et discuté avec eux clairement
   des travaux exigés, je suis en classe les heures prescrites, j'accorde X heures de tutorat par semaine, je procède en cours de semestre à une ou deux
   sessions d'évaluation formative, et je remets les travaux des étudiants dans
   des délais raisonnables (disons 10 jours ouvrables), etc. Il faudrait ajouter:
   je participe à quelques réunions de concertation avec mes collègues dans le
   cadre d'une approche-programme et, lorsque nécessaire, je mets l'épaule à
   la roue pour des réformes de programmes. Pour l'enseignement primaire et
   secondaire, le cahier de charges des enseignants ainsi qu'un code d'éthique
   pourraient répondre à cette obligation traduite en comportements et en

règles de conduite. Que ces comportements soient appropriés et nécessaires est évident, mais épuisent-ils la question? Surtout, libèrent-ils l'établissement et l'enseignant du «reste»? Il me semble que poser la question, c'est y répondre...

On peut transposer sans trop de difficultés ce type de raisonnement à la direction des établissements et aux cadres scolaires.

Cette forme d'obligation de moyens est pour l'essentiel une stratégie défensive et protectrice. Paradoxalement, elle mène à un contrôle bureaucratique, réduit le métier à une forme d'exécution de procédures et de soumission à des règles, plus ou moins négociées. Les dangers liés à cette approche sont bien connus: irresponsabilité, routine, report de la faute sur l'autre (l'élève), impossibilité d'une responsabilité collective et partagée, régression de l'enseignement vers la prolétarisation et la dépendance à l'égard de règles pré-définies.

2.   Une forme d'obligation de moyens plus large et «professionnalisante»: il s'agit alors de l'obligation de se donner tous les moyens d'une action pédagogique réussie: ceux qui relèvent des règles, méthodes et techniques connues lorsqu'elles sont efficaces, et ceux qui passent par une stratégie originale et inventive, voire déviante, lorsque les démarches standards sont sans effets.

L'obligation de résultats conçue comme une obligation de compétence, celle qu'on peut attendre d'un enseignant moyen, compte tenu de son expérience et de son parcours de formation

Il s'agit aussi de celle qu'on peut attendre d'une direction et d'un cadre soucieux d'atteindre les objectifs institutionnels.

La compétence apparaît ici comme le fruit du développement dans l'action d'une capacité de résoudre les problèmes de la pratique, en fonction de l'état des connaissances et des expériences tentées et connues. Étroitement liée au développement professionnel, elle comporte les capacités d'analyser avec rigueur des situations complexes, d'identifier des solutions pertinentes, réalistes et conformes à l'état des connaissances et des expériences, de les mettre en œuvre, de les évaluer et de les modifier.

Par exemple, pourrait être ainsi considérée «compétente» l'équipe du collège X qui décide de s'attaquer au «syndrome du premier trimestre», analyse rigoureusement la situation, se mobilise, implante et évalue diverses solutions, ou celle de l'école secondaire qui identifie ses élèves à risque de décrochage, qui met sur pied une ou des cliniques pour des élèves en passe d'abandonner leurs études, et qui utilisent, entre autres stratégies, l'enseignement par les pairs comme outil de rattrapage dans certaines matières.

Dans l'évaluation des personnels comme des entités, cette approche de l'obligation des résultats implique qu'on s'intéresse au choix avisé des moyens et à l'analyse faite du fonctionnement et du travail effectué. Cela implique aussi qu'on procède à des bilans de compétences, en cherchant à répondre aux questions suivantes : dans les situations rencontrées, me suis-je donné des moyens suffisants, adéquats de résoudre le problème, de faire face à l'obstacle ? De façon plus générale, dans quel registre de savoirs savants, experts ou personnels, dans quel ensemble de ressources, avec quelle prise de risque, quelle ouverture à des apports externes, quelle méthode, quelle énergie et persévérance ai-je cherché les moyens d'affronter un problème professionnel (Perrenoud, dans cet ouvrage) ?

Un pédagogue ne devient compétent – ou véritablement pédagogue, car en définitive il s'agit-là d'une question d'identité – que s'il est attentif et s'interroge sur ce qu'il fait et sur les effets de ses actions sur ses étudiants, leur apprentissage (connaissance) et leur développement (habitus et valeurs). En ce sens, la pédagogie, avant d'être une réponse pratique, des procédés ou des savoir-faire, est un souci et une centration sur l'apprentissage et le développement, ou, autrement dit, sur les effets réels, anticipés ou non, de l'enseignement dispensé. Il s'agit là d'une disposition fondamentale, d'une orientation de base, d'une valeur essentielle. Elle commande à l'enseignant un devoir de lucidité et de détachement par rapport à ses actions et ses interventions, typique du professionnel. Le praticien réflexif chevronné possède cette intelligence de l'action, à la fois émotionnelle et cérébrale, cette capacité de lire une situation floue et mouvante, là où sont ses étudiants et là où il peut les mener avec énergie et doigté. Il sait reconnaître ses bons coups et ses erreurs ou échecs, ne dramatise pas outre mesure ces derniers et sait en tirer les leçons qui s'imposent. Il reconnaît que toute analyse de la situation l'inclut en tant que personne et agent scolaire, qu'il ne peut s'en extraire, comme si les étudiants habitaient un monde – la classe – dont il serait absent. Les élèves et les étudiants pardonnent beaucoup de maladresses et d'erreurs à un enseignant chez qui ils sentent l'authenticité de l'engagement proprement pédagogique.

Ce souci pédagogique, on l'aura compris, est éthique et pragmatique. Il suppose que l'enseignement puisse être l'objet d'une forme de rationalisation, celle qui est propre aux métiers de l'humain (Tardif et Lessard, 1999). L'obligation de résultats en éducation est donc en définitive fortement associée à un devoir de lucidité et de régulation raisonnée de la pratique (Perrenoud, dans cet ouvrage). En ce sens, l'obligation de compétences est intrinsèquement liée à la professionnalisation des métiers de l'éducation.

En somme, pour les enseignants, l'obligation de compétences comporte un devoir d'attention aux effets des comportements pédagogiques; pour reprendre le titre d'un ouvrage, la question est: j'enseigne, mais eux, apprennent-ils? L'obligation de compétences implique aussi la reconnaissance d'une responsabilité individuelle par rapport à ce qui se passe immédiatement dans l'acte éducatif, comme processus dans la classe et l'établissement (même si les autres ont aussi une part de responsabilité). Elle comporte aussi l'obligation de rechercher la solution la plus appropriée ou de nouvelles manières de faire quand les effets de l'action sont non désirables, ainsi qu'une part prise dans les responsabilités collectives (au niveau de l'établissement) et de l'évolution du système éducatif.

CONCLUSION: UN PEU DE RUSE

En somme, l'obligation de résultats en éducation ne peut évacuer totalement les apprentissages réalisés par les élèves; elle est à la fois collective et individuelle, elle ne peut se réduire à des moyens, mais doit plutôt se concevoir comme l'obligation de construire et de bonifier constamment sa compétence à enseigner, en collégialité et en concertation avec les autres intervenants de l'école. Cela implique le souci des effets de son enseignement sur les élèves, le devoir de rechercher les meilleurs moyens et stratégies disponibles, efficaces et raisonnablement applicables, ainsi que le partage avec les collègues des bons coups comme des moins bons coups.

L'obligation de compétences soulève toute la question des référentiels de compétences, de leur construction, de leur reconnaissance et de l'évaluation des compétences professionnelles. C'est une piste intéressante pour quiconque a à cœur la professionnalisation de l'enseignement; il me semble qu'elle pourrait permettre de dépasser le couple moyens-résultats, en engageant l'enseignant à assumer la responsabilité des processus les plus susceptibles d'assurer l'apprentissage et la réussite éducative de tous. Dans cette vision des choses, l'enseignant est considéré comme un spécialiste de l'intervention éducative qui a le souci de la réussite de ses élèves: il doit, à ce titre, être formé aux processus d'enseignement/apprentissage que la recherche considère de nature à contribuer de manière significative à la réussite éducative de tous.

Tout cela exige de faire évoluer des normes et des cultures professionnelles, celle de l'administration comme celle des enseignants, de sorte que la responsabilité du développement professionnel et une pratique plus réflexive et partagée deviennent des ingrédients courants du métier et des leviers de la professionnalisation.

Cependant, il n'est pas certain que les orientations proposées ici et débattues au colloque de l'automne 2000 soient compatibles avec la pression actuelle sur les résultats, l'impatience du public à l'endroit de l'école publique et le besoin de rendements immédiatement améliorés, auxquels prétendent répondre les approches managériales «affairistes» critiquées par la CSQ et dont nous rapportions les vieilles racines historiques en début de texte. Il y a des tensions réelles entre l'accent mis sur des cibles quantitatives et une approche qualitative de la réussite scolaire et éducative, entre une vision réductrice et une définition large de la mission de l'école, entre les plans de réussite et la réforme curriculaire en cours, entre l'accroissement souhaité du rendement des unités et la perte anticipée d'efficience publique du système dans son ensemble, et entre la reddition de comptes et la professionnalisation de l'enseignement. Ces couples sont en tension dans un champ de forces structuré.

Dans pareille situation, je crois qu'il est alors nécessaire que les pédagogues et les administrateurs scolaires rusent avec certaines formes que prend ou peut prendre cette obligation. Car les dangers qu'une transposition trop mécanique d'une culture d'entreprise dans le monde de l'éducation fait courir sont réels, tout comme les risques de fracture sociale liés aux effets de palmarès mal construits. Un conflit, une forte contradiction entre une logique administrative de l'efficience et les caractéristiques et les exigences d'un milieu véritablement éducatif est certainement au coin de la rue, tout comme la pression pour des rendements rapidement améliorés est en contradiction avec un souci de réformes, d'innovations pédagogiques dans le sens d'une plus grande variété des pratiques d'enseignement! Un scénario tout à fait plausible est que la logique «industrielle» réduise à une peau de chagrin toute innovation et toute transformation significatives et qu'à terme les inégalités scolaires et, par extension, sociales et culturelles, s'accentuent. Pour celles et ceux qui ont à cœur autre chose que le rendement à court terme des écoles ou le retour de l'école inégalitaire d'autrefois, s'impose donc la ruse, c'est-à-dire des actions stratégiques qui, tout en composant avec l'incontournable reddition de comptes, cherchent à sauvegarder des espaces et des projets pédagogiques prometteurs et axés sur la réussite éducative de tous. Cela, je crois, est possible, d'autant que les contrats de réussite laissent une place à un diagnostic local et permettent donc aux établissements de construire leur propre définition de la situation, de définir leurs propres finalités et objectifs ainsi que les actions qu'ils estiment les plus en mesure d'améliorer la qualité de l'éducation dispensée. La ruse ici consiste à lire les contrats de réussite comme un cadre, certes structurant, mais relativement ouvert, et non pas comme un prêt-à-porter rigide et uniforme, et de s'en servir comme un outil de développement de son établissement, en partenariat avec les parents et les instances communautaires. Cela est possible, mais exige un leadership qui fait le pari de l'autonomie de l'établissement et des enseignants qui s'autorisent à «prendre le pouvoir» qui leur revient pour développer leur compétence à contribuer à la réussite du plus grand nombre.

Airasian, P. (1988). Measurement driven instruction: a closer look. *Educational Measurement: Issues and Practices*, 7, 6-11.

Alberta Learning (1999), Alberta Education's 94th Report and 5th Annual Results Report, 1998/1999 Part 1. <http://ednet.edc.gov.ab.ca/annualreport/>

Amadeo, E. *et al.* (1992). *Fiscal crisis and asymetries in the educational system in Brazil*. Genève: OIT/BIT

Ansart, P. (1974). *Les idéologies politiques*. Paris: Presses universitaires de France.

Ansart, P. (1977). *Idéologies, conflits et pouvoir*. Paris: Presses universitaires de France.

Apple, M. (2000). Between neoliberalism and neoconservatism: Education and conservatism in a global context. *In* N. C. Burbules et C. A. Torres (dir.), *Globalization and education. Critical perspectives* (57-77). New York, NY: Routledge.

Aron, R. (1955). *L'opium des intellectuels*. Paris: Calmann-Lévy.

Aronowitz, S. (2000). *Kwoledge factory. Dismantling the corporate university and creating true higher learning*. Boston, MA: Bacon Press.

Assemblée nationale du Québec (2000). *Projet de loi n° 82, Loi sur l'administration publique*, sanctionnée le 30 mai 2000, Éditeur officiel du Québec.

Atlan, H. (1986). *À tort et à raison. Intercritique de la science et du mythe*. Paris: Seuil.

Atlan, H. (1991). *Tout, non, peut-être. Éducation et vérité*. Paris: Seuil.

Autrement (1986). L'excellence, une valeur pervertie, de l'école à l'entreprise, les mirages de la réussite. *Autrement*, janvier 1987, 86.

Baillon, R. (1982). *Les consommateurs d'école*. Paris: Stock.

Barnet, R. J. et Cavanagh, J. (1994). *Global dreams: Imperial corporations and the new world order*. New York, NY: Simon and Schuster.

Barnett, V. (1984). Why teach statistics? *Proceedings of the first international conference on teaching statistics*, 1, 3-18.

Barnett, V. (dir.) (1982). *Teaching statistics in schools throughout the world*. Voorburg, Hollande: International Statistics Institute.

Bassis, O. (1998). *Se construire dans le savoir à l'école, en formation d'adultes.* Paris : ESF.

Baudelot, C. (1999). Qu'on le veuille ou non, on valorise les lycées qui pompent les bons élèves. *Libération,* 1er avril.

Bauer, (1966). Préface : A historial note on social indicators. *In* R. Bauer (dir.), Social indicators (ix-xviii). Cambridge, Mass. : MIT Press.

Beauchemin, J., Bourque, G., Duchastel, J., Boismenu, G. et Noël, A. (1995). Présentation. L'État dans la tourmente. *Cahiers de recherche sociologique,* 24, 7-13.

Bédard-Hô, Francine (1992), Quand les choix débutent : rapport d'un sondage fait auprès d'élèves de 3e, 4e et de 5e secondaire, Québec, Ministère de l'Éducation.

Bell, D. (1967). *The end of ideology.* Glencoe : Free Press.

Bernard, R. (1986). Le rôle social des institutions. *Revue du Nouvel Ontario,* 8, 41-48.

Birdsall, N. et Sabot, R. (dir.). (1996). *Opportunity Foregone. Education in Brazil.* Washington : The Johns Hopkins University Press.

Birnbaum, P. (1975). *La fin du politique.* Paris : Seuil.

Blais, J.-G. (1998). Estimating essay rating reliability in a large scale international assessment : combining experimental design and raters' resampling. *In The effects and related problems of large scale testing in educational assessment (24-36). Actes du 22e Colloque Annuel de l'International Association for Educational Assessment.* Beijing : Foreign Language Teaching and Research Press.

Blais, J.-G. (1998). Normes, standards et critères : Réflexions sur l'apport de la technologie métrique à l'évaluation de la compétence professionnelle des enseignants. Texte présenté dans le cadre du symposium S34 de la rencontre du REF 1998 à Toulouse, France.

Blais, J.G., Laurier, M. et Pelletier, G. (2000, juin). *La problématique des indicateurs en éducation.* Communication présentée au 13e Congrès international de l'Association mondiale des sciences de l'éducation, Sherbrooke.

Boudreau et Dubois, (1993). J'parle pas comme les Français de France, ben c'est du français pareil : j'ai ma own p'tite langue. L'insécurité linguistique dans les communautés francophones périphériques. *Cahiers de l'Institut linguistique de Louvain,* 1, Louvain-la-Neuve, 147-168.

Bourdieu, P. (1979). *La distinction : Critique sociale du jugement.* Paris : Les éditions de Minuit.

Bourdieu, P. et Passeron, J.C. (1970). *La reproduction.* Paris : Les éditions de Minuit.

Bourque, G., Duchastel, J. et Kuzminski, A. (1997). Présentation : Les grandeurs et les misères de la société globale au Québec. *Cahiers de la recherche sociologique,* 28, 7-17.

Bressoux, P. (1994). Les recherches sur les effets-école et les effets-maître. *Revue française de pédagogie,* n° 108.

Breton, R. (1968). Instituional completeness of ethnic communities and the personal relations of immigrants. In B.R. Blishen (dir.), *Canadian society : Sociological perspectives.* Toronto : MacMillan du Canada.

Breton, R. (1983). La communauté ethnique, communauté politique. *Sociologie et sociétés,* 15(2), 23-37.

Bridges, E. M. (1992). *The Incompetent Teacher. Managerial Responses.* Washington, D.C. : Falmer press.

Bridges, E. W. (1990). *Managing the Incompetent Teacher*. Eugene, Or.: The National Association of Elementary School Principals.

Broadfoot, P. (1997). Assessment and learning: Power or partnership. In H. Goldstein et T. Lewis (dir.), *Assessment: problems, developments and statistical issues* (21-40). New York: Wiley.

Broadfoot, P. (2000). Un nouveau mode de régulation dans un système décentralisé: l'État évaluateur. *Revue française de pédagogie*, 130, janvier-février-mars, 43-55.

Burbules, N. C. et Torres, C. A. (dir.). (2000a). *Globalization and education. Critical perspectives*. New York, NY: Routledge.

Burbules, N. C. et Torres, C. A. (2000b). Globalization and education: An introduction. *In* N. C. Burbules et C. A. Torres (dir.), *Globalization and education. Critical perspectives* (1-26). New York, NY: Routledge.

Caillé, A., Fournier, R., Larochelle, N., Lenoir, Y., Malherbe J.-F. et Marcos, B. (1995). *Commentaires sur le code d'éthique en recherche et en création*. Sherbrooke: Université de Sherbrooke.

Callahan, R.E. (1962). *Education and the Cult of Efficiency*. Chicago: University of Chicago Press.

Carbonneau, M. et Hétu, J.-C. (1996). Formation pratique des enseignants et naissance d'une intelligence professionnelle. *In* L. Paquay, M. Altet, É. Charlier et Ph. Perrenoud (dir.), *Former des enseignants professionnels. Quelles stratégies? Quelles compétences?* (77-96). Bruxelles: De Boeck,

Cassen, B. (2000). Les institutions financières sous le feu de la critique, *Le Monde diplomatique*, numéro de septembre, 18-19.

Chang, G.-C. (1996). *L'éducation dans les pays les moins avancés: améliorer dans l'adversité*. Études et documents d'éducation – 64. Paris: Éditions UNESCO.

Charlot, B. (1995). *Les sciences de l'éducation, un enjeu, un défi*. Paris: ESF.

Charlot, B. (1999). *Le rapport au savoir en milieu populaire. Une recherche dans les lycées professionnels de banlieue*. Paris: Anthropos.

Chateauraynaud, F. (1991). *La faute professionnelle*. Paris: Métailié.

Chicago Public Schools (1995). Trending Up. Four-year Education Progress Report, Children First, July 1995-August 1999.

Chouinard, M.-A., (2000). Frayeurs prématurées. L'approche contractuelle est compromettante pour le gouvernement aussi, dit Pierre Lucier. *Le Devoir*, le vendredi 9 juin 2000, A1 et A10.

Cifali, M. (1998). Démarche clinique, formation et écriture. *In* L. Paquay *et al.* (dir.). *Former des enseignants professionnels* (119-136). Bruxelles: De Boeck.

Clear, D. K. (1983). Malpractice in teacher education: the improbable becomes increasingly possible. *Journal of Teacher Education*. XXXIV(2), 19-24.

Clear, D. K. et Box, J. M. (1985). Justiciable performance standards for discharging incompetent teachers. *In* T.N. Jones et D. P. Semler (dir.), *School Law Update 1985. National Organization on Legal Problems of Education*. (ED 018 409). Topeka, Kans.: National organization on legal problems of education.

Coe, R. et Fitz-Gibbon, C. T. (19xx). School Effectiveness Research: criticisms and recommendations. *Oxford Review of Education*, 24(4), 421-438.

Coleman, J.S. *et al.* (1966). *Equality of Educational Opportunity*. Washington, D.C.: GPO.

Commission des programmes d'études (1998). *Orientations et encadrements pour l'établissement du programme de formation*. Québec: Gouvernement du Québec, ministère de l'Éducation.

Commission royale sur l'éducation de l'Ontario. *Pour l'amour d'apprendre. Rapport de la Commission royale sur l'éducation*. 5 volumes. Toronto: Imprimeur de la Reine pour l'Ontario.

Condorcet (M. J. A. Caritat, marquis de) (1989a). *Écrits sur l'instruction publique* – Vol. I: *Cinq mémoires sur l'instruction publique* (Texte présenté, annoté et commenté par Charles Coutel et Catherine Kintzler). Paris: Édilig (1ʳᵉ éd. 1791-1792).

Condorcet (M. J. A. Caritat, marquis de) (1989b). *Écrits sur l'instruction publique* – Vol. II: *Rapport sur l'instruction* (Texte présenté, annoté et commenté par Charles Coutel et Catherine Kintzler). Paris: Édilig (1ʳᵉ éd. 1791-1792).

Connel, H. (1998). *Reforming Schooling – What Have We Learnt*. Paris: Éditions UNESCO.

Connell, R.W. (1983). *Which way is up?* Australie: Éditions George Allen & Unwin.

Conseil des ministres de l'Éducation du Canada. (1986). *Évaluation du rendement des enseignants. Politiques, pratiques et tendances*. Toronto: Conseil des ministres de l'Éducation (Canada).

Conseil national d'éthique en recherche chez l'humain, (1998). *Énoncé de politique des trois conseils: Éthique de la recherche avec les êtres humains*. Ottawa: CNERH.

Conseil supérieur de l'éducation (1999). *L'évaluation institutionnelle en éducation: une dynamique propice au développement*. Rapport annuel 1988-1999 sur l'état et les besoins de l'éducation.

Conseil supérieur de l'éducation (1988). *Où en est notre école primaire?* Québec: Conseil supérieur de l'éducation.

Conseil supérieur de l'éducation (1984). *La condition enseignante*, Québec.

Conseil supérieur de l'éducation (1988). *Rapport annuel 1987-1988 sur l'état et les besoins de l'éducation. Le rapport Parent, vingt-cinq ans après*. Québec: Gouvernement du Québec.

Conseil supérieur de l'éducation. (1991). *Rapport annuel 1990-1991 sur l'état et les besoins de éducation. La profession enseignante: vers un renouvellement du contrat social*. Québec: Gouvernement du Québec.

Cousin, O. (1993). L'effet d'établissement, construction d'une problématique. *Revue française de sociologie*, 34, 395-419.

Cousin, O. (1998). *L'efficacité des collèges. Sociologie de l'effet établissement*. Paris: PUF, Éducation et Formation, Recherches scientifiques.

Creemers, B., Peters, T. et Reynolds, D. (Eds.). (1989). School Effectiveness and School Improvement. *Proceedings of the second international Congress*, Rotterdam.

Crespo, M. (1999). Tendances récentes des politiques publiques aux États-Unis et au Canada (hors Québec) à l'égard de l'enseignement supérieur. *In* P. Beaulieu et D. Bertrand (dir.) *L'État québécois et les universités. Acteurs et enjeux*. Sainte-Foy: Presses de l'Université du Québec.

Cummins, J. (1987). L'éducation bilingue: théorie et mise en œuvre. *In* Centre for Educational Research and Innovation (dir.), *L'éducation multiculturelle*. Paris: OCDE, 323-353.

Dahllöf, U. *et al.* (1991). *Dimensions of evaluation: report of the IMHE Study Group on Evaluation in Higher Education.* London: J. Kingsley Publishers.

Davies, S. (1994). Cultural theories of class inequality in canadian education. *In* L. Erwin et D. MacLennan, *Sociology of Education in Canada : Critical perspectives on theory, Research and practice.* Toronto: Copp Clark Longman.

Dejours, Ch. (1993). *Travail: usure mentale. De la psychopathologie à la psychodynamique du travail.* Paris: Bayard Éditions.

Delors, J. (1996). *L'éducation, un trésor est caché dedans.* Rapport à l'UNESCO de la Commission internationale sur l'éducation pour le vingt et unième siècle. Paris: Éditions Odile Jacob.

Demailly, L. (1998). Évaluer les établissements scolaires: le cas de l'Académie de Lille. In G. Pelletier (dir.), *L'évaluation institutionnelle de l'éducation* (101-118). Montréal: Éditions de l'AFIDES.

Demailly, L. *et al.* (1991). *Pour changer le collège.* Lille: CRDP de Lille.

Demailly, L. *et al.* (1998). *Évaluer les établissements scolaires. Enjeux, expériences, débats.* Paris: L'Harmattan.

Deming, W.E. (1982). *Out of the crisis.* Cambridge: MIT, CAES.

Deniger, M.-A. (2000). *La production des politiques éducatives au Québec: enjeux, acteurs, systèmes d'action et déterminants: Définition de l'objet, cadre d'analyse et méthodologie.* Québec: Faculté des sciences de l'éducation.

Derouet, J.-L. (1985). La rénovation des collèges dans un département rural. *Revue française de pédagogie,* 73, oct.-nov.-déc., 47-56.

Derouet, J.-L. (1992). *École et Justice. De l'égalité des chances aux compromis locaux?* Paris: Métailié.

Derouet, J.-L. et Dutercq, Y. (1997). *L'établissement scolaire, autonomie locale et service public.* Paris: ESF, INRP.

Derouet, J.-L. et Dutercq, Y. (1998). *De l'établissement d'enseignement en général et de son autonomie en particulier. Éléments pour une analyse de conjoncture.* Paris: INRP, Centre Paul Lapie.

Desormeaux, Robert et Labrecque, JoAnne (1999). La mesure de la satisfaction de la clientèle (MSC), *Gestion,* 24, 2, 74-81.

Dodier, N. (1993). *L'expertise médicale.* Paris: Métailié.

Durand, M. (1996). *L'enseignement en milieu scolaire.* Paris: PUF.

Durkheim, E. (1966). *Éducation et sociologie.* Paris: Presses universitaires de France (1re éd. 1922).

Duru-Bellat, M., Leroy-Audoin, C. (1993). Les pratiques pédagogiques au CP: structure et incidence sur les acquisitions des élèves. *Revue française de pédagogie,* n° 93.

Duru-Bellat, M., Minguat, A. (1993). *Pour une approche analytique du fonctionnement du système éducatif,* Paris: PUF.

Ecker, J. (2000). Entrevue pour SRC. Impact, L'évaluation des enseignants, Émission télévisuelle.

Education Digest, Education Analyst, SAEE, automne 2000.

Enriquez, E. (1993). Les enjeux éthiques dans les organisations modernes. *Sociologie et sociétés*, XXV(1), 25-38.

Ernst, B. et Clignet, R. (1996). Il faut repenser les indicateurs de la qualité de l'enseignement. *Revue française de pédagogie*, 116, 77-92.

Essex, N. L. (1986). Teacher malpractice - fact or fantasy? *The Teacher Educator*. 21(4), 2-8.

Etchegoyen, A. (1991). *La valse des éthiques*. Paris: François Bourin.

Fiske, E.B., Ladd, H.F. (2000). Nouvelle-Zélande: les exclus de l'école néo-libérale, *Le Courrier de l'UNESCO*, numéro de novembre, 33-34.

Forgues, E. et Hamel, J. (1997). Feu l'économie globale et les méthodes quantitatives: de nouveaux termes pour un ancien débat? *Cahiers de la recherche sociologique*, 28, 107-124.

Forquin, J.-C. (1989). *École et société. Le point de vue des sociologues britanniques*. Bruxelles: De Boeck Université/Éditions universitaires.

Foucault, M. (1991). Governmentality. *In* G. Burchell, C. Gordon et P. Miller (dir.), *The Foucault effect: Studies in governmentality* (87-104). Hemel Hempstead: Harvester Wheatsheaf.

Fournier, R. (1997). Société globale ou société virtuelle: un secret mal gardé. *Cahiers de la recherche sociologique*, 28, 37-62.

Freitag, M. (1995). *Le naufrage des universités et autres essais d'épistémologie politique*. Montréal: Éditions Nota Bene.

Gagné, G. (dir.) (1999). *Main basse sur l'éducation*. Montréal: Nota Bene.

Gather Thurler, M. (1998). Manager, développer ou évaluer la qualité de l'école. *In* G. Pelletier (dir.), *L'évaluation institutionnelle de l'éducation* (83-99). Montréal: Éditions de l'AFIDES.

Gauthier, C. (1993). La raison du pédagogue. *In* C. Gauthier *et al. Le savoir des enseignants, que savent-ils?* (187-206). Montréal: Logiques,.

Gauthier, C., Desbiens, J.-F., Malo, A., Martineau, S. et Simard, D. (1997). *Pour une théorie de la pédagogie. Recherches contemporaines sur le savoir des enseignants*. Sainte-Foy: Les Presses de l'Université Laval.

Gérin-Lajoie, D. (1993). Les programmes d'initiation à l'enseignement en milieu francophone minoritaire. *La Revue canadienne des langues vivantes (RCLV)/The Canadian Modern Language Review (CMLR)*, 49(4), 799-814.

Gérin-Lajoie, D. (1996). L'école minoritaire de langue française et son rôle dans la communauté. *The Alberta Journal of Educational Research*, XLII(3), 267-279.

Gérin-Lajoie, D. et Labrie, N. (1999). Les résultats aux tests de lecture et d'écriture en 1993-1994: une interprétation sociolinguistique. *In* N. Labrie et G. Forlot (dir.), *L'enjeu de la langue en Ontario français* (79-109). Sudbury: Éditions Prise de Parole.

Gérin-Lajoie, D., Labrie, N. et Wilson, D. (1995). *Étude interprétative des résultats obtenus par les élèves franco-ontariens et franco-ontariennes en lecture et en écriture aux tests de niveau provincial et national*. Association des enseignantes et des enseignants franco-ontariens (AEFO). Ottawa, 53 p.

Gewirtz, S. (1998). Can all schools be successful? An exploration of the determinants of school «success». *Oxford Review of Education*, 24(4), 439-457.

Gibson A. et Asthana, S. (1998). School Performance, School Effectiveness and the 1997 White Paper. *Oxford Review of Education*, 24(2), 195-210.

Giroux, Lise (2000). Enquête auprès des premiers diplômés du baccalauréat en enseignement secondaire, [Québec], Table MEQ-Universités.

Goffman, E. (1968). *Asiles. Études sur la condition sociale des malades mentaux.* Paris: Minuit.

Goldstein, H. (1996). Group differences and bias in assessment. *In* H. Goldstein et T. Lewis (dir.), *Assessment: problems, developments and statistical issues* (21-40). New York: Wiley.

Goode, W. J. (1967). The protection of the inept. *American Sociological Review.* 32(1), 5-18.

Gouvernement de la France (1989). Loi d'orientation sur l'éducation. *Bulletin officiel du ministère de l'Éducation nationale*, n° spécial 4 (31 août 1989), 14.

Gouvernement de l'Ontario. (1997). Règlement de l'Ontario 437/97. *La Gazette de l'Ontario,* 1294-1295.

Gouvernement du Québec (1997). *L'école, tout un programme. Énoncé de politique éducative.* Québec: Bibliothèque nationale du Québec.

Gouvernement du Québec (1998a). *Code des professions.* L.R.C. chapitre C-26. Québec: Éditeur officiel.

Gouvernement du Québec (1998b). *L'éthique dans la fonction publique québécoise.* Québec: Ministère de la Culture du Conseil exécutif.

Gouvernement du Québec (2000). *Programme de formation de l'école québécoise. Éducation préscolaire, enseignement primaire (1ᵉʳ cycle)*, version approuvée. *Enseignement primaire (2ᵉ et 3ᵉ cycles)*, version provisoire. Québec: Ministère de l'Éducation, Direction de la formation générale des jeunes.

Gramsci, A. (1975). *Gramsci dans le texte* (recueil réalisé sous la direction de François Ricci en collaboration avec Jean Bramant). Paris: Éditions sociales (1ʳᵉ éd. 1932-1933).

Grégoire, R. (1990). *Les facteurs qui façonnent une bonne école.* Rapport d'une recherche bibliographique sélective et analytique, MEQ: Direction de la recherche.

Grisay, A. (1989). *Quels indicateurs d'efficacité pour les établissements scolaires? Étude d'un groupe contrasté de collèges «performants» et peu «performants».* Belgique: Université de Liège, Service de pédagogie expérimentale.

Gross, J. A. (1988). *Teachers on trial. Values, standards, and equity in judging conduct and incompetence.* Ithaca, N.Y.: IRL Press, Cornell University.

Groupe de recherche Éthos (1990). Éthos, lieu de sagesse et d'expertise. *Réseau*, décembre, 12-16.

Grunberg, I. (2000). Que faire du Fonds monétaire international?, *Le Monde diplomatique*, numéro de septembre, 18-19.

Guigou, J. (1972). *Critique des systèmes de formation. Analyse institutionnelle de diverses pratiques d'éducation des adultes.* Paris: Anthropos.

Guilhot, N. (2000). D'une vérité à l'autre, les politiques de la Banque mondiale, *Le Monde diplomatique*, numéro de septembre, 20-21.

Guiomar, J.-Y. (1990). *La Nation entre l'histoire et la raison.* Paris: Éditions La Découverte.

Guttman, C. (2000). Éducation & Co, *Le Courrier de l'UNESCO*, numéro de novembre, 18-19.

Habermas, J. (1978). *Raison et légitimité. Problèmes de légitimation dans le capitalisme avancé.* Paris: Payot (1ʳᵉ éd. 1973).

Habermas, J. (1987). *Théorie de l'agir communicationnel.* T. 2: *Pour une critique de la raison fonctionnaliste.* Paris: Fayard (1re éd. 1981).

Hallack, J. (2000). Ni «tout État» ni «tout commerce», *Le Courrier de l'UNESCO,* numéro de novembre.

Hamer, J. et Blanc M. (1983). *Bilingualité et bilinguisme.* Bruxelles: Pierre Mardaga.

Haney, W.M., Madaus, G.F. et Lyons, R. (1993). *The fractured marketplace for standardized testing.* Boston, MA: Kluwer Academic Publishers.

Hargreaves, A. (1994). *Changing Teachers, Changing Times.* Toronto: OISE Press et Londres: Falmer Press.

Heavilin, B. A. (1980). Confusion worse confounded: incompetence among public school teachers. *The Teacher Educator.* 16 (2), 11-20.

Heller, M. (1984). Language and ethnic identity in a Toronto french language school. *Canadian Ethnic Studies,* 16 (2), 1-14.

Heller, M. (1989). Variation dans l'emploi du français et de l'anglais par les écoles de langue française de Toronto. *In* R. Mougeon et É. Béniak, *Le français canadien parlé hors Québec: Aperçu sociolinguistique* (153-168). Québec: Les Presses de l'Université Laval.

Heller, M. et Barker, G. (1988). Conversational strategies and context for talk: Learning activities for Franco-Ontarian minority schools. *Anthropology and Quarterly,* 19(1), 20-47.

Henriot-Van Zanten, A. (2000). Politiques, structures et savoirs: l'exemple des réformes en Grande-Bretagne. *In* J.C. Ruano-Borbalan (dir.) *Savoirs et compétences en éducation, formation et organisation,* Paris: Éditions Demos.

Horkheimer, M. (1974a). *Éclipse de la raison,* suivi de *Raison et conservation de soi.* Paris: Payot (1re éd. 1947).

Horkheimer, M. (1974b). *Théorie traditionnelle et théorie critique.* Paris: Gallimard (1re éd. 1970).

Horkheimer, M. et Adorno, T. (1974). *La dialectique de la raison. Fragments philosophiques.* Paris: Gallimard (1re éd. 1944).

Howard, J.P.R. (1999). Rethinking the Basis of Recovery for Educational Malpractice. *Education Canada.* 16 (4), 20-21.

Hoyrup, J. (1994). *In measure, number and weight: Studies in mathematics and culture.* New York: State University of New York Press.

Hunter, J.S. (1980). The national system of scientific measurement. *Science,* 210, 869-874.

Hurn, C. (1978). *The limits and possibilities of schooling.* Boston: Allyn et Bacon.

Hutmacher, W. (1993). *Quand la réalité résiste à la lutte contre l'échec scolaire,* Genève: Cahiers SRS n° 36.

Huxley, A. L. (s.d.). *Le meilleur des mondes.* Paris: Plon (1re éd. 1932).

Ifrah, G. (1994). *La grande histoire des chiffres,* vol. 2. Paris: Robert Laffont.

Jarousse, J.-P. (1999). Évaluer les systèmes éducatifs: de quoi parle-t-on? *In* Paul, J.-J. *Administrer, gérer, évaluer les systèmes éducatifs.* Paris: ESF.

Jobert, G. (2000). L'intelligence au travail. *In* P. Carré et P. Caspar (dir.), *Traité des sciences et des méthodes de l'analyse du travail.* Paris: Dunod.

Jobert, G. (2000). *La compétence à vivre. Contribution à une anthropologie de la reconnaissance au travail.* Paris: Desclée de Brouwer.

Jobert, R. (1995). La fin de l'État tutélaire. *Cahiers de la recherche sociologique*, 24, 107-126.

Jolibert, B. (1989). *L'éducation contemporaine*. Paris: Éditions Klincksieck.

JTD (1993). Sondage sur l'école primaire et secondaire, Montréal, décembre.

Kapur, D., Lewis, J-P. et Webb, R. (1997). *The World Bank. Its First Half Century*. Washington, DC: The Brookings Institution.

Kenney, M. (1986). *The university industrial complex*. New Haven, NJ: Yale University Press.

Kerr, D. (1982). Teaching competence and teacher education in the United States. *In* L. S. Shulman et G. Sykes (dir.), *Handbook of Teaching and Policy* (126-149). New York: Longman.

Keyfitz, N. (1987). The social and political context of population forecasting. *In* W. Alonso et P. Starr, (dir.), *The politics of numbers* (235-258). New York: Russell Sage Foundation.

Kokoschka, O. (1986). *Ma vie*. Paris: Presses universitaires de France.

Lachance, F. (2000). Priorités d'action et contrats de performance. *Forum*, 5 juin 2000. http://www.forum.umontreal.ca/numeros/1999-2000/forum00-06-05/article05.html

Lacroix, R., Shapiro, B. et F. Tavenas (1998). *Le rôle stratégique de l'université: de la Révolution tranquille à l'économie du savoir*. Texte des recteurs remis aux chefs des trois partis politiques. http://www.ulaval.ca/scom/Au.fil.des.evenements/1998/11.12/

Legendre, R. (1988). *Dictionnaire actuel de l'éducation*. Montréal: Larousse.

Lemelin, C. (1998). *L'économiste et l'éducation*. Sainte-Foy: Presses de l'Université du Québec.

Lemelin, C. (1999). Politique de l'enseignement universitaire et financement public. *In* P. Beaulieu et D. Bertrand, *L'État québécois et les universités. Acteurs et enjeux* (199-216). Sainte-Foy: Presses de l'Université du Québec.

Lenoir, Y. (1990). Apports spécifiques des sciences humaines dans la formation générale au primaire. *In* G.-R. Roy (dir.), *Contenus et impacts de la recherche universitaire actuelle en sciences de l'éducation* – Tome 2: *Didactique* (681-695). Sherbrooke: Éditions du CRP.

Lenoir, Y. (1991). *Relations entre interdisciplinarité et intégration des apprentissages dans l'enseignement des programmes d'études du primaire au Québec*. Thèse de doctorat en sociologie, Université de Paris 7, Paris.

Lenoir, Y. (2000a). La recherche en éducation: quelques enjeux à l'aube du 21e siècle. Conférence d'ouverture, 13e Congrès international de l'Association mondiale des sciences de l'éducation (Amse)/World Association for Educational Research (Waer), Sherbrooke, 26 juin (texte téléaccessible sur le site web du GRIFE: http://www.educ.usherb.ca/grife/index.html).

Lenoir, Y. (à paraître). Fondements énoncés et implicites du nouveau curriculum du primaire: à quels impacts sur la conception des manuels scolaires faut-il s'attendre? *In* Y. Lenoir, B. Rey, G.-R. Roy et J. Lebrun (dir.), *Le manuel scolaire et l'intervention éducative: regards critiques sur ses apports et ses limites*. Sherbrooke: Éditions du CRP.

Lenoir, Y., Larose, F. et Hébert, M.-F. (2000). Analyse de la perspective constructiviste du nouveau curriculum québécois de l'enseignement primaire. Communication au colloque international «Constructivisme et éducation», Université de Genève, 4-8 septembre. (texte téléaccessible sur le site web du GRIFE: http://www.educ.usherb. ca/grife/index.html).

Lenoir, Yves, François Larose, Vincent Grenon et Abdelkrim Hasni (2000). La stratification des matières scolaires chez les enseignants du primaire au Québec: évolution ou stabilité des représentations depuis 1981? *Revue des sciences de l'éducation*, XXVI (3), 483-514.

Léonard, J. (2000). Pour de meilleurs services aux citoyens: un nouveau cadre de gestion pour la fonction publique québécoise. Notes pour une allocution à l'occasion d'une assemblée de parlementaires, de vérificateurs et de contrôleurs des gouvernements fédéral, provinciaux et territoriaux.

Lessard, C. (1998). La professionnalisation comme discours sur les savoirs des enseignants et les nouveaux modes de régulation de l'éducation. Conférence de clôture présentée au colloque du Réseau éducation et formation (REF-1998), Toulouse, France.

Lessard, C. (1999). La professionnalisation de l'enseignement: un projet à long terme à construire ensemble dès maintenant. *In* M. Tardif et C. Gauthier (dir.). *Pour ou contre un ordre professionnel des enseignantes et des enseignants au Québec?* (99-112). Québec: PUL.

Lessard, C., Perron, M. et Bélanger, P.W. (1991). *La profession enseignante au Québec. Enjeux et défis des années 1990*. Québec: Institut québécois de recherche sur la culture.

Lévy-Leboyer, C. (1993). *Le bilan de compétences*. Paris: Les Éditions d'organisation.

Lingard, B. (2000). It is and it isn't: Vernacular globalization, educational policy, and restructuring. *In* N. C. Burbules et C. A. Torres (dir.), *Globalization and education. Critical perspectives* (79-108). New York, NY: Routledge.

Linn, R.L. (2000). Assessment and accountability. *Educational Researcher*, 29 (2), 4-15.

Lipset, S. M. (1963). *L'homme et la politique*. Paris: Seuil.

Litvack, J., Ahmad, J. et Bird, R. (1998). *Rethinkink Decentralization in Developping Country*, Sector Studies Series, PREM, World Bank.

Looker, D. (1994). Active capital: The impact of parents on youths' educational performance and plans. *In* L. Erwin et D. MacLennan (dir.), *Sociology of education in Canada: Critical perspectives on theory, research and practice*. Toronto: Copp Clark Longman.

Lortie, D. C. (l975). *School-teacher, a Sociological Analysis*. Chicago, University of Chicago Press.

Madaus, G.F. (1993). A national testing system: Manna from above? An historical/technological perspective. *Educational Assessment*, 1 (1), 9-26.

Madaus, G.F. et Raczek, A.E. (1996). The extent and growth of educational testing in the United States: 1956-1974. *In* H. Goldstein et T. Lewis (dir.), *Assessment: problems, developments and statistical issues* (145-166). New York: Wiley.

Mannheim, K. (1943). *Diagnosis of our time*. London: Routledge and Kegan Paul.

Marcuse, H. (1968). *L'homme unidimensionnel. Essai sur l'idéologie de la société industrielle avancée*. Paris: Minuit (1re éd. 1964).

Martin, E. A. (dir.). (1994). *A Dictionary of Law* (3e éd.). New York: Oxford University Press.

Martin, P. et Savidan, P. (1994). *La culture de la dette*. Montréal: Boréal.

Martinelli, A. (1979). L'impact politique et social des firmes transnationales. *Sociologie et sociétés*, XI(2), 11-37.

Mason, E., Ascher, R. (1973). *The World Bank since Bretton Woods*. Washington, DC: The Brookings Institution.

McLean, L.D. (1996). Large-scale assessment programmes in different countries. *In* H. Goldstein et T. Lewis (dir.), *Assessment: problems, developments and statistical issues* (189-208). New York: Wiley.

Meirieu, Ph. (1989). *Apprendre oui, mais comment?* Paris: ESF.

Meirieu, Ph. (1996). *Frankenstein pédagogue*. Paris: ESF.

Mellouki, M. (1983). Stratifications, classes sociales et fonctions de l'école. *In* R. Cloutier *et al.*, *Analyse sociale de l'éducation*, (129-157). Montréal: Éditions Boréal.

Merton, R.K., Stills, D.L. et Stigler, S.M. (1984). The Kelvin dictum and social science: an incursion into the history of an idea. *Journal of the History of the Behavioral Sciences*, 20, 319-331.

Meuret D. (1987). *Quelques indicateurs pour aider à l'évaluation globale du système éducatif*. Paris: Ministère de l'Éducation nationale, Direction de l'évaluation et de la prospective.

Meuret, D. et Sallé, J. (1992). Centralisation et décentralisation dans onze pays de l'OCDE. *Administration et Éducation*, 53, AFAE.

Mingat, A. et Tan, J.-P. (1996). Les taux de rendement sociaux « complets » de l'éducation. *Les Notes de l'Irédu*, 96/6.

Minguat, A. (1991). Expliquer la variété des acquisitions au cours préparatoire: les rôles de l'enfant, la famille et l'école, *Revue française de pédagogie*, n° 95.

Minguat, A., Suchaut, B. (2000). *Les systèmes éducatifs africains: une analyse économique comparative*. Bruxelles: De Boeck Université.

Ministère de l'Éducation de l'Ontario (1997). Loi sur l'amélioration de la qualité de l'enseignement, www.gouv.on.ca

Ministère de la Communauté française. (1999). *Socles de compétences*. Bruxelles.

Ministère de la Recherche, de la Science et de la Technologie (2000). *Vue d'ensemble pour une politique scientifique du Québec*. Document de consultation. Québec: Gouvernement du Québec.

Ministère de l'Éducation (1994). *La formation à l'éducation préscolaire et à l'enseignement primaire. Orientations et compétences attendues*. Québec: Gouvernement du Québec.

Ministère de l'Éducation du Québec (1998). *L'université devant l'avenir. Perspectives pour une politique québécoise à l'égard des universités*. Québec: Gouvernement du Québec.

Ministère de l'Éducation du Québec (1998). *L'université devant l'avenir. Outil en vue de la consultation sur la politique gouvernementale à l'égard des universités québécoises*. Québec: Gouvernement du Québec.

Ministère de l'Éducation du Québec (1999). *Projet d'énoncé de politique à l'égard des universités. Pour mieux assurer notre avenir collectif*. Québec: Gouvernement du Québec.

Ministère de l'Éducation du Québec (2000a). *Politique québécoise à l'égard des universités. Pour mieux assurer notre avenir collectif*. Québec: Gouvernement du Québec.

Ministère de l'Éducation du Québec (2000b). *Projet de politique de financement des universités*. Québec: Gouvernement du Québec.

Ministère des Collèges et Universités de l'Ontario (1989). *Étude sur les services collégiaux en français dans le Nord de l'Ontario*. Toronto: ACORD.

Munnelly, R. J. (1979). Dismissal for professional incompetence. *The Education Digest*, novembre, 10-13.

Murphy, S. (1994). No-one has ever grown taller as a result of being measured - six educational measurement lessons for Canadians. *In* L. Erwin et D. MacLennan, *Sociology of Education in Canada: Critical perspectives on theory, research and practice*. Toronto: Copp Clark Longman.

Neave, G. (1988). On the cultivation of Quality, Efficiency and Entreprise: an overview of recent trends in higher education in Western Europe, 1986-1988. *European Journal of Education*, 23 (1-2), 7-23.

OCDE (1998). *Regards sur l'éducation. Les indicateurs de l'éducation.*

Office de la qualité et de la responsabilité (2000). *Renseignements sur les tests provinciaux*, www.oqae.com.

Office de la qualité et de la responsabilité en éducation de l'Ontario (1999, août). OQRE: Série d'études de recherche, 3.

Ohmae, K. (1995). *The end of the Nation-state: The rise of regional economics.* Chicago, IL: McKinsey.

Ordre des enseignantes et des enseignants de l'Ontario (1999). *Pour parler profession*, Toronto.

Ordre des enseignantes et des enseignants de l'Ontario (1997). *Pour parler profession.* Numéro de mai.

Ordre des enseignantes et des enseignants de l'Ontario (1998). *Pour parler profession.* Numéro de septembre.

Ordre des enseignantes et des enseignants de l'Ontario (1999). *Pour parler profession.* Numéro de mars.

Organisation de coopération et de développement économiques (1992). *L'OCDE et les indicateurs internationaux de l'enseignement. Un cadre d'analyse.* Paris: OCDE.

Organisation de coopération et de développement économiques (1995). *Le dernier cycle de l'enseignement obligatoire: Quelle attente?* Paris: OCDE.

Organisation de coopération et de développement économiques (OCDE) (2000). *Société du savoir et gestion des connaissances.* Paris: OCDE.

Organisation de coopération et de développement économiques (OCDE) (2000). *Regards sur l'éducation. Les indicateurs de l'OCDE.* Paris: OCDE.

Organisation de coopération et de développement économiques (OCDE) (1999). *Les écoles innovantes.* Centre pour la recherche et l'innovation dans l'enseignement. Paris: OCDE.

Organisation de coopération et de développement économiques (OCDE) (1996). *Évaluer et réformer les systèmes éducatifs.* Paris: OCDE.

Organisation for economic co-operation and development / Organisation de coopération et de développement économiques (1997). Prepared for life? How to measure cros-curricular competencies. Prêts pour l'avenir? Comment mesurer les compétences transdisciplinaires. Paris: OECD / OCDE. Robert, P. (1973). *Dictionnaire alphabétique et analogique de la langue française.* Paris: Dictionnaire Le Robert.

Organisation internationale du travail (1996). *Incidence de l'ajustement structurel sur l'emploi et la formation des enseignants.* Genève: Les publications de l'OIT.

Paquay, L. (1995). Les pratiques de formation liées à l'enseignement au cœur de la formation professionnelle des futurs enseignants. Texte des exposés d'introduction et de synthèse du Pôle sud-est, Carry-le-Rouet: IUFM du pôle sud-est.

Paquay, L. et Wagner, C. (1998). Compétences professionnelles privilégiées dans les stages et en vidéo-formation In L. Paquay *et al.* (dir.), Former des enseignants professionnels (153-180). Bruxelles: De Boeck.

Patterson, A. H. (1980). Professional malpractice: small cloud, but growing bigger. *Phi Delta Kappan*, 62 (3), 193-196.

Paty, D. (1981). *Douze collèges en France*. Paris: la Documentation Française.

Paul, J.-J. (1996). *Le redoublement: pour ou contre?* Paris: ESF.

Paul, J.-J. (1999). *Administrer, gérer, évaluer les systèmes éducatifs*. Paris: ESF.

Pelletier, G. (dir.) (1998). *L'évaluation institutionnelle de l'éducation*, Montréal Éditions de l'AFIDES.

Pelletier, G. (dir.) (2001). *Autonomie et décentralisation en éducation: entre projet et évaluation*, Montréal Éditions de l'AFIDES. http://mapageweb.umontreal.ca/pelletier/

Perrenoud, Ph. (1995). Dix non-dits ou la face cachée du métier d'enseignant. *Recherche et Formation*, 20, 107-124 [repris *in* Ph. Perrenoud, *Enseigner: agir dans l'urgence, décider dans l'incertitude. Savoirs et compétences dans un métier complexe* (chapitre 3, 69-85). Paris: ESF].

Perrenoud, Ph. (1996). Évaluer les réformes scolaires, est-ce bien raisonnable? *Mesure et évaluation en éducation*, 19 (2), 53-98.

Perrenoud, Ph. (1996a). *Enseigner: agir dans l'urgence, décider dans l'incertitude. Savoirs et compétences dans un métier complexe*. Paris: ESF (2ᵉ éd. 1999).

Perrenoud, Ph. (1996b). L'obligation de compétences: une évaluation en quête d'acteurs. *Éducateur*, 11, 23-29.

Perrenoud, Ph. (1996c, septembre). Le métier d'enseignant entre prolétarisation et professionnalisation: deux modèles du changement. *Perspectives*, XXVI(3), 543-562.

Perrenoud, Ph. (1997). *Formation continue et obligation de compétences dans le métier d'enseignant*. Université de Genève: Faculté de psychologie et des sciences de l'éducation.

Perrenoud, Ph. (1998). *Formação Continua e Obrigatoriedade de Competências na Profissão de Professor, Idéias* (Fundação para o Desenvolvimento da Educação, Sao Paulo, Brasil), Sistemas de Avaliação Educacional, 30, 205-248 (version portugaise de Formation continue et obligation de compétences dans le métier d'enseignant, Université de Genève, Faculté de psychologie et des sciences de l'éducation, 1997).

Perrenoud, Ph. (1999). *Dix nouvelles compétences pour enseigner. Invitation au voyage*. Paris: ESF.

Perrenoud, Ph. (1999). Savoir enseigner au XXIᵉ siècle? Quelques orientations d'une école de qualité. Intervention dans le Seminàrio Internacional «Desen vol vimento profissional de professores e Garantia de qualidade na Educaçào», Brasilia.

Peters, M., Marshall, J. et Fitzsimons, P. (2000). Managerialism en educational policy in a global context: Foucault, neoliberalism, and the doctrine of self management. *In* N. C. Burbules et C. A. Torres (dir.), *Globalization and education. Critical perspectives* (109-132). New York, NY: Routledge.

Petrella, R. (1995). Les nouvelles Tables de la Loi. *Le Monde diplomatique*, octobre, 28.

Petrella, R. (2000). Cinq pièges tendus à l'éducation. *Le Monde diplomatique*, octobre, 6-7.

Picquenot, A. (1997). *L'établissement scolaire, approches sociologiques*. Paris: Hachette, coll. Acteurs du système éducatif.

Pierce, M.J., Welch, D.L., McClure, R.D., Van den Bergh, S., Racine, R. et Stetson, P.B. (1994). The Hubble constant and Virgo cluster distance from observation of Cepheid variables. *Nature*, 371, 385-389.

Pinar, W.F., Reynolds, W.M., Slatery, P. et Taubman, P.M. (1995). *Understanding Curriculum. An introduction to the study of historical and contemporary curriculum Discourses.* N.Y.: Peter Lang.

Plenel, E. (1985). *L'État et l'école en France.* Paris: Payot.

Polanyi, K. (1944). *The great transformation.* New York, NY: Farrar and Rinehart.

Popkewitz, T. S. (2000). Reform as the social administration of the child: Globalization of knowledge and power. *In* N. C. Burbules et C. A. Torres (dir.), *Globalization and education. Critical perspectives* (157-186). New York, NY: Routledge.

Porter, J. (1965). *The vertical mosaic.* Toronto: Les Presses de l'Université de Toronto.

Programmations budgétaires 1999-2000 et 2000-2001 concernant les universités. Rencontre du lundi 20 mars 2000, 16 heures à Québec. Document de travail.

Raîche, G. (2000). La distribution d'échantillonnage de l'estimateur du niveau d'habileté en testing adaptatif en fonction de deux règles d'arrêt: selon l'erreur type et selon le nombre d'items administrés. Thèse de doctorat déposée, mais non soutenue, Université de Montréal.

Rasera, J.-B. (1999). L'économie de l'éducation et la question du développement. *In* Paul, J.-J. *Administrer, gérer, évaluer les systèmes éducatifs.* Paris: ESF.

Readings, B. (1996). *The university in ruins.* Cambridge, MA: Harvard University Press.

Reid, H. (1994). *Dictionnaire de droit québécois et canadien.* Montréal: Wilson et Lafleur.

Reimers, F. (1991). The impact of economic stabilization and ajustement on education in Latin America, *Comparative Education Review,* vol 35(2), Chicago: The University of Chicago Press.

Reimers, F., Tiburcio, L. (1993). Éducation, ajustement et reconstruction: Options pour un changement. Paris: Éditions UNESCO.

Resnick, L.B. et Resnick, D.P. (1992). Assessing the thinking curriculum: New tools for educational reform. *In* B.G. Gifford et M.C. O'Connor (dir.), *Changing assessment: alternatives views of aptitude, achievement and instruction* (37-45). Boston Kluwer Academic Publishing.

Rey, B. (1996). *Les compétences transversales en question.* Paris: ESF.

Reynolds, D., Bollen, R., Creemers, B., Hopkins, D., Stoll, L. et Lagerweij, N. (dir.) (1996). *Making Good Schools: Linking School Effectiveness and School Improvement.* London: Routledge.

Rich, A. (1994). *Éthique économique.* Genève: Labor et Fides.

Riegle, J. D. (1985). What administrators say about why teachers fail. *The Teacher Educator,* 21(1), 15-18.

Robinson, I. (1995). Democratic critiques of the institutions and processes of neoliberal international economic integration: An assessment. *Cahiers de recherche sociologique,* 24, 161-183.

Ropé, F. et Tanguy, L. (1995). La codification de la formation et du travail en termes de compétences en France. *Revue des sciences de l'éducation,* XXI (4), 731-754.

Rose, N. (1989). *Governing the soul: The shaping of the private self.* London: Routledge.

Rousseau, R. et De la Durantaye, C.V. (1992). *La qualité de l'enseignement supérieur au Québec.* Sillery: Presses de l'Université du Québec.

Roussseau, C. (2000). Communication personnelle.

Sachot, M. (1996). De la proclamation scripturaire au cours magistral. Histoire d'un modèle archétypal. *In* C. Raisky et M. Caillot (dir.), *Au-delà des didactiques, le didactique. Débats autour de concepts fédérateurs* (p. 193-222). Bruxelles : De Boeck Université.

Savoie-Zajc, L. (1999). La classe québécoise aux paliers primaire et secondaire en 2025 : décentralisation, flexibilité, décloisonnement, dualité. *In* L. M. Bélair (dir.), *L'éducation en 2025* (19-44). Ottawa : CFORP.

Scheerens, J. (1992). *Effective Schooling : Research, Theory and Practice.* London : Cassell.

Sen, A. (2000). *Repenser l'inégalité.* Paris : Éditions du Seuil.

Sennett, R. (2000). *Le travail sans qualités. Les conséquences humaines de la flexibilité.* Paris : Albin Michel.

Seyfarth, J. T. (1996). *Personal Management for Effective Schools.* 2e éd. Boston : Allyn and Bacon.

Shils, E. (1958). The intellectual and the power. *Comparative Studies in Society and History,* 5-15.

Smallwood, M.L. (1935). *An historical study of examinations and grading systems in early american universities.* Cambridge : Harvard University Press.

Solar, C., et Pelletier, G. (1999). *Pour comprendre l'évolution de l'enseignement secondaire technique. Éléments comparatifs : France, Allemagne, Angleterre et Québec.* Rapport de recherche. LABRIPROF : Université de Montréal.

Solaux, G. (sld.) (2000). *L'évaluation des politiques d'éducation.* Dijon : CNDP.

SRC. (2000). Impact. L'évaluation des enseignants, Émission télévisuelle.

Stiglitz, J.E. (2002). *La grande désillusion.* Paris : Fayard

Strauss, S. (1995). *The sizesaurus : From hectares to decibels to calories, a witty compendium of measurements.* New York : Kodansha International.

Sutherland, G. (1996). Assessment : Some Historical Perspectives. *In* H. Goldstein et T. Lewis, (dir.), *Assessment : problems, developments and statistical issues* (9-20). New York : Wiley.

Szacs, T. S. (1976). *Idéologie et folie. Essais sur la négation des valeurs humanistes dans la psychiatrie d'aujourd'hui* (Trad. P. Sullivan). Paris : Presses universitaires de France (1re éd. 1973).

Tanguy, L. (1994). Compétences et intégration sociale dans l'entreprise. *In* F. Ropé et L. Tanguay (dir.), *Savoirs et compétences. De l'usage de ces notions dans l'école et l'entreprise* (205-235). Paris : L'Harmattan.

Tanguy, L. (1996). Les usages sociaux de la notion de compétence. *Sciences humaines,* 12, 62-65.

Tardif, J. (1992). *Pour un enseignement stratégique.* Montréal : Éditions Logiques.

Tardif, M. (1993). Savoir et expérience chez les gens de métier. *In* H. Hensler (dir.), *La recherche en formation des maîtres ; détour ou passage obligé sur la voie de la professionnalisation ?* (53-86). Sherbrooke : CRP.

Tardif, M. et Lessard, C. (1999). *Le travail enseignant au quotidien. Expérience, interactions humaines et dilemmes professionnels.* Québec : Les Presses de l'Université Laval et Bruxelles : De Boeck.

Taylor, S., Rizvi, F., Lingard, B. et Henry, M. (1997). *Educational Policy and the Politics of Change.* New York : Routledge Press.

Tedesco, J.C. (1993). *Tendances actuelles des réformes éducatives.* Paris : UNESCO.

Thériault, J.-Y. (1997). La société globale est morte… vive la société globale ! *Cahiers de la recherche sociologique,* 28, 19-35.

Thiboutot, Jacinthe (1980). Évaluation, recherche évaluative et mesure de satisfaction, Mémoire de maîtrise en psychologie, Université de Montréal

Thoreau, H. D. (1968). *La désobéissance civile* suivie de *Plaidoyer pour John Brown*. Paris : Jean-Jacques Pauvert (1ʳᵉ éd. 1848, 1859).

Tremblay, A. (1997). Feu la société globale et les méthodes quantitatives : de nouveaux termes pour un ancien débat ? *Cahiers de la recherche sociologique*, 28, 63-88.

Tremblay, E. (1991). Le congédiement pour incompétence dans la jurisprudence arbitrale québécoise. Mémoire de maîtrise. Sainte-Foy : Université Laval.

Tyack D. et Cuban, L. (1995). *Tinkering Toward Utopia, A Century of Public School Reform*. Cambridge, Mass. : Harvard University Press.

UNESCO (1994). Ajustement structurel et renforcement des capacités nationales dans le domaine de l'éducation. *Les cahiers de l'éducation*. Numéro 3. Paris : UNESCO.

UNESCO (1994). Problèmes de décentralisation. *Les cahiers de l'éducation*. Numéro 1. Paris : UNESCO.

UNESCO (1998a). *L'éducation pour le XXIᵉ siècle. Questions et perspectives*. Paris : Éditions UNESCO.

UNESCO (1998b). *Les enseignants et l'enseignement dans un monde en mutation. Rapport mondial sur l'éducation*. Paris : Éditions UNESCO.

Université de Sherbrooke (1995). *Code d'éthique en recherche et en création*. Sherbrooke : Université de Sherbrooke.

Université Laval (2000). *Projet de Convention de développement institutionnel*. Québec : Université Laval.

University of Michigan Business School, (2000). *American Customer Satisfaction Index*, <www.bus.umic.edu/research/nqrc/acsi.html>, 9 septembre.

Van der Linden, W. (1994). Fundamental measurement and the fundamentals of Rasch measurement. *In* M. Wilson (dir.), *Objective measurement : Theory into practice*, 2. Norwood, NJ : Ablex.

Van Haecht, A. (1988). Les politiques éducatives, figure exemplaire des politiques publiques ? *Éducation et Sociétés*, 1, 21-47.

Van Helden, H. (1985). *Measuring the universe : cosmic dimensions from Aristarchus to Halley*. Chicago : University of Chicago Press. Chap. 2.

Verenka, N.M. (1984). La preuve de l'incompétence d'un enseignant devant les tribunaux d'arbitrage de la Province de Québec. Projet d'intervention présenté à l'ÉNAP en vue de l'obtention de la maîtrise en administration publique. Québec : École nationale d'administration publique.

Wacquant, L. J. D. (1996). Toward a reflexive sociology : A workshop with Pierre Bourdieu. *In* S. P. Turner (dir.), *Social theory and sociology : The classics and beyond* (213-229). Cambridge, MA : Basil Blackwell.

Waintroob, A. R. (1995, mai). Remediating and dismissing the incompetent teacher. *The School Administrator*. 20-24.

Watts, T.J. (1987). *Educational malpractice : liability of schools for students'failure to learn*. Monticello, Ill. : Vance bibliographies.

Weber, M. (1959). *Le savant et le politique*. Paris : Plon (1ʳᵉ éd. 1919).

Wendel, T. (2000). *Creating Equity and Quality, a litterature review of school effectiveness and improvement.* Society for the Advancement of Excellence in Education, Schools that make a difference, SAEE Research Series # 6, BC, Canada.

Willis, P. (1977). *Learning to Labour: How Working Class Kids Get Working Class Jobs.* Hampshire, England: Gorver.

Wilson, B.L. et Corbett, H.D. (1990). Statewide testing and local improvement: An oxymoron? *In* J. Murphy (dir.), *The educational reform movement of the 1980s: Perspectives and cases.* Berkeley, CA: McCutchan.

Winkler, D. (1988). *Decentralization in education: an economic perspective.* Washington, DC: World Bank.

Wolf, A. (1996). Vocational Assessment. *In* H. Goldstein et T. Lewis (dir.), *Assessment: problems, developments and statistical issues* (209-230). New York: Wiley.

World Bank (1989). *Assessment of the social dimensions of structural adjustement in sub-Saharan Africa.* Washington, DC: World Bank.

World Bank (1993). *Education in sub-Saharan Africa. Policy for adjustement, revitalization and expansion.* Washington, DC: World Bank.

World Bank (1993). *Teachers and developping countries. Improving effectiveness and managing costs.* Washington, DC: World Bank.

World Bank Institute (1998). *L'éducation au Moyen-Orient et en Afrique du Nord: une stratégie pour mettre l'enseignement au service du développement.* Bureau régional Moyen-Orient et Afrique du Nord. Washington, DC.

World Bank Institute (1998). *Rethinking Decentralization in Developping Countries.* Washington, DC.

World Bank Institute (1999). *Decentralization Briefing Notes.* Washington, DC.

AGMV Marquis

MEMBRE DE SCABRINI MEDIA

Québec, Canada
2004